Wilhelm Treue
Eine Frau, drei Männer
und eine Kunstfigur

Wilhelm Treue

Eine Frau, drei Männer und eine Kunstfigur

Barocke Lebensläufe

Verlag C. H. Beck München

Mit 21 Abbildungen im Text

Die Deutsche Bibliothek – CIP-Einheitsaufnahme

Treue, Wilhelm:
Eine Frau, drei Männer und eine Kunstfigur : Barocke Lebensläufe / Wilhelm Treue. – München : Beck, 1992
ISBN 3 406 35942 6

ISBN 3 406 35942 6

Satz: Fotosatz Otto Gutfreund, Darmstadt
Druck und Bindung: Ebner Ulm
Gedruckt auf alterungsbeständigem (säurefreiem) Papier gemäß der ANSI-Norm für Bibliotheken

Aufs Dankbarste
meiner Tochter Vilma Dorothea Höpker

Inhalt

V. Auf der Höhe des Lebens

VI. Altern und Sterben

Einleitung

In diesem Buch wird der Versuch gemacht, «das Leben» in Deutschland im 17. Jahrhundert über die Lebensläufe von fünf Menschen zu veranschaulichen. Es wird von vier Männern und einer Frau die Rede sein, außerdem von Ehefrauen, anderen Verwandten, Freunden und Berufs-«Kollegen», und schließlich vom Milieu im weitesten Sinne von der Familie bis zum geographischen Lebensraum.

Werfen wir zunächst kurz einen Blick auf die rund acht Jahrzehnte, in denen diese fünf Personen von ihrer Geburt in den 30er und 40er Jahren des 17. Jahrhunderts bis zu ihrem Tode zwischen 1697 und 1717 gelebt haben.

Der Dreißigjährige Krieg, der 1618 angefangen hatte, befand sich 1634, als der spätere Botaniker und Arzt Andreas Cleyer in Kassel geboren wurde, auf seinem Höhepunkt und am Beginn der zweiten, noch zerstörerischeren, noch mörderischeren Hälfte. Auch die anderen vier Personen, um die es hier gehen soll, wurden noch vor dem Ende des Krieges im Jahre 1648 geboren. Dieser Krieg und seine Folgen haben das Leben der Malerin und Forscherin Maria Sibylla Merian, die 1647 als letzte unserer fünf Personen in Frankfurt das Licht einer in sich zerstrittenen christlichen Welt erblickte, bis in die 70er Jahre hinein deutlich beeinflußt.

Zwar brachen bereits bald nach dem Friedensschluß von Münster und Osnabrück im Jahre 1648 erneut vieljährige Kämpfe zwischen der Ostsee und der Türkei aus, in die auch deutsche Territorien verwickelt wurden, aber alles in allem konnten seit etwa dieser Zeit die Menschen besonders in Norddeutschland beobachten, wie die Verhältnisse sich allmählich besserten: Häuser wurden gebaut, Wälder, die auf den brachliegenden Äkkern und Weiden gewachsen waren, mußten gerodet werden; Rinder- und Schafherden wuchsen wieder heran; freiwillige Einwanderer, nicht nur Flüchtlinge vor den Heereszügen und vor religiöser Verfolgung kamen ins Land und wurden fleißige Mitbürger und Untertanen. Eltern konnten ihren Kindern nicht mehr nur erzählen, wie schön es früher gewesen war, wie man sich täglich sattgegessen hatte, sondern sie konnten ihnen auch Hoffnung auf ein Leben ohne ständige Gefahr sowie auf ein ruhiges Alter im Kreise einer Großfamilie machen. Als «Frühe Neuzeit» bezeichnet die Geschichtswissenschaft diese Jahrzehnte zwischen der «Reformationszeit» und der «Zeit der Religionskriege» einerseits und dem «Zeitalter des Absolutismus» andererseits.

Seit den 60er Jahren des 17. Jahrhunderts begann man in Deutschland und anderswo wieder zu bauen: Wohnhäuser, Ställe und Scheunen auf dem Lande, Bürgerhäuser mit Öfen, Herden und «Kochmaschinen», die man vor wenigen Jahren noch nicht gekannt hatte, Rathäuser und Kasernen in den Städten, kleine einfache Dorf- und große prächtige Hofkirchen, Adelspaläste und Fürstenschlösser. Auch Kanäle legte man an für den wachsenden Verkehr: der Kurfürst von Brandenburg z. B. 1662–1668 den 27 km langen Müllroser-Kanal, der die Spree mit der Elbe verbindet und bald für den Handel seines Staates große Bedeutung erlangte, und der «Sonnenkönig» Ludwig XIV. von Frankreich 1666–1684 den Canal du Midi, der mit 240 km Länge den Gütertransport vom Mittelmeer zu den Häfen im Norden den Gefahren des Seekriegs und -raubs entzog.

Bei alledem wuchsen die Regierungs- und Verwaltungsapparate: wo Ludwig XIV. und sein Wirtschaftsminister Colbert in Frankreich, Kurfürst Friedrich Wilhelm von Brandenburg und sein Domänenminister Dodo von Knyphausen die Rechenhaftigkeit und damit die Durchsichtigkeit der Staatsfinanzen betrieben, Staatsschätze anlegten und zum Verlängern von militärischen wie von Zollkriegen verwendeten, neue Steuern wie die Accise einführten, entstand auch von den Hofkammern und -räten der Fürsten bis zu den Magistraten und Stadträten eine «moderne» Bürokratie. Dadurch konnte an vielen Stellen die berufliche Selbstverwaltung zum Beispiel der Zünfte beiseite gedrängt und von Staats wegen abgeschafft werden. Im Jahre 1699 erklärten die weltlichen Fürsten auf dem Reichstag die Zünfte für überflüssig: die staatliche Macht löste sie nicht geradezu auf, aber sie verloren ihre Bedeutung, ihre gesellschaftliche Funktion und damit ihr Selbstbewußtsein.

Es wuchs auch das geistige Leben. Viele Universitäten waren während des Dreißigjährigen Krieges sehr geschrumpft, als Studienanstalten fast eingegangen und wissenschaftlich bedeutungslos geworden. Nicht zuletzt daraus erklärt sich der Drang junger Deutscher zu den ausländischen Hochschulen – nach Leiden und Padua in erster Linie, was die Landesherren nicht gerne sahen. Der Krieg war noch nicht lange vorüber, da gründete man neue Universitäten: in den 50er Jahren bereits in Duisburg und Herborn, 1665 in Kiel, 1673 in Innsbruck, 1694 in Halle, vier protestantische also gegenüber einer katholischen – der «Religionskrieg» wurde in den Wissenschaften fortgesetzt. Auch Akademien und Wissenschaftliche Gesellschaften entstanden: bereits 1652 die Akademie der Naturforscher in Schweinfurt, die später als «Leopoldina» in Wien berühmt wurde und die einen unserer vier Männer, den Botaniker Andreas Cleyer, als Mitglied aufnahm. Im Jahre 1700 schließlich wurde unmittelbar vor Erhebung des brandenburgischen Kurfürstentums zum Königreich Preußen die Akademie in dessen Haupt- und Residenzstadt Berlin gegründet.

Im letzten Jahrzehnt des 17. Jahrhunderts sprach man schon an vielen Orten von neu auflebendem Wohlstand. Während das alte Handwerk noch einmal anfing, zu einem «goldenen Boden» zu gelangen, erfanden tüchtige Mechaniker Arbeitsverbesserungen, Mühlen und «Maschinen», die, in «Manufakturen» betrieben, hier und da die Handarbeit ersetzten oder doch erleichterten. Seit 1699 bemühte sich Denis Papin in Marburg mit zahlreichen Versuchen um die Verbesserung und vielseitige Anwendung der Dampfmaschine.

In den großen Städten beobachtete man, daß Wissenschaften und Künste, zum Beispiel die Medizin, aufblühten; aus den kleineren und vom Lande drängte man dorthin, wo an den Fürstenhöfen und in den Adelspalästen besseres Leben, höhere Löhne und Geschenke, schließlich der Aufstieg zur Selbständigkeit lockten.

Als in den 90er Jahren des 17. Jahrhunderts die ersten unserer fünf Personen starben, gab es in Deutschland rund 100 Reichsfürstentümer und 1500 kleinere selbständige «Herrschaften». Gewiß, sie alle lebten vom «Schweiß des Volkes», aber sie gaben ihre Einnahmen auch wieder aus – weit mehr als ein halbes Jahrhundert zuvor. Die Türkengefahr war beseitigt, und in der Folge merkte man bis in das einfache Volk hinein, wie das Leben auf dem europäischen Kontinent durch die Einfuhr aus Übersee, aus den Kolonien Englands, der Niederlande, Frankreichs, der Iberischen Halbinsel insbesondere, aber auch durch Güter aus dem östlichen Mittelmeer und von der Levante, vielseitiger und bequemer wurde.

Als Maria Sibylla Merian 1717 als letzte unserer fünf Personen in Amsterdam starb, sicherte Prinz Eugen durch die Eroberung von Belgrad Österreich und das Abendland gegen den Islam ab, wurde in Preußen die Schulpflicht eingeführt und den Domänenbauern erblicher Besitz zugestanden.

Unsere fünf Personen bedürfen nun einer Vorstellung.

Dem Geburtsjahr nach steht an erster Stelle der 1634 in Kassel geborene spätere Arzt, Medizinal-Botaniker und Erforscher der indonesischen Flora Andreas Cleyer. Sein Leben ist in der Fach-Historie verhältnismäßig gut erforscht und dargestellt worden. Die Geschichte von Kassel, die der Universität Leiden und die bis in viele Details bekannte Geschichte der Vereinigten Ostindischen Kompanie der Niederlande mit ihrem für ganz Europa wichtigen Handels- und Machtstützpunkt Batavia lassen Cleyers Arbeit und Erfolg deutlich erkennen: er wurde ein für Batavia wichtiger Apotheker, von Berlin aus ein in ganz Deutschland geschätzter, geehrter, bis heute nicht vergessener Forscher.

Da ist weiter der 1640 «geborene» Tuchmacher Friedrich Wegener in dem Städtchen Pritzwalk in der Ostprignitz des Kurfürstentums Brandenburg. Wegener ist – es sei frei heraus gesagt – eine erfundene, modern sozialgeschichtlich ausgedrückt: eine «synthetische» Person. Warum? Weil der Verfasser das Leben eines einfachen Handwerkers und seiner Familie, seinen Beruf und den Lebensraum in Norddeutschland um

1640–1700 schildern wollte und weil es weder Memoiren noch eine ausreichende «Biographie» eines solchen Mannes gibt. Aber es existiert *sehr* viel Quellenmaterial, welches die wissenschaftlich korrekte «Zusammensetzung» eines Tuchmachers in Pritzwalk ermöglicht: zahlreiche detaillierte Studien zur Stadt- und Regionalgeschichte, Aufsätze, Dissertationen, Habilitationsschriften zur Geschichte der Tuchmacherei und der verwandten Gewerbe und Nebenarbeiten vom Scheren der Schafe über das Sortieren der Wolle, das Spinnen, Weben, Walken und Färben bis zum Verkauf des Tuches, von der Lehr- über die Gesellenzeit und -wanderung bis zum Meisterstück, zu den Rechten und sozialen Pflichten der Zünfte und zu deren Verdrängung durch die staatliche Gesetzgebung und die Macht der städtischen Magistrate.

Wer sich durch diese gelegentlich recht umständlichen Studien hindurcharbeitet, deren an Einzelheiten reichste wohl aus dem Fleiß der Studenten, der Lokalhistoriker und Archivare im letzten Drittel des 19. Jahrhunderts entstanden sind, darf sich am Ende getrauen, aus allen seinen Kenntnissen einen «durchschnittlichen» Tuchmacher mit Familie und Milieu herauswachsen zu lassen. Geburtsdatum, alle Einzelheiten an Begegnungen und Geschehnissen zwischen Pritzwalk, Berlin und Venedig, schließlich auch der «Todestag», sind also erfunden. Aber alles zusammen ist eben ein Tuchmacher – ein Pritzwalker Tuchmacher, dem der Autor sich, wie der Leser zu gegebener Zeit bemerken wird, persönlich verbunden fühlt und der obendrein sogar als Vorvater eines heute noch bestehenden Unternehmer-Kreises verstanden werden kann.

Im gleichen Jahr 1640 wurde nun wirklich geboren der Frankfurter Salomon Herz Löw Oppenheim, der wirklich im Jahre 1697 gestorben, innerhalb dieser fast sechs Jahrzehnte aber ein, sagen wir, halbsynthetischer jüdischer Kaufmann gewesen ist. Das hängt so zusammen: Das Leben in der Frankfurter Judengasse während des 17. Jahrhunderts ist mehrmals unter den verschiedensten Gesichtspunkten sorgfältig erforscht worden. Wir kennen die Gasse fast Haus für Haus – nicht allein die Namen, Breite und Höhe der Häuser, sondern auch ihre Besitzer über mehrere Generationen mit ihren Ehen, Kindern und Dienern, mit der Ernährung in der Familie und dem Unterricht in Synagoge und Schule, mit ihrer Entwicklung im Beruf bis hin zur Gründung einer eigenen Familie unter den strengen Augen der Alten.

Wir wissen, welches Haus die Oppenheim besessen, wie sie in der Großfamilie und mit der Nachbarschaft gelebt, Feste gefeiert, Ängste und Sorgen geteilt, gelegentlich Flüchtlinge vor der Verfolgung im östlichen Europa aufgenommen haben. Auch wissen wir, daß in den vielen schwierigen, gefahrvollen Jahren nicht ganz wenige junge Juden den Druck der Umwelt auf ihre engen Gassen nicht aushielten, die einem Gefängnis, nicht aber einem Städtchen ähnlich waren. Sie brachen aus, liefen davon, bettelten, stahlen auch, schlossen sich Gruppen und Banden an, die jüdische Mitläufer tolerierten – wurden Asoziale und schließlich zuweilen Verbrecher.

Das alles ist wiederholt genau untersucht worden – besonders für das Gebiet um Kassel, Frankfurt, Mainz und Worms. Nicht nachgewiesen ist, daß ein Oppenheim, *unser* Oppenheim, für einige Zeit zu einer solchen Gruppe von Juden gehört hat, die «baldowernd» und den Troß bewachend einer solchen Bande aus ehemaligen Soldaten und Vaganten verschiedener Völkerschaften mehr folgte als angehörte.

Wir nehmen an, daß unser Oppenheim einige Zeit als «verlorener Sohn» ein solches Leben geführt und dann zu den Eltern in der Frankfurter Judengasse zurückgefunden hat. Er wurde wie so viele seinesgleichen ein reisender Kaufmann, zog bis Prag und Wien, bis an die österreichische Militärgrenze zum Osmanischen Reich, kehrte einigermaßen wohlhabend nach Frankfurt zurück und starb dort – das ist nun wieder mehrfach bezeugt – als bedeutendster Steuerzahler und Haupt einer Familie, deren nächste Generationen Frankfurt verließen, in Bonn zum Kreis der Lieferanten des Kurerzbischofs gehörten und schließlich, als dessen Staat unter dem Druck des französischen Revolutionsheeres zusammenbrach, 1794 in das größere, kriegswirtschaftlich wichtige Köln weiterzogen.

Unsere beiden letzten Personen haben all das, was über sie berichtet wird, in Wirklichkeit erlebt: sie sind beide «historische Persönlichkeiten», mit deren Leben und Wirken sich deutsche und ausländische Geschichtsschreiber eingehend beschäftigt haben.

Der 1641 geborene Dodo (II.) Freiherr von Inn- und Knyphausen gehört nicht allein einer noch heute existierenden Adelsfamilie in Ostfriesland an, die ihre Geschichte pflegt; die Hauptereignisse seines Lebens, das 1698 ein trauriges, für den radikalen Absolutismus charakteristisches Ende fand, sind auch im «Lütetsburger Hausbuch» dieser Familie vom Aufstieg bis zum Schicksalsschlag sorgfältig aufgezeichnet erhalten geblieben. Und außerdem hat man die Dokumente in den Archiven Ostfrieslands, des brandenburgisch-preußischen Staates und der Hohenzollern-Familie wiederholt durchgearbeitet; vor allem im Hinblick auf Dodos II. Tätigkeit in Verbindung mit anderen brandenburgischen Ministern zwischen 1683 und 1697.

Und schließlich Maria Sibylla Merian, geboren 1647 als Tochter eines berühmten Kupferstechers und sehr wohlhabenden Buchverlegers, gestorben 1717 als in Europa berühmte Blumen- und Schmetterlingsmalerin sowie hervorragende wissenschaftliche Entomologin – alt, schwach, krank, verarmt und einsam, so daß sie beinahe in einem Armengrab beigesetzt worden wäre. Ihr Leben ist mehrfach erforscht und beschrieben worden – erst jüngst mit großer biographischer und kunstwissenschaftlicher Sorgfalt im Rahmen einer Ausstellung in Nürnberg.

Das also sind die fünf Personen, um die und deren Lebenskreis es im folgenden geht. Einmal um sie selber als Individuen, die gewissermaßen einen Beruf – den des Tuchmachers hier, den des Kaufmannes dort – repräsentieren. Zum anderen aber sind sie uns Repräsentanten des Lebens von Deutschen in der Heimat und in Übersee im 17. Jahrhundert – genauer zwischen dem Dreißigjährigen Kriege und dem Aufschwung seit dem Anfang des 18. Jahrhunderts.

Natürlich ist der Dreißigjährige Krieg, sind die nicht wenigen anderen Kämpfe nach 1648 über die Türken- und Hugenottenkriege bis hin zum Nordischen Krieg, sind auch die überseeischen Expansionen europäischer Mächte mit der Entstehung von Kolonialreichen und riesigen Welt-Handelsgesellschaften immer wieder in vielbändigen, reich illustrierten Werken eindrucksvoll dokumentiert worden. Aber der kleine einzelne Mensch kommt in solchen weit ausschwingenden Überblicken kaum hier und da einmal vor. Er verschwindet gleichsam als das vom Schicksal verbrauchte Werkzeug im großen Geschehen und in dessen Ergebnissen.

Darüber hinaus wird hier versucht, von den fünf Individuen zu einer gewissen Allgemeinheit zu gelangen: zu Geburt, Kindheit, Schul- und «Gesellen»-Zeit, Berufsjahrzehnten, schließlich zum Altern und Sterben von Männern und Frauen, Menschengruppen und -schichten in jener Epoche. Diese Themen haben in jüngster Zeit bei Forschern und Lesern viel Interesse gefunden, nachdem sie schon einmal in der zweiten Hälfte des 19. Jahrhunderts wissenschaftlich recht genau untersucht und, beginnend mit «Professoren-Romanen», auch in der «schönen» Literatur behandelt worden sind. Letzten Endes steht eben doch der einzelne Mensch, die Familie, der Berufs-, der Lebenskreis in der Mitte unseres Interesses für die Geschichte – auch in der «Frühen Neuzeit», in der so vieles begann, was heute unser Leben beeinflußt: die «moderne» Naturwissenschaft und Technik zum Beispiel, Themen wie Rationalität und Irrationalität unseres Lebens, auch die Bevölkerungsexplosion und die Weltwirtschaft. Unsere fünf Personen haben das alles an sich selber verspürt: der Botaniker in Indonesien, der Minister in Berlin, der Handwerker wie der Kaufmann von der Prignitz bis Venedig beziehungsweise von Frankfurt bis Wien, die große Künstlerin und Entomologin in Frankfurt, Amsterdam und Surinam.

So reichen denn unsere Beobachtungen und unser Geschichtsbild von der fast noch dörflichen Werkstatt, vom Gutshof und Bürgerhaus schließlich bis zum Fürstenschloß in Berlin und zu Kaiser Leopolds I. Hofhaltung in Wien, ja, bis zur Schmetterlingssammlung der wissenschaftlichen Künstlerin und zum Botanischen Garten des forschenden Apothekers.

I. Geburt und erste Lebensjahre zwischen 1634 und 1647

1. Friedrich Wegener aus Pritzwalk in der Ostprignitz

Am 21. Juni 1640 wurde in einem Haus nahe dem Meyenburger Tor der kleinen Stadt Pritzwalk in der Ostprignitz Friedrich Wegener geboren.[1]

Die Prignitz war eine etwa 3300 km² große Region zwischen Hannover, Mecklenburg, Mittelmark, Magdeburg und der Altmark, die zum Kurfürstentum Brandenburg gehörte – hauptsächlich eine Sandebene an Elbe, Havel, Dosse und Stepnitz. Das Städtchen Pritzwalk (slawisch = Durchflußwall[2]) liegt noch heute im östlichen Teil der Prignitz am Ufer der Dömnitz etwa 60 Meter über dem Meeresspiegel. Der an der Handelsstraße von der Elbe nach dem Osten und von Berlin-Kölln nach Lübeck entstandene Ort, der bereits seit etwa einem Vierteljahrtausend eine stattliche St.-Nikolai-Kirche besaß,[3] hatte nach seiner Gründung durch Deutsche im Jahre 1256 das Seehausensche Stadtrecht mit der Bestim-

Pritzwalk, Marktplatz.

mung erhalten, daß jeder Unfreie, der in die Stadt zog und dort Jahr und Tag wohnte, frei sei.[4] Durch den Zerfall der Hanse aber, zu der eine lokkere Mitgliedschaft bestand, und auch durch den Übergang des großen See-Handels von Lübeck nach Hamburg hatte die Stadt einen erheblichen Teil ihres zeitweise beträchtlichen Wohlstandes eingebüßt, in den Jahren 1539 und 1556 obendrein 1300 beziehungsweise 950 Einwohner durch Epidemien verloren und war also bereits vor dem Dreißigjährigen Kriege so sehr in Mitleidenschaft gezogen worden, daß schon im Jahre 1595 viele Häuser «öde und wüste» standen.

Die ältesten und bedeutendsten Zünfte waren seit dem Anfang des 14. Jahrhunderts die der Kaufleute, Tuchmacher und Schlächter. Im 16. Jahrhundert waren nach dem Bau eines prächtigen Rathauses die Zünfte der Schneider, Schuhmacher und Tischler gegründet worden, die sich zunächst sehr gut entwickeln konnten. Aber die Pestjahre um 1600 und die Belastung der Bürger im Kriege seit 1618 durch Einquartierung, Kontribution, Plünderung und schließlich eine dritte Pestwelle, die vom 18. Mai bis Martini 1638 dauerte, steigerten die Not aufs höchste: im ganzen kamen 1500 Einwohner sowie viele flüchtige Bauern und Soldaten ums Leben, der Rat der Stadt starb bis auf zwei Personen aus. Im Geburtsjahr von Friedrich Wegener stellte eine kurfürstliche Kommission fest, daß in Pritzwalk nur noch 53 Männer ansässig waren – «der meiste Theil davon recht arme Leutche, die ihr Leben mit täglicher Handarbeit verdienen müssen, auch alle ihre Haab und Wohlfahrt mit sich tragen können. Weshalb dann der meiste Theil bereits gewillet sei, davon zu gehen, weil sie sich nicht länger alldar halten können». Unterhalb dieses halben Hunderts zwar «ansässiger», aber gewiß häufig verschuldeter Männer – Bürgern mit ihren Familien – gab es eine etwas breitere Schicht noch Ärmerer – Mägde und Knechte, Tagelöhner und Bettler. Vermutlich war die Zahl der Steuerpflichtigen in den jüngsten vier oder fünf Jahrzehnten um die Hälfte gesunken, so daß die Befestigungen der Stadt zusammenbrachen, Wohnhäuser und Wirtschaftsgebäude vernachlässigt werden mußten und nachbarschaftliche, «hansische» Hilfe selbst für Alte und Kranke kaum noch möglich war.

Friedrich Wegeners Vater Friedrich war Tuchmacher-Meister, seine Mutter Katharina Tochter eines Schneiders. Er war das vierte von zehn Kindern. Die ersten drei waren vor seiner Geburt gestorben, zwei seitdem, zwei weitere anscheinend als Lastträger von Soldaten verschleppt worden und verschwunden.

Das wichtigste Gewerbe der Mark Brandenburg[5] war noch immer die Tuchmacherei. Sie wurde hauptsächlich in den Elbstädten, aber auch in anderen Orten seit langer Zeit betrieben – zum Beispiel in Kyritz, Wittstock, wo es noch um 1700 200 Meister gab, Tangermünde, Perleberg, und in Pritzwalk bereits seit dem 14. Jahrhundert. Selbst gegen die Konkurrenz verfeinerter englischer Gespinste arbeiteten im 16. Jahrhundert noch in 15 Städten der Mark, darunter Pritzwalk, mehr als 1000, nach einigen Quellen sogar 3000–4000 Meister. Das war ein so hoher Stand dieses Gewerbes, wie er später niemals wieder, selbst nicht nach den Anstrengungen Friedrich Wilhelms I. und Friedrichs II. für die Kurmark, erreicht wurde.[6]

Während des großen Krieges mußten 1641 und 1644, also in Friedrich Wegeners ersten Lebensjahren, Edikte aus der Vorkriegszeit eingeschärft und erneuert werden, welche die Ausfuhr von Wolle untersagten, ja sogar ihre Einfuhr förderten. Materialversorgung und Berufsausübung wurden seit der Mitte der 30er Jahre immer schwieriger, die Lebensumstände schließlich auch für Meister ärmlich. Von den vielen tausend Schafen, die in Pritzwalk und Umgebung der Wolle wegen gehalten worden waren, lebten nur noch 30 oder 40.

Da sich die Lebensbedingungen verschlechterten, verschärften die der Zunft angehörenden Meister die Eintrittsbedingungen. Man bevorzugte, als Friedrich Wegener geboren wurde, bereits eindeutig die «im Handwerk Geborenen», die Meistersöhne – also auch ihn selber.[7] Ohne Frage konnte er eines Tages nach einer dreijährigen Lehrzeit Geselle bei seinem Vater und nach weiteren etwa fünf Jahren Meister werden, mithin Nachfolger seines Vaters – falls Pritzwalk dann noch als Stadt existierte. Das aber erschien im Jahre 1640 nicht sehr wahrscheinlich.

Friedrich und Katharina Wegeners Ehe war etwa fünf Monate vor der Geburt ihres ersten Kindes nach einer öffentlichen Ankündigung in der alten schönen Nicolaikirche vor dem Zunftmeister der Tuchmacher geschlossen worden – nach einer Vereinbarung der beiden Eltern-Familien. Das im Jahre zuvor angelegte Trauregister zeigt den Eintrag; damit war die Ehe öffentlich bekanntgegeben und in der christlichen Gesellschaft rechtsgültig.[8] Die beiden bildeten als vor Gott und den Menschen «Versprochene» einen ehrenhaften Haushalt im Kreise der weiteren Familien, der Nachbarschaft und der Zunft. Der Ehemann hatte eine Hofstelle sowie Arbeit nachgewiesen, mit denen er eine Familie ernähren und gegebenenfalls ein öffentliches Amt übernehmen konnte, so daß er also hoffentlich nicht als Armer der Stadt zur Last fallen würde.

Friedrich und Katharina, eine eheliche Tochter ihrer Eltern, liebten einander, was nicht selbstverständlich war. Viele Ehen wurden von den Eltern aus wirtschaftlichen oder verwandtschaftlichen Ursachen vereinbart und geschlossen. In Liebe war nach einer kurzen Werbezeit des jungen Mannes von beiden, die etwa 27 bzw. 24 Jahre alt waren, das Eheversprechen abgegeben worden: seit dieser für die jungen Menschen sowie für ihre Eltern bindenden Vereinbarung, bei der als Bestätigung und Pfand kleine Geschenke ausgetauscht worden waren, hatten sie das Recht zum geschlechtlichen Umgang miteinander gehabt und wahrgenommen, den juristischen Ehepakt also nicht mehr als «Unberührte» unterschrieben.

Nach der städtischen Polizeiordnung von 1626 war die inzwischen erheblich reduzierte Bevölkerung von Pritzwalk in vier «Stände» geschieden: Zum ersten Stand gehörten die Mitglieder des Rates, der Schöppenbank, die Lehrer und Gelehrten sowie die Angehörigen der alten vornehmen «Geschlechter»; zum zweiten die Mitglieder der Hauptgilden, die Gewandschneider und weitere wohlhabende Bürger – also auch Vater Wegener; zum dritten die anderen Gilden, die Schankwirte und gemeinen Bürger, zum vierten schließlich die Tagelöhner und Dienstboten. Diese Polizeiverordnung verbot übrigens allen Bürgern, bei Festlichkeiten Wein zu trinken; im Interesse der Pritzwalker Brauereien sollten sie sich an ihrem Bier «genügen lassen».

Wenige Monate nach Friedrich Wegeners Geburt legte im November 1640 ein Vertreter der «nunmehr zu Grunde verdorbenen und ruinierten Stadt Pritzwalk» in Berlin einen Bericht über die Kriegslasten vor, unter denen die Bürger seit jener Polizeiverordnung von 1626 stöhnten. Insbesondere seit 1635 war man «biß aufs Blut ausgesogen» worden und daher nicht mehr in der Lage, dem Kurfürsten auch nur die geringsten Abgaben zu entrichten. Viele Häuser und Gehöfte standen leer, und man war bereit, sie jedem kostenlos zu überlassen, der sich in Pritzwalk niederlassen wollte. «Es hat sich aber bis dato niemand dazu verstehen wollen.»[9]

In seinem zweiten Lebensjahr kroch Friedrich Wegener, wenn das Wetter gut war und keine Marodeure und Plünderer im Ort herumliefen, vor und hinter dem Hause zwischen ein paar Pflanzen herum. Mit den beiden Schafen und drei Gänsen, die der Vater gerettet hatte, stritt er sich um ein paar Blätter Sauerampfer, um Beeren vom wilden Flieder, um Gänse-Fingerkraut, Taubnessel und Klee. Besseres konnte auch die Mutter kaum bieten. Und wenn man in den Wald ging, um Holz, Beeren und Pilze, auch Borke von jungen Bäumen zu sammeln, dann taten sich dazu immer nur ein paar mit Knüppeln bewaffnete Männer zusammen. Frauen und Kinder blieben zu Hause und warteten ängstlich auf die Rückkehr der Sammler.

Friedrich Wegeners erstes großes Erlebnis war die gewaltige Feuersbrunst von 1642, die große Teile von Pritzwalk zerstörte und den Turm der St. Nicolaikirche zum Einsturz brachte, so daß die 1538 gegossenen Glocken schmolzen.

2. Andreas Cleyer aus Kassel

Wohl am 27. Juni 1634 wurde in Kassel Andreas Cleyer geboren, der von allen hier vorgestellten Personen einerseits das wissenschaftlichste, andererseits das abenteuerlichste Leben führen sollte, bevor er in der niederländisch-ostindischen Hauptstadt Batavia (heute Djakarta) starb.[10]

An jenem Tage trug man in das Taufregister der Altstädter Gemeinde Kassels ein, daß «Peter Cleyer einen Sohn taufen lassen, Gevatter Andreas Zentgrebe». Sein Vater stammte aus Ober-Urffen im Löwensteinischen Grunde und hatte am 16. Januar 1633 «Agnes, Andreas Simmerings sel. Wittib» geheiratet, die aus Marburg stammte. Ihr erster Mann war 1631 30jährig an der Schwindsucht gestorben. Tags darauf hatte die Witwe eine zweite Tochter geboren, Barbara. Sie wurde notgetauft und starb am 8. Februar 1632 – in einem Hungerjahr, als Rüben das Hauptnahrungsmittel waren.[11] Peter Cleyer heiratete also eine Witwe mit einem Kind, deren Ehe nur etwa neun Monate gedauert hatte. Am 29. Juni 1637, also als Dreijähriger, bekam Andreas Cleyer eine Schwester, deren Leben parallel zu dem des Bruders verlaufen und gleichfalls in Batavia enden sollte.

Zwischen den Geburten dieser beiden Geschwister hatte der Vater den Tod gefunden. Denn seine Tochter erhielt dem Register zufolge den Namen Anna Elisabeth als «posthuma geborene Tochter des Leutnants Peter Cleyer». Dieser war also nach höchstens vierjähriger Ehe gestorben – ob als Soldat, an einer Krankheit oder einem Unfall, ob er einem Verbrechen zum Opfer gefallen ist, wissen wir nicht. Es gab in diesen Jahren im Hessischen viele Möglichkeiten, zu Tode zu kommen.[12] In Wiesbaden und Hadamar zum Beispiel herrschten seit 1635 Pest und Hunger. In mehreren Kirchspielen blieben von etwa 600 Seelen kaum 20 übrig. Gelegentlich starben so viele Menschen in wenigen Tagen, daß die Überlebenden sie lange unbegraben liegenlassen mußten. Entsetzlicher als die Pest wütete zuweilen der Hunger: Kinder aßen von den Leibern ihrer toten Eltern, Mütter Teile derer, die sie geboren hatten, nachdem sie schon lange Zeit Gras und Blätter, Pferde und Hunde, Katzen und Ratten gegessen hatten. Kinder wurden wie Schlachtvieh geraubt und – verkauft.

Vom 20. September bis zum 23. Oktober 1635 verwüstete Graf Otto von Schaumburg Niederhessen, zerstörte die Wohnungen und vernichtete die Ernte. Obendrein kam auch hier die Pest: das war im selben Jahr, als Soldaten in Gelnhausen einen 1620 oder 1621 geborenen Knaben aufhielten und ins Feld- und Lagerleben entführten: Johann Jakob Christoffel von Grimmelshausen.

Nach einem sehr kalten Winter richtete 1637 Hagelwetter großen Schaden an. In Gelnhausen grub man Leichen aus, um von ihnen zu «essen». Und dennoch verhungerten in diesem Raum Tausende. Im Fuldaischen tauchte eine neue Seuche auf, der mehr Menschen zum Opfer fielen als je zuvor. In Kassel, hinter dessen Wällen eine große Menge Fremder Schutz gesucht hatte, war diese Seuche bereits seit 1635 gewissermaßen «angesiedelt». Nun verwandelte sich die Stadt mit all den zusammengedrängten

Menschen durch den Mangel an gesunden Nahrungsmitteln, durch die fortwährende Unruhe und Hoffnungslosigkeit aller praktisch in ein großes Lazarett. Innerhalb weniger Monate des Jahres 1637 starben 1440 Personen, darunter 623 Fremde. Und dann fiel der nächste ungewöhnlich kalte Winter über Hessen her.

Wie sah die hessische Haupt- und Residenzstadt Kassel unter dem Regiment des Landgrafen Wilhelm V. aus? Er war seit 1626 an der Macht, nachdem sein Vater Moritz zurückgetreten war, weil er sich 54jährig im 34. Jahr seiner Regierung zu schwach gefühlt hatte, seine schon damals ausgesogene und ausgeplünderte, vom Tode in vielen Formen dezimierte Untertanenschaft zu regieren. Landgraf Wilhelm hatte 1629/33 in Kassel eine Universität mit Rektor und Szepter, Siegel und Schlüssel, Matrikel und Verfassung gegründet und ihr 1634 zahlreiche Güter und Einnahmen von Untertanen geschenkt, die auf seiten der Katholischen Liga gestanden hatten. Private Stiftungen waren gefolgt. Aber dann fiel der Krieg wieder über das Land her, gerieten die Protestanten nach der Schlacht bei Nördlingen 1634 in Bedrängnis: 1653 veschwand die Universität Kassel zugunsten der Wiedereröffnung derjenigen in Marburg. Der Landgraf hatte in der Tat andere, materielle Sorgen. Er erließ mitten im Kriege eine Armen- und Bettelordnung. Mit ihr machte er es sich leicht. Sie verwies verarmte Pfarrer an ihren Superintendenten, beschädigte Soldaten an ihren Oberst, gebrandschatzte und beraubte Einwohner an die Bürgermeister – und diese an die Armenkasse, die leer war.

Und doch mußte das Land ein neues Heer von 12 000 Mann aufbringen, das, gemeinsam mit «allerlei herrenlosen Gesindeleien» und solchen, die den Krieg als Handwerk trieben, allen Edikten zum Trotz durch Diebstahl und Plünderung den ausfallenden Sold ersetzte, die Straßen unsicher machte und in der Stadt sogar auf öffentlichen Plätzen den Verkäufern ihren Erlös, den Käufern die Ware entriß. Die Torwachen nahmen den Menschen Hüte und Mäntel vom Leibe. Keine «ehrliche Matrone oder Jungfer» wagte es, über die Fuldabrücke oder durch die Festungspforten zur Gartenarbeit zu gehen. Der Landgraf machte seinen zivilen Untertanen die Selbsthilfe gegen seine Soldaten geradezu zur Pflicht und bezeichnete in Kassel genau vier Sammelplätze, an denen die Bürgerschaft nach zwei Glockenschlägen zusammeneilen und dann gegen seine eigene marodierende Soldateska losschlagen sollte. Und über ihnen standen höchst anspruchsvolle «Hausführer» und Offiziere.

Von außen aber bedrohten seit der Schlacht bei Nördlingen «Freicorps» die Stadt Kassel. Einer der Haufen stand unter dem Befehl des «Brand-Johann», ein anderer wurde vom «Hessenpein» befehligt, ein dritter bestand aus besonders grausamen Kroaten. Der am 30. Mai 1635 geschlossene Friede zu Prag gab groteskerweise das Signal zum Beginn der blutigsten Kriegszeit für Hessen: Er brachte den «Anfang seiner Marterwoche». Und im Sommer dieses Jahres brach jene neuartige pestartige Seuche aus, vor der die fürstliche Familie aus Kassel in das kleine Waldschloß Sababurg flüchtete. In Piderits Geschichte Kassels vom Ende des 19. Jahrhunderts heißt es schließlich: «Das Jahr 1637 hat dem Hessenland Wunden geschlagen, welche niemals ganz vernarbt sind. Viele Dorfschaften, welche die Talgründe belebten, sind nicht wieder erbaut, und ihr Andenken lebt nur noch in den Benennungen der Feldmarken fort. Die Städte hatten größtenteils ihre Zierden, ihre Gotteshäuser, ihre Rathäuser, ihre Dokumente eingebüßt. Die Burgsitze sind aus ihren Trümmern nicht wieder erstanden.«

In diesem Milieu verbrachte Andreas Cleyer seine Kleinkindjahre, bekam er eine Schwester, wurde die Mutter Witwe. Wie diese sich und die Kinder am Leben erhielt, ob sie vermögend war, Hilfe fand oder arbeiten mußte, wissen wir nicht. Wenn man sich der eigenen hessischen Soldateska in Kassel erwehren mußte, versammelte die Altstädter Gemeinde sich auf ihrem Marktplatz. Vielleicht war die schließlich zweimal verwitwete Agnes Cleyer gelegentlich dabei.

Ab 1642 gab es zwar ein paar ruhige Jahre, in der allerletzten Kriegsphase 1648 aber teure Truppendurchzüge.

3. Dodo II., Reichsfreiherr zu Inn- und Knyphausen

Als Dodo (II.) zu Inn- und Knyphausen am 30. März 1641 in Farmsum am Dollart in der niederländischen Provinz Groningen geboren wurde, hatte seine Familie bereits seit vielen Jahren unter dem Dreißigjährigen Kriege gelitten.

Die Geschichte des friesischen Häuptlingsgeschlechts derer von Inn- und Knyphausen ist lang.[13] Das Schloß Lütetsburg, der Sitz dieser Fürsten, liegt in Sichtweite der Nordsee gegenüber der Insel Norderney nahe der Stadt Norden. Das Hauptgebäude, eine Wasserburg, ist nach Katastrophen wiederholt umgebaut worden, aber seine Vorburg hat sich seit dem 16./17. Jahrhundert unverändert erhalten. Die Geschichte des Hauses und seiner Bewohner ist in einer 1561 begonnenen und von dem jeweiligen Hausherrn bis in die Gegenwart fortgeführten Familien-Chronik aufgezeichnet worden: Die Geschichte Ostfrieslands und benachbarter Küstengebiete spiegelt sich in den Schicksalen dieser einen Familie seit der «klassischen Häuptlingszeit» vom 11. bis zum 15. Jahrhundert.

Liest man heute die Namen der Männer und Frauen, die in dieser langen Zeit gelebt haben, dann glaubt man auf einem anderen Erdteil zu sein. Da gibt es neben den Innhausen und Knyphausen die Cirksena, den Onno Oncken und Rammat, die Tochter des Lübbo Oncken, die Bruchte, Schwester des Onno Tyardessen, den Edo Boing, den Popko, der seine Tochter Hisa erst mit Edo Wiemkens einzigem Sohn Dodeko und dann mit Martin Sytzena, dem Häuptling von Berum vermählte. Folef, Alkos Sohn, bezeichnete sich um die Mitte des 15. Jahrhunderts erstmals als Häuptling beider Herrschaften nach deren gewaltsamer Vereinigung durch seinen Vater. Kriege bestimmten Folefs Leben. Er heiratete um 1530 Ayma Beninga, und sie gebar ihm 16 Kinder, darunter zwölf Söhne, von denen acht unter den verschiedensten Fahnen Kriegsdienst taten und starben.

Dann folgten Tido, Unico Manninga und schließlich Wilhelm Knyphausen, der zwar als erster auf Lütetsburg lebte, aber zwischen 1584 und 1600 als Vertreter der ostfriesischen Ritterschaft einmal an den kaiserlichen Hof nach Wien und dreimal zu Rudolf II. nach Prag reiste. Ihm folgte der Feldmarschall Dodo (I.), der von 1583 bis 1636 lebte. Damit nähern wir uns «unserem» Dodo II., denn jener war sein Großvater. Dodo der Ältere wurde als überzeugter Protestant unter dem Prinzen Moritz von Oranien schwedischer Offizier, landete auf Usedom, eroberte Wolgast und Demmin, verteidigte Neubrandenburg gegen Tilly, geriet mit Frau und Kindern in Gefangenschaft, wurde nach einigen Jahren ausgetauscht und kommandierte bei Lützen die schwedische Infanterie, worauf Gustaf Adolf ihn zum Feldmarschall beförderte. Er eroberte Leipzig, Zwickau, Chemnitz, Herford, Rinteln und Osnabrück, belagerte Hameln, siegte bei Hessisch-Oldendorf, berannte 1634 vergeblich Hildesheim und verursachte mit das Elend, das das Baby Andreas Cleyer in und um Kassel erlebte und erlitt.

Über all diese und dieses Schlachten geriet sein eigener heimatlicher Besitz in Not und Gefahr. Und am 1. Januar 1636 fand er selber in einem «Scharmützel» bei Haselünne in der Nähe von Meppen im 53. Jahr seines «ruhmvollen Lebens» den Tod unter dem Ruf «Hilf Gott». Einbalsamiert gelangte sein Leichnam von Meppen zu Wasser nach Emden, auf den Schultern einiger Offiziere weiter zu seinem Besitztum Klunderburg, schließlich überaus prunkvoll zur Kirche von Jennelt.

Seine Gattin Anna von Schade, eine vornehme, elegante Dame, die auf einem Porträt aus der Schule von Anton van Dyck viele lange Perlenketten trägt, sah sich mitten im Kriege auf das äußerste gefährdet. Von sieben Kindern, die sie geboren hatte, waren nur noch der 25jährige Sohn Enno Adam und die Tochter Eva Oriana, Gemahlin eines schwedischen Generalmajors, am Leben. Der gesamte Familienbesitz geriet in Gefahr: nicht nur der Landgraf von Hessen und der König von Frankreich interessierten sich für ihn, sondern auch die Witwe des «Winterkönigs» von Böhmen. Diese gewann und «erwarb» 1638 gegen 30000 Gulden, von denen sie nur einen kleinen Anfangsbetrag zahlte, alles außer einigen Gütern, die Anna von Schade als ihr Eigentum in die Ehe gebracht hatte.

Enno Adam wurde nicht nur von äußeren Gegnern bedrängt, sondern auch von Verwandten. Voreilig verzichtete er obendrein auf das Erbrecht an der «Herrlichkeit» Lütetsburg. Das alles nahm er sich so sehr zu Herzen, daß er 1639 erkrankte, nur noch im gesicherten Besitz von Jennelt, der Klunderburg und einigem Streubesitz. Er mußte den schwedischen Dienst quittieren und heiratete auf Wunsch seiner Mutter Occa (Oktavia) Johanna Reichsfreiin von Ripperda, eine reiche Tochter des Häuptlings zu Farmsum am Dollart sowie der Anna Margaretha von Rengers aus dem Gebiet um Groningen.

Enno Adam gesundete schnell im Ehestand, wurde 1640 erneut Oberst und ließ in der Zeit der «Hessischen Invasion» seine Frau häufig allein. Occa Johanna lebte daher jahrelang in Farmsum. Dort wurden auch die beiden Söhne Dodo II. 1641 und Hero Mauritz 1648 geboren.

Dodo hat die ersten Jahre seines Lebens meist auf Fluchtreisen verlebt – häufig nach Den Haag, wo die Mutter bei den holländischen General-Staaten Hilfe suchte. Sein Vater starb 1653 an der Schwindsucht. Dem Sohn Dodo II., dem er nun doch seinen Anspruch u. a. auf Lütetsburg vererbte, legte er die «Rache für das ihm zugefügte Unrecht ans Herz». Seine Töchter enterbte er für den Fall einer nichtadligen Heirat. Seine Witwe heiratete 1656 den schwedischen Reichszeugmeister und General Erik Graf von Steenbock zu Bogesund, Freiherr zu Oresteen und Cronbeck, kämpfte aber aufs eifrigste um das Erbe ihrer Kinder aus erster Ehe, reiste wiederholt nach Den Haag und 1654 zur abgedankten Königin Christine von Schweden nach Brüssel – stets ohne Erfolg.

Dodo II. unternahm also als ständig von Totschlag, Krankheit und Verarmung bedrohtes Kriegs-Kleinkind viele Reisen. Erst im Jahre 1650 verließen die Fremden, die hessischen Soldaten, denen er mit seiner Mutter ständig begegnete, das entvölkerte und verarmte Land, nachdem sie aus ihm rund 5 Millionen Gulden an barem Geld erpreßt, allerdings auch fast ganz in Ostfriesland wieder verausgabt hatten: es war also in diesen langen Jahren nicht allein zu viel Plünderung und Brandstiftung, sondern auch zu einer beträchtlichen Umverteilung von Hab und Gut gekommen, zumal man Monat für Monat 12 000 Tlr Kontribution hatte aufbringen und natürlich die Besatzer hatte beköstigen und unterbringen müssen.[14]

Emden z. B. war in dieser Zeit zu einer Landstadt geworden, seine Bevölkerung gegenüber dem Anfang des Jahrhunderts auf die Hälfte abgesunken.[15]

4. Maria Sibylla Merian

Am 2. Juni 1647 wurde in der bedeutenden Handelsstadt Frankfurt am Main Maria Sibylla Merian geboren – zwei Tage später getauft –, die als 30jährige schon mit ihrem ersten Buch schnell weithin bekannt wurde

Frankfurt. Kupferstich von M. Merian (1593–1650). AKG, Berlin.

und schließlich bis heute als Gelehrte und Künstlerin weltberühmt geblieben ist. Ihr Lebenslauf sollte hier und da eine gewisse Ähnlichkeit mit dem von Andreas Cleyer aufweisen.[16]

Maria Sibylla war das neunte Kind ihres 1593 in Basel geborenen Vaters, der einer alten Familie von Handwerkern, Kaufleuten und Akademikern angehörte, das erste aus seiner zweiten Ehe mit Anna Catharina Heiny. Die Familie Merian, deren ursprünglicher Name «Muria» sich von der Ortschaft Muriaux (Spiegelberg) herleitet, hatte vor langer Zeit in Lüttersdorf (Courreux, Kanton Jura) das bischöflich kaiserliche Meieramt innegehabt und sich, im 15. Jahrhundert im Flößerberuf nach Basel übergesiedelt, schnell in die oberen Ränge der Bürgerschaft hinaufgearbeitet. Im Jahre 1562 war sie erstmals im Kleinen Rat vertreten. Der Goldschmied Theodor hatte zwei Jahre vor seinem Tod 1563 eine «Wappenbesserung» erhalten; Burkhard Merian, Vertreter einer jüngeren Linie, erwarb 1553 nach dem Kauf einer Sägemühle, die bis ins 19. Jahrhundert in Familienbesitz blieb, 20jährig das Bürgerrecht. Aus diesem Familienzweig sind mehrfach Maler, Kupferstecher, Gelehrte und Beamte hervorgetreten. Maria Sibyllas Vater hatte 1624 die «Offizin», eine Druckerei seines Schwiegervaters de Bry in Frankfurt übernommen. Seine Topographien und insbesondere sein Theatrum Europaeum hatten ihm trotz des großen Krieges schnell einen internationalen Ruf verschafft. Bei Maria Sibyllas Geburt war auch sein ältester, 1621 geborener Sohn Matthäus bereits ein angesehener Künstler und der 1627 geborene Kaspar ein zumindest tüchtiger Handwerker im gleichen Beruf.

Vater Matthäus war zu dieser Zeit ein 54jähriger, weitgereister und früh gealterter Mann. Er hatte in Zürich vier Jahre lang das Malen und Stechen gelernt und war wegen der offensichtlichen Verbindung von bedeutender Begabung mit großem Fleiß 1613 an den herzoglichen Hof nach Nancy berufen worden, wo er den berühmten französischen Kupferstecher J. Callot kennengelernt und als Protektor für die Übersiedlung nach Paris gewonnen hatte. Dort war er einige Zeit mit großem künstlerischem und wirtschaftlichem Erfolg tätig gewesen, dann aber nicht, wie eigentlich beabsichtigt, zur Fortsetzung seiner Studien nach Italien, sondern über Augsburg, Stuttgart und die Niederlande nach Frankfurt gelangt, wo er dem Verleger, Buchhändler und Kupferstecher Johann Th. de Bry aus Oppenheim am Rhein begegnete. Dieser hatte seine vielseitige Begabung erkannt und ihn 1617 für sein Unternehmen gewonnen. In Oppenheim hatte er schließlich im Winter 1619/20 de Brys älteste Tochter Maria Magdalena geheiratet und war mit ihr zunächst nach Basel und nach de Brys Tod 1624/25 nach Frankfurt gezogen, um den Filialbetrieb seiner Schwiegermutter zu übernehmen.

Dort war 20 Jahre später 1645 Maria Magdalena gestorben, und er selber hatte – Vater von fünf Töchtern und drei Söhnen – bereits 1646 Johanna Sibylla Heiny geheiratet. Ihr erstes Kind war Maria Sibylla Merian, deren Vorname also die von Merians beiden Ehefrauen miteinander verband.

Maria Sibylla Merian wurde in ein reiches intellektuell-künstlerisches, malerisch-kaufmännisches Milieu weitgereister Menschen hineingeboren, die Mittel- und Westeuropa, die zentralen Räume und Orte der materiellen und künstlerischen Kultur des 17. Jahrhunderts kannten und vom Dreißigjährigen Krieg nicht einmal geschäftlich berührt oder gar gefährdet worden waren. Am stärksten wurde eigenartigerweise das Baby selber vom «Kriege» betroffen. 1646 hatte der Rat von Frankfurt eine Verordnung gegen den Luxus bei Festlichkeiten erlassen. Da «die Weiber alle wegen eine der anderen gleich groß und schön tun wollen», darüber häufig ihre eigenen Familien in Not brächten, auch den Ärmeren ein schlechtes Vorbild böten, war die übliche Kleidungs-Ordnung verschärft worden. Maria Sibylla war also zwar unter Glockengeläut und gewickelt in einem mit Perlen bestickten Seidentuch getauft worden, auch hatten die Mitarbeiter des Vaters und engen Freunde der Familie die üblichen Tauftaler, das «Dottengeld», in diese Wickelbinde gesteckt – aber das anschließende Festmahl war verhältnismäßig einfach ausgefallen. Immerhin: Während des Wochenbettes, das einen Monat dauerte, hatten viele Frauen die Mutter besucht.

Die älteren Kinder aus Merians erster Ehe akzeptierten dessen zweite

Frau nicht und zogen sich vom Vater zurück. Insbesondere der älteste Sohn, Matthäus d. J., der bereits ein angesehener Künstler war, ging fortan seine eigenen Wege. Die Mutter stand also einer Front von Ablehnung gegenüber und mußte außerdem darunter leiden, daß ihr Ehemann von ernsten Krankheiten heimgesucht wurde. In jedem Jahr reiste er allein oder mit ihr nach Schwalbach, um in den berühmten Bädern dieses kleinen Ortes Linderung für seine Schmerzen zu suchen.

In diesen Jahren wurde der Friede wiederhergestellt und gesichert: Am 24. Oktober 1648 wurde er in Münster geschlossen und von der Sonderpost der Thurn und Taxis in alle Welt verkündet. Schon tags darauf erfuhr man also diese großartige Neuigkeit in Frankfurt. Es folgten Feiertage mit Gottesdienst und Glockengeläut, Denkmünzen, Kanonensalut, Freudenfeiern auf dem Main, Musik vor den Türmen der Stadt. Die Geschäfte belebten sich. Aber für den wohlhabenden Geschäftsmann, ja Kunst-Produzenten und -Industriellen großer Bilderwerke ganz neuer Art, Merian, der von dem Bildungsbedürfnis, dem Lesehunger, dem Aufblühen des Schulwesens insbesondere in Westeuropa profitierte (dabei allerdings kaum noch als Künstler arbeiten konnte), bedeutete das keine Erleichterung mehr. Er lebte fast nur noch von einer Badekur zur anderen. Im Mai 1650 zog er wieder einmal mit seiner Frau und einigen seiner jüngeren Kinder, unter ihnen die fast dreijährige Maria Sibylla und ihr eben ein Jahr alter Bruder Johann Maximilian, über Wiesbaden nach Schwalbach, das er seit seiner Jugend kannte und 1630 im Bilde festgehalten hatte. Damals war ihm, dem Kupferstecher, der zwischen Quellen und Mooren gelegene Ort nur um seiner anmutigen Landschaft willen aufgefallen. Nun brauchte er seine Wässer, allen voran den «Weinbrunnen», für die Erhaltung seines Lebens.

Schwalbach war vom Kriege mehrfach heimgesucht worden. Jetzt wurden Ruinen von Büschen überwuchert, blühte es aus Kaminen; auf dem Marktplatz von Wiesbaden hatte man Feldhühner gesehen. Die Merians wohnten nicht in dem berühmten Gasthof «Drei Jungfrauen», den der einheimische und fremde Adel bevorzugte, sondern in der ihm nicht nachstehenden «Brezel». Dann folgten der «Rebstock», die «Glocke», die «Sonne» und der «Mond», der «Riese» und der «Bär», der «Schwan», «Rose», «Krone», «Hecht», «Karpfen» und viele mehr.

Merian «kurte», nahm aber auch mit seiner jungen Frau am geselligen Leben teil. Seinem Schwager Fitzer, der schon vor einem Vierteljahrhundert aus dem Buchverlag des Vaters de Bry ausgeschieden war, um als Buchhändler und Postverwalter der Thurn und Taxis in Heidelberg zu leben, schrieb Merian aus diesen Wochen der Ruhe und Erleichterung, wie der ganze Ort sich vom alten Wollenhandwerk auf den Badebetrieb umgestellt habe.

Eines Abends, am 19. Juni 1650, ereilte ihn im 57. Lebensjahr ein schneller Tod – Frau und Kinder waren auf einem Spaziergang. Sofort brach man auf und reiste nach Frankfurt. Dort wurde Merian drei Tage später auf dem St. Peterskirchhof beigesetzt. Seine Freunde und Berufsgenossen widmeten ihm einen Nachruf in Form eines Kunstblattes, das heute als große Seltenheit gilt. Die Vorderseite zeigt das Portrait, ein Brustbild mit einem schönen, zugleich kräftigen und durchgeistigten Kopf, die rechte Hand hält einen Kupferstich mit dem Urteil Salomons sowie ein lateinisches Gedicht; auf der Rückseite steht der eigentliche Nachruf.

Nach kaum dreijähriger Ehe, mit zwei kleinen Kindern an der Hand, fand Anna Katharina Merian sich vor der Aufgabe, das große Verlagsunternehmen mit seinem wertvollen Lager von Büchern und Stichen sowie international weitverzweigten Geschäftsbeziehungen nicht nur zu erhalten und gegenüber der hauptsächlich niederländischen Konkurrenz zu behaupten, sondern auch, wie sie meinte, für die insgesamt zehn Nachkommen Merians fortzuführen. Denn ihr 30jähriger Stiefsohn Matthäus, seit 1644 zwar Teilhaber am väterlichen Geschäft, war im letzten Kriegsjahr in den Dienst des Grafen Wrangel getreten und befand sich zu dieser Zeit weit im Norden des Reiches. Allein schon dadurch, daß er in der Schule von Joachim von Sandrart und in London bei Anton van Dyck in dessen riesiger Werkstatt, einer Art von Portrait-Manufaktur, als persönlicher Schüler des Meisters gearbeitet und schließlich in Paris bei Le Sueur die elegante französische Art des Zeichnens und Malens kennengelernt hatte, genoß er hohes Ansehen. Gerne wäre er noch in der Umgebung des Generals geblieben. Aber als er die Nachricht vom Tode des Vaters erhielt, reiste er sofort nach Frankfurt: Nun galt es, das Familien-Unternehmen zu behaupten und nicht in unfähige Hände geraten zu lassen.

Auch sein jüngerer Bruder Kaspar, ein fleißiger und technisch begabter Künstler und Drucker, war in Frankfurt, und natürlich die Witwe mit ihren beiden Kindern. Sie beabsichtigte, die Leitung des Betriebes für sich und ihre Kinder zu übernehmen und die Stiefkinder nach ihrem eigenen Urteil daran zu beteiligen. Zwar war sie weder Künstlerin noch kaufmännisch geübt. Aber nach den Jahren des engen Zusammenlebens mit ihrem Manne hielt sie sich für fähig und – wie sie deutlich erkennen ließ – auch für verpflichtet, «das Werk meines Mannes ... in seinem Sinne weiterzuführen», nicht etwa zu schließen oder zu verkaufen.

Doch Matthäus der Jüngere trat ihr, auch im Auftrag seiner Geschwister, mit allem Nachdruck entgegen: Der Verlag sei in den letzten Lebensjahren des Vaters vernachlässigt worden und müsse von Grund auf reorganisiert werden, um den Fortgang und damit weitere Einnahmen zu sichern. Ein großes Geldvermögen sei angesichts der vielen Menschen, die von ihm lebten, nicht vorhanden. Das Unternehmen mit seinen Geschäftsverbindungen zu Künstlern einerseits und weit über Europa verteilten Kunden und Vertretern andererseits bilde das eigentliche Vermögen der Familie. Sein Fortbestand müsse daher gesichert werden, und das könne nur durch ihn und seine älteren Geschwister geschehen, nicht durch die unerfahrene junge zweite Frau des Vaters. Der 23jährige Kaspar stimmte ihm uneingeschränkt zu: Die beiden Brüder wollten gemeinsam das Theatrum Europaeum ihres Vaters fortsetzen.

Die Witwe hatte als Beistand aus Hanau ihren Bruder, den Prediger Wilhelm Heiny herbeigerufen. Aber dieser, der von der Sache nichts verstand, fand keine Gegenargumente, ja stimmte schließlich zu ihrer Enttäuschung dem eindrucksvollen Merian zu und betonte obendrein, daß seine Schwester in der Erziehung ihrer Kinder im Geiste des Verstorbenen eine verantwortungsreiche Aufgabe vor sich habe. So mußte sie, die obendrein als frömmelnd und vom Alltagsleben abgewandt bekannt war, sich dem Druck von allen Seiten fügen: Man «einigte» sich dahin, daß die Witwe aus der Leitung des Geschäfts ausschied. Dafür erhielten sie und ihre Kinder eine einmalige finanzielle Abfindung: sie selber 1000, die Kinder je 1300 Gulden. Das mochte als Gesamtbetrag angesichts der Tatsache, daß wenig Bargeld vorhanden war und viele Menschen vom Verlage leben wollten, recht ansehnlich erscheinen – zum unabhängigen Leben in der gehobenen Mittelschicht der teuren Stadt am Main reichte es aber nicht. Und da die verwitwete junge Frau Merian keinen Beruf erlernt hatte, blieb sie also auf das Wohlwollen ihrer Stiefkinder angewiesen – da Matthäus im Interesse des «Theatrum» und der «Topographien» sowie anderer großer Werke umherreiste, hauptsächlich auf Kaspar, der gewissermaßen der technische Chef der Stecherwerkstatt war, ein gutmütiger und kinderlieber junger Mann. Für Maria Sibylla sollte sich gerade das als ein besonders glücklicher Zufall erweisen. Sie war nun in ihrem vierten Lebensjahr. Am liebsten spielte sie mit Blumen, Steinen und insbesondere mit Käfern und Schmetterlingen. Und da ihre Mutter dafür gar kein Verständnis hatte, ja ihr sogar dieses «Spielzeug» entzog, wandte sie sich um so mehr dem Halbbruder Kaspar zu. Zwischen beiden entwickelte sich Verständnis, schließlich Freundschaft.

Die junge Witwe eines weithin, besonders aber in Frankfurt berühmten Künstlers und Verlegers fand bald Verehrer. Bereits 14 Monate nach dem Tode ihres Mannes heiratete sie den angesehenen, 37 Jahre alten Blumen- und Stillebenmaler Jacob Marell (auch Morell und Moreel genannt), der einer niederländischen Künstlerfamilie angehörte und aus Frankenthal stammte. So befreite sie sich aus der Abhängigkeit von den Merian, deren Namen sie wieder aufgab. Auch Marell ging übrigens seine zweite Ehe ein: er war zuvor mit einer Utrechterin verheiratet gewesen. Nun richtete er sich in Frankfurt ein Atelier ein, gab jedoch seine kunsthändlerischen Beziehungen nach Utrecht nicht auf, so daß er in bescheidenem Rahmen ein Konkurrent der Merian wurde.

Für die Entwicklung von Maria Sibylla, die den Namen Merian behielt, sollte sich auch dieses Ereignis als günstig erweisen. Der Stiefvater gewann sie lieb und führte das Kind fortan in die Technik der Blumenmalerei ein.

5. Salomon Herz Löw Oppenheim aus Frankfurt am Main

Um die Mitte des Jahres 1640 wurde im Haus «Zum Schwarzen Bären» in der Judengasse von Frankfurt am Main Salomon Herz Löw Oppenheim geboren.[17] Sein etwa 40 Jahre alter Vater hieß gleichfalls Herz Löw und betrieb gemeinsam mit zwei Brüdern, Beer Löw zum Schwert und Nathan Löw, genannt «Tudrus zur Silbernen Kanne», in seinem Hause ein Handelsgeschäft. Dieses Haus, auf einer «großen», 82 Fuß breiten Liegenschaft gebaut, war 1629 geteilt worden in den «Weißen Bären» und den «Schwarzen Bären» und beherbergte auch im Hinterhaus einige Wohnungen, so daß man selbst für die bescheidenen Verhältnisse der Judengasse in großer Enge lebte und arbeitete[18] – bis etwa 100 Jahre später die beiden Hausteile wieder vereinigt werden konnten und allein der Familie Oppenheim zur Verfügung standen.

Das Frankfurter Judenviertel bestand seit annähernd 200 Jahren.[19] Gemäß den Beschlüssen des Laterankonzils von 1215 und des Konzils von Basel während der Jahre 1431–1449 hatte Kaiser Friedrich III. die Entfernung aller Juden aus ihren Häusern in der Nähe des Domes angeordnet. Doch die Patrizier, die zwei Drittel der Ratssitze innehatten, lebten insbesondere im Zusammenhang mit den Herbst- und Frühjahrsmessen seit langer Zeit mit den Juden in so guten und vorteilhaften Verhältnissen, daß sie sich wiederholt weigerten, dem Befehl des Kaisers nachzukommen. Auch leisteten die Juden selber, die in dieser freien Reichsstadt nicht ohne Einfluß waren, Widerstand. Aber die Stadt war schließlich 1462 gezwungen worden, den Befehl auszuführen.

Nun wurde am Wollgraben, dem städtischen Abwasserkanal, gegenüber der Stadtmauer eine zweite Mauer errichtet. Zwischen diesen beiden Mauern entstand so eine etwa 300 Meter lange, sehr dumpfe, immer feuchte und kotige Straße, die von den Juden anfangs Klein-Jerusalem, von den Christen dagegen Klein-Ägypten genannt wurde. Man versah sie mit drei Toren, die während der Nacht verschlossen waren.[20] In dieser Gasse existierte schließlich bis zur Besetzung der Stadt durch Napoleons I. Truppen die jüdische Gemeinde mit allen ihren Einrichtungen: Bankiers, Kaufleute und Trödler, Viehhändler, Gelehrte und Lehrer, Bäcker, Metzger, Schneider und Schuster, Arme und Reiche, Gesunde und Kranke, Alte und Kleinkinder wie Salomon Herz Löw, seine Eltern, Onkel und Tanten, Vettern und Kusinen in den zwei einander gegenüber-

Die Judengasse in Frankfurt. Stadtarchiv Frankfurt.

liegenden Häuserreihen und auf der Straße – am Tage auch jenseits der Tore.

In dem Gewirr schmaler, ineinander verschachtelter hoher Häuser mit zahllosen Zimmern und Kammern, Arbeits- und Vorratsräumen hatte sich im Laufe von fast zwei Jahrhunderten ein straff geordnetes, vielfältiges Gemeindeleben entwickelt mit einem Festhaus – «der Juden Tanzhaus» – und einem Lehrhaus, mit zwei Herbergen für auswärtige Besucher und Studenten, mit Backhaus, Spital und Badeanstalt, schließlich mit zwei Synagogen, die auch Schule und Lehrhaus genannt wurden. In einer von ihnen erhielt Salomon Herz Löw wahrscheinlich schon in frühester Kindheit Unterricht durch Rabbi Isaak Luria Aschkenasi, den Verfasser eines «Buches der zwei Andachten», genannt «Die Lurianische Kabbala», oder durch Isaak Schwarzschild, einen großen Gelehrten, «der bewandert war in allen Zweigen der jüdischen Literatur».[21]

Die Gemeinde war anfangs nicht groß, doch galt sie als wohlhabend und seit dem 16. Jahrhundert als das bedeutendste jüdische Zentrum im Rheinland. Im Jahre 1614 hatte sie sich mit «der Juden zu Frankfurt Stättigkeit und Ordnung» eine Art offizielle Verfassungsgeschichte als Grundlage für das Leben in Gegenwart und Zukunft geschrieben. In ihrem Rahmen wurde die Frankfurter «Judengasse» zum Mittelpunkt des jüdischen Lebens in Deutschland, gelegentlich auch zum Tagungsort der Panassim-Gemeindevorsteher aus dem ganzen Reich. So versuchte etwa während der Herbstmesse von 1603 eine gleichzeitig stattfindende Rabbiner-Versammlung, die Juden Süd- und Westdeutschlands zu einem Verband zusammenzuschließen. Sie scheiterte am Partikularismus einiger Gemeinden beziehungsweise ihrer Rabbiner. Immerhin wurden von dieser Versammlung wichtige Beschlüsse gefaßt – zum Beispiel: «In Deutschland soll kein Rabbiner ein Zeugnis ausstellen, ohne das Einverständnis von drei Gelehrten eingeholt zu haben, die in Deutschland Rabbiner-Schulen leiten.» Weiter hieß es: «Viel Unheil entsteht in Gemeinden und kleinen Orten dadurch, daß jüdische Frevler mutwillig die Wahrheit zur Erde schleudern und mit Münzen Handel treiben, die ungültig oder minderwertig sind und von diesen Betrügern für echte Münzen ausgegeben werden ... Darum soll von heute ab jeder, der sich mit derartigen Dingen abgibt ..., dem Bann verfallen ... Ist von einem erwiesen, daß er mit Dieben Geschäfte macht, ... so soll dieser Bösewicht der Strafe des Bannes anheimfallen ... Wer von Nichtjuden ein Darlehen annimmt oder von Nichtjuden etwas kauft und nicht bezahlt, soll der Strafe des Bannes verfallen. Kein Jude darf mit ihm Geschäfte abschließen. Kommt er wegen einer solchen Sache ins Gefängnis, dann darf kein Jude sich seiner mit Geld oder Fürsprache annehmen.»

Diese strengen Bestimmungen hatten zwei Folgen: Auf der einen Seite herrschte in Frankfurts Judengasse eine auch von Nichtjuden häufig gelobte, ja bewunderte Ordnung. Auf der anderen Seite mußten Missetäter ihre Gemeinde und damit Frankfurt verlassen. Insbesondere manche Hehler flüchteten und schlossen sich Diebes- und Räuber-, ja sogar Mörderbanden von Nichtjuden an, von denen es besonders in der Pfalz gar nicht wenige gab.

Außerhalb der Gasse, in der die Juden ihren Geschäften und Handwerken, der Lehre und dem Studium nachgingen, durften sie keine Grundstücke erwerben. Verließen sie ihre Wohnstraße, so mußten sie auf dem Gewand einen gelben «Judenfleck» tragen. Und nach 10 Uhr abends sowie an Sonntagen und christlichen Feiertagen waren sie in dieser kleinen Welt fest eingeschlossen – nicht zuletzt zu ihrer eigenen Sicherheit gegen christliche Übergriffe.

Denn insbesondere die Frankfurter Zünfte empfanden die Juden in vieler Hinsicht, zum Beispiel auf Messen, als Konkurrenz, und viele christliche Handwerker und Kleinkaufleute waren bei Juden verschuldet. Sie betrachteten auch mit Neid und Mißgunst deren Messgeschäfte am Römerberg, wo die Christen vor dem Hause zum Löwenstein und die auf der gegenüberliegenden Seite stehenden Juden am Hause Flosser ihren Geschäften nachgingen.[22] Bei der Kaiserkrönung im Jahre 1612 hatten die Zünfte gegen die wohlhabenden Patrizier einerseits und die Juden andererseits protestiert: die Darlehens-Zinsen sollten von 12 auf 8 % herabgesetzt und alle Juden vertrieben werden, die nicht mindestens 15 000 Gulden besaßen. Tatsächlich jagte man 50 arme Juden aus der Stadt, erreichte aber nicht die Darlehens-Verbilligung, so daß die Unzufriedenheit fortbestand. Daher kam es schon zwei Jahre später zu einem Aufstand gegen die Juden: der Zunftmeister Vincenz Fettmilch stürmte mit verarmten Handwerkern und dem Gesindel der Stadt gegen die Judengasse. Fünf Stunden lang konnten die Juden sich verteidigen, wobei zwei von ihnen das Leben verloren. Dann wurden sie auf ihrem Friedhof zusammengetrieben, so daß ihre leeren Häuser einen ganzen Tag lang geplündert werden konnten, bis der Bürgermeister schließlich mit Bewaffneten dafür sorgte, daß etwa 1400 um ihr Leben fürchtende Juden unbehelligt die Stadt verlassen durften. Auch der Kaiser schritt ein: Fettmilch und vier andere Rädelsführer wurden geköpft und die geflüchteten Juden unter Pfeifenklang und Trommelwirbel in ihre Gasse zurückgeleitet sowie mit einem kaiserlichen Schutzbrief begnadet, den man an einem der Tore befestigte.

Allerdings hatten die Juden für diesen Schutz viele Steuern und Abgaben zu entrichten:[23] einen Opferpfennig oder Goldenen Pfennig für alle mehr als 13 Jahre alten männlichen und weiblichen Mitglieder der Gemeinde, bei jedem Besuch eines Kaisers oder Königs in Frankfurt 400 Gulden, Neujahrsgeschenke an die Schöffen in Form von Pfeffer und Ingwer, jährlich 400 Gulden «Ungeld» für Wein, Hauszins und Vermögenssteuer, von jedem Ehepaar alle drei Jahre einen Goldgulden «Stättigkeitserneuerungs-Gebühr», etwa 250 Gulden Kappen-, Garten- und Grabenzins für die Befreiung vom Kappentragen sowie für die Überlassung des hinter den Häusern gelegenen Stadtgrabens und der anschließenden Gärten, eine Kopfsteuer nebst Herdschilling für jede Feuerstätte (zusammen jährlich etwa einen Gulden), drei Groschen Judenbilligkeitsbillete für den Ausgang an der Judengasse an Sonn- und Feiertagen, ein Drittel Prozent des Vermögens jährlich als Juden-Beede sowie gelegentliche

Die Plünderung der Judengasse 1614. Historisches Museum Frankfurt.

außerordentliche «Schatzungen» von ½–1 % des Vermögens, jährlich einen Gulden Wachtgeld von jedem Haus, ein jährlich zu entrichtendes Quartier- oder Schanzengeld zwecks Abwendung von Soldateneinquartierungen, Wachen- und Schanzenbau, das zum Beispiel 1640 5320 Gulden betrug, sowie kleinere Abgaben wie den Gassenreinigungsbetrag von jährlich 120 Gulden.

Die Oppenheim zählten zu den reichen Familien, die entsprechend stark zur Aufbringung dieser Gelder, 1620–1650 zum Beispiel mit dem Höchstbetrag zur Vermögenssteuer, herangezogen wurden.[24] Andere Juden unterließen nicht selten zur Vermeidung der Abgabe die Anmeldung von Geburten, Heiraten usw. Alles in allem gab es wohl um 1640 in 200 Wohnhäusern 320 Steuerzahler und insgesamt etwa 1600 mehr als 13 Jahre alte Einwohner, nachdem deren Zahl um 1610 bereits einmal auf 1700 angestiegen war.

Als Salomon Herz Löw Oppenheim heranzuwachsen begann, erzählte man ihm wieder und wieder, was 1612–1614 geschehen war. Der Bürgermeister hatte die Juden zwar gerettet und der Kaiser seinen Schutz für alle Zeiten versprochen. Aber die Kaiser lebten weit entfernt von Frankfurt, und Männer wie Fettmilch konnten immer wieder einmal die christliche Unterschicht der Stadt aufhetzen. So wuchs das Kind in Ehrfurcht vor der jüdischen Geschichte und in Angst vor den Christen auf in einem Milieu, dessen Mittelpunkt der Glaube an den Einen und Einzigen Gott war – nicht anders als bei den Christen, die man fürchten mußte, deren Kirchenglocken zum Gebet rufen, aber auch Sturm läuten konnten. Wie sollte ein Kind in der Enge der Gasse, die es als Gefängnis empfinden mußte, so viel Verwirrung und Gegensätzlichkeit verstehen, wenn man doch gewiß nicht weniger fromm war und gottgefällig zu leben sich bemühte als jene?

Was immer man tat, war mit einem Gedanken an Gott verbunden. Täglich dreimal, beim Aufstehen und Waschen, am späten Nachmittag und nach Sonnenuntergang, wurden Gebete gesprochen. Das kleine Kind sah, wie der Vater und die Vettern, die mehr als 13 Jahre alt waren, morgens die Gebetsriemen um den linken Arm und die Stirn banden. Schon früh lernte es, daß man sich vor jeder Mahlzeit die Hände wusch, während man ein Gebet sprach, und nach der Hauptmahlzeit Gott für Speise und Trank dankte. Immer wieder gab es daneben andere Anlässe zum Beten: bei Neumond zum Beispiel und natürlich bei Gewittern.

Das alles verstand der Knabe – Christen, die er in die Kirche gehen und betend wieder herauskommen sah, taten es auch. Aber wenn die Mutter am Geschäft des Vaters beteiligt war und mit ihm und den Onkeln bei Tisch über Kunden und Konkurrenten sprach, wenn sie sichtlich den Mittelpunkt des Familienlebens bildete – warum dankte der Vater dann laut und deutlich im Gebet Gott dafür, daß er ihn nicht als Frau erschaffen hatte? Taten das die christlichen Väter auch? Oder lag hier einer der Gründe ihres Hasses gegen die Juden? Denn die Christen beteten ja geradezu zu einer Frau. Und wenn der Vater Gott für seine offensichtlich sehr wertvolle Männlichkeit dankte, warum entzündete dann am Freitag im Augenblick des Sonnenuntergangs nicht er, sondern die Mutter die Sabbat-Kerzen? «Freitag gegen Nacht ist jeder Jude König». So hieß es zwar in einem Lied, aber dann ging es weiter: «Und jede Jüdin Königin.» Ja, der Hausvater begrüßte den Sabbat in der Synagoge mit einer Hymne, in der er alle Männer aufforderte:

«Gehe mein Freund,
der Braut entgegen.
Wir wollen den Sabbat empfangen.»

Der Sabbat war also offenbar eine Frau, eine Braut.

Salomon Herz war ein zartes, aber anscheinend ein intelligentes Kind, das viel dachte und häufig fragte. Wenn er 1640 und die folgenden Jahre der Not, der Angst, der Unsicherheit überlebte, in denen viele Kinder im ersten und einzigen Monat ihres Lebens so schnell starben, daß man kaum eine Ursache für ihr Verwelken feststellen konnte, mochte Gott ihn erhalten haben, damit er nicht ein wohlhabender Kaufmann, sondern ein Gelehrter wurde, der der Frankfurter Gemeinde, ja seinem Volke Ehre machte. Die Eltern dankten wieder und wieder Gott für das Leben ihres ältesten Sohnes, der so ganz anders sich entwickelte als seine jüngeren Geschwister, von denen einige bereits starben, bevor er sein sechstes Lebensjahr beendet hatte.

6. Kleinkinder und Mütter um die Mitte des 17. Jahrhunderts

Vier Knaben und ein Mädchen, fünf Kriegskinder, geboren in der Gefahr, Hunger, Pest, Mördern, Entführern, Soldaten wie ihrem Gefolge, fahrenden Leuten und Marodeuren zum Opfer zu fallen! So wachsen die meisten von ihnen heran.

Ein Kind lutherisch getauft als Sohn eines Handwerkerehepaares, das neben der Tuchweberei auch eine kleine Landwirtschaft betreibt, im Nordosten Deutschlands, eines «Reiches», das Franzosen und Engländer als eine «monströse» Ansammlung von Kleinstaaten bezeichnen.

Eine calvinistisch getaufte Halbwaise einer Offizierswitwe in Kassel, die selbst innerhalb der Mauern dieser mitteldeutschen Residenzstadt nicht selten um das Leben ihres Kindes und die eigene Ehre und Existenz fürchten muß.

Ein jüdischer Junge, Sohn eines Kaufmanns einer Reichsfreien Stadt in Westdeutschland, ein Kind, das die Eltern in der Enge ihres dunklen Hauses nicht nur stolz die jahrhundertelange Geschichte ihrer Familie auswendig lernen lassen, sondern auch fast täglich daran erinnern, daß noch wenige Jahre vor seiner Geburt im Fettmilch-Aufstand Juden ermordet worden sind – und wahrscheinlich nicht zum letzten Mal. Wieder und wieder zeigen sie ihm, wo es geschehen ist, so daß der Verängstigte davon träumt, nachts auf das Mordgeschrei wartet, auch, je älter er wird, um so deutlicher die Stellung von Vater und Mutter in der Hierarchie der Großfamilie erkennt und schließlich nur noch einen Wunsch hat: So groß, so alt zu sein, daß er davonlaufen kann, fort aus der Judengasse von Frankfurt – fort vielleicht auch überhaupt von diesen Juden, die in aller Welt verfolgt werden.

Ein calvinistischer Adelssproß im Nordwesten nahe dem Meer. Auch er eine Halbwaise, auch er mit Mutter und Geschwistern vom Kriege bedroht, ja, um den Vater gebracht – und seine Mutter aller Habe beraubt durch die Schweden und die Verwandtschaft.

Schließlich ein Mädchen, das in Frankfurt hineingeboren wird in eine über ganz Europa bekannte, ja berühmte Sippe von Künstlern, Akademikern, Unternehmern – auch sie alle reformierten «Glaubens». Den Dreißigjährigen Krieg erlebt es nur als Geschichte – und zwar nicht in der Familie oder in der Heimatstadt, sondern anläßlich der Badereisen nach Schwalbach zur Kur des Vaters sowie aus den Erzählungen der Onkel und Tanten und ihrer vielen Freunde und Mitarbeiter. Ein glückliches Kind also in großbürgerlichem Milieu, das weder Hunger noch Todesangst noch Kälte kennenlernt, sondern von den fünf Menschen, deren Leben hier in gewisser Weise exemplarisch skizziert wird, wohl die behütetste Kindheit genießen kann. Bis der Vater stirbt und die Geborgenheit in der Großfamilie schwindet. Aber bevor die Dreijährige empfinden kann, leiden muß, was ihr für immer verlorenzugehen scheint, tritt ein neuer Vater in ihr Leben – ein liebevoller Mann, der und dessen Atmosphäre dem Merian-Kreis zumindest nahesteht. Die Fünfjährige ist ein privilegiertes Kind und, wie man allseits feststellt, ein kluges, begabtes, nicht spielerisch, sondern eigenartig ernsthaft fleißiges obendrein, eines, das jeder, dem es begegnet, fördern möchte. Eine, wie es scheint, «echte Merian».

Fünf Kinder von Millionen, zufällige Existenzen, aber in vieler Hinsicht doch auch für gewisse Lebenskreise typische junge Menschen.

Was war denn «Durchschnitt» um die Mitte dieses 17. Jahrhunderts? – Durchschnitt an Lebens- und Todeserwartung für Väter, Mütter und Kinder im letzten Jahrzehnt des Krieges, der gemeinsam mit Pest und Hunger fast die Hälfte des deutschen Volkes, in manchen Regionen auch noch mehr Menschen umgebracht, zahlreiche Ortschaften in «Wüstungen» verwandelt, buchstäblich ausgetilgt hat, so daß erst nach Jahrzehnten aus der Umgebung oder von weit her Zugewanderte bei der Neubesiedlung ein paar Reste fanden: Knochen von Mensch und Vieh, verkohlte Bretter – einen Krug mit Münzen, den jemand versteckt hatte, bevor er verschleppt, vertrieben oder umgebracht wurde.

Die Kindersterblichkeit war überall sehr groß. Und sie betraf alle Stände in Stadt und Land. Allerdings litten diejenigen Schichten und Gruppen, die nicht dem Adel angehörten oder das Bürgerrecht größerer Städte besaßen, wohl am meisten: die Gesellen und Tagelöhner, die durch Arbeitslosigkeit oder -unfähigkeit Armen, die Kranken, Witwen, Waisen und die nicht Seßhaften, denn eine geregelte, zuverlässige lokale Fürsorge gab es in keinem Ort. Diese blieb dem Gefühl christlicher Bruderschaft und Verantwortung überlassen.

Im allgemeinen lag wohl die Kindersterblichkeit im ersten Monat bei etwa 10 % (einschließlich der Totgeburten bei 12 %), im ersten Lebensjahr bei etwa 15 % aller Geburten, im zweiten und dritten Jahr etwa bei weiteren 6 %, im vierten bis zehnten Jahr bei noch einmal etwa 12 %, so daß rund 40 % der Geborenen das 10. Jahr, an die 58 % das 15. nicht überlebten (und nur etwa 10 % das 45.). Durchweg starben etwa 20 % mehr Knaben als Mädchen.

Die im 17. Jahrhundert am häufigsten genannten Todesursachen gehören zur Gruppe der Krämpfe, zu denen man Kinn- und Kinnbackenkrampf, Mundsperre, Starrkrampf, Kopfkrampf, innerliche Krämpfe und Epilepsie zählte, die aber freilich mehr Symptome als wirkliche Todesursachen waren. Vermutlich waren die häufigsten Auslöser für Krämpfe Infektionskrankheiten; es handelte sich also um Fieberkrämpfe. Man hält es heute für möglich, daß dieses Krampfsymptom bei den Kleinsten auf einer Tetanus-Infektion beruhte, die von der Nabelwunde ausging und eine Inkubationszeit von fünf bis zehn Tagen hatte.[25] Die anderen Krampfformen kamen vor allem bei den älteren Säuglingen vor.

Recht häufig starben Säuglinge am «Jammer», an «Schwäche», ältere an «Abzehrung», Kleinkinder an «Auszehrung», also an Mangelerscheinungen – vielleicht mit besonderen Spitzen in den Jahren mit und nach Mißernten, wenn die Lebensmittelpreise stiegen. Durch Luftröhrenentzündung und Lungenentzündung starben sie, da sie ständig dem Rauch der Feuerstelle und dem Zugwind ausgesetzt waren, dazu kamen Diphtherie, Stickhusten und Scharlach, natürlich immer auch Pocken und «Durchfall». Im allgemeinen wurden von allen diesen Todesursachen Kinder der untersten Bevölkerungsschichten erheblich stärker betroffen als die anderen.[26] Man kann wohl davon ausgehen, daß in erster Linie durch die Säuglings- und Kindersterblichkeit noch in der zweiten Hälfte des 18. Jahrhunderts annähernd 90 % der Menschen, die der Mittel- und Unterschicht angehörten, nicht viel älter wurden als 23 Jahre, die der Oberschicht dagegen 31–35 Jahre – nicht zuletzt weil in dieser Gruppe etwa 80 % das erste und 60 % das sechste Jahr überlebten, in der Unterschicht dagegen 10 % weniger das erste und in der Mittelschicht nicht viel mehr als 40 % das sechste Lebensjahr. In den «regierenden Familien Europas» soll die Kindersterblichkeit im 16. Jahrhundert 29 %, im 17. 35 % und im 18. 23 % betragen haben.[27]

Paßte die Geburtenhäufigkeit sich diesen Sterblichkeitsverhältnissen an, gab es eine «unerklärliche» natürliche oder eine planmäßig herbeigeführte «Geburtenregelung»? Das sind sehr schwierige und insbesondere für das 17. Jahrhundert nur sehr vorsichtig, schätzungs- und vergleichsweise zu beantwortende Fragen. Verheiratete Frauen in «vollständigen» Ehen, das heißt in solchen, die erst beendet wurden, nachdem die Frau das 45. Lebensjahr erlebt hatte, gebaren um 1650 durchschnittlich auf dem Lande etwa 6,4, in Handwerker- und Gewerbeehen 5,8 und in Tagelöhnerehen 5,0 Kinder.[28] Durchaus seit langer Zeit – bereits seit der Antike – war den Frauen die Möglichkeit bekannt, die Kinderzahl durch die Ausdehnung des Stillens über das Notwendige beziehungsweise Übliche hinaus in Grenzen zu halten. Diese und andere Methoden der «Familienplanung» wie sexuelle Enthaltsamkeit, mit dem Ziel, die Ernährungsmöglichkeiten oder den Bedarf an Arbeitskräften zu berücksichtigen, scheinen im 17. Jahrhundert in den lutherischen, calvinistischen und reformierten Gebieten Nord- und Ostdeutschlands häufiger angewendet worden zu sein als in den katholischen Regionen des Deutschen Reiches. «Wo die (Mit-)Verantwortung für die Nachkommenschaft..., konkret für das Überleben von einmal gezeugten und geborenen Kindern..., im 16. und 17. Jahrhundert auf die Eltern übergegangen war (wie eben im Calvinismus), konnte diese grundlegend andere Einstellung, diese mitverantwortliche Haltung zu einer deutlichen Abnahme der Säuglingssterblichkeit führen.»[29] Wo man dagegen, wie in den katholischen Landesteilen, «alle Verantwortung für Leben und Tod weiterhin allein Gott überließ und obendrein mehr von der Fürbitte früh Verstorbener und dadurch mit Gewißheit in den Himmel eingegangener Säuglinge hielt als von deren Existenz auf Erden, mochte deren Sterblichkeit ... wesentlich höher liegen.»[30]

Die Kenntnisse über einige Möglichkeiten der Familienplanung waren zweifellos weit verbreitet – und auch der Geistlichkeit bekannt. Der 1707 geborene Kgl. Preuß. Oberkonsistorialrat Johann Peter Süßmilch schrieb 1761: «Einen Beweis von der Furcht vor der Gefahr bei der Geburt gibt das unter den Landleuten sehr gewöhnliche lange Säugen der Kinder. In der Tat halte ich es zur Stärke des Körpers sehr zuträglich, wenn Kinder nicht nur ein Jahr, sondern noch drüber des besten Nahrungsmittels, der Muttermilch genießen können. Allein es muß auch hier die Mittelstraße beobachtet werden, und es ist meiner Einsicht nach genug, wenn Kinder so weit kommen, daß sie stärkere und härtere Nahrungsmittel ohne Gefahr der Gesundheit vertragen können. Wozu also die Milch der Mütter, wenn die Kinder schon alle andere Speisen genießen? Unterdessen gibt es doch viele auf dem Lande, die es zwei, ja drei Jahre fortsetzen. Es haben mir Prediger vom Lande versichert, daß es bloß aus Furcht vor neuer Gefahr und vor vielen Kindern geschehe. Da nun die Erfahrung lehret, daß die Frauens nur selten während der Säugung wieder schwanger werden, so läßt sich solches wohl begreifen, zugleich aber siehet man, daß das lange Säugen den Ursachen beizuzählen sei, durch welche die eheliche Fruchtbarkeit vermindert wird.»[31]

Ein Teil der jüngsten Forschung auf diesem Gebiet glaubt allerdings auch behaupten zu können, daß in den Zeiten des großen Krieges und der Pestzüge «die damalige höhere Säuglingssterblichkeit im süddeutschen Raum» zu einer gewissen «Indifferenz der dortigen Bevölkerung den Kleinkindern gegenüber» geführt habe. Bereits 1899 sprach ein Ulmer Historiker von der schlechten Ernährung sowie von der weiten Verbreitung des kurzen beziehungsweise des Nichtstillens: «Es ist nicht unwahrscheinlich, daß gerade in dieser Zeit die schrecklichen Mißbräuche in der Kinderernährung sich eingebürgert haben und infolge von Unwissenheit und Gleichgültigkeit später bestehen geblieben sind.»[32]

Nun gab es ja für die Kinder auch ein tägliches Leben mit ihren Eltern und Geschwistern, in der Familie.[33] Aber darüber wissen wir wenig. Im Vordergrund stand die Erziehung zu einem ehrlichen, fleißigen, christlichen Menschen. Der «Hausvater» ging, wann immer es möglich war, am Sonntag mit der ganzen Familie in die Kirche. Daheim, im Hause und im Garten belehrte, beaufsichtigte, erzog die Mutter ihre Kinder. Im Vordergrund stand dabei die «Ermahnung», die «Pflichten» zu erfüllen, fleißig und gehorsam zu sein – in den protestantischen Territorien alles im Geiste der verehrten Reformatoren, die eine strenge Kinderzucht forderten, war doch zum Beispiel der große Dr. Martinus Luther selber einst, weil er unerlaubt eine Nuß genommen hatte, von seiner Mutter blutig geschlagen worden – zu Recht, wie er selbst später als Vater meinte. Und sein eigener Vater hatte ihn einmal so gezüchtigt, daß er ihn floh, ihm feind wurde und sich nur nach und nach wieder an ihn gewöhnte. Dennoch warnte Luther vor der Verzärtelung der Kinder, die dazu führen könne, daß aus ihnen «wüste Leute» würden. Fast immer setzte man voraus, daß die Kinder von sich aus geneigt seien, nur Böses und Falsches zu tun, ihre Eltern nicht zu lieben und nicht zu verehren. Das alles müsse ihnen anerzogen werden: mit Schlägen und anderen Strafen, damit sie sich selber und ihre eigenen Kinder später immer an Gehorsam einerseits und Strafe andererseits erinnerten. Hielten die Eltern sich nicht an diese Regeln, die auf der Erfahrung von Jahrhunderten beruhten, dann versündigten sie sich an den Kindern und vor Gott.

Einige Historiker, die über den Alltag in jener Zeit forschen, sind aufgrund von zeitgenössischen Schriften, Holzschnitten und Kupferstichen geneigt zu glauben, daß die Liebe von Mutter und Vater stets die Rute, den Stock in der Hand und nur die Strafe im Kopf, nicht das Streicheln, Loben und Spielen im Herzen gehabt habe. So ist es wohl nicht gewesen. Es scheint zum Beispiel, daß die «Tischzucht» bei den protestantischen Handwerkern wie bei Ärzten und Gelehrten im 17. Jahrhundert weniger streng gewesen ist als im Jahrhundert von Luther und Calvin. Aus der Zeit um 1650 sind durchaus auch Kupferstiche erhalten geblieben, die spielende, herumtollende, lachende Kinder im Haus und auf der Straße zeigen, ohne daß im Hintergrund die Mutter erscheint, um sie dafür zu bestrafen. Man kann sehen, wie die Mutter mit dem Töchterchen vergnügt ist, Spielzeug in der Hand hat, wie der Hund sie lustig umspringt. Wir kennen Puppen, Puppenstuben und -häuser aus dieser Zeit, Pfeifen aus Knochen und Horn, Glocken aus Metall, bei den Kindern von Reichen aus Silber. Vom Mittelalter her existierte eine große Mannigfaltigkeit an Spielzeug, und die strengen Reformatoren, die offenbar nur selten daran dachten, daß Jesus die «Kindlein» zu sich gerufen hat und gut zu ihnen gewesen ist, haben dessen Herstellung, Kauf und Verwendung nicht verhindern können. Nürnberg, seit dem 14. Jahrhundert die weithin berühmte Stadt des Spielzeugs, exportierte es auch im 17., gewiß von Krieg und Gefahr auf den Straßen behindert. Knaben besaßen um 1650 ein Steckenpferd; man kann einen davon, umsprungen von einem Zicklein, auf einem Holzschnitt sehen – und Mädchen eine Wiege mit der Anzieh-Puppe. Als in Nürnberg am 16. Juni 1650 auf der Kaiserburg der Friedensvertrag – der «Friedens-Exekutions-Hauptrezeß» – unterzeichnet wurde, der nun nach dem Provisorium zu Münster und Osnabrück wirklich endgültig den Krieg abschließen sollte, entstand das Gerücht, der Kaiserliche Prinzipalkommissarius Octavio Piccolomini, Herzog von Amalfi, werde am folgenden Sonntag allen Knaben, die auf einem Stek-

Das Friedensmahl im Großen Rathaussaal zu Nürnberg am 25. September 1649. Kupferstich von W. Kilian nach dem Gemälde von J. v. Sandrart. Stadtmuseum Nürnberg.

kenpferd vor seiner Wohnung sich einfänden, eine Silbermünze schenken. Sie ritten in ganzen Schwadronen an, und jetzt erfuhr auch Piccolomini, was er ihnen angeblich versprochen hatte. Er vertröstete und bestellte sie auf den nächsten Sonntag, an dem nun noch mehr «hoch zu Pferde» erschienen – und jeder der Kleinen erhielt zum Andenken eine Münze: eine «Klippe», die auf der einen Seite einen Steckenpferd-Reiter und auf der anderen den Doppeladler mit der lateinischen Schrift «Es lebe Ferdinand III., Kaiser des Römischen Reiches» zeigte.

Natürlich wurde in Familien von Bauern und Handwerkern das meiste Spielzeug selber geschnitzt, genäht – vom Vater, von der Mutter, von älteren Geschwistern – und nicht gekauft; aber gerade das beweist doch auch, daß es Liebe und Güte von den Eltern zu den Kindern und Anhänglichkeit, Dankbarkeit bei jenen gab – nicht nur angsterfüllten stummen Gehorsam hier, Gebetbuch und Peitsche dort. Gustav Freytag besaß einst einen Holzschnitt eines dreistöckigen städtischen Puppenhauses mit mindestens sechs Zimmern allein im Dachgeschoß, das um 1630 einer Anna Köferlin gehört hatte. Über dem prächtigen Portal stand natürlich wie über dem des väterlichen Hauses «Gott allein die Ehre», und über der ersten, der feinen Etage genauso: «Bedenke immer das Ende». Am Kopf des Holzschnittes konnte man lesen, was alles, «in langer Zeit zusammengetragen», in diesem Hause zu sehen sei – «desgleichen nie (noch einmal) zu sehen, noch gemacht anzutreffen» sei.

Ein solches Puppenhaus konnte mit seinem Inhalt mehr als 1000 Gulden kosten. Aber die Kinder eines Tischlers oder Bauern waren mit einer aus duftendem frischem Holz hergestellten Hütte, die der ähnlich war, in der sie selber lebten, nicht weniger zufrieden, dem von ihnen bewunderten Vater dankbar – und glücklich.

Auch darf man nicht vergessen, daß in sehr vielen Haushalten zwischen den Großeltern, die noch in der Küche, in Garten und Stall halfen, und den kleinen Kindern ein natürliches enges Verhältnis bestand – von den Alten her aus eine Mischung von Liebe und Griesgrämigkeit, von spielerischer Belehrung und der Unberechenbarkeit desjenigen, der heute unter Schmerzen umherhinkt und morgen genießerisch-zufrieden in der Sonne sitzt und dem Enkelkind die Läuse aus dem Haar liest.

Schöne und gruselige Märchen wurden auch im 17. Jahrhundert schon erzählt, Rätsel geraten und dabei Nüsse gewonnen. Es gab Fastnachtsscherze, und vermummte Kinder zogen – wohl mehr in den Städten als auf den Dörfern – von Haus zu Haus, meist zu den Küchentüren, wo sie Brezeln und Krapfen erhielten, obwohl 1604 der Rat von Nürnberg das Herumziehen in der Dunkelheit untersagt hatte. Findelkinder durften in dieser Stadt zu Ostern unter dem Ruf «Grüß Euch Gott, die Findelkinder sammeln die Eier» herumziehen und erhielten nicht selten mehr als sie hofften – in Augsburg zum Beispiel am Palmsonntag kleine hölzerne Esel, in Weingarten Kindergeschirr. Seit mindestens 1615 ist für Nürnberg bekannt, daß für jene Findelkinder am 13. August nach der Grummet-Ernte ein besonderes Fest mit Schmäusen und Tänzen auf der Findelwiese hinter der Stadt gefeiert wurde, zu dem sie vom Waisenhaus auf zwei mit Laub geschmückten Wagen gefahren wurden. In Aalen dagegen führte man an diesem Tage die Kinder zu den Gräbern von Verwandten und beschenkte sie mit Leckereien, die angeblich von den lieben Toten herausgereicht worden waren. In Fulda hielten fromme Frauen die für diese Kinder bestimmten Ostereier unter den Schwanz eines Palmesels, damit sie geweiht wurden. Auch der Martinstag brachte Kindern Freude, ein Stück Gänsebraten, einen Flügel, mit dem man Fliegen schlagen und die Katze kitzeln konnte, und mancherorts sogar einen Schluck Wein für die Kleinsten in der Wiege, dazu Äpfel, Nüsse und Honigkuchen.

Kam man aber in die Region Calvins, dann verspürte man alsbald die Kühle und Strenge des Nützlichkeitsdenkens. Im Jahre 1659 verbot der Rat von Winterthur, «daß bei hoher Strafe die jungen Knaben am Maitag weder Rot- noch Weißdorn im Maien hauen sollen, als ein schädlich und unnütz Ding».

Die Kinder der vielen Adels- und Fürstenfamilien mit kleinem und großem Grundbesitz, mit Leibeigenen oder sonstwie Abhängigen in bezug auf Wohnung, Gartenland, Feuerholz, wurden im 17. Jahrhundert meist sehr sorgfältig erzogen. Sie hatten, wie die sechs Kinder des Herzogs Ernst des Frommen von Gotha, die nach zwölf Lebendgeburten der Herzogin übriggeblieben waren, Hofmeister, Lehrer und Diener, die mit größter Akribie ausgewählt und streng bestraft, ja entlassen wurden, wenn der Herzog am Benehmen seiner Kinder etwas auszusetzen fand. So verlief deren Tag zwischen sechs, im Winter sieben Uhr morgens und acht Uhr abends alles in allem wohl strenger, freudloser, disziplinierter als das Leben ihrer «Untertanen». Dauernd mußten sie sich waschen, den Mund spülen, bei Andachten knien oder mit gefalteten Händen stehen, beten, singen, vorlesen, den Teller leer essen, keine Lieblingsspeise bevorzugen, sittsam spazierengehen, keine Gespenstergeschichten anhören, genügsam sein, auch nicht im Scherz Unwahres reden, ehrerbietig sein, Sonntagspredigten nacherzählen, niemals unzufrieden aussehen oder neidisch – sie führten ein schweres Leben ohne Fröhlichkeit, in der Furcht vor Schlägen, hochgestellt und immer wieder von Lehrern erniedrigt, die, wie sie wußten, sozial weit unter ihnen standen, ja letzten Endes ihnen gehörten.

II. Lernjahre: Familie, Schule und Lehre zwischen 1638 und 1664

1. Friedrich Wegener in Pritzwalk

Im Sommer 1640 geboren, erlebte Friedrich Wegener selber eigentlich weniger die große Feuersbrunst von 1642, bei der eine Hälfte der Stadt vernichtet wurde und der Turm der Pfarrkirche einstürzte, als die Folgen derselben: Er wuchs in eine halb zerstörte, noch lange Zeit nach Verkohltem stinkende Stadt hinein, in der nach der Pest von 1638, die 1500 Opfer gefordert hatte, und nach dem Großfeuer nur noch wenige Menschen aufs ärmlichste in etwa 300 von einstmals 2500 «Feuerstellen» vegetierten. Und er hielt dies für «normales» Leben. Sein Vater hatte in der «Werkstatt» wenig Arbeit, seine Mutter in dem einen Raum, der Küche, Schlafstube und im Winter auch Stall für ein wenig Geflügel und Kleinvieh war, kaum etwas zu kochen und zu backen. Die ersten Jahre seines Lebens war Friedrich nicht selten dem Tode durch Hunger und Kälte nahe. Das Haus, das bei der Vernichtung der nördlichen Stadthälfte durch den Brand an seiner linken Seite beschädigt worden war, nannte man seit langer Zeit von der ursprünglich auf ihm haftenden Wehrpflicht des Besitzers her eine «halbe Wake».[1] Es gab volle Waken, halbe Waken, und Buden, unter denen man die kleinsten, meist giebellosen Wohnstätten mit minderen Rechten und Leistungen verstand. Zu den halben Waken, für die in alter Zeit nur eine halbe Wache zu leisten gewesen war, gehörte ebenso wie zu den Buden eigentlich kein Hausacker als Zubehör und keine Brauberechtigung. Aber die volle Wake, neben der Wegeners kleines Haus stand, war völlig niedergebrannt, die verwandte Besitzerfamilie gleichen Namens irgendwohin geflüchtet, und die Wegeners konnten unbehindert die wenigen Quadratmeter Hausacker für ihren geringen Bedarf an Gartenkräutern, Wurzeln und Gras in Anspruch nehmen. Die Brauberechtigung, die zur «fullen Wake» gehörte, interessierte sie nicht. Es gab nichts zu brauen, man trank Wasser oder Suppenähnliches. Die wenigen «Buden», die stehengeblieben waren – im Jahre 1556 hatte man 92 gezählt –, waren «Mietbuden» und wurden zumeist von Kirchen- und Ratsdienern bewohnt. Das schlimmste aber war, daß Verzweiflung, Armut und insbesondere Kleinmut den Menschen den Wiederaufbau fast unmöglich machten.

Als man vier Jahre nach dem Friedensschluß in Münster und Osnabrück bei einer vom Großen Kurfürsten am 6. Februar 1652 befohlenen «Landesvisitation» in den ehemals 244 Dörfern der Prignitz mit 5000 Hüfnern und Kossäten die Hauswirte zählte, fand man noch 2185 – etwa zwei Fünftel des Vorkriegsbestandes. Aber zu dieser Zeit waren bereits 352 Bauern von außermärkischen Gebieten zugewandert und hatten die «wüsten» Stellen besetzt, so daß der tatsächliche Verlust zwischen 1618 und 1648 insgesamt etwa 70 % betragen hatte. Während Friedrich Wegener zu einem aufmerksamen Kind heranwuchs, erlebte er also, wie rund um ihn viele Menschen neu auftauchten und sich niederließen und sein Vater mehr und mehr Arbeit erhielt, obwohl 1652 in der Umgebung noch vier Dörfer ganz wüst lagen und in 44 weiteren Dörfern nur wenige Menschen wohnten, die häufig eine kaum verständliche fremde Sprache benutzten und selten mehr als drei Bauernstellen, das heißt etwa nur ein Fünftel des Dorflandes, bewirtschafteten.[2] Die Kreisstadt Pritzwalk verweigerte als Immediatstadt dem «Landreiter» Samuel Rose den Zutritt und damit eine genaue Zählung.

In diesem Milieu des Aufstiegs aus äußerstem Elend zu scheinbarer Wirtschaftsblüte verbrachte Friedrich Wegener das erste Dutzend Jahre seines Lebens – die Jahre der Alphabetisierung und der «Schule». Wir wissen äußerst wenig über das Schulwesen in dieser kleinen Landschaft, ja überhaupt im Kurfürstentum Brandenburg während der Jahrzehnte des großen Krieges und bis zum Tode des Kurfürsten im Jahre 1688. Gelegentlich erließ dieser Edikte und Gesetze. Aber ob solche Bestimmungen befolgt wurden, und mit welchen Ergebnissen, ist selbst für eine Kreisstadt nicht genau festzustellen.

Der «Schulraum», in dem alle Kinder von den jüngsten bis zu den 14- und 15jährigen gemeinsam unterrichtet wurden, war höchst bescheiden, ja dürftig. Bereits gegen Ende des 16. Jahrhunderts hatte der streitbare Humanist Nicodemus Frischlin über die Schulen in Braunschweig geschrieben: «Sehe ich auf die ABC-Schulen, worin der Väter Augäpfel, der Mütter Lieblinge sitzen, so erbarmt mich dieses zarten Häufleins. Sie müssen in einem Raume, wo kaum die Hälfte gehörig Platz hätte, so eng aufeinander sitzen, daß sie sich drücken und pressen. Da überdies das Schulhaus in einem düstern Winkel der Stadt steht, keinem Winde, keiner Luft zugänglich, wie sollten in der Enge, in dem Gestanke, besonders sommers die zarten Kleinen nicht in allerlei Krankheiten fallen.»[3] Die Lehrer, so fuhr er fort, würden «halb schwindsüchtig und halb taub». Kurz nach dem großen Kriege stand es um die Schulräume in Pritzwalk gewiß nicht besser als 60 bis 70 Jahre früher in einer verhältnismäßig großen Residenzstadt wie Braunschweig.

Und die Lehrer auf dem Dorfe, in der Kleinstadt? Nur die wenigsten von ihnen hatten für einige Zeit eine höhere Schule besucht. Diese versuchten dann vielleicht, auf dem Niveau des Pastors zu bleiben, eines Tages selber Clericus zu werden. Die meisten aber waren in einem anderen Milieu herangewachsen, wirtschaftlich oder gar sittlich Gescheiterte, hatten ein Handwerk gelernt und betrieben dieses für ihren Lebensunterhalt noch immer nebenher. In vielen Dörfern wurde die Lehrerstelle geradezu dem Handwerker überlassen, der am wenigsten forderte, oder sogar einem Gesellen, der in den Bauernhäusern der Reihe nach Woche um Woche wohnte, unterrichtete und arbeitete – kärglich beköstigt und fast gar nicht in Geld entlohnt.[4] Er war gut dran, wenn man ihm außerdem Nebenämter anvertrauen konnte: die Führung der Kirchen- und Gemeinderechnungen, die Überwachung einer Gemeindewaage usw.

In Weimar legte 1619 eine Schulordnung diese Kombination ausdrücklich fest, damit die Gemeinden möglichst billig zu ihrer «Bildung» gelangten.[5] Die Volksschulordnung des Herzogs Ernst von Gotha 1642 brachte einen gewaltigen Fortschritt zunächst für sein eigenes Land. Aber das merkten erst die Historiker 250 Jahre später – kaum einige Zeitgenossen des Fürsten und seiner Berater. Er führte sogar Schulbücher ein: «Das teutsche ABC- und Syllabenbüchlein», ein «Lesebüchlein», ein «Rechenbüchlein» und natürlich Liederbücher und eine «Katechismusschule».

Daß gegen Ende der 40er Jahre in Pritzwalk eine einigermaßen regelmäßig geöffnete Schule existierte, daß die wenigen Einwohner einen Lehrer bezahlen und mit Nahrung versehen konnten, falls er bereit war, sich in einer so heruntergekommenen Stadt für einige Zeit niederzulassen, ist unwahrscheinlich. Sicher hatten vor 1618 Schulen, vielleicht sogar eine Lateinschule bestanden. Vielleicht nahm jetzt der Pastor sich der Kinder an, so daß sich aus einer Sonntagsschule eine Art Kirchschule entwickelte, in der auch der Küster und der Organist halfen. Lesenlernen war dann ganz auf kirchliche Texte – Gesangbuch, Flugschriften, Bibel – beschränkt. Vielleicht entstanden daneben seit dem Ende der 40er Jahre andere bürgergenossenschaftliche «Klippschulen» mit einem Lehrer, der für Freitisch und ein paar, vielleicht 10 oder 15, Taler Schulgeld jährlich am Orte blieb. Dann bemühte die Kirche sich sicher um Zusammenarbeit, ja um Fusion zu einer ständigen Kirchschule, einer Nicolai-Schule also, mit Aufsicht über Moral und Methode des Lehrers.

Immer stand am Anfang des Unterrichts das Gebet, gefolgt von Luthers Katechismus. Dann kamen Lesen und Schreiben, danach weitere «lectiones» entsprechend der Fassungskraft der Kinder, schließlich das Abendgebet häufig mit Psalmengesang. Über Schulbücher wissen wir sehr wenig. Vielleicht half eine Armenkasse bei der Anschaffung von Katechismus-, Bet- und ABC-Büchern und -Zetteln. Das Ziel des Unterrichts war die Fähigkeit, kirchliche Texte zu lesen. Das Schreiben und gar das Rechnen traten dahinter weit zurück, waren meist nicht frei und mußten gesondert teuer bezahlt werden – nachweislich gelegentlich im Werte von drei Scheffeln Roggen pro Kind und Jahr.[6]

Man darf wohl annehmen, daß in Pritzwalk zur Zeit der Visitation, also um 1650/55, ein Viertel der Männer und die Hälfte der Frauen Analphabeten waren. Sicher gehörte Friedrich Wegeners Vater zu den 75 % der Männer, vielleicht sogar seine Mutter zu der Hälfte der Frauen, die lesen konnten. Rechnen konnte ein Drittel derjenigen Männer, die schreiben konnten, und vermutlich nicht eine einzige Frau. Als Wegener mit etwa 15 Jahren den Schulbesuch beendete, konnten in Pritzwalk ungefähr zwei Drittel der Gleichaltrigen lesen, die Hälfte von diesen auch schreiben, aber nur jeder dritte von den letzteren auch rechnen. Ein Drittel der Altersgenossen waren also um 1655 Analphabeten, hauptsächlich Kinder von Tagelöhnern, Knechten und Kleinbauern. Dieser hohe Prozentsatz lag nicht zuletzt darin begründet, daß viele Mädchen gar nicht oder später als die Jungen zur Schule geschickt wurden und sie bereits im Alter von 11 bis 14 Jahren wieder verließen, weil sie als «Kindermagd» oder als Vollmagd arbeiten mußten.

In der Kirchenordnung für das Gebiet um Magdeburg wurde zwar schon 1652 der «Küster» angewiesen, «die Knaben und Mägdchen lesen und schreiben zu lehren, ... auch das Volk, ihre Kinder in die Schule zu schicken, ernstlich ermahnet». Aber in der Kirchenordnung des Kurfürsten Friedrich Wilhelm für die reformierten Gemeinden, denen der Herrscher sich besonders verbunden fühlte, in der *Grafschaft* Mark vom 20. Mai 1662 stand dann doch noch – also 10 Jahre später – die sehr fortschrittlich genannte Bestimmung, «daß die Kirchen und Gemeinden allen Fleiß anwenden sollten, daß hin und wieder sowohl in Dörfern als auch in Flecken und Städten wohlbestellte Schulen angeordnet werden.»[7] Besser darf man sich die Verhältnisse in der Kurmark Brandenburg gewiß nicht vorstellen.

Im Jahre 1675 konnte insgesamt kaum mehr als die Hälfte der Männer in Pritzwalk lesen, schreiben und rechnen, von Beamten und Geistlichen etwa zwei Drittel, von Handwerkern und Kaufleuten nur jeder achte (und keine Frau). Man hatte also in einem Vierteljahrhundert deutlich Fortschritte gemacht. Von den Landarbeitern und Tagelöhnern brachte es nun etwa jeder dritte zum Lesen, vom Gesinde jeder zweite Mann, aber nur noch jeder achte auch zum Schreiben.

Natürlich verbrachte Friedrich Wegener, je mehr er der Mutter sowie ihrer Küche und dem Garten entwuchs, um so mehr Zeit in der Werkstatt seines Vaters. Das wurde wichtig für seine Entwicklung: Er wuchs über das Spiel mit Fäden, Tuchen und Geräten in seinen künftigen Beruf hinein. Denn daß er Tuchmacher werden würde wie der Vater und dessen Vorfahren, stand außer Frage. Er nahm nun eine Art dritter Sprache in sich auf: Die erste war die der Wiege, des Krabbel- und des Kleinkindes unter der Obhut der Mutter gewesen, die zweite die des Gebets, Gesangs und Gottesdienstes. Nun erlernte er die Berufssprache in der Form der

Abkürzungen und Übertragungen, die seinem Vater geläufig waren. Da wurde ein enger Arbeitsplatz zur «Rattenfalle»; da «blühte der Baum», wenn der Kettenbaum schon durch das Material schimmerte, die Arbeit also dem Ende nahe war und der Vater aufstehen und sich gleich dem Sohn zuwenden würde. Da nannte der Vater die Öffnung des Kamms das «Auge» und den Rahmenteil, der das Geschirr trug, den Arm, wie überhaupt der Webstuhl durch solche Bezeichnungen fast ein Mensch mit seinen Körperteilen wurde – ein Arbeitsgenosse, ein Geselle. Oder aber der Vater bezeichnete diesen oder jenen Teil als einen Hund, einen Frosch, eine Gans. Solche Worte, die einem dauernd sichtbaren, bewegten Gerät zumeist aus Holz galten, sollten später einen wesentlichen Teil seiner Umgangssprache ausmachen – ein anderer stammte aus der Kirche, ein dritter vom bäuerlichen Milieu, dessen Zentrum Pritzwalk bildete.

Und sein Vater? Der konnte als angesehener Meister um 1650 davon ausgehen, daß sein Sohn eines Tages sein Lehrling, danach wohl auch sein Geselle und mit Sicherheit als Meister sein Nachfolger werden würde. Tatsächlich verließ Friedrich Wegener im Frühjahr 1655, also mit etwa 15 Jahren, die Schule, in der er gut Lesen, Schreiben und auch für seinen künftigen Beruf genügend Rechnen gelernt hatte, und begann die Tuchmacherlehre in der Werkstatt seines Vaters. Sie sollte drei Jahre dauern – ein Jahr länger als in den einfacheren Gewerben. Etwa 60 % aller Lehrzeiten währten nur zwei Jahre, die meisten anderen drei. Doch gab es auch Lehrzeiten von fünf und mehr Jahren. So mußte bei den Kölner Goldschmieden ein Lehrling acht Jahre lernen, bevor er Geselle werden konnte.[8]

Wegener erfüllte die Hauptbedingungen für die Aufnahme als Lehrling:[9] Er war ehelich geboren und unbescholten. Das Lehrgeld, das er, beziehungsweise sein Vater «in die Büchse» der Zunft zahlen mußte – es handelte sich wohl um drei oder fünf, vielleicht auch acht Taler, was den Wert von etwas Brot pro Tag ausmachte –, war nun, ein halbes Dutzend Jahre nach Kriegsende, nicht mehr schwer aufzubringen. Der Vater hatte reichlich Aufträge, so daß er auch noch einen Gesellen beschäftigte. Außer dem Lehrgeld mußten etwa zwei Wochen nach dem Beginn der Lehrzeit auch noch ein paar Pfennige Einschreibegebühr und einige Groschen «Biergeld» für die Zunft aufgebracht werden. Und schließlich hätte Wegener eigentlich seinem Lehrherrn, bei dem er wohnte und von dem er verpflegt wurde, von Zeit zu Zeit etwas Roggen liefern müssen, wenn er es nicht hinnehmen wollte, daß die Lehrzeit um ein Jahr verlängert wurde. Das fiel natürlich fort, wenn der Lehrling ein Sohn seines Lehrherrn war. Anfang und Ende der Lehrzeit wurden in der «Lehrlingsrolle» der Zunft mit genauen Daten festgehalten – und ebenso, daß der Lehrling sich gut benommen und so viel gelernt hatte, daß man ihn zum Gesellen ernennen konnte. Schließlich mußte Vater Wegener als Vater mit sich selber als dem Lehrherrn einen Lehrvertrag schließen. In diesem wurden Lehrdauer und -geld festgelegt, der Lehrling zu Gehorsam, der Lehrherr zu ausreichender Verpflegung und einem «guten Lager» für den Lehrling verpflichtet. Tatsächlich schlief der Sohn während seiner Lehrzeit mit in der Kammer des Gesellen. Wäre er ein Fremder gewesen, dann hätte er wohl das Bettzeug mitbringen müssen. Auch war der Lehrherr im allgemeinen nicht für Kleidung und Schuhwerk des Lehrlings, die anständig und sauber sein sollten, zuständig – es sei denn, dieser kam aus einem sehr armen Elternhaus.

In den Vorschriften für die Handwerkslehre waren Schutzbestimmungen nach beiden Seiten enthalten. Starb ein Lehrling, dann erlosch der Vertrag: Die Eltern hatten keinen Anspruch auf Rückzahlung eines Teiles vom Lehrgeld. Starb der Lehrherr, dann konnte oder mußte dessen Witwe entweder das Lehrgeld zurückzahlen, das Lehrverhältnis bis zum Abschluß fortsetzen oder den Lehrknaben bei einem anderen Meister «eingedingen». Lief der Lehrling davon und war mit einiger Sicherheit auszumachen, daß er es wegen schlechter Behandlung oder ungenügender Verpflegung getan hatte, dann durfte der Meister für die vorgesehene Dauer der Lehrzeit keinen neuen Lehrling annehmen. Vielfach betrachtete die Meistersfrau den Lehrling als billige Hilfe in der Küche und im Garten, bei der Beaufsichtigung und Versorgung ihrer kleinen Kinder oder beim Mistschaufeln auf dem Hof und in der Gasse. Über das zulässige Maß solcher Arbeiten, bei denen ja auch in der Küche ein Extrabissen abfallen konnte, kam es gelegentlich zum Streit, der bis zum Innungsgericht gelangen konnte.

Als Friedrich Wegener zwei Jahre das Tuchmacherhandwerk «gelernt» hatte, das er allerdings seit vielen Jahren in der Werkstatt des Vaters beobachtet und gelegentlich unter Aufsicht des Vaters spielerisch betrieben hatte, nahm dieser einen weiteren Lehrling an – den Sohn von bäuerlichen Verwandten in dem nahe Pritzwalk gelegenen Dorf Predöhl. Die Knaben kannten einander, vertrugen sich gut, und der nun 17jährige Friedrich war gelegentlich neben dem Vater und dessen Gesellen so etwas wie ein dritter Lehrherr für den Neuling. Mit einem Gesellen und zwei Lehrlingen war Vater Wegener gegen Ende der 50er Jahre des 17. Jahrhunderts ein Meister mit einer mehr als durchschnittlichen Werkstatt – er war in Pritzwalk ein angesehener Mann, bei der Geistlichkeit wegen der Pfennige, die er in den Klingelbeutel fallen ließ, ein geschätztes Mitglied der Gemeinde, auf dessen Wort man hörte.

Für die Dauer des Lehrvertrags war der junge Wegener Mitglied der Pritzwalker Tuchmacherzunft geworden. Das versprach ihm den Schutz der Zunft gegenüber Ungerechtigkeiten des Lehrmeisters, unterwarf ihn aber auch den Vorschriften der Zunft, als deren «Schutzgenosse» er daher bezeichnet wurde[10] – etwa in Hinsicht auf Fleiß, Ehrbarkeit, Höflichkeit und Einhaltung der Feiertage. Um dies alles und anderes, wie zum Beispiel die Qualität und das Maß der hergestellten Ware, sicherzustellen und das Ansehen der Zunft hochzuhalten, machte der «Altmeister» der Zunft zu bestimmten Zeiten, gelegentlich aber auch überraschend, «Umgänge»: Er besuchte die Werkstätten, prüfte dies und jenes und hatte das Recht, Verstöße dem Gericht zu melden. Das betraf auch die Behandlung der Lehrlinge und deren Verhalten. Als schließlich Mitte 1658 die Lehrzeit des nun 18jährigen Friedrich Wegener beendet und er in der Gegenwart aller Gesellen feierlich von der Lehre freigesprochen und zum Gesellen ernannt werden sollte, fand man in den Aufzeichnungen der Zunft keine abträgliche Notiz über seinen Vater und ihn selber. Hatte er einen guten Lehrmeister gehabt und viel gelernt? Wurde er ein tüchtiger Tuchmachergeselle? Niemand prüfte das – weder die Zunft noch eine städtische oder staatliche Obrigkeit.[11] Aber sicher war er von seinen ehrgeizigen Eltern weniger zu Haus- und Gartenarbeit herangezogen worden als die meisten Lehrlinge. Und der Vater-Lehrmeister war daran interessiert, daß er die Probearbeit seines Sohnes jedem Konkurrenten und Kunden ohne Zögern vorzeigen konnte.

Ein paar Wochen nach dem Ablauf der Lehrzeit wurde Friedrich Wegener in Pritzwalk Tuchmachergeselle und als solcher der zweite Mitarbeiter seines Vaters, dem er nun bei der Ausbildung des jungen Lehrlings behilflich sein sollte. Er erhielt jetzt auch Lohn für seine Arbeit und hatte die Erlaubnis, sich unter gewissen Bedingungen dem seit einiger Zeit bestehenden Gesellenbund anzuschließen – einer Art Genossenschaft, die nicht nur, nicht einmal in erster Linie, zur Wahrnehmung von Rechten und Abwehr von Ungerechtigkeiten der Meister da war, sondern zunächst einmal zum gemeinsamen Auftreten an Sonn- und Festtagen, bei fröhlichen Feiern und bei Begräbnissen.

Wie den anderen Gesellen war nun auch ihm der Montag mindestens in jeder zweiten Woche – in arbeitsreichen Zeiten vielleicht auch nur *ein* Monatsmontag – als Badetag, Flicktag, Markttag und Versammlungstag gesichert: Der «Blaue Montag», das heißt der leere, der unechte Wochentag mit wenigstens einigen freien Stunden.[12] Doch auch im 17. Jahrhundert wurde nicht jede Verordnung – war sie nun vom Bürgermeister der Stadt Pritzwalk oder gar vom Herrscher persönlich unterschrieben – regelmäßig befolgt. Seit langer Zeit hatte in Brandenburg die Staatsgewalt die Aufsicht über die Innehaltung der Sonntagsruhe übernommen. So war schon 1540 einmal bestimmt worden, daß an den Vormittagen der Sonn- und Feiertage «so lange das Amt wäret», also der Gottesdienst dauerte, die Stadttore geschlossen sein sowie Feldarbeit und Handel unterbrochen werden sollten. Diese Bestimmung war alle paar Jahrzehnte wiederholt und im Dreißigjährigen Kriege natürlich ganz und gar vergessen worden. Infolgedessen hatte auch der Große Kurfürst persönlich am 10. Juli 1649 an den Magistrat von Stendal geschrieben:[13] «Nun ist die Violation des Sabbatstages eine so große Sünde, darüber Gottes gerechter Zorn über gantze Lande und Leute gereitzet und ein solches Feuer angezündet wird, welches die häuser, ja, gantze Königreiche und Fürstenthümer verzehren tuth und von niemand gelöschet werden kann.» Er befahl den Stadtvätern die Teilnahme am Gottesdienst und die Schließung der Tore. Nach Pritzwalk hat er einen solchen Brief nicht geschrieben. Als er am 13. Januar 1661 durch ein Edikt «verbotene Arbeit» unter «gehörige Strafe» stellte, hielt Friedrich Wegener sich nicht mehr im Kurfürstentum Brandenburg auf, und aus dem nächsten sehr umfangreichen Edikt vom 22. Februar 1676 – jetzt war Wegener bereits seit langer Zeit Tuchmachermeister – ging deutlich hervor, daß alle früheren Ordnungen wenig befolgt worden waren.

Von nun an galt für den jungen Wegener auch eine gewisse Kleiderordnung.[14] Er gehörte einem «Stande» an, einem » «Grade», so nannte man es in Südwestdeutschland, und zwar dem dritten von insgesamt sechs. Dieser Zugehörigkeit entsprechend mußte er sich kleiden: sauber, ordentlich, insbesondere aber ohne jeden Luxus, der ihm nicht zustand. Das war für einen Tuchmacher nicht ganz einfach: Ihn lockte es natürlich, feine Tuche herzustellen und sich von einem Schneider Wams und Hosen machen zu lassen, die erst dem zweiten Stand erlaubt waren. Immerhin geriet er nicht in Versuchung, sich Anzüge aus besonders eleganten importierten Stoffen, etwa aus Scharlach, Plüsch, aus glattem Samt, Kamelhaar oder gar aus Brokat oder Pelzwerk machen zu lassen, was ihm nicht nur der Staat verbot, der die Verwendung einheimischer Stoffe verlangte, sondern auch die Kirche, die auf christliche Bescheidenheit achtete.

Friedrich Wegener gehörte also als Mittelschichtkind 1655 alles in allem zu jener kleinen Gruppe, die eine gute Grundlage für die berufliche Entwicklung besaß, wenn der Friede erhalten blieb und das Wachstum der Bevölkerung und ihrer Wirtschaft anhielt. Auch konnte er, als er zur Gesellenzeit überwechselte, beobachten, wie die Zahl der Schulanfänger – nicht zuletzt unter dem Druck des Pastors – von Jahr zu Jahr wuchs: der «Bildungswettbewerb» würde schärfer werden. Nicht so sehr bei den Kindern von Bauern, die seit etwa 1650 unter dem Sinken der Fleisch-, Käse- und Butterpreise litten, sondern eher bei den Söhnen von Handwerkern, deren Eltern viel häufiger als noch vor ein paar Jahren das Schulgeld und das Sonderhonorar für den Rechenunterricht aufbringen konnten. Auch wurden in der Stadt neue Schulen eingerichtet und geplant.

Im letzten Jahr vor seinem Schulabgang erlebte Friedrich Wegener zum zweiten Male eine große Feuersbrunst. Hatte die im Jahre 1642 die nördliche Hälfte der Stadt fast ganz zerstört, so traf die zweite, kaum daß ein Jahrzehnt vergangen war, die südliche. Wegeners Haus wurde zwar wieder verschont, aber die Stadt als Lebens- und Wirtschaftsraum war insgesamt noch schwerer getroffen als vor 12 Jahren: Völlig entmutigt standen die Pritzwalker, wie sie fürchteten, vor dem Ende ihrer Stadt, ihrer Existenz. Tatsächlich blieb Pritzwalk nun noch lange Zeit eine kleine unbedeutende Nebenstadt mit vielen wüsten Stellen, in der die allermeisten Einwohner sich nur äußerst mühsam ein sehr bescheidenes Leben erarbeiten konnten. Während Friedrich Wegeners Kindheit hatten sich die Verhältnisse allmählich gebessert gehabt, er selbst hatte Erkältungen und Fieber, «Krämpfe» und Durchfälle mit Hilfe von Hausmitteln, nicht zuletzt aus dem eigenen Bauerngarten, und Ratschlägen weiser Männer und Frauen der Verwandtschaft unter vielen Sorgen seiner Mutter überlebt;[15] nun mußten seine alternden Eltern für ihren einzigen Sohn eine schwere Jugend befürchten.

2. Andreas Cleyer

Andreas Cleyer, im Sommer 1634 in Kassel geboren, ging noch während acht oder neun Kriegsjahren in die Schule – in eine der Reformierten Gemeinde. Beides hatte seine Bedeutung. In diesen Jahren war die Stadt, die niemals erobert oder gar niedergebrannt wurde, von Flüchtlingen überfüllt: fast ständig herrschte wenn nicht Hungersnot, so doch Mangel an Getreide, Fleisch, Wurzeln und Kohl – nicht selten selbst an Wasser. Und Cleyers Mutter, die seit 1637 zum zweiten Male Witwe war, als solche aber noch in diesem Jahre eine auf den Namen Anna getaufte Tochter gebar, hatte es häufig schwer, diese beiden Kinder am Leben zu erhalten, nachdem die Tochter aus erster Ehe im Februar 1632 im siebenten Monat gestorben war.

Andererseits haben wohl in Kassel wie andernorts auch die Gemeinden der Reformierten darauf geachtet, daß die Kinder einen den Umständen entsprechend guten Unterricht durch Lehrer oder, wenn man diese nicht finden oder nicht bezahlen konnte, durch Pastoren, Kirchendiener oder auch durch geeignete Väter und Mütter erhielten. Sie mochten auf diese Weise im allgemeinen auch nicht viel mehr als Lesen und Schreiben, vielleicht dürftig Rechnen lernen. Aber Andreas' Mutter stammte nicht aus den untersten Schichten der Bevölkerung, und wahrscheinlich fiel er selber schon mit acht oder zehn Jahren der Mutter, Lehrern und Geistlichen als ein überdurchschnittlich interessiertes und begabtes Kind auf. Um 1644 wird er den ersten Lateinunterricht erhalten, also die Schule gewechselt haben und auf das Gymnasium gebracht worden sein.

Wie Kassel zu jener Zeit aussah, wissen wir recht genau – und zwar durch eine Beschreibung, die Landgraf Hermann zu Hessen-Rotenburg vorgenommen hat, ein Sohn des Landgrafen Moritz «des Gelehrten» und ein Enkel des Landgrafen Wilhelm IV., des «Weisen», der eine ebenso große Begabung wie Neigung für Astronomie, Mathematik und Statistik hatte.[16]

Die «Cosmographische Beschreibung des Nieder-Fürstenthums Hessen Anno 1641» des Landgrafen beginnt mit dem Satz: «Cassel ist die vornehmste fürstliche Residenz, Festung, Hauptstadt, Amt des ganzen Fürstenthums Hessen in einem sehr weiten in die Runde laufenden Tal zu beiden Seiten des schiffreichen Stromes Fulda gelegen.»

Natürlich nennt und beschreibt der Landgraf als erstes Gebäude das Schloß, das «ganz von Steinen» war, und lobt die schöne Aussicht wie die prächtigen Räume. Dann beschreibt er den durch den Strom in die alte, «vornehme» und die Neustadt geteilten Ort. Die Altstadt hatte «als Festung an starken Gebäuden, hohen und dicken Wällen und tiefen Gräben wenig ihresgleichen». Sie wurde daher ja auch niemals von den Gegnern des Landgrafen ernstlich gefährdet oder gar erobert. Landgraf Hermann unterstreicht, daß die Altstadt «sehr licht gebaut» war, und nannte die stattlichsten Gebäude – als erstes «den Marstall . . gleich einer fürstlichen Residenz . . ganz von Steinen», dann die Brüderkirche, das «Collegium Adelphicum», die Kanzlei und Rentkammer, nach diesen Regierungsgebäuden das Annaberger Kloster, das man allerdings, «weil allbereit fürstliche Palatia genug» vorhanden waren, der Reformation entsprechend «zum Provianthaus verordnet» hatte. Dann folgten das Zeughaus, das Theater, aus dem man jedoch eine Soldatenkirche und ein Gießhaus gemacht hatte, weiter ein Ballhaus und eine «sehr große und weite Rennbahn», eine weitere fürstliche Residenz, der «Nassauische Hof» und das Salzhaus, das man gleichfalls als Provianthaus benutzte. Sichtlich legte man Wert auf große Vorräte für Zeiten einer Belagerung. Anschließend nennt der Landgraf die Kirchen – noch einmal die Brüderkirche, «sonderlich die große Stifts- oder Freiheitskirche zu St. Martin, welche sehr hoch, weit und licht ist», mit ihrer «schönen herrlichen Orgel», und das «reiche Hospital zu St. Elizabethen».

Die Stadt als Wohn- und Existenzort der Bürger wird mit einem einzigen, wenngleich freundlichen Satz abgetan: «Die gemeine Stadt hat sonst auch feine, vornehme Gebäude, als das Rat-, Kauf- und Hochzeitshaus.» Dann heißt es: «Die Neustadt ist eben von keiner sonderlichen Größe, aber von Natur sehr fester Situation . . Hat ihre absonderliche Pfarrkirche.» Weiter nennt der Landgraf ihre «vortreffliche, kunstreiche Mühle von sechs Mahlgängen» und weitere Schleif-, Polier-, Würz-, Schlag-, Schneid-, Färber-, Bohr- und andere Mühlen sowie ein Schmelzwerk – abgesehen von einer großen Mühle in der Altstadt.

Schließlich erwähnt Landgraf Hermann eine «kunstreiche Schleuse, wodurch die schweren großen Lastschiffe auf- und abpassieren müssen», noch eine «Roßmühle mit vier Gängen und noch viele Handmühlen, so alle im Fall der Not wohl zu gebrauchen» seien. Durch die Stadt floß ein Bach, auch gab es zwei Teiche, «deren man sich in Feuersnot sehr wohl gebrauchen kann». Und schließlich war diese Residenz- und Festungsstadt Cassel, offensichtlich eine bedeutende Mühlen- und Schiffahrtsstadt, auch wegen ihres Durchgangshandels «mit allerhand Waren sehr weit berühmt und wohl begütert».

Da spielten natürlich neben der fürstlichen Familie mit ihrem Hofstaat und dem Militär die Bürgermeister eine wichtige Rolle. Man kennt sie seit dem Jahre 1239. In den Jahren, die Andreas Cleyer als Kind in Kassel lebte, waren sie Persönlichkeiten, die sich neben dem Hofstaat sehen lassen konnten:[17] fast durchweg Männer, die nicht aus Kassel stammten, aber dort schnell zu Ansehen gelangt waren, meist studiert hatten, mindestens juristische Kenntnisse besitzen mußten, da sie an der städtischen Gerichtsbarkeit beteiligt waren. Viele waren mit Akademikern verwandt, einer mit einem Vizekanzler, und sie heirateten Töchter aus entsprechenden, meist Kasseler Kaufmanns- und Beamtenfamilien.

Während Cleyer das Mauritianische Collegium absolvierte und heranwuchs, wurde die Universität, die von ihrer Gründung im Jahre 1527 bis 1604 im lutherischen Marburg[18] gewesen war, zwangsweise mit der Reformierten Kirche verbunden und nach Kassel verlegt, was die Gründung eines Gymnasiums zur Folge hatte. Cleyers Mutter konnte also hoffen, daß ihr Sohn ohne großen Aufwand an Geld in der Heimatstadt würde studieren können, denn der Stadtrat, voran die studierten Bürgermeister, bemühte sich um die Erhaltung der mit dem Mauritianischen Collegium verbundenen Universität. Seit etwa 1645 – Cleyer war nun elf Jahre alt – glaubte man nämlich daran, daß die bevorstehenden Friedensjahre der Stadt durch die Studierenden und Professoren wachsenden Nutzen bringen würden.[19]

Aber schließlich bestimmte der Landgraf nach vielem Hin und Her – bei dem eine Zeitlang auch Hersfeld sich bemühte, die in Kassel ansässige Universität an sich zu bringen – doch, diese «Pflanzstätte der Reformierten Kirche» wieder nach Marburg zurückzubringen, weil diese Stadt sich zum «strengsten Luthertum» bekannte. Im Jahre nach dem offiziellen Friedensschluß 1651 (Cleyer war nun 17 Jahre alt), befahl der Landgraf, die ziemlich in Verfall geratenen Gebäude in Marburg wieder instandzusetzen, und ordnete die Verlegung der Universität dorthin an. Die damit zum zweiten Male gestiftete, ernannte, nunmehr hessen-casselsche Universität wurde im Juni 1653 in Gegenwart der landesfürstlichen Familie und anderer fürstlicher Personen, der Deputierten der Prälaten, der Ritterschaft und der Städte eingeweiht. Für Cleyer geschah das allerdings zu spät: Er hatte inzwischen begonnen, in den Niederlanden an der angesehenen reformierten Universität Franeker zu studieren.

Andreas Cleyer scheint niemals wieder für längere Zeit nach Kassel zurückgekehrt zu sein. Möglicherweise hat auch seine Mutter mit ihrer 1637 geborenen Tochter, seiner Schwester Anna, Kassel verlassen. Er selber wandte sich dem Studium der Medizin zu, natürlich auf einer reformierten Universität. Er hatte auf dem Gymnasium gehört, daß der Kurfürst von Brandenburg im Begriff war, eine solche in Duisburg zu gründen. Aber bei dem allgemeinen Mangel an Geld mußte es viele Jahre dauern, bis genügend Professoren für ein gutes Studium beisammen waren. So lange konnte Cleyer nicht warten. Wer Gründungsrektor werden würde, wußte man in Kassel bereits: Johannes Clauberg, ein sehr junger Professor für orthodox reformierte Theologie und Philosophie. Er hatte an der Universität Leiden studiert, die in Blüte stand, war 1649 als Lehrer der cartesianischen Philosophie zur ebenfalls reformierten hohen Schule nach Herborn übergewechselt, dort aber schon 1651 wieder entlassen worden, da er nicht orthodox genug erschien. Der tolerante Kurfürst, der ja im Stammland vorwiegend lutherische Untertanen hatte, hatte ihn jüngst nach Duisburg berufen.[20]

3. Salomon Herz Löw Oppenheim

Von den fünf Personen, deren Leben wir hier zu begleiten versuchen, hat wohl der kleine jüdische Junge am frühesten «Unterricht» erhalten – und anfangs den solidesten obendrein. Immer und überall haben die jüdischen Gemeinden darauf geachtet, daß die Kinder recht bald in der Heiligen Schrift lesen sowie das Gelesene verstehen und erklären konnten. Auch brachten die ihnen offenstehenden Berufe es mit sich, daß man schreiben und schriftlich wie mündlich fließend rechnen können mußte: Vieh und Säcke zählen, Waagen ablesen, Kredite ausgeben und wieder eintreiben, Pfandwerte berechnen, Zins und Zinseszins ohne großes Schreibwerk übersehen. So oder besser als an vielen anderen, kleineren Orten ist es auch in der Frankfurter Judengasse gewesen. Freilich: Wenn die Juden die deutsche Sprache verwendeten, dann war es fast immer das Mittelhochdeutsche. Denn in der langen Zeit der Isolierung waren ihre *deutschen* Sprachkenntnisse in Wortschatz und Wortbedeutung auf der mittelhochdeutschen Stufe stehengeblieben. Sie hatten die Sprachentwicklung ihrer christlichen Umwelt nicht mitvollzogen und obendrein *ihr* «Deutsch» durch Aufnahme vieler hebräischer Worte und Konstruktionen verändert. Allerdings lernten Juden, die wie Salomon Löws Vater viel reisten – als Kaufleute oder als deren «Bedienstete», die auch geschäftliche und behördliche Korrespondenz führen mußten –, die Schrift und Teile der Sprache und dazu manches Stück Lebensart und -weise dieser weiteren Umwelt kennen. Sie begannen, eine weltliche «Intelligenz» zu werden, die für die spätere Aufklärung eine soziale Basis schuf, zumal mancher

Bedienstete, wie im 18. Jahrhundert Moses Mendelssohn, zur Selbständigkeit und zur Schicht der «Hofjuden» aufstieg.

So gab es für das Heranwachsen des kleinen Salomon Herz Löw manche Grenzen, Umwege und Sonderbarkeiten des Lernens und Wissens. Abgesehen von den Ausnahmen, die Geistliche wurden oder gar Schriftgelehrte (und damit berühmt), konnte der jüdische Mann also die hebräische Schrift lesen und für seinen Beruf hebräisch sowie vielleicht ein rudimentäres, altertümliches Deutsch schreiben und rechnen – mehr nicht. Als in Frankfurt 1689, also fast schon im 18. Jahrhundert, eine städtische Verordnung den Juden auferlegte, ihre Geschäftsbücher in deutscher Sprache zu führen, baten die Vertreter der Gemeinde um Rücknahme dieser Vorschrift, da von zehn Juden kaum einer «Teutsch» lesen, geschweige denn schreiben könne.[21]

Noch im Jahre 1741 verpflichtete der 1681 in Krakau geborene Oberrabbiner Josua Falk, einer der Bedeutendsten seiner Zeit (er hatte einen grundlegenden Kommentar zum Talmud geschrieben), testamentarisch seine Kinder zum Erlernen der gegenwärtigen deutschen Sprache – was also offensichtlich in der kulturell führenden Frankfurter Judengasse bisher kaum geschehen war.[22]

Während Salomon Herz so heranwuchs und 1648 von seinem Vater erfuhr, daß weit entfernt von Frankfurt Kaiser und Könige, Feldherren und Minister über die Herstellung des Friedens verhandelten, so daß er, der Vater und viele Onkel vielleicht eines Tages wieder ungefährdet von Messe zu Messe würden ziehen können, hörte man plötzlich, daß *noch* viel weiter entfernt in der Ukraine ein Kosaken-Aufstand gegen die polnische Herrschaft ausgebrochen war. Die Aufständischen fanden Hilfe erst bei den Tartaren, dann auch bei den Russen, selbst bei den Schweden. Während der folgenden acht Jahre wurden in diesem Krieg unzählige Juden gefoltert, beraubt, umgebracht. Flüchtlinge kamen auch nach Frankfurt. Ihre Berichte über das grausamste, umfangreichste und längste Blutbad, das die Juden seit der Zeit des Schwarzen Todes betroffen hatte, begleiteten die Kinderjahre des kleinen Oppenheim. Und jeder Bericht endete damit, daß sie alle heldenhaft in ihrem Glauben gestorben waren: keiner ließ sich taufen – keiner der Hunderttausende blieb in der Ukraine am Leben.[23]

Bis etwa zum Ende seines zwölften Lebensjahres lernte der kleine Jude wie die Christenkinder das Leben gewissermaßen in der Schule sowie in der häuslichen Umgebung des Vaters und der Mutter kennen. Dann fand der Vater, daß er alles weitere am besten bei der Arbeit lernen würde, und nahm ihn mit auf Geschäftsreisen. Nicht von Anfang an auf alle, sondern zunächst auf kürzere, wenig anstrengende und gefährliche, bei gutem Wetter zu Freunden und Verwandten, bei denen das Kind übernachten und sich erholen konnte.

Die Frankfurter Juden reisten in alle Himmelsrichtungen – nach Leipzig und darüber hinaus, zu den Judengemeinden in Speyer und Worms und nicht zuletzt über Kassel nach Hamburg und Bremen. Sie reisten wohl mehr auf den Straßen als auf dem Main und dem Rhein, auf Weser und Elbe.

Wo immer es möglich war, benutzte man sogenannte Geleit-Straßen, solche also, für die seit 1648 der Geleitsherr, meist der Landesherr, wieder begonnen hatte, über die wichtigsten Reisezeiten hinweg oder kurz vor und nach den Messen gegen eine angemessene Zahlung das Geleit, den conductus, zu organisieren.[24] Das war für die Oppenheim besonders wichtig in dem Raum zwischen Frankfurt, Worms, Heidelberg, Speyer, Germersheim und Landau, in dem sich seit dem Kriege viele Fahrende, Gauner, Diebe und auch Mörder herumtrieben. Eine Schwierigkeit bestand allerdings darin, daß der einzelne Reisende für die meist nur kurze «Geleit-Straße» nicht viel Gebühr aufbringen konnte, der Geleitsdienst aber recht kostspielig wurde, wenn er ausreichend häufig und stark zur Verfügung gestellt wurde. Im Oberamt Neustadt a.d. Weinstraße, das den bezeichneten Raum mit Geleit zu versorgen hatte, erbrachte das Messegeleit im Jahre 1660 42 Gulden und 42 Batzen, im folgenden Jahre sogar nur 26 Gulden und 57 Batzen, während die «Zehrung der Geleitsreiter» weit über 60 Gulden kostete. Auch klagten die Reisenden darüber, daß keine ausreichende Regelung für die Geleitsgeld-Entrichtung existierte, ihnen zum Beispiel auf einer Straße zweimal Geld abverlangt wurde und außerdem drei- oder viermal so viel wie vor dem Kriege: 4 Batzen für den Reiter statt eines einzigen, 16 statt 4 Batzen für einen beladenen Wagen usw.[25] Im Jahre 1655 hatte zwar die kurpfälzische Kammer entschieden, daß «Frembde.. das Glaidt nur einmal lösen» mußten «und die Einheimischen keines», aber die Klagen hörten nicht auf.

Oppenheim, der, wie andere Frankfurter Juden auch, häufig die Straße zwischen Neustadt und Speyer beziehungsweise Germersheim benutzte, wurde auf diese Weise wiederholt um einiges Geld gebracht und konnte bei der Rückkehr von einer seiner Reisen im Jahre 1654 in der Judengasse berichten, daß im Streit um die Geleitsgerechtigkeit einige hundert kurpfälzische Soldaten die Stadt Deidesheim überfallen und geplündert hatten.[26]

Besonders ungern begleitete der junge Salomon seinen Vater nach Worms. Dort bestand zwar seit alters eine wohlhabende und verhältnismäßig große jüdische Gemeinde,[27] die bekannte Gäste freundschaftlich aufnahm. Aber in der zwischen dem Oberen und dem Unteren Judentor nur etwa 300 Meter langen Judengasse an der hohen Stadtmauer entlang, die etwa 100 Häuser mit rund 100 Familien und 650 Personen beherbergte und damit noch enger war als die in Frankfurt, wurde man ebenso mit Erinnerungen an furchtbare Ereignisse in der jüngeren und vielleicht sogar jüngsten Vergangenheit begrüßt wie bei der Rückkehr nach Frankfurt. Ein Jahr nachdem dort der Fettmilch-Aufstand die Juden vertrieben hatte, war es 1614 und 1615 auch in Worms zu Unruhen gekommen: Die Handwerks-Zünfte hatten die Juden angegriffen, der Magistrat sie nicht schützen können. Beide Male waren sie über den Rhein vertrieben, ihre Häuser geplündert und demoliert worden. Beide Male hatte der Kurfürst Friedrich von der Pfalz zwar dafür gesorgt, daß sie hatten zurückkehren können. Aber der junge Oppenheim fragte wieder und wieder, warum dies alles geschehen konnte, warum der «gute» Kurfürst zwar die Rückkehr der Juden ermöglichte, die plündernden Christen aber nicht aufhängen oder vierteilen ließ, was mit Juden in der gleichen Lage gewiß geschehen wäre. Warum?

Natürlich begegnete man nicht nur Juden, mit denen man Geschäfte machte, sondern auch christlichen Kaufleuten, Bauern und Handwerkern – nicht immer ehrlichen Menschen, sondern zuweilen Betrügern, Kartenschlägern, Dieben, auch solchen, die bereit waren, einem Menschen Arme und Beine oder gar das Genick zu brechen, wenn man dadurch mit guter Beute davonkam. Vater Oppenheim hatte in dieser Hinsicht vieljährige Erfahrungen, und er versuchte, sie seinem Sohn zu vermitteln. Er zeigte ihm gefährliche Menschen, er lehrte ihn, sie zu meiden, ihren Lokkungen aus dem Wege zu gehen – Männern wie Frauen und Kindern, die in mancher Räuberbande schon früh zum Ausbaldowern, zum schnellen Griff in eine Tasche, zum Einbruch durch eine enge Tür erzogen wurden.

In erster Linie aber begegnete man armen Juden, denen überall die Niederlassung verweigert wurde, die, wo immer sie übernachten oder krank und elend ein paar Tage ausruhen wollten, als «Eingeschlichene» verjagt wurden und vom «Nothandel» leben mußten – also aufs kümmerlichste vom Handel mit alledem, was ihnen in die Finger geriet, auch von «Gefundenem». Wo die jüdischen Gemeinden wohlhabend genug waren, diese «fahrenden» Glaubensbrüder wenigstens notdürftig zu ernähren, zu beherbergen und zu pflegen, befanden sich unter den jüdischen Vaganten merklich weniger Gauner als unter ihren christlichen «Standes»-Genossen, denen keine vergleichbare Armenfürsorge half und die daher bereits wesentlich früher zu unehrlichem Broterwerb Zuflucht nehmen mußten. Seit dem großen Kriege aber machte sich auch die Verarmung der jüdischen Gemeinden sehr bemerkbar: die Zahl der Fahrensleute stieg. Bald erwies sich dieser Druck auf die Ansässigen als so schwer, daß sie sich zumeist auf die Abschiebung der Vaganten mit etwas Nahrung zur nächsten Gemeinde beschränken mußten. Insbesondere Alte und Kranke, deren unbegrenztes Bleiben drohte, wenn man sie auch nur eine Nacht aufnahm, wurden nicht selten unmittelbar nach ihrem Erscheinen mit einem winzigen Zehrgeld weitergeschickt – die Kosten einer Beerdigung konnten viele Gemeinden nicht wieder und wieder auf sich nehmen. Außerdem wurden in zahlreichen Gemeinden die Spitäler, die eigentlich unmittelbar neben der Synagoge zu stehen pflegten, angesichts der wachsenden Bettlerzüge an den Rand der Siedlung, selbst vor die Stadtmauer verlegt: dies aus Furcht vor Krankheiten, aus Sorge auch um die Sicherheit der Einwohner, und außerdem wollte man verhindern, daß ein Vagant mit ein paar schnellen Schritten aus dem Gotteshaus ins Spital gelangte und dort die Aufnahme erzwang. Damit hielt man nicht wenige Fahrende überhaupt vom Betreten des Ortes ab, vom Betteln vor jeder Haustür.

Immer wieder konnte Vater Oppenheim seinem Sohn zeigen, was sich da seit etwa 1640 abspielte und nach 1648 eher schlimmer wurde als zurückging: die Stellung der Fahrenden im einstmals festen, wohlgeordneten gesellschaftlichen Gefüge der jüdischen Gemeinschaft verschlechterte sich von Jahr zu Jahr. Damit wurde aber auch die Grenze zwischen den «gewöhnlichen» Bettlern und den Vaganten, jenem Gaunertum von Dieben, Erpressern und selbst Mördern verwischt. Hatten bisher die vielen Beschuldigungen, die Christen gegen die Juden erhoben, keine Hinweise auf das Bestehen gewissermaßen einer jüdischen Unterwelt beibringen können, so mehrten sich nach 1648 die Nachrichten über diebische und betrügerische Betteljuden. Schnelle Griffe in fremde Taschen und Körbe, Einbrüche in Wohnhäuser, Ställe und Scheunen, Betrügereien im Geldtausch und Abwiegen des gekauften Gutes waren anscheinend die weitaus häufigsten Vergehen jüdischer Landfahrer. Nicht selten wurde ihnen sogar Kirchenraub vorgeworfen – ein natürlich besonders schweres Vergehen, das die übliche Verachtung, ja den Haß gegen die Juden insgesamt verstärkte – und bei diesen die Furcht vor neuen plötzlichen Pogromen, die sich wie Waldfeuer im trockenen Sommer über weite Gebiete ausbreiten konnten.

Etwas anderes kam hinzu – und der junge Oppenheim fand sich seltsam angezogen davon. Diebereien von Betteljuden zu sehen, war bei den Reisen mit dem Vater bald fast alltäglich. Über solche Menschen wußte sich der Vater, dessen bescheidener ehrlicher Wohlstand deutlich sichtbar war und ihm einen gewissen Respekt bei den Christen in Herbergen und Häusern sicherte, weit erhaben. Jene waren auch Juden – gewiß, leider konnte man es vor den Christen nicht leugnen. Aber häufiger als von solchen Streichen hörte man, daß Juden, insbesondere junge Menschen, bereit waren, als Kundschafter für Räuberbanden von «Christen» Einbruchs- und Betrugsmöglichkeiten auszubaldowern oder selbst als aktive Teilhaber sich in den Dienst organisierter Banden ziehen zu lassen.

Solche Banden bestanden aus Männern und Frauen, die noch innerhalb der sehr großen «ehrlichen» Unterschicht jener Zeit existierten – ehemalige Landarbeiter, die ihre «Herren» und Arbeitgeber bestohlen hatten oder deren Töchtern zu nahe getreten waren, frühere Soldaten, die den Weg vom lockeren Leben im Kriege zurück etwa in die ehemalige Existenz eines Handwerksgesellen nicht gefunden hatten, aber auch Brandstifter und Mörder, die wußten, daß nur das Untertauchen in der Anonymität der Räuberbande sie für kürzere oder längere Zeit vor dem Rad oder dem Galgen bewahren konnte. Zuweilen begegneten die Oppenheim allein oder gemeinsam mit anderen jüdischen Kaufleuten solchen Gruppen. Deren Mitglieder konnten satt und zufrieden sein oder nachdrücklich betteln und Wegzehrung verlangen – und sie konnten gefährlich werden, wenn man nicht sich selber in einer Gruppe starker Männer befand, die offensichtlich bewaffnet und zur harten Verteidigung entschlossen waren. Es kam auch vor, daß ein jüdisches Mitglied einer solchen Räuberbande die beiden Oppenheim, also Glaubensgenossen, vor Ausplünderung bewahrte. Man hörte allerdings ebenso von rein jüdischen Banden, die jüdische Kaufleute ausplünderten, wo immer es möglich war.

Der junge, 14 oder 15 Jahre alte Oppenheim, den das Leben in der Familie, in der Judengasse, die Verehrung für die Hausfrau als Mitte der Familie, aber doch auch ihre absolute Unterordnung unter den Hausherren verwirrte, dem ständig von der lebensgefährlichen Abneigung der Christen, mit denen man täglich einträglichen Handel trieb, erzählt und von Flüchtlingen aus dem Osten berichtet wurde, begegnete hier einer Unterwelt, die ihn nicht selten weit mehr faszinierte als die kunstvolle und erfolgreiche Kaufmannschaft seines Vaters und seiner Onkel. Jene Schicht der Rechtlosen außerhalb der «bürgerlichen» Gesellschaft, jene «Berufs»-Verbrecher besaßen, wie man sich erzählte, durchaus ihre eigene «Ehre»: Lebens- und Umgangsregeln besonderer Art.

300 Jahre später schrieb man über das, was Salomon Oppenheim 1655/60 erlebte: «Das soziale Phänomen des Berufsverbrechertums empfing im und durch den Dreißigjährigen Krieg seine Vollendung und steht nun in den Jahrzehnten nach dem Großen Krieg fertig vor uns als ein in Jahrhunderten gewachsenes Gebilde: Eine verfestigte soziale Schicht von Berufsverbrechern, die, nicht seßhaft, durch die Lande ziehend, von Raub und Diebstahl lebt, vielfach über Landesgrenzen hinweg verfilzt und verflochten, die sich ihr eigenes Brauchtum und seit dem 15. Jahrhundert ein Gauner-Rotwelsch (einen bunten Fleckenteppich von Sprachfetzen aus aller Herren Länder – deutsch, hebräisch, tschechisch, kroatisch, lateinisch, italienisch, zigeunerisch usw.) –, ihre eigene Sprache geschaffen hat, deren Angehörige sich untereinander als zusammengehörig und die bürgerliche Gesellschaft, von der sie ausgestoßen sind und die sie als rechtlos behandelt, als ihren unversöhnlichen Feind empfindet ... Sie bilden die Klasse der sogenannten ‹jenischen Leute›, auch ‹Jenner› oder ‹Gauner›,[28] was der den Räuber miteinschließende Oberbegriff ist, der den berufsmäßigen Eigentumskriminellen schlechthin, gleich welcher Betätigungsformen, meint.»[29]

Salomon Löw war 15 Jahre alt, also im Milieu der Frankfurter Judengasse fast schon erwachsen, als sein Vater im Juli 1655 eines Tages auf dem Wege von Worms nach Mainz – von dort wollte man drei oder vier Tage später wieder nach Frankfurt zurückkehren – bereits am frühen Nachmittag bei einem jüdischen Bekannten die Reise unterbrach, die Pferde einstellte und mit der Ware in das bescheidene Haus ging. Man hatte baldowernde Kinder gesehen und von Entgegenkommenden erfahren, daß nicht weit entfernt eine größere Bande ihr Lager aufgeschlagen hatte – Männer mit ihren «Schicksen», also ihren Frauen, offenbar mit viel «Sore», also Beute, die sie umpackten und ordneten, damit die Schicksen sie und ein paar Männer vom «Emmes», diesem Sammelpunkt, zum «Bayes», der Gaunerspelunke, schleppen konnten, wo sie dann verkauft werden würde. Auch einige Juden sollten sich bei der Bande befinden.[30]

Vater Oppenheim wollte entweder am folgenden Tag weiterziehen oder sich nach einem günstigen Umweg erkundigen. Bis spät in die lange warme Sommernacht saß man hinter dem Hause beisammen, tauschte flüsternd Erfahrungen aus und plante für den nächsten Morgen. Schließlich ging man in dem dumpf-heißen festverschlossenen Hause schlafen – der junge Oppenheim in der engen Kammer, in der das Handelsgut aufgestapelt lag, das er bewachen sollte.

Am frühen Morgen des nächsten Tages wollte der Vater ihn wecken, fand aber, daß sein Sohn bereits aufgestanden war und offenbar das Haus durch ein schmales Fenster verlassen hatte. Dieses stand offen. Der Vater war zunächst sehr erschrocken, als er aber sah, daß seine Ware ordentlich beisammen lag, beruhigte er sich wieder: Der Sohn mochte in dem nahen Gehölz Beeren oder Pilze suchen und würde schon bald zurückkehren.

Salomon Oppenheim wartete auf seinen Sohn – eine Stunde, dann bis zum Mittag, dann ging er, vom Sohn seines Gastgebers begleitet, in das Gehölz. Man suchte, man rief – der Sohn meldete sich nicht. Man ging in den Ort und fragte – niemand hatte einen jungen Juden ohne Gepäck gesehen. Oppenheim kehrte verängstigt zu seinem Gastgeber zurück. Man wartete die Nacht, man suchte einen weiteren Tag und wartete noch eine Nacht: Der junge Oppenheim war und blieb verschwunden. Weinend, völlig verwirrt, machte der Vater sich auf den Heimweg direkt nach Frankfurt. Unterwegs fragte er natürlich überall nach seinem Sohn und überlegte, was wohl geschehen sein mochte. Geraubt, entführt hatte man ihn nicht. Abgesehen davon, daß dies kaum möglich gewesen wäre, ohne daß man es im Hause bemerkt hätte, konnte es dafür auch nur einen einzigen Grund geben: Man hätte aus dem Vater für die Rückgabe seines Sohnes ein Lösegeld herauspressen können. Aber niemand hatte das an den folgenden Tagen versucht.

Also war der Sohn aus eigenem Entschluß davongelaufen. Warum? Der Vater hatte ihn nicht gescholten, nie geschlagen. Er war vom Gastgeber freundlich behandelt, ja wegen seiner Gewandtheit gelobt worden. Der Vater konnte sich keinen Grund für die «Flucht» seines Sohnes vorstellen. Hatte irgend jemand ihn behext? Das kam vor. Man kannte solche Fälle. Aber weit und breit war seit langer Zeit keine Hexe mehr gesehen oder gar verbrannt worden.

Als Oppenheim in die Frankfurter Judengasse zurückkehrte, konnte er nur wieder und wieder erklären, daß er nicht wisse, sich nicht vorstellen könne, was mit seinem Sohn geschehen war, ob dieser noch lebe oder tot sei. Die Gemeindevorsteher vernahmen ihn mehrfach; seine Ehefrau, Löws Mutter, bedrängte ihn Tag und Nacht, er habe seine Vaterpflicht vernachlässigt. Sie beschimpfte ihn so, daß er sie schlug. Der Sohn blieb verschwunden – eine Woche, einen Monat, ein Jahr ...

Der junge Oppenheim war im Dunkeln nach Mitternacht durch die Fensterluke auf den Hof gestiegen und davongeschlichen. Nach einiger Zeit stieß er, wie er gehofft hatte, auf eine Art Wache der Räuberbande. Sie hielt ihn fest und brachte ihn am Morgen zu dem Oberbanditen des Lagers. Dort gab er einen falschen jüdischen Namen an, für den sich niemand interessierte, da man ihm ohnehin nicht glaubte. Ohne weitere Umstände bat er um Aufnahme. Man nahm ihn an und hieß ihn, sich an die Gruppe der Juden anzuschließen, die ihren eigenen Anführer hatte. Er tat es und wurde dort mißtrauisch, aber nicht schlecht aufgenommen.[31]

In der Folgezeit, in der die Juden niemals an Diebstählen, Plünderungen oder Überfällen beteiligt, sondern immer nur als Baldowerer, Wachen, auch als Verkäufer der Sore benutzt wurden, lernte er also das Lagerleben und die Arbeitsweise der Bandenmitglieder kennen. Er sah, wie brutal, rücksichtslos und unaufrichtig sie auch miteinander umgingen. Von der sagenhaften Verbrecher-Ehre, der Banditen-Kameradschaft konnte keine Rede sein. Jeder war sich selbst der Nächste und rechnete damit, daß es auch in der Bande selber Diebstahl, und wenn es Geld einbrachte, Verrat gab – und kein langes Leben. Er tat sich auch nicht mit einer Schickse zusammen: Zu der Gruppe der Juden gehörten weder Frauen noch Mädchen. Und die anderen schlossen sich keinem Juden an.

Löw Oppenheim, genannt Löw, blieb etwa drei Jahre bei den «Jenischen». In dieser Zeit sah und lernte er viel, was es in der Frankfurter Judengasse nicht gab. Er wurde kein kleiner Dieb, erst recht kein Verbrecher. Er verließ auch nicht den jüdischen Glauben seiner Eltern, wenngleich er in dieser Zeit nie eine Synagoge betrat – weder als gemeiner Plünderer noch als ein Gläubiger, der beten und Gott um Verständnis für die Verzweiflung bitten wollte, die ihn aus dem Milieu des Frankfurter Judentums hinausgetrieben hatte in eine Wildnis, welche ihn hatte befreien sollen und doch wieder zu Juden geführt hatte. Denn jüdisch war und blieb auch die kleine Gruppe, in der er existierte – sie war es in sich selbst und in den Augen der Bande. Er erlebte das organisierte Verbrechen – aber auch den daraus vertriebenen oder ausbrechenden Einzelgänger. Er sah Menschen «leben», denen und deren Existenz er natürlich mit seinem Vater niemals begegnet war. Und er wuchs drei Jahre lang in diesem Milieu auf, in dem ihm allmählich manches Unrecht durch die Gewöhnung fast wie Recht erschien. Wenn er gelegentlich an seine Eltern dachte – was unvermeidlich war –, an die strenge, religiös begründete Rechts- und Sittenordnung eines alten Volkes, das nur mit einer solchen in der Fremde sich und seinen Lebensanspruch behaupten konnte, dann erschrak er darüber, daß er diese Glaubensordnung mehr und mehr vergaß und damit verlor. Glücklich war er in diesen Jahren niemals, aber schließlich wurde er so unglücklich, wie er gewesen war, als er vom Vater und von der Mutter davongelaufen war. Gelegentlich hörte er, daß in der Nachbarschaft Banden «arbeiteten», die nur oder doch fast ausschließlich aus Juden bestanden, von Juden geführt wurden, ausdrücklich aber jüdische Kaufleute verschonten, als wollten sie das Judentum an den Christen für deren Judenverfolgungen rächen.[32] Aber er kam niemals auf den Gedanken, sich einer solchen Bande anzuschließen und auf diese Weise wieder einer jüdischen «Gemeinde» anzugehören.

Da die Juden entsprechend der Arbeitsteilung bei der Bande mehr im Lager blieben als die Verbrecher, lernte der erwachsene «Löwe» manches noch genauer kennen als jene – zum Beispiel Spiele und das Falschspielen, das nicht nur im Gaunertum des 17. Jahrhunderts, sondern beim ganzen deutschen Volke seit dem Mittelalter sehr beliebt war, obwohl die Kirche es immer wieder einzuschränken versuchte. Insbesondere unter den Juden gab es, wie jedermann wußte, eine wahre Spielleidenschaft.[33] Man hat diese zuweilen mit der Verbreitung des Glückspiels im islamischen Vagantentum verglichen.[34] Bald konnte er mit Würfeln und Karten gleich gut- und falsch-spielen. Mancher Gastwirt und Herbergsvater ließ gar nicht ungern Falschspieler ins Haus, die meist schnell einen Kreis von Spielenden um sich versammelten. Das belebte zumindest das Geschäft – und nicht selten erhielten auch die Wirte noch eine Beteiligung am Gewinn, was allerdings gefährlich war: In nicht wenigen Städten wurden solche Krugwirte genauso bestraft wie die Falschspieler – hier mit Vertreibung und Ortsverbot, dort mit «Schwemmen» oder «Flößeln» (wobei der Mensch an einen Kahn gebunden eine Strecke durchs Wasser gezogen wurde und ersticken konnte), manchmal mit einer Geldbuße, zuweilen auch mit heftigen Schlägen.

Er erwarb sich natürlich die Fingerfertigkeit des Gewohnheitsspielers beim Mischen und Verteilen der Karten. Und er lernte alle Tricks der Falschspieler kennen. Das «Zinken» der Karten durch Beschneiden der Ränder oder Ecken wie das Beschichten des Kartenrückens mit Bimsstaub, das Punktieren gewisser Stellen und Durchstechen der rechten oberen Ecke mit feinen Nadeln. Genauso beherrschte er das Spiel mit geschliffenen Würfeln und mit solchen, in deren Kanten und Ecken kurze Schweinsborsten eingekittet waren oder bei denen durch einen Kanal ein Stück Bleidraht zu einer bestimmten Stelle geführt war, so daß das Rollen an erwünschten Punkten gebremst wurde.

Und er beherrschte schließlich die Fachsprache der Falschspieler, die einen Teil des «Rotwelsch», des «Gergo» der italienischen, des «Argo» der französischen, des «Cant» der englischen Vaganten bildete. Dieser Falschspieler-Jargon, der eine Art Berufssprache war, diente in erster Linie der Möglichkeit, einander im Kreise der Spieler zu informieren, ohne daß jene verstanden, was geschah, war aber auch mit Worten des animistischen Aberglaubens durchsetzt.

«Fünfler», «Joner», «Kopper», «Zwicker», «Vierharter» waren einfach Falschspieler, aber derjenige, der ein Opfer ansprach und aufforderte, war ein «Bloher»; ein angeblich unparteiischer Schiedsmann beim Karten- oder Würfelspiel ein «heilig man», einer, der Falschgeld ins Spiel brachte, ein Kleher, und der Hauptspieler einer Gruppe oder Bande von Falschspielern ein Meister(er) usw.[35]

Im allgemeinen hielt sich die Bande, an deren Rand der ironisch immer noch «Löwe» genannte junge Oppenheim geduldet und benutzt wurde, im Gebiet um Worms und Speyer auf – dort wo der Neuling sich ihr angeschlossen hatte. Er achtete immer sorgfältig darauf, daß er nicht eines Tages seinem Vater begegnete und vielleicht miterleben mußte, wie ihm etwas angetan wurde. Wenn aber der Widerstand der Reisenden oder der Bauern und Städter sich merklich verstärkte, ja sich so ähnlich organisierte wie die Räuberbanden, dann wechselte man in andere Gebiete über, denn die Bauern konnten sehr grausam sein – im Großen Kriege hatten sie es bewiesen. Sie brachten einen Marodeur, Plünderer, Brandstifter nicht einfach um, sondern sie schlugen ihm die Hände oder die Füße ab, stachen ihm die Augen aus, prügelten ihn halb tot und ließen ihn zur Warnung auf dem Wege liegen, wo er sich zu Ende quälte oder von Wölfen bei lebendigem Leibe aufgefressen wurde.

Im Herbst 1658 wechselte die Bande über den Rhein ins Hessische. Bald erlebte man, daß in diesem Gebiet bereits straff organisierte Gruppen arbeiteten, die gewissermaßen ihr Platzrecht mit großer Härte verteidigten. So zog man sich denn in die Wälder dicht um Frankfurt zurück. Das Gebiet war stark besiedelt, und viele reisende Kaufleute, auch reiche Adelige, zogen in kleinen Gruppen nach Norden – «auf Kassel» und zu den weiter entfernt gelegenen Hafenstädten. Hier konnte man verhältnismäßig schnell einen Überfall machen und wieder untertauchen. Löw Oppenheim gehörte noch immer zu der kleinen Gruppe der Juden, die hauptsächlich baldowern und Wache halten mußte. Fast jede Nacht wurde er so verwendet. Eines Morgens fand man ihn nicht an der Stelle, an der er stehen sollte. Er war verschwunden. Vor drei Jahren hatte sich sein Vater monatelang bemüht, den Sohn wieder aufzufinden. Hier in der Bande dachte man schon nach zwei Tagen nicht mehr an ihn, zumal er niemand bestohlen hatte: er existierte einfach nicht mehr. Ein paar Tage später stand er an einem dunklen Herbstabend vor dem Tor zur Judengasse, das eben geschlossen werden sollte, nannte seinen Namen, wurde eingelassen und ging zum Hause seiner Eltern.

Der verlorene Sohn war heimgekehrt – 18 Jahre alt, ein erwachsener Mann, der nach den Lehrjahren bei seinem Vater sehr eigenartige Gesellen- und Wanderjahre abgeschlossen hatte.

4. Dodo II. zu Inn- und Knyphausen

Dodo Knyphausens Mutter Octavia (Occa) Johanna Reichsfreiin von Ripperda, die aus Farmsum bei Delfsiel am Dollart, dem Hauptsitz ihrer Familie kam, hatte 1639 einen kranken Mann namens Enno Adam geheiratet und wirtschaftlich durch ihre Mitgift an Kapital gerettet, ja durch ihre Mitgift an Gütern in Groningen und Westfriesland sogar sehr reich gemacht. Auch als er, überraschend schnell gesundet, 1640 in holländische Kriegsdienste getreten war, sie selber daher ins elterliche Farmsum übersiedelte, wo 1641 Dodo auf die Welt kam, blieb sie das Haupt der Familie. Sie war es, die den Familienbesitz zu erhalten versuchte, zu diesem Zweck häufig nach Den Haag reiste und den Sohn allein, das heißt in den Händen von Bediensteten lassen mußte. Sie ist als eine vorzügliche Diplomatin in die Geschichte eingegangen, die ihren Söhnen – 1648 wurde Hero Mauritz geboren – zäh und furchtlos das ihnen Zustehende zu retten trachtete.

Bis in sein viertes Jahr blieb Dodo daher nicht in seiner Heimat, sondern bei den Großeltern mütterlicherseits, in den Händen und unter den Augen einer «Muhme». In dem Milieu untergeordneter Dienerschaft nahm er nichts von der berühmten Schönheit, der vielbewunderten Energie seiner Mutter, der militärischen Bedeutung seines stattlichen Vaters in sein eigenes Leben auf. Noch am Ende des 18. Jahrhunderts schrieb Mauritius Cruziger in seinem Taschenwörterbuch für Einheimische und Freunde (Solothurn 1799)[36] über eine solche «Muhme» und ihren Zögling: «Diese soll also auch den Grund zu einer moralischen Bildung legen. So ungefähr lehrt der Kuckuck die Lerche singen. Abgerechnet des bäurischen Betragens derselben, wodurch das zarte Gefühl der Kinder im Keime erstickt wird; so sind die meisten moralisch verdorben. Ihr böses Geschwätz, ihre Zoten, ihre Handlungen selbst machen die unseligsten Eindrücke auf die weichen, für alles empfänglichen Seelen.»

Vermutlich erhielt Dodo von Knyphausen spätestens im fünften Lebensjahr einen «Informator», der ihm Unterricht gab, sein Hauslehrer war und ihn beaufsichtigte. Da solche Informatoren häufig unmittelbar nach der Beendigung ihrer eigenen Ausbildung, auch wohl nach dem Abbruch eines Universitätsstudiums oder während desselben für den Lebensunterhalt eine derartige Stellung annahmen, nannte die Dienerschaft sie bissig die «lateinische Kindermuhme». Bei den Knyphausens dürfte er ein reformierter Protestant gewesen sein.

Welche Qualitäten ein Informator haben sollte, das ist im 17. und 18. Jahrhundert von pädagogischen Theoretikern wiederholt beschrieben worden – zum Beispiel: «das Vermögen, richtig zu denken, zu urteilen und zu schließen». Er sollte natürlich tugendhaft sein: aufrichtig, ehrbar, wohlanständig, demütig und bescheiden, friedfertig und verträglich, sanft, geduldig und großmütig, unterwürfig und gehorsam, mäßig und keusch, sparsam und arbeitsam, unerschrocken, mutig und herzhaftig, gottseelig, gewissenhaft und treu, weise und klug. Von diesen vielen Tugenden verlangten die Eltern die eine Hälfte, der anderen bedurfte er als Vorbild für das Kind, das er «informieren» sollte. Dodos Mutter wird kaum uneingeschränkt gefordert haben, daß der reich geborene und zum Herrschen bestimmte Sohn gegenüber jedermann demütig und bescheiden, unterwürfig und gehorsam wurde. Er sollte schließlich ein Herr werden: mutig und stark hier, klug und vielleicht sogar weise bei ganz anderer Gelegenheit. Brauchte Dodo einen Informator, der, wie die Theoretiker forderten, die lateinische Sprache lehren konnte? Reichte nicht die ständig gebrauchte französische? Mit der Bibel mußte der Informator als Lehrer umgehen können – wohlgemerkt als ein Bekenner des reformierten Protestantismus. Von der Mathematik sollte er eigentlich nur das vermitteln, was ein Offizier für die Anlage von Befestigungen und den Umgang mit dem Geschütz nötig hatte.

Eigenartigerweise haben die studierten pädagogischen Theoretiker es nicht für nötig gehalten, daß der Informator seinen Zögling zu einem guten Landwirt, einem Gutsherrn, einem Pferdezüchter heranzog, der es verstand, mit Mägden und Knechten, wenigstens mit Verwaltern und Amtleuten umzugehen. Nicht zuletzt das würde Dodo höchstwahrscheinlich eines Tages am meisten brauchen: er würde wohl Großgrundbesitzer und Offizier, Kleinfürst und Diplomat werden. Darauf konnten ihn Muhme und Informator kaum vorbereiten. Später erhielt er daher einen Hofmeister, von dem mehr als nur der Name überliefert worden ist. Aber die ersten zwölf oder vierzehn Jahre seines Lebens, in denen der Grund für Dodos Persönlichkeit gelegt oder – falls er sie von den Eltern mitbrachte – geweckt oder getötet wurde, sind für den späteren Historiker dunkel.

Als er vierzehn Jahre alt war, bekam Prinz Dodo jenen Hofmeister, einen Prinzenerzieher[37] namens Bourdon. Auch er war natürlich ein reformierter Protestant, wahrscheinlich stammte er aus einer französischen Hugenottenfamilie, so daß damit also nicht allein die angemessene religiöse Erziehung, sondern auch die Gewöhnung an das Französische als die tägliche Umgangssprache in der höheren Adelsgesellschaft gesichert war. Zugleich mit der Bestellung von Bourdon als Hofmeister erhielt Dodo einen kleinen eigenen Haushalt. Diesem stand der Hofmeister vor, der im übrigen mehr für Art, Umfang und Qualität des Unterrichts zu sorgen hatte, als ihn selber gab. Es wurden also auch weiterhin Präzeptoren und Informatoren herangezogen – nur daß diese nun ein höheres Niveau haben mußten als in den früheren Jahren. Wahrscheinlich sind die wirtschaftlichen und juristischen Angestellten und Berater der Mutter am Unterricht des künftigen Grundherren beteiligt worden. Auch mindestens *einen* eigenen Kammerdiener dürfte Dodo seit seinem 15. Jahr gehabt haben. Doch litt diese Regel und Ordnung natürlich darunter, daß er nach wie vor häufig seine Mutter auf deren Reisen begleiten mußte.

Einen nicht unwesentlichen Teil des Unterrichts und der Erziehung nahm die Frage ein, wie man unerwünschte und ungeeignete Personen vermied. Denn natürlich versuchten solche – Männer wie Frauen –, einem reichen jungen Mann mit bedeutender Zukunft «behilflich» zu sein – z. B. durch leihweise Aufbesserung der ihm von den Eltern bewilligten Mittel. Aber man hatte auch noch einen zweiten, nicht weniger wichtigen Grund für diese Vorsicht: in den Jahren 1660 und 1665/66 forderte die Pest in den Gebieten um Emden, Aurich und Norden sehr viele Opfer.[38] Da war es nötig, den gesamten Haushalt und insbesondere die Kinder nach Möglichkeit von der Umwelt abzuschirmen und so vor der Ansteckung zu bewahren. Der Hofmeister mußte weiter darauf achten, daß sein Zögling, der im Prinzip auch sein Herr war oder durch Schicksalsschläge schnell werden konnte, nicht zu viel Wein und Schnaps trank. Der Hofmeister sollte, wie gerade um jene Zeit Veit Ludwig von Seckendorff in seinem «Teuttschen Fürstenstaat», dem grundlegenden Werk über das Verwaltungsrecht bis in das 18. Jahrhundert, schrieb, darauf achten, daß der Jüngling «alle Unfläterei und säuisches Wesen vermeiden» lernte.

Zu den bisherigen Unterrichts-«Fächern» traten nun einige hinzu, deren Beherrschung für einen dem hohen Adel angehörenden Herrn notwendig, ja, selbstverständlich war: das Reiten, Fechten und Tanzen sowie ein wenig Musik. Auch für das militärische Ingenieur- und Bauwesen mußte er wenigstens Verständnis haben, wenn er etwa eines Tages in den Dienst eines großen Fürsten treten würde. Schließlich gehörte er zur adeligen Führungsschicht – und damit war er ein Herr von Gottes Gnaden. Titel, Anreden, Verbeugungen gegenüber Männern und Frauen vom Geistlichen bis zum Kaiser mußte er beherrschen, Pagen ebenso wie den Hofmeister selber angemessen behandeln können. Der Hofmeister hatte also darauf zu achten, daß sein Zögling nach einigen Jahren, etwa als

18jähriger, sowohl ein selbstbewußtes, unabhängiges Herrscher-Individuum war, als auch ein Wesen, das sich eingeordnet wußte in die Gesellschaft der über ihm Stehenden und sich entsprechend verhielt.

Die Zeitumstände und Familienverhältnisse verhinderten es, daß Dodo statt der Reisen mit seiner Mutter oder neben diesen bereits eine längere, vielleicht mehrjährige Kavalierstour unternahm. Er blieb einstweilen in der Region seiner Heimat zwischen den Besitzungen seiner Familie und der Verwandtschaft und Freundschaft in Den Haag und dessen weiterer Umgebung.

Bourdon scheint ein sehr guter Hofmeister gewesen zu sein. Für die Aufgaben eines solchen hatte man im Laufe der Jahrhunderte ganz bestimmte Vorstellungen entwickelt. Darüber existierte bereits in jener Zeit eine umfangreiche Literatur. In Dodos II. letzten Jahren sollte eine Art von Zusammenfassung der Anforderungen an einen Hofmeister in einem bald berühmten Buch geboten werden – in Wolf Helmhart von Hohbergs «Georgica Curiosa», die 1682 in Nürnberg erschien, schon nach fünf Jahren eine zweite und 1749 die sechste Auflage erzielte. Da erinnerte Reichsfreiherr von Hohberg seine adeligen Leser in einem Kapitel «Wie sich ein Hausvater gegen seine Kinder zu verhalten» habe daran, daß man bei deren Erziehung keine Kosten scheuen dürfe und bedenken solle, daß man häufig für ein Pferd, ja sogar für die Abrichtung eines Hundes viel Geld ausgebe. Weiter hieß es zum Beispiel, ganz im Gegensatz zu den üblichen geistlichen Ratschlägen für die Erziehung bürgerlicher Kinder, man müsse es durchaus gestatten, daß sich die Söhne an den Gesprächen der Erwachsenen beteiligten: «Sie werden für das Leben tauglicher durch die Konversation», während sie «sonst erwilden und ungeschickt werden». Auch legte Hohberg, ein eifriger Lutheraner, bei weitem nicht so viel Wert auf den Religionsunterricht wie die Schullehrer und Pastoren – den sollte man «nur en passent und quasi ludendo und mit leichten Worten» betreiben. Mehr war für einen Herren, der einst befehlen sollte, nicht nötig – nur für seine Untergebenen, die man mit Gottes Wort zum Gehorsam anhielt. Alles zusammengefaßt ergab dann die «Conduite» des vollendeten Edelmannes.

Der Hofmeister, der das erreichen sollte, mußte natürlich in gewisser Weise seiner Herrschaft entsprechen. Der Landadel stellte an den Hofmeister in mancher Hinsicht andere Ansprüche als der Residenzadel, der katholische andere als der lutherische und dieser wieder andere als der calvinistische. Ein junger Lutheraner wuchs im allgemeinen weit mehr in den Dienst für den Fürsten, gewissermaßen in ein Hofbeamtentum mit Hofpredigern hinein als ein Calvinist. Im Kurfürstentum Brandenburg zum Beispiel kannte man um 1660 durchaus die Spannungen, die aus solchen Unterschieden entstehen konnten. Der Hofmeister mußte das rechte Alter haben, seinen Zögling umsichtig lenken, auch sogar anordnen können, aber doch nie vergessen, daß er ein Untergebener war, vielleicht ein gern gesehener, seiner Erfolge wegen beinahe ein Freund und Vertrauter – aber eben doch nur beinahe. Er sollte einen jungen Menschen dahin bringen, daß er mit etwa 18 Jahren ein selbständiger Herr war. Aber Veit Ludwig von Seckendorff schrieb auch im 8. Kapitel seines «Teuttschen Fürstenstaates», das der «Bestellung eines Hofmeisters, Fürstl. oder Gräflichen Herren vom vierten oder fünften bis etwa ins sechzehnte Jahr ihres Alters» galt: «Unserer Söhne Hofmeister soll mit allem Fleiß durch notwendige . . . Obsicht daran sein, daß uns und unserer Gemahlin als denen natürlichen leiblichen Eltern sie bei aller Begebenheit aus kindlichem Herzen mit aller Ehre und Gehorsam begegnen und solches nicht nur mit äußerlichen Gebärden und Worten, sondern auch mit unverdrossener Vollbringung unseres Willens und allerhand Wohlverhaltens jederzeit dartun, hingegen ernstlich alles dasjenige fliehen und meiden mögen, was uns zu einigem Unwillen und Verdruß Anlaß und Ursache geben könnte.»

Auf Bourdon scheint das alles zugetroffen zu haben. Noch als man die Chronik von Lütetsburg schrieb, erinnerte man sich seiner und der Ergebnisse seiner Tätigkeit.

5. Maria Sibylla Merian

Der Stiefvater Jacob Marell, gegen Ende seiner 30er Jahre ein angesehener Blumen- und Stillebenmaler, gewann die kleine Maria Sibylla Merian lieb, führte sie allmählich spielerisch in die Technik der Blumenmalerei ein und ließ sie wohl auch Blätter seiner eigenen Lehrer, wie zum Beispiel des berühmten Jan David van de Heem in Utrecht, kopieren. Und natürlich sah sie beim Onkel Kaspar Zeichnungen und Stiche vieler Mitarbeiter des Merian-Verlages – hauptsächlich geographische Aufnahmen und naturwissenschaftliche Illustrationen. Sie selber aber wandte sich nicht allein über die Blumen hinaus den Pflanzen überhaupt zu, sondern interessierte sich auch für Schmetterlinge, Raupen und Mücken, die sie mit Wasserfarben auf Resten der Pergamentblätter ihres Stiefvaters festhielt. So war sie bereits als Kind, trotz der vielen Anregungen aus aller Welt, eine kleine selbständige Persönlichkeit, als heranwachsendes Mädchen dann nicht nur Malerin, sondern ernsthaft an der Beobachtung des organischen Lebens interessiert. Das beschäftigte sie so sehr, daß sie – ähnlich wie ihre Mutter – der Frankfurter Geselligkeit entfloh und – anders als jene – aus eigenem Antrieb lernte und studierte. Wie das im einzelnen geschah, welche Lehrer der Wißbegierigen behilflich waren, wissen wir nicht. Aber zu bedenken ist, daß die Frankfurter «gute Gesellschaft» zu jener Zeit keineswegs Bildungs-Bemühungen von Frauen entgegentrat.

Man schätzte, bewunderte, verehrte kluge, gebildete, künstlerisch begabte und tätige verheiratete und unverheiratete Frauen. Auch am Main war die nun etwa 45 Jahre alte Anna Maria Schürmann berühmt, die nicht nur lateinisch, griechisch und hebräisch sprechen und schreiben konnte, sondern darüber hinaus einige lebende europäische und orientalische Sprachen beherrschte und die entsprechenden Literaturen las. Natürlich kannten die Merian außerdem eine ganze Reihe niederländischer Blumenmalerinnen. Im Jahre 1645 war in Frankfurt selber die deutsche Übersetzung von Cornelius Agrippas Rede über die Vortrefflichkeit der Frauen veröffentlich worden. Dem Nürnberger Pegnitz-Orden gehörten Frauen an: dichtende Pegnitz-Schäferinnen. Dort malte Susanna v. Sandrart, veröffentlichte Esther Juvenel Architekturmalereien.

Maria Sibyllas Bestrebungen wurden also durch die Frankfurter Atmosphäre ebenso wie durch das Merian-Milieu und schließlich durch den Stiefvater gefördert – derart, daß dieser ihr sorgfältig systematischen Unterricht erteilen ließ, und zwar durch seinen eigenen, mit ihm seit Utrecht verbundenen und bis 1664 in seinem Haus lebenden Schüler Abraham Mignon, der ein sehr geschätzter Blumen- und Früchtemaler war. Andererseits verlor sie 1660 als Bezugsperson den Halbbruder Kaspar, der Frankfurt verließ, da das Haus Merian sich nun auf großer Höhe befand und ihn nicht mehr brauchte.

Im Jahre 1658 erlebte das Mädchen, dessen Fleiß schon zu jener Zeit wiederholt als unbegreiflich und grenzenlos bestaunt wurde, ein großes Ereignis, das im Bilde festzuhalten vielen Künstlern so wichtig und so einträglich erschien, daß sie nach Frankfurt reisten – und natürlich das Haus Merian besuchten.

Nachdem bereits im August 1657 die auswärtigen Gesandten zur Vorbereitung der Kaiserwahl nach Frankfurt gekommen waren – der des Königs von Ungarn mit fünfzehn sechzehnspännigen Kutschen und neun Gepäckwagen –, wurde am 18. Juli 1658 Leopold I. von Habsburg unter unzähligen farbenprächtigen Szenen, bei denen Blumen, Büsche und Bäume eine große Rolle spielten, zum Kaiser gekrönt. Und Kaspar Merian, der kundige Leiter des Theatrum Europaeum und der Topographien, erklärte der Elfjährigen die Bedeutung der vielen Menschen und Fahnen und Bilder so eindringlich, daß sie sich noch ein halbes Jahrhundert später als «alte» Frau lebhaft daran erinnerte. Maria Sibylla erlebte überhaupt in jenen Jahren viel Ungewöhnliches. Auch ihr Onkel Matthäus selber hatte sich in den Monaten der Kaiserkrönung wieder einmal aufs fleißigste als Künstler betätigt und seinen internationalen Ruf verstärkt. Bald darauf mußte er in Wien Leopold I. zu Pferde malen. Sofort rief ihn auch der Kurfürst von Brandenburg nach Berlin, ließ sich in ähnlich imposanter Stellung porträtieren und verlieh ihm schließlich nach einiger Zeit den Ratstitel.

Er «konterfeite» Fürsten und ihre Gemahlinnen in Celle und Braunschweig, aber auch in süddeutschen Residenzen und Adelssitzen für sehr unterschiedliche Honorare; er malte, wenn es sich lohnte und was ihn interessierte: 1652 ein Altarbild für den Bamberger Dom, vielleicht auch 1659 einen dornengekrönten Christus für die Sebaldus-Kirche in Nürnberg.

Er selber hat beschrieben, wie er 1661 zur Zeit der Herbstmesse noch einmal für ein halbes Jahr zum Reichsadmiral Wrangel nach Wolgast und von dort zur schwedischen Königin Christine nach Hamburg gereist ist. Zu Wrangels Honorar gehörten zwei junge Pferde von der Insel Rügen und «ein dänischer leibeigener Knecht», dem er allerdings schon in Hamburg die Freiheit schenkte – nebst einer polnischen Kalesche und 100 Talern Zehrgeld. Im Dezember 1663 besuchte ihn ein französischer Herzog in seinem Frankfurter Haus und bewunderte dort wertvolle italienische und französische Gemälde. Ein paar Tage später machte man diesen großen Herrn auch mit Marell bekannt, bei dem er Kupferstiche und Bücher kaufte.

Es war also eine vielseitige Gesellschaft, in der Maria Sibylla heranwuchs: Bürger und Adelige, Kaufleute und Künstler, Deutsche, Skandinavier, Franzosen, Niederländer. Leicht hätte sie sich in dem großen Kreis vergnügen und schließlich verlieren können. Aber das junge Mädchen lernte, es arbeitete, es fand seinen eigenen Weg als Künstlerin. Wann sie dabei zum ersten Male auf den Gedanken gekommen ist, Seidenraupen zu züchten und deren Leben, ihre Entwicklung exakt zu beobachten, also wissenschaftlich zu studieren, und damit den ersten Schritt zum Weltruhm zu tun, ist nicht genau festzustellen. Es dürfte 1662 oder 1663 gewesen sein. Sie begab sich also an die nötigen Vorbereitungen, wofür sie einen «Lehrer» gebraucht haben muß. Und dann besorgte sie sich «Wurmsamen» und die ersten Maulbeerblätter: Maria Sibyllas Seidenraupenzucht hatte begonnen, und sie verlangte von dem Mädchen unermüdliche Arbeit; es gab plötzlich gewissermaßen eine junge Bäuerin in dem Frankfurter Künstlerhaushalt. Anfangs beschaffte sie Kommodenfächer, alte Türteile und andere behelfsmäßige Unterlagen, um für die ausschlüpfenden Raupen Lebensraum bereitzustellen. Als diese dann aber mit unheimlicher Geschwindigkeit heranwuchsen und nach immer mehr Ausbreitungsmöglichkeit verlangten, da erschöpfte Maria Sibylla sich nahezu darin, stets neue Mengen frischer Maulbeerblätter heranzuschaffen und in großer Heimlichkeit vom hilfsbereiten Stiefvater, der an dem Gewimmel der Tiere seine stille Freude hatte, regelrecht gezimmerte Lagervorrichtungen zu erbetteln.

Doch damit war die Arbeit keineswegs getan, vielmehr eigentlich nur die Vorbereitung für sie beendet. Die Tiere mußten gefüttert, die Lagerräume ausgewechselt und saubergehalten werden. Die Bedürfnisse der zu

Maria Sibyllas Überraschung schnell wachsenden Raupen nahmen Ausmaße an, deren sich niemand versehen hatte und die das Mädchen selber nur durch fleißige Lektüre entsprechender Schriften wie durch dringliche Befragung von Leuten in den Griff bekam, die sich seit langem um des Erwerbs willen mit der Seidenraupenzucht beschäftigten. Zum ersten Male erlebte sie, was es bedeutete, wenn man ernsthaft Kunst und Forschung miteinander verband: sie wurde eine Schwerarbeiterin, die von einem Staunen, einem Genuß zum anderen fortschritt.

Mit dieser ersten, noch «kindlich»-spielerischen Aufzucht und Beobachtung von Seidenraupen nahm sie sich selber in ihrem Ehrgeiz, ihrem Genie, ohne es zu ahnen, ihr «Gesellenstück» vor: Ihre Lehre näherte sich dem Ende.

6. Schule und Lehre zwischen 1638 und 1664

Ein künftiger lutherischer Tuchmacher im Nordosten der Kurmark Brandenburg, ein künftiger reformierter Arzt in Niederländisch-Indien, eine künftige reformierte Naturforscherin in Surinam, ein künftiger jüdischer Kaufmann in Frankfurt am Main und ein künftiger reformierter Domänenminister in Berlin – diese fünf jungen Menschen haben zwischen 1638 und 1664 einen wichtigen Teil ihres Lebens hinter sich gebracht – nach der Lebenserwartung ihrer Zeit nicht viel weniger als ein Drittel. Bei vieren von ihnen haben wohl Erziehung und Unterricht im Hause durch die Eltern eine größere Rolle gespielt als in den folgenden Jahrhunderten – bei Dodo von Knyphausen dürfte es eher umgekehrt gewesen sein. Das lag ein wenig an den Umständen der Zeit. Der große schlesische Dichter Andreas Gryphius, der, 1616 geboren, die Zeit von 1638 bis 1644, also Hauptjahre des Krieges, als junger Hofmeister und fast als Kommilitone zweier Ritter zu Schönborn auf der Universität Leiden verbracht hatte, begrüßte von dem nahe der polnischen Grenze gelegenen Fraustadt aus das Jahr 1650 mit dem Ruf:

> «Bisher sind wir totgewesen, kann nur Fried ein Leben geben,
> ach, so laß uns, Friedenskönig, durch dich froh und friedlich leben,
> wo du Leben uns versprochen!»

In vielen Teilen Deutschlands wußte man da kaum noch, was einst Friede gewesen war, konnten viele Menschen sich nicht mehr einer Zeit erinnern, in der im Dorf, im Städtchen kein niedergebranntes Gehöft, kein eingestürzter Kirchturm, kein vaterloses Kind an die Grausamkeit und Zügellosigkeit der «Kaiserlichen» oder der «Schweden» oder auch nur der Marodeure und Deserteure gemahnt hätte.

Noch in diesem Jahre 1650 also trauten viele Eltern nicht der fast unbekannt gewordenen Ruhe: Immer noch streiften Banden ehemaliger Soldaten, abgebrannter Bauern, heimatlos gewordener Trossknechtbuben und -weiber durch das Land, rissen mit sich, was sie erreichen konnten – auch Kinder. Und immer noch überfiel die Pest hier ein Dorf, dort eine Stadt. Kinder, die einen dem Tode Verfallenen berührten, starben ihm fast mit Sicherheit nach. So hielt man sie am liebsten im Hause, unter den eigenen Augen. Auch lag die Qualität der Lehrer fast überall nicht sehr hoch – gewiß nicht in der Schule in Pritzwalk, ein wenig höher sicher in Kassel, und zweifellos waren die Lehrer in der Judengasse von Frankfurt, unter Aufsicht von mehr oder weniger bekannten gelehrten Männern, eifrigst bestrebt, ihr Bestes zu geben. Aber man war es gewohnt, daß ein künftiger Kaufmann schon früh in das Geschäft des Lehrherren, zumeist seines eigenen Vaters, eintrat und dort eine ganz andere «Bildung» erhielt als ein künftiger Handwerker, Geistlicher oder Arzt. Zweifellos die teuerste und eine sehr gute Schul- und Bildungszeit verlebte natürlich Dodo von Knyphausen mit seinem Hofmeister Bourdon.

Einer der Knaben lernte ein Handwerk, einer strebte einen akademischen Beruf an. Einer sollte, wollte aber nicht unbedingt das väterliche Kaufmanns-Geschäft fortführen. Zwei der jungen Männer waren mit 18 Jahren mehr oder weniger «Gesellen», einer stand im Begriff, ein Studierter «ein Doktor» zu werden, der vierte würde wohl bald, vielleicht nach einer Kavalierstour, irgendwo, vermutlich bei einem reformierten Fürsten, einer der Höflinge sein – als Offizier, als Adjutant, als Regierungsbeamter.

Gemeinsam repräsentierten sie nicht schlecht das Berufswesen und die großen Regionen Deutschlands zwischen der Ostsee und dem Main: Das schon immer dünn besiedelte und nun menschenarme Gebiet der Kurmark mit schlechten, höchstens mittelguten Böden – und nun voller Wüstungen und junger Wälder, mit Höfen, von denen kaum noch die Mauern standen, von den ehemaligen Besitzern verlassen, hier und da unter der Hand von Neusiedlern besetzt, die beim Umgraben der überwachsenen Äcker nicht selten auf Menschenknochen stießen. Das weit wohlhabendere Gebiet von Kassel bis Frankfurt: eine immer noch ansehnliche, handelsreiche Stadtlandschaft, in der unter vielen Verlusten mancher Wohlstand erhalten geblieben war, eine Region auch mit vielen Dorf- und guten Lateinschulen, mit Universitäten in Marburg und Gießen, eine Landschaft mit vielen Straßen und schiffbaren Flüssen zwischen Rhein und Main, Werra und Fulda. In einer Zeit, in der das Hofjudentum des Feudalismus zu entstehen begann, konnte ein fleißig wandernder jüdischer Kaufmann gute Geschäfte machen und Verbindungen zu Glaubensgenossen aufbauen, ein tüchtiger Arzt – auch er in erster Linie unter seinen reformierten Glaubensbrüdern – viele zahlungsfähige Patienten finden und nicht etwa als Armenarzt selber hungern müssen – vielleicht sogar eines Tages Universitätsprofessor werden. In der Ferne lockten Duisburg und selbst das niederländische Leiden.

Vielleicht hatte der junge Dodo mehr Heimatbewußtsein als die anderen Jünglinge – wie sollte auch Löw Oppenheim, Sohn wohlhabender Eltern, die einem überall verachteten und mißhandelten Volk angehörten, in der Enge der einem Gefängnis ähnlichen Judengasse oder unter den Vaganten ein solches entwickeln?

Sie alle wuchsen, als sie etwa 15 Jahre alt waren und damit die erste Phase ihrer Lernjahre beendet hatten, in die Zeit eines Aufschwunges, des Wiederaufbaus, der gesellschaftlichen Festigung in der Heimat und der Entdeckungen in weiter Ferne hinein in eine Welt, von der man 30 Jahre lang nichts gehört hatte. Überall von Pritzwalk bis Frankfurt am Main und weit darüber hinaus erlebte man dieses Vorankommen. Auch die jungen Menschen, die erst eine kurze Vergangenheit besaßen, müssen das gemerkt haben – obendrein sagten und zeigten es ihnen die Älteren, die vorsichtig aufatmeten und, wenn sie nicht schon zu alt waren, bei der Arbeit fester zupackten als bisher. Vater Wegener in Pritzwalk, der manche Verwandtschaft auf den Dörfern und in kleinen Städten der Umgebung hatte, sah sich bei seinen Handwerksgenossen um mit dem Ergebnis, daß er einer derjenigen zu sein schien, die am meisten Aufträge erhielten, vielleicht auch die besten Gesellen. Er hatte Aussicht, zur Leitung der Zunft aufzusteigen. Das weckte Hoffnungen für seinen Sohn, der nun allerdings erst einmal zu einer möglichst weiten Gesellenwanderung aufbrechen sollte. Und auch Dodo von Knyphausen konnte jetzt wohl die entsprechende «Tour» beginnen. Daß Cleyer viel weiter reisen würde als die beiden anderen, wünschte er selber wohl gar nicht, konnte er jedenfalls nicht ahnen. Der Zufall spielte auch jetzt noch eine große Rolle in der heimischen kleinen Welt, die zu Ruhe und Ordnung zurückzukehren schien.

Kein deutscher Fürst hat sich über die Erziehung und Ausbildung seiner Kinder so viele und so gründliche Gedanken gemacht wie Ernst der Fromme von Gotha[39]. Seine Ehefrau Elisabeth Sophia gebar ihm 18 Kinder – 12 Knaben und 6 Mädchen. Von ihnen lebte eins nur zwei Stunden, eins vier, eins sechzehn Tage, je eins zwei, drei und vier Monate, die anderen wurden 12, 14, 16 und 28 bis 71 Jahre alt, so daß also die Hälfte der Geborenen eine volle Erziehung und Ausbildung über die Kinderstube hinaus erhalten hat, für die der Vater Instruktionen formulierte. Die kleinen Kinder mußten an jedem Tage um 7, vom sechsten Jahr ab um 6 Uhr aufstehen, nach jeder Mahlzeit Mund und Zähne «säubern», alle zwei Wochen den Kopf waschen, jeden Monat «ein Bad nehmen». Beim Unterricht stand natürlich die Erziehung zu vorbildlichen evangelischen Christen ganz im Vordergrund: Gebet, Gesangbuch und Bibel vom «Morgensegen» noch im Bett bis zum Abendgebet. Vom 6. Jahr ab erhielten die Kinder Fachlehrer für Religion und «Theologie», später für Mathematik, Geschichte-Politik, Rechtswissenschaft-Politik, Geographie, Französisch und Latein, Physik, Astronomie, Optik, Fortifikation, Architektur, Deutsch und Rechnen. Das Lateinische stand mit 10 bis 12 Wochenstunden an der Spitze des Unterrichts, der wie in den Schulen etwa 30 Stunden in der Woche umfaßte, während Deutschunterricht höchstens in zwei Wochenstunden erteilt wurde und der in französischer Sprache nur gelegentlich zwei bis vier Stunden; das «Studium» der Rechte begann mit dem 19. Jahr.

Neben der Schule im üblichen Sinne standen die «ritterlichen Übungen»: Reiten, Ringrennen, Tanzen, Voltigieren, Fechten und Schießen.

Und schließlich folgten für die Söhne die sorgfältig vorbereiteten Bildungsreisen in Begleitung eines Hofmeisters und eines Dieners. Sie kosteten für jeden Prinzen jährlich etwa 2000 Taler und führten diese zunächst nur etwa zu Verwandten in Bayern, dann bis Straßburg und Kiel und schließlich bis Amsterdam oder nach Wien und Dänemark. Wichtiger als diese Reisen waren der Besuch der Universität Straßburg beziehungsweise des Fürstenkollegs in Tübingen ab dem 18. Lebensjahr und die Kavalierstour nach Frankreich und Italien, die etwa ein Jahr dauerte und mehr als 7000 Taler kostete. Den Abschluß dieser Erziehung bildete eine Art Lehrzeit im politischen Staatsdienst, zu der erneut Reisen, aber auch die Betreuung gewisser fürstlicher Institute gehörten: der Bibliothek, der Kunstkammer, des Zeughauses usw. Das Ergebnis enttäuschte den Vater nicht: Alle seine Söhne wurden anständige Menschen und einsichtsvolle Regenten.

Eine ganz andere Art von Bildung, die nach dem üblichen «bürgerlichen» Urteil breiteste und gründlichste, erhielt das Mädchen mit dem schönen Namen Maria Sibylla. Wenn sie als Baby und in allen späteren Jahren die Augen aufschlug, fiel ihr Blick auf Blumen – auf natürliche und gemalte –, auf Zeichnungen und Gemälde von interessanten Szenen in Frankfurt und ihr fremden Ländern, auf viele kostbare Einbände oder die Seiten aufgeschlagener Bücher. Später sah sie prächtig angezogene Männer und Frauen elegant oder martialisch dem Vater oder Stiefbruder gegenübersitzen, vornehme Menschen: Sie wurden gemalt. Als Krabbelkind spielte sie mit Farben und Stiften, sie durfte zeichnen, bevor sie schreiben konnte. Und das alles wie das Leben lernte sie im Spiel, in kurzen Augenblicken mit dem Vater und den Brüdern, die sich ihr mal hier, mal dort zuwandten.

Es ist nicht bekannt, daß Maria Sibylla in eine Schule gegangen wäre, zu einem Lehrer oder einem Geistlichen. Vielleicht mußten Lehrlinge des Vaters, die ja im allgemeinen nicht mehr Knaben waren, sondern junge Männer, sie in Lesen, Schreiben und Rechnen unterrichten. Mit 14, 15 Jahren konnte sie jedenfalls das alles besser als die Knaben, von denen hier die Rede ist – Cleyer vielleicht ausgenommen. Und das Lateinische lernte sie obendrein – wie jener in seiner angesehenen Kasseler Schule. Aber wie lernte sie lateinisch lesen, schreiben, sprechen? Wir wissen es nicht. Doch müssen wir annehmen, daß nicht der Stiefvater, auch nicht der älteste Halbbruder sie dazu angehalten hat. Warum hätten sie es tun sollen, da doch sie selber es nicht konnten, nicht entbehrten. Und nun gar ein Mädchen, das, wie man früh bemerkte, die Begabung des Vaters und einiger Halbgeschwister geerbt hatte – eine echte Merian, wenn sie auch nun eine Marell war. Nein, zum Lateinischen drängte sie selber sich – und nicht die Mutter, die das Geld für diesen ihr nicht sehr sinnvoll erscheinenden Unterricht aufbringen mußte. Eines Tages konnte sie die lateinischen Bezeichnungen für die Blumen und Käfer aussprechen, schreiben und verstehen, die rund um sie herum wieder und wieder gezeichnet und gemalt wurden. Na und? Verdiente man mit solchem Können *und* Wissen mehr Geld und Ruhm als die Maler, die eine Tulpe nur eine Tulpe nennen konnten?

Wir wissen nichts über Maria Sibyllas Leben als Kind in Frankfurt, in einer Schule, einer Kirche, beim Umgang mit Gleichaltrigen. Natürlich ist sie an den Toren vorübergegangen, die die Welt der Judengasse von der des Christentums trennten. Ein paar hundert Schritte – und dann stand man vor einem dieser Tore, hinter denen Knaben und Mädchen wohnten, denen man gelegentlich, vor allem in der Messezeit, auch auf «christlichen» Straßen begegnete – sonderbar aussehende und angezogene Kinder, deren Sprache man kaum oder überhaupt nicht verstand.

Während Maria Sibylla fast täglich in den Häusern der Merian und Marell lebte, zeichnete, lernte, Seidenraupen fütterte, zog der junge Oppenheim bereits mit dem Vater über den Rhein nach Worms. Er rechnete den Preis von Textilien aus, als sie den Stiefvater über den seiner Bilder sprechen hörte. Sie wurde eine kleine Künstlerin unter weitgereisten Männern, die mit Grafen und Fürsten parlierten und dinierten, als der kleine Judenjunge, ängstlich, eingeschüchtert, rechtlos mit dem Vater von Haus zu Haus Waren anbot und nicht selten beschimpft, verhöhnt wurde. Sie war fast immer mitten in Schönheit und Blumenduft glücklich – jener wurde um so unglücklicher, je mehr er versuchte, die Welt zu begreifen, die christliche, feindliche Welt. Er wuchs auf in alter, häufig unverständlicher jüdischer Überlieferung, sie in jungem reformiertem Christentum, das bei aller Strenge der Gebote und Verbote ihre Entwicklung nicht merklich hemmte. Er geriet in jener Frankfurter Judengasse immer tiefer hinein in die Sackgasse der Verzweiflung, während sie 1658 mit ihrer Großfamilie an der Vorbereitung und Durchführung der Krönung eines Kaisers beteiligt war, der die Frankfurter Juden seiner Gnade und seines Schutzes versichern und ein Dutzend Jahre später die Wiener Juden wie so viele an anderen Orten aus dem Lande treiben sollte.

Auf so verschiedenen und doch in vieler Hinsicht für den Lebenslauf der großen Mehrzahl der Menschen repräsentativen Wegen traten diese fünf jungen Menschen aus ihrer Lehrzeit in die Gesellenjahre.

III. Wanderjahre: Gesellenwanderung, Studium, Geschäftsreisen, Kavalierstour, das «Meisterstück» um 1660/80

1. Friedrich Wegeners Gesellenwanderung

In den ersten Monaten des Jahres 1658 arbeitete Friedrich Wegener in der Werkstatt seines Vaters und bereitete sich auf die große Wanderung vor, die ihn, wenn er selber und seine Eltern gesund und arbeitsfähig blieben, zu Tuchmachern im Ausland führen sollte: bis nach Oberbayern, ja vielleicht sogar über die Alpen bis Venedig. Denn dorthin, das hörte man immer wieder, kamen die schönsten und teuersten Gespinste aus dem Morgenlande, von denen niemals ein Stück bis nach Pritzwalk gelangte. Vielleicht konnte man in Venedig lernen, wie sie gewebt, gewalkt, gefärbt und verarbeitet wurden. Andere meinten, in den nähergelegenen Niederlanden, mindestens aber jenseits der Nordsee in England, könne man unter geringerem Aufwand von Mühe und Zeit ebenso schöne Woll- und Baumwollwaren sehen. Doch Vater Wegener war in seiner Jugend in Holland gewesen: Was er dort gesehen hatte, konnte man aus erstklassiger Wolle vom Halse gesunder Schafe auch in der Prignitz herstellen.

Nach dem Kriege war Vater Wegener nicht mehr gereist. Er hatte eine Familie, wollte sein Haus reparieren und die Garten- und Ackerstücke, die er besaß, pflegen, vielleicht auch hier und da etwas preiswert hinzukaufen, ein wenig Landwirtschaft betreiben und sich auf diese zurückziehen, wenn eines Tages sein Sohn Meister werden und die Werkstatt übernehmen würde. So veranlaßte er diesen, während der ersten Monate seiner Gesellenzeit in der weiteren Umgebung zu Verwandten und ihm bekannten Tuchmachern zu wandern und aus ihren Erfahrungen in neuerer Zeit zu lernen. Friedrich Wegener der Jüngere machte sich also, sobald die Tage wieder anfingen, länger zu werden, trotz Schnee und Kälte auf den Weg – zunächst nach dem nahe gelegenen Predöhl, wo ihn andere Wegeners bereits erwarteten. Nach ein paar Wochen wanderte er in die entgegengesetzte Richtung nach Langnow. Dort stieß er auf mehrere wüste, halb abgebrannte oder ganz und gar aufgegebene leere Gehöfte. Wer geblieben war, lebte aufs dürftigste, war eigentlich immer hungrig und häufig dem Erfrieren nahe.

Wegener blieb in Langnow nur zwei Nächte. Dann wanderte er bald hierhin, bald dorthin: zu dem kleinen Städtchen Perleberg, das Pritzwalk ähnelte, und weiter nach Wittenberge, das größer war, über viele Dörfer oder Reste von ihnen nach Kyritz und Neustadt an der Dosse: Überall sprach man ein Jahrzehnt nach dem Kriege noch immer von den Verlusten an Mensch und Vieh, die man erlitten hatte, von dem mühsamen Wiederaufbau, von den Abgaben, welche die Land-Bereiter des Kurfürsten und ihre Helfer mit großer Härte eintrieben – und immer noch fürchtete man, daß «der Schwede» wieder zurückkehren und erneut vergewaltigen, totschlagen, plündern und alles mitnehmen würde, was auch nur den geringsten Wert hatte. Anscheinend war man in Schweden noch ärmer als in Brandenburg – mindestens aber noch brutaler als die deutschen Bauern werden konnten.

Auch davon erzählte man Friedrich, der es erst nicht glauben mochte, wie man Plünderer und Mordbrenner vor ihren Weibern zu Tode gequält, was man den Weibern vor den Augen ihrer Männer angetan hatte, was die eigenen Frauen häufig mehr als einmal hatten erdulden müssen, wie man ihre Kinder nicht schonte und die kleinsten aus der Wiege gerissen und ihre Köpfe auf dem Herd zersplittert hatte. Wegener hörte das alles und entsetzte sich wieder und wieder, wenn ihn solche Berichte an das erinnerten, was er selber in Pritzwalk erlebt hatte. Aber man erzählte ihm auch über die Tuchmacherei in Hamburg und Bremen, wo er englischen Tuchhändlern begegnen konnte wie in Holland.

Auf dem Heimwege von der letzten seiner Wanderungen überdachte er, was er gesehen und gehört hatte: Eigentlich nichts zog ihn zur Nordsee oder etwa gar darüber hinaus. Das Wenige, was er von Nürnberg und Augsburg, von Regensburg und Salzburg, von dem großen wilden Gebirge, den sonnigen Ebenen und reichen Städten dahinter gehört hatte, lockte ihn viel mehr. Und der Vater bestärkte ihn in dem Wunsch, dorthin zu wandern – nicht nach Rom, wo der Papst residierte. Vor dieser Stadt warnten ihn die Pastoren, die gelegentlich durch Pritzwalk reisten und auch den wohlhabenden Tuchmacher Wegener mit ihrem Besuch – und ihrem Hunger und dem Wunsch nach Stoff für eine Hose – beehrten. Die «Papisten» würden ihn ins tiefste Gefängnis werfen, vielleicht sogar umbringen oder als Sklaven nach Afrika verkaufen. Sie erzählten wilde Geschichten, die sie erlebt haben wollten oder wenigstens doch von anderen Geistlichen gehört hatten. Glaubte man ihnen das eigentlich Unglaubliche, dann waren die Römer noch bösere Menschen als die Schweden, die sich doch wenigstens an Martin Luther hielten, wenn sie nicht gerade ein Rathaus plünderten oder sich an einer brennenden Hütte Hände und Füße wärmten.

Friedrich Wegener war seines Vaters Geselle geworden. Er mußte als solcher arbeiten, nicht aber unbedingt wandern: ein strenger Wanderzwang bestand in den meisten Zünften nicht mehr. Und Meistersöhnen wurde häufig die Wanderung ganz oder gegen Zahlung von etwa 20 Talern zur Hälfte erlassen. Aber Wegener wollte nun einmal, wie es in einigen Gewerben üblich war, etwa zwei Jahre auf Wanderschaft gehen.[1]

Früher, vor langer Zeit, hatte man Männer in dieser Stellung «Knechte» genannt, während «Gesellen» «Saalgenossen» gewesen waren – zum Beispiel bei festlichen Veranstaltungen. Dann hatten die Knechte begonnen, sich untereinander Gesellen zu nennen. Und das war allmählich bei allen Handwerkern akzeptiert worden. Im allgemeinen waren die Gesellen natürlich nicht Söhne des Meisters, bei dem sie – fast immer unverheiratet schon der niedrigen Löhne wegen – arbeiteten. War der Geselle ein Sohn des Meisters, dann durfte er nur einen anderen Gesellen ersetzen, also nicht zusätzlich zur erlaubten Zahl der Gesellen beschäftigt werden. Gleichwohl empfanden sich die Meistersöhne – da sie mit großer Wahrscheinlichkeit Meister werden, das heißt ihrem Vater folgen würden – als eine Art Gesellen-Oberschicht, während die «normalen» Gesellen versuchten, jene auf ihre Seite zu ziehen und somit ihre Gesellen-Bruderschaft zu stärken.

Was das Verhältnis normaler Gesellen zum Meister belasten konnte – Arbeitszeit, Schlafgelegenheit, Beköstigung, Kleidung zum Beispiel –, brachte für den jungen Wegener natürlich keine Schwierigkeiten mit sich. Er wohnte, lebte, arbeitete mit seinen Eltern. Etwa die Hälfte aller Gesellen blieb nur ein Jahr bei einem Meister und wechselte dann zu einem anderen, ein Drittel blieb zwei und mehr Jahre, nur ein bis drei Prozent vier und mehr bis zu neun Jahren – und zwar konnte die Kündigung des Arbeitsvertrages von beiden Seiten erfolgen, obwohl er vom Gesellen anfangs zumeist nicht ganz frei geschlossen worden war, denn dieser war in einer Stadt mit mehreren Meistern in seinem Handwerk demjenigen zugewiesen worden, der am längsten ohne einen Gehilfen hatte arbeiten müssen. Die Dauer der täglichen Arbeitszeit wechselte mit den Jahreszeiten und schwankte daher zwischen sieben und dreizehn bis fünfzehn Stunden, wurde aber natürlich auch der Auftragslage angepaßt. Außerdem machte man in vielen Fällen im Laufe des Tages dreimal eine etwa einstündige Pause, und schließlich wurde in zahlreichen Handwerken nur fünf, in fast allen nur sechs Tage in der Woche gearbeitet. Und neben den Sonntagen gab es auch noch eine erhebliche Zahl von kirchlichen Feiertagen – in den protestantischen Gebieten natürlich weniger als in den katholischen. Die Löhne wechselten sehr von Ort zu Ort, auch in der Kaufkraft (etwa bei Mißernten), wurden teils mit der Verpflegung und Unterkunft verrechnet, teils nicht usw. Schneider hatten häufig kürzere Arbeitszeiten und höhere Löhne als Bauhandwerker. Spitzenlöhne erhielten seit dem 16. Jahrhundert die Druckergesellen: unter ihnen gab es daher auch, viel beneidet, die größte Zahl Verheirateter.

Friedrich Wegener erfuhr das alles in den ersten Monaten seiner Gesellenzeit zu Hause in Pritzwalk und auf seinen Besuchs- und Informationswanderungen zu Verwandten und Kollegen seines Vaters. Er erkannte auch deutlich, daß die Wanderungen im allgemeinen nicht nur der Verbesserung der Berufskenntnisse dienen sollten, sondern auch der Ordnung und Steuerung auf dem Arbeitsmarkt: Die Arbeitskraft sollte der Arbeitsverteilung angepaßt werden und nicht etwa den Wünschen der Gesellen überlassen bleiben.[2] Manche Handwerke, die qualifizierte Hilfskräfte brauchten, bei denen jedoch das Arbeitsangebot – wie beim Bauhandwerk – so schwankte, daß ein beständig gleichbleibendes Arbeitskräftepotential mit verheirateten Gesellen nicht ernährt werden konnte, waren geradezu auf wandernde Gesellen angewiesen.

Schließlich, im Frühjahr 1659, machte Friedrich Wegener sich auf die große Wanderung, die ihn in den Süden führen sollte.

Die Entfernung, die ein Geselle während seiner Wanderung zurücklegen mußte oder wollte, war weder nach unten noch nach oben begrenzt. Vater und Sohn Wegener wußten, daß noch nicht viele Gesellen aus der Prignitz in Berlin gewesen waren, wohl aber einige aus Hamburg, ja aus Dänemark und Schweden sich auf dem Wege nach Augsburg befanden und andere, die ein paar Wochen in Pritzwalk arbeiteten, aus Wien, Krakau und Pest stammten: Es war nicht ganz leicht, sich mit ihnen zu verständigen.

Die meisten Gesellen blieben jedoch im Umkreis von 10 bis 20 Meilen, das heißt von 75 bis 150 Kilometern um ihre Heimat. Nur wenige zogen wirklich in die «Fremde». Wegener hatte das vor.

Zunächst aber wollte er die Hauptstadt sehen, aus der alle Verordnungen kamen, die seinen Beruf betrafen: Die Bestimmungen über den Wollmarkt in Pritzwalk und in anderen Orten der weiteren Umgebung, zum Beispiel in Perleberg, wo ein Onkel im großen Kriege 17 Jahre lang Ratsherr gewesen, ein anderer als Rector Scholae an der Pest gestorben war,[3] über die Verbote der Ausfuhr von Wolle, die immer wieder übertreten wurden, so daß es den Tuchmachern an Material fehlte, auch über das die Leineweber betreffende Verbot, Tuche zu weben und damit den Tuchmachern die Nahrung zu verkürzen, die ohnehin häufig nicht sehr reichlich war. Mit Martin Luther betete man zwar fleißig und fromm regelmäßig um das «tägliche Brot» – aber man war Gott und der Kundschaft schon sehr dankbar, wenn der Haferbrei alle Hausgenossen satt machte. Fleisch sah man äußerst selten: Hühner und Schweine brauchten so viel Futter, daß ihr wohlschmeckendes Fleisch unerschwinglich teuer wurde. Gelegentlich tauschte man bei einem Bauern, der gerade geschlachtet hatte, ein Stück Speck oder Schinken gegen ein Stück Tuch, so daß die Rüben und der Kohl kräftiger schmeckten – das Fleisch selber erhielten natürlich die Männer, mit dem Ergebnis, daß Wegeners Mutter eigentlich immer schwach und krank war.

Als er sich nun verabschiedete, gab sie ihm ein Stück alten Speck und

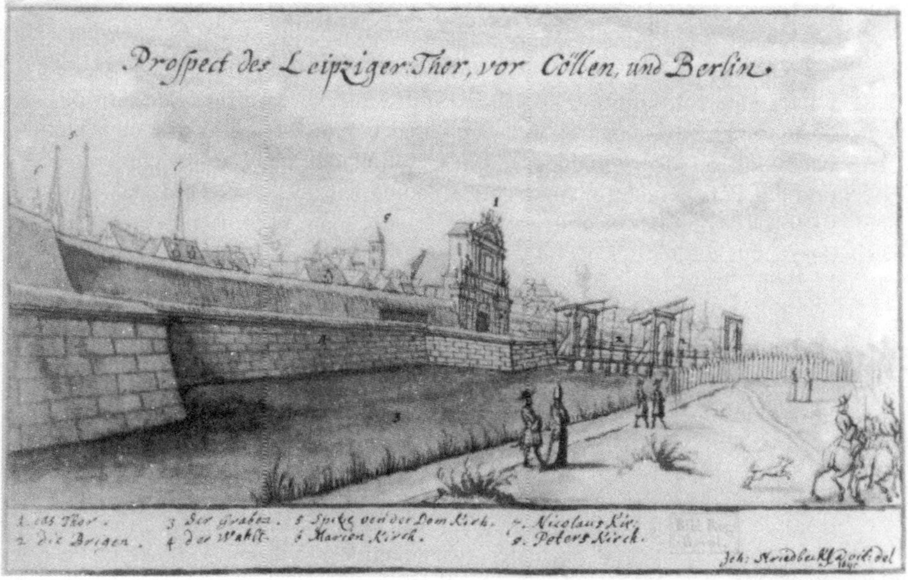

Berlin. Das Leipziger Tor (Zeichnung Johann Stridbeck d. J., 1690). BPK, Berlin.

ein Brot in den Leinenbeutel, den er sich über die Schulter schwang. Und der Vater nähte ihm für ganze zwei Taler Groschenstücke in das Wams und die Hose. Das war für einen Gesellen auf der Wanderung sehr viel Geld. Im allgemeinen bettelte ein solcher von Meister zu Meister um Unterkunft, Essen und ein paar Pfennige – in manchen, nicht in allen Orten und Berufen hatte er geradezu Anspruch darauf.

Wegener zog also durch den dichten Wald bei Schönebeck nach Kyritz. Er hielt sich ein paar Tage in Neustadt an der Dosse auf und sah dort dem Fischfang zu. Er «walzte» nach Friesack mit seinem alten Schloß der Herren von Quitzow, über die man ihm viele böse Geschichten erzählte: Sie waren wilde Jäger und schonten als solche weder Mensch noch Vieh. Er wanderte weiter durch das menschenleere Havelland mit tiefen Wäldern und gefährlichen Mooren. Hin und wieder wies ihm ein Schäfer den Weg, oder ein wohlwollender Landstreicher warnte ihn vor Wildschweinen und Plünderern. Schließlich gelangte er zur alten Stadt Nauen, die von einem Hügel aus auf das Havelländische Luch hinabsah. In Falkensee wurde die Straße belebter, und eines Sonntags betrat er, nachdem er seinen Ausweis gezeigt und seinen leichten und dünnen Schnappsack vorgewiesen hatte, Berlin, die Haupt- und Residenzstadt des Kurfürstentums Brandenburg: Er hatte wohl 50 Meilen zu 7,5 Kilometern zurückgelegt und sich in diesen Wochen an das Wandern, an das Leben in der Fremde, auch an das

Recht zu bitten, ja, zu betteln, gewöhnt. Nun war er, wie er meinte, ein erfahrener wandernder Geselle auf dem Wege irgendwohin in den Süden.

Unterwegs hatte man ihm gesagt, wohin er in Berlin zuerst gehen müsse, um sich ordnungsgemäß anzumelden. Der Zunftmeister kontrollierte seinen Ausweis, trug den Tag seiner Ankunft ein, prüfte auch seine Kleidung, ob sie der Bedeutung der Hauptstadt angemessen sauber sei und der Polizei nicht unangenehm auffallen würde. Als er fand, daß alles seine Ordnung hatte, wies er Wegener zu einem Tuchmachermeister in der Mauerstraße, der nach längerem Warten Anspruch darauf hatte, daß ihm ein Geselle als Mitarbeiter zugewiesen wurde. Wegener machte sich auf den Weg und gelangte nach einem Marsch durch die Stadt zu einem angenehmen Meister, der mit Ehefrau, zwei Töchtern und einem 13 Jahre alten Lehrling in einem Hause etwa so lebte, wie die Wegener selber in Pritzwalk. Man nahm ihn nicht unfreundlich auf, verpflegte ihn ausreichend; dann wies der Meister ihm Arbeit zu.

Von Berlin sah er weniger, als er gehofft hatte. Auch hier war man gewohnt, so lange zu arbeiten, wie das Licht es ermöglichte. Und nirgendwo war es üblich, daß ein Geselle oder gar ein Lehrling nach Beendigung der Arbeit und nach der Abendsuppe durch die Gassen laufen durfte. Nur am frühen Morgen sah Wegener regelmäßig ein paar Straßen. Berlin hatte zu jener Zeit einer «Brunnen- und Gassenordnung» von 1660 zufolge 36, Cölln 15 öffentliche Brunnen – außerdem 238 beziehungsweise 141 Brunnen auf den Höfen der insgesamt etwa 1200 Bürgerhäuser, von denen allerdings durch die Folgen des Krieges noch rund 350 leerstanden. Alle diese Brunnen hatten einen Namen oder eine Ortsbezeichnung – «am Wursthofe», «beim Heiligengeist-Friedhof» oder «auffm Mulkenmarkt», der «Rothe Brunnen», der «mit Schieffer gedeckte Brunnen»; und Wegener mußte von einem dieser Brunnen das Trink- und Brauchwasser holen.[4] Im übrigen war es am Abend und in der Nacht auf allen Gassen dunkel, so daß man sich leicht verlaufen konnte. Hier und da waren auch Soldaten oder Polizisten unterwegs, denen man besser nicht als ziellos Schlendernder auffiel.

So saß also die Hausgemeinschaft des Abends im Dunkeln oder im flakkernden Schein des Herdfeuers beisammen, bis man sich zur Ruhe legte. Wegener teilte eine kleine Kammer mit dem Lehrling, einem ordentlichen Berliner Jungen. Allmählich erfuhr und beobachtete er, daß es dem Handwerk in der Hauptstadt und in dem eng verbundenen Cölln nicht sehr gut ging.[5] Die Bevölkerung war vom Großen Kriege her schlecht dran. Aber noch weniger Geld besaßen und verdienten die Menschen in der Umgebung der Hauptstadt. Für den Export in entferntere Gebiete hatte das Berliner Handwerk noch nie gearbeitet, und der kurfürstliche Hof schätzte die Erzeugnisse der Berliner Handwerker gering – er ließ zum Beispiel das Material für seine Kleidung oder diese selber aus dem

Ausland kommen, zumeist aus Holland, Hamburg, England. Seit alters existierten etwa 30 Innungen – die jüngste, die der Seifensieder war vor rund 25 Jahren gegründet worden –, deren Meister sich in der Regel viermal im Jahr (Weihnachten, Ostern, Johannis und Michaelis) zu «Morgensprachen» versammelten. Da sprachen dann die gewählten Altmeister Recht über Verstöße gegen Handwerksgewohnheit und Handwerksehre, verhängten Geldstrafen, in schweren Fällen den Ausschluß aus der Innung, in weniger schweren wohl nur die «Gesindelosigkeit»: der Meister mußte eine bestimmte Zeit ohne Lehrling und Gesellen arbeiten. Auch konnten sich bei den Morgensprachen Gesellen, die nachweislich mehrere Jahre gewandert und ehrlich geblieben waren, um die Aufnahme als Meister bewerben – in Berlin wegen großen Mangels an Beschäftigung neuerdings bei jeder Morgensprache nur ein Geselle, und dabei wurden Meistersöhne noch bevorzugt. Dennoch stammten etwa zwei Drittel aller Meister in Berlin nicht aus der Hauptstadt selber.

Als Wegener sich eingelebt hatte und seinen Meister gelegentlich zum Wollmarkt oder auf anderen Wegen begleitete, begegnete er einigen Meisterwitwen, die das Gewerbe ihres Mannes weiterführen durften – sogar mit Gesellen, die nicht selten nach einigen Jahren in den Betrieb einheirateten. Die Witwen selber wurden nicht wie ihre Männer Meister mit deren Rechten und Pflichten: man gestattete ihnen nur einfach die Arbeit und regelte auf diese Weise für sie und ihre Kinder die Versorgung.

Wegener sah viel Not, Hunger, Krankheit und Elend – besonders unter seinesgleichen, den Gesellen. Man sprach von Hunderten seit vielen Jahren arbeitslosen Gesellen, die nun auch nicht mehr die Stadt verlassen und erneut auf Wanderschaft gehen wollten: Sie hatten häufig genug erlebt, daß man sie bestenfalls nach einer Mahlzeit oder einer Nachtruhe am warmen Herd mit einem Pfennig oder auch ohne einen solchen weitergeschickt hatte – und nicht aus bösem Willen. Auch viele Meisterfamilien hungerten. Gesellen, die, wie es früher einmal üblich gewesen war, einigermaßen regelmäßig vier oder gar fünf Groschen in der Woche verdienten, waren glücklich dran. Wohnten sie aber beim Meister und wurden von dessen Ehefrau versorgt, dann erhielten sie gewöhnlich weniger als ein Drittel davon. Auch durften sie nicht klagen, wenn der Meister sie des Sonntags am Kirchgang hinderte, weil gerade einmal reichlich Arbeit anfiel. Überhaupt lebte man überaus züchtig, ernsthaft und fast ganz ohne Vergnügen – das hing natürlich mit der strengen Frömmigkeit des Kurfürsten, seiner Hofhaltung und seiner Hofbediensteten zusammen. Im Jahre vor Wegeners Ankunft in Berlin hatte Kurfürst Friedrich Wilhelm am 6. Februar 1659 ein Edikt erlassen, das während der Fastnachtszeit Theater und Umzüge sowie den Ausschank von Wein, Bier und Branntwein verbot. In dem Edikt hieß es wörtlich, daß «die Handwerker und andere mehr ihre Fastnachten-Aufzüge weidlich wieder eingeführet, wann sie in Prozession und mit allerhand Musik über die Gassen gangen, viel Äfferei und Mutwillen verübet, der Bürgerschaft und anderen Einwohnern durch Plackereien und Abforderung von Geldern und Victualien nicht geringe Beschwer verursacht, nachmals in ihren Herbergen und Zusammenkünften wohl acht und mehr Tage aneinander geschmauset, sich dabei gehadert, geschlagen und wohl ermordet, dagegen ihre Arbeit und Geschäfte versäumet, groß Ärgernis gegeben und mit ihrem epikureischen heidnischen Leben und sündlichem Wesen Gottes Zorn nicht wenig gereizt»[6] hatten.

Damit war es also bereits seit fast zwei Jahren vorbei, und Wegeners

Friedrich Wilhelm, Kurfürst von Brandenburg (der Große Kurfürst) und seine Gemahlin Luise Henriette von Oranien. Gemälde von M. Czwiczek, 1649. AKG, Berlin.

Meister achtete im eigensten Interesse darauf, daß er und sein Haushalt nicht dem Altmeister unangenehm auffielen – oder gar der kurfürstlichen Polizei. Das Leben war streng und freudlos. Wegener beschloß daher, als wieder einmal die Arbeit knapp und infolgedessen der Haferbrei dünn war, weiter zu wandern. Der Meister hielt ihn nicht.

Wegener hatte, als er an einem warmen Herbsttag nach gehöriger Abmeldung beim Altmeister in Richtung auf Königs-Wusterhausen Berlin verließ, alles in allem von der Stadt und ihren Bewohnern nicht sehr viel gesehen, manches auch einfach nicht verstanden; aber das merkte er nicht. Im Grunde lebte er, ein einfacher und ungebildeter Mensch, der vor ein paar Monaten zum ersten Mal seine engste Heimat verlassen hatte, in der Innung, die für ihn eine Art Großfamilie bildete und sein sollte: eine Organisation, die ihm Nahrung und Schutz sicherte, ihn aber auch disziplinierte und ihm die Wege für die nächste Zukunft wies. Er hatte natürlich das Schloß gesehen und war an der Spree entlanggegangen. Er hatte bemerkt, daß aus dem Großen Kriege, über den man überall sprach, als hätte er gestern noch gewütet, viele Ruinen unbebaut liegengeblieben waren – aber auch, daß viel gebaut wurde. Er hatte an der Cöllner Seite der Spree prächtige neue Häuser gesehen. Berlin war alles in allem eine große Stadt: es zählte wohl mehr als 5000 Einwohner – Cölln kaum weniger – und ständig, so sagte man ihm, zogen weitere Menschen aus Nah und Fern in die Residenzstadt, in der sie Arbeit, Nahrung, Wohlstand erhofften. Etwa ein Viertel der handwerklich tätigen Bevölkerung stammte nicht aus Berlin und der Mark Brandenburg. Wegener hatte von solchen «Ausländern» manches über Sachsen und Süddeutschland erfahren. Allerdings war das Leben in Berlin teuer. Wegener hatte das immer wieder erlebt: Für seine mühsam verdienten Groschen konnte er kaum Schuhwerk und andere Kleidung zur Wanderung im Winter kaufen. Und die Meistersfrau erklärte, wenn sie ihm das Essen zumaß, wieder und wieder, daß Roggen und Mehl für das von ihr gebackene Brot noch niemals so teuer gewesen seien wie in den jüngsten drei oder vier Jahren.[7]

Natürlich waren die meisten Männer als Handwerker tätig. Aber nicht viel weniger waren Soldaten und ungelernte Lohnarbeiter – nicht selten beides zugleich, da sie vom Sold allein nicht leben konnten. Insgesamt waren in der Stadt etwa 1700 «Gemeine» und Offiziere des Kurfürstlichen Leibregiments und der Trabanten-Garde untergebracht – fast alle einquartiert bei Bürgern, die unter diesem Druck viel stöhnten. Die Oberschicht der Höflinge, zumeist reformierte Protestanten, Offiziere, Beamte und Prediger, stammte vorwiegend aus den Niederlanden – wie auch die Kurfürstin. Schokolade aus Holland, so erzählte man sich, war das alltägliche Getränk im Schloß. Am anderen Ende der Gesellschaft mußte die Bürgerschaft die Armen und Elenden versorgen mit Ausnahme der 100 «glücklichen» Insassen der Hospitäler St. Gertrauden, Heiliger

Geist und St. Georgen, in die vermögende Bürger sich für den Lebensabend einkaufen konnten. Dort erhielten sie dann ausreichend Brot, Butter und Speck und alle drei Wochen zwei Groschen, zu den drei großen Festen Weihnachten, Ostern und Pfingsten einen Taler extra und gelegentlich obendrein ein paar Groschen aus Spendenbüchsen.

Wegener aber sah nur die andere Seite: wie die Handwerker, denen der Kurfürst Soldaten ins Haus einquartierte und Steuern abverlangte, auch noch die Armen, Elenden, Arbeitslosen, immer noch «Abgebrannten» aus dem Kriege und Bettler versorgen mußten. Zwar gab es ein paar Bettelvögte, aber die sorgten nur dafür, daß die Umgebung des Schlosses und der Palais vom «Gesindel» nicht verschmutzt wurde – mochte dieses auch aus alten Soldaten bestehen. Der Kurfürst sah nicht hin, wenn der Berliner Rat ihm schrieb: «Der meiste Teil der Bettler besteht in krumb und lahm geschossenen Soldaten, deren und andern Weibern und Kindern, welche durch unsere bestallte Bettelvögte sich nicht wollen abweisen lassen, sondern mit andern ... zusammen rottieren ...» Andererseits tat der Kurfürst manches für die Handwerker in seiner Residenzstadt. Bereits 1653 hatte er einigen ausdrücklich ihre alten Rechte aus der Zeit vor dem Kriege bestätigt. Zwei Jahre später bestimmte er für die Schneidergilde, daß die Innungskinder, «es seien Knäblein oder Mägdlein, die volle Innung haben sollen» – also zum Beispiel unter dem Schutz der Innung standen. Wegener erlebte in Berlin auch noch die Veröffentlichung eines Edikts am 4. Juli 1659, in dem der Kurfürst heftig den Zünften entgegentrat, die im Laufe der jüngsten Jahre die Kinder jener angeblich «unehrlichen» Bevölkerungsgruppen von der Erlernung eines Handwerks ausgeschlossen und ihnen damit die Aufnahme in die Zunft verweigert hatten. Fortan, so bestimmte er, sollten auch die Kinder jener «unehrlichen» Leute als «ehrlich» zugelassen werden und dies «unverantwortliche Beginnen und Fürnehmen der Gilden und Zünfte gänzlich aufhören. Ebenso wenig sollen die Zünfte es den Meister-Kandidaten verwehren, die Töchter solcher Leute zu heiraten».[8]

Das war für Wegener, der in den strengen Standesvorstellungen seiner Eltern und der Handwerker-Gesellschaft von Pritzwalk aufgewachsen, Lehrling und Geselle geworden war, nahezu unvorstellbar. Er sollte auf seiner weiteren Wanderung noch manches sehen und erleben, was gar nicht zu seiner Berufsvorstellung paßte.

Wegener verließ Berlin und machte sich auf den Weg nach Leipzig. Er wollte den Süden Deutschlands kennenlernen, wo es schöner und reicher sein sollte als in seiner Heimat. Auch hatte man ihm gesagt, daß dort allgemein auf dem Lande viel weniger Tuchmacher und Leineweber, die den Tuchmachern häufig Konkurrenz machten, lebten und arbeiteten als in Berlin, wo etwa jeder vierte Handwerker einem dieser beiden Gewerbe angehörte.[9] Obendrein hatte ihm der Altmeister in Berlin noch einmal ausdrücklich eingeschärft, daß auch ein Meister-Sohn aus der Prignitz mindestens zwei Jahre wandern müsse – ganz abgesehen von dem Nutzen, den es ihm bringen würde, wenn er das Tuchmachen in Süddeutschland kennenlernte. Wohin auch immer er in der Folgezeit kam, das las man ihm aus den Satzungen und Ordnungen der Zünfte vor: Daß die Gesellen wandern mußten, damit sie «etwas ferner zu sehen und lernen» bekämen, «dieweil es auch die tägliche Erfahrung bezeuget, daß oftmals junge Gesellen, die ... niemals gewandert ... sich selber nicht alleine in Schaden setzen und in Ungedeihen geraten, sondern auch wohl Bürgern und Fremden die Arbeit ... verderben ...».[10]

Zum Wandern gehörten die Ausweise, die der Geselle der Polizei und, wenn er um Arbeit, kostenloses Quartier oder einen Zehrpfennig bat, auch dem Obermeister seines Handwerks vorlegen mußte: zumindest der abgeschlossene Lehrbrief, eigentlich auch eine Bescheinigung ehrlicher Geburt, also der Geburtsbrief – zu jener Zeit noch kein Wanderbuch. Und schließlich hatte man ihm wiederholt dringend geraten, sich mit dem Degen und einem starken Messer zu versehen. Auf allen Straßen lauerte Gesindel, das einen Unbewaffneten nicht nur ausplünderte, sondern häufig auch totschlug und nackt liegen ließ. Solche Gefahren drohten ganz besonders denen, die zu den Wollgewerben gehörten: Sie galten seit alter Zeit – natürlich nach den Gold- und Silberschmieden – als besonders wohlhabend.[11]

Als Wegener Leipzig erreichte, war er weder in die Hände von Falschspielern gefallen noch ein einziges Mal von Schnaps oder Starkbier betrunken gewesen. Aber er hatte manchen betrunkenen Wanderer gesehen, der auf der Straße herumgetorkelt und in der Herberge bestohlen worden war. Und er war fast jeden Tag satt geworden von Brei und Grütze aus Hafer, Gerste oder Roggen. In Leipzig fand er für den ganzen Winter Arbeit. Im März, rund ein Jahr, nachdem er Pritzwalk verlassen hatte, zog er weiter nach Süden.

Immer häufiger begegnete er nun Bettlern – solchen, denen ein Arm fehlte, Blinden, die sich von einem Hunde oder einem Knaben «führen» ließen, ganzen Bettlerfamilien mit drei oder vier kleinen Kindern in Körben am Sattel eines elenden Kleppers, auch solchen, die auf betrügerische Weise Arme und Beine so verrenken konnten, als hätten sie gar keine Knochen. Aber auch fromme Pilger traf er, die bescheiden und schweigsam ins Heilige Land oder entgegengesetzt nach Santiago de Compostela auf der Iberischen Halbinsel wollten. Er schlug weite Bögen um Zigeunerlager und ließ es sich bei einer Bauernhochzeit wohlsein. Ein paar Stunden begleitete er einen Trupp, der zur einen Hälfte aus Trommlern, Pfeifern und Bläsern bestand, zur anderen aus Tänzern, Springern, Seiltänzern, und schließlich sah er kurz vor Nürnberg Schausteller mit einer

Blick auf die Nürnberger Burg von Norden. Lavierte Zeichnung von J. A. Delsenbach (1687–1765). Germ. Nationalmuseum, Nürnberg.

Menagerie, zu der ein Elefant, ein Dromedar und ein paar Affen sowie ein Kunstreiter gehörten.[12] Er entdeckte auch, daß die Angehörigen mancher Berufe weniger angesehen waren als die anderer – und einige von fast allen Menschen gemieden wurden: Schäfer zum Beispiel und Müller. Allgemein fühlten sich die Handwerker den «dummen» Bauern überlegen, und diese sich wiederum jenen, die Roggen, Weizen und Rüben kaufen mußten, wenn sie sich nicht vom Felde nahmen, was sie zur Stillung des Hungers brauchten, oder Pilze und Beeren sammelten.

Schließlich gelangte Wegener in die Festungsstadt Nürnberg mit etwa 40 000 Einwohnern, in der er einige Zeit blieb.

Schnell gewann er den Eindruck, daß in Nürnberg und Umgebung Lehrlinge und Gesellen schärfer reglementiert wurden als in vielen anderen, insbesondere kleineren Städten, und er erfuhr bald, worauf diese besonderen Verhältnisse beruhten: Nürnberg war eine Stadt ohne Zünfte:[13] Seit dem 14. Jahrhundert war jede Art zünftischer Selbstverwaltung verboten. Zwar saßen acht Handwerksmeister als sogenannte «Ratsfreunde vom Handwerk» im Rat der Stadt. Aber das war nur eine Art Tarnung des Rates. Jene Meister mochten kommen oder zu Hause bleiben – das änderte nichts an der Handwerkspolitik der Reichsstadt. Bereits im Jahre 1516 hatte Christoph Scheurl in einer «Epistel vom Nürnbergischen Regiment» über sie geschrieben: «Sie verwalten kein besonderes Amt, lassen ihnen alles gefallen, was durch die anderen Ratsherren beschlossen wird . . .»

In der Herberge erzählte man Wegener Geschichten, die er nach seiner bisherigen Erfahrung als wandernder Geselle für unmöglich gehalten hatte. Seit langer Zeit existierte ein obrigkeitliches «Rugsamt», das eine strenge Aufsicht über das gesamte Handwerkswesen ausübte und zum Beispiel die Handwerksordnungen formulierte, die Zulassungen zur Meisterprüfung, diese selbst und die Art der Meisterstücke reglementierte. Alle Versammlungen von Handwerkern, selbst Festessen waren verboten – geheime Zusammenkünfte wurden streng bestraft, ja auch die althergebrachten Trinkstuben, wie Wegener schnell bemerkte, genau beaufsichtigt, von Zeit zu Zeit die eine oder andere einfach verboten. Sogar religiöse Bruderschaften waren nicht gestattet – mithin auch nicht Feiern zu Ehren von Handwerkspatronen mit Kerzen, Tanz und Mahl, nicht einmal in den Ordenshäusern, etwa der Karmeliter. Den Metzgern war jüngst eine Sammlung für ein Bahrtuch untersagt, der Leichenschmaus nur in kärgster Form gestattet worden.

Letztlich war das Rugsamt eine regelrechte Zensurbehörde, die zu allem Überfluß auch noch die Korrespondenz mit auswärtigen Handwerksorganisationen verbot. Aber diese Verhinderung aller Handwerker- und natürlich auch aller Gesellenvereinigungen barg für die Stadt Gefahren. Es kam häufig zu Spannungen – nicht nur zwischen Stadt und Handwerk, sondern auch zwischen den Meistern, die ihre Gesellen und Lehrlinge streng beaufsichtigen mußten, und jenen, die so viel Aufsicht und Disziplin nicht hinnehmen wollten. Das hatte verschiedene Folgen: Einmal wurden die Gesellen und Lehrlinge – nicht selten durch Schläge und Tritte – gezwungen, täglich lange, schnell und sorgfältig zu arbeiten, zum anderen hatten die Gesellen aber auch alle ihre Widerstands-Möglichkeiten entwickelt:[14] den gemeinsamen Ausstand, die Sperre, den unbefristeten Boykott bestimmter Orte oder auch einzelner Meister, der sich schnell weithin herumsprach und allgemein befolgt wurde, weil Übertretungen Aussperrung aus den Gesellenbünden zur Folge haben konnten. Die wandernden Gesellen konnten also die Reichsstadt «verrufen».

Natürlich verhängte in solchen Fällen Nürnberg schwere Strafen wie Ausweisung unter Verweigerung der Handwerkerpapiere, Steckbriefe, Werkzeug- und Vermögens-Konfiskation, so daß der Geselle schließlich «zu Kreuze kriechen» mußte und erst nach Verbüßung einer Haftstrafe wieder als «redlicher Handwerker» arbeiten durfte. Hier und da hörte Wegener sogar etwas über Konflikte, die zum Niederbrennen eines Hauses und die Schuldigen zum Henker geführt hatten.

Als Wegener Nürnberg verlassen wollte, wo er voller Entsetzen am 26. April 1659 miterlebt hatte, wie die «Hexe» Margarethe Mauterin auf der Richtstätte erst an einem Pfahl erwürgt und dann verbrannt worden war, weil sie sich seit acht Jahren dem «listigen Satan» ergeben hatte[15], riet man ihm, nach Augsburg zu wandern. Diese Stadt und Ulm galten als die Zentren der süddeutschen Barchent-Herstellung. Mit etwa 600 Webern und zahlreichen Gewerben, die von der Barchentproduktion abhängig waren, bildete dieser Wirtschaftszweig als ein reiches Exportgewerbe nicht nur das größte Handwerk – an die Hälfte aller Augsburger Meister waren Weber –, sondern durch die Einfuhr der Rohstoffe (Leinengarn und Baumwolle) noch immer den wichtigsten Teil der Augsburger Wirtschaft insgesamt, obgleich man 50 Jahre früher, also vor dem Kriege, auf diesem Gebiet wohl dreimal so viel geleistet hatte.[16] Aber Wegener hatte soviel Schönes und Gutes über Regensburg gehört, daß es ihn dorthin drängte.

In dem Gebiet um Nürnberg und später in Regensburg merkte er mehr und mehr, daß sein Handwerk auch anders betrieben und organisiert werden konnte als in der Prignitz.[17] Hier arbeiteten neben den allgemeinen Tuchmachern noch «Loderer», die gleichfalls ein hohes Ansehen genossen. Sie betrieben einen lebhaften Handel nach Tirol und Italien, und man erzählte ihm, daß allein im Herzogtum Bayern und in der Oberpfalz ihre Zünfte 900 Mitglieder hatten.

Gesetze und Statuten regelten weit genauer als in der Prignitz Organisation, Produktion und die Aufsicht über diese, den Verkauf der fertigen Ware, die Ausbildung, den Lohn und Unterhalt der Lehrlinge und Gesellen. Auch bestimmten Artikelbriefe zwecks gerechter Verteilung der Arbeit streng die Anzahl der Stühle, die der einzelne Meister halten, und die Zahl der Stücke, die er herstellen durfte. Die meisten Zunftordnungen gestatteten Loderern wie Tuchmachern nur einen einzigen Stuhl – in München waren den Loderern zwei erlaubt, weil man sonst die ständig steigende Nachfrage nach den weithin durch ihre Güte berühmten Erzeugnissen nicht hätte befriedigen können. Lange Zeit hatten die Loderer auf diesen beiden Stühlen zusammen nicht mehr als 200 Stück im Jahr weben dürfen. Vor einiger Zeit hatte man auch diese Begrenzung aufgehoben. Fleißige Loderer wurden wohlhabend.

Wegener hätte wohl leicht bei einem Loderer in Regensburg als Geselle unterkommen können, den man dort übrigens «Knappe» nannte. Mancher Meister beschäftigte vier solche Knappen. Er hätte wohl auch eines Tages eine Meisterwitwe heiraten können. Aber er wollte weiterziehen – nach Bozen, wo der Hauptstapelplatz der Münchener Loderer war, und nach Venedig, über das man ihm viel erzählte, was ihn immer neugieriger machte. Von dort importierten zum Beispiel die Regensburger Tuchmacher in großen Mengen Kaninchenhaar, das sie bei feinen Tuchen unter die Lammwolle mischten. Für die allerbeste Qualität aber schrieben die Satzungen immer die Verwendung «Flämischer Wolle» vor – nicht solche *aus* Flandern, sondern so feine Wolle, wie man sie bei flämischen Tuchen kannte.

Wegener beobachtete hier noch klarer als zu Hause, welche Bedeutung die Qualität der Wolle haben konnte. Zumeist verarbeiteten die Tuchmacher «Landwolle», die sie auf dem Markt oder auch verbotenerweise, vermittelt von Metzgern und Gastwirten, beim Bauern selber kauften. Dann begann das Wolleklauben, Zupfen und Spinnen, das man armen Leuten und Kindern überließ. Ein Webstuhl konnte ungefähr 30 Personen mit diesen Nebenarbeiten beschäftigen. Aber im Großen Kriege war die bayerische Schafzucht fast ganz zugrunde gegangen, und danach hatte sie nicht wieder den früheren Umfang und Qualitätsstand erreicht, so daß man in den Grenzgebieten sogar Ausländern gestattete, ihre Schafe ohne Mautzahlung nach Bayern auf «die Weide zu treiben», wenn sie am Ende die Wolle im Lande verkauften. Das sogenannte Zubereiten der rohen Tücher besorgten die Tuchmacher nur bei den ganz gewöhnlichen Sorten selber, sonst aber überließen sie den Tuchscherern, den Schön- und Schwarzfärbern, häufig auch spezialisierten Walkern die Arbeit. Dann verkauften sie ihre Ware teils im Stück oder «ausgeschnitten» auf Jahr- und Wochenmärkten.

Wegener sah das alles, er lernte manches, was er zu Hause verwenden zu können hoffte – wenn die Zunftordnung ihm nicht solche Neuerungen und Verbesserungen verbot. Das war in der Prignitz gelegentlich geschehen; es kam auch in Nürnberg und Regensburg vor.

An einem schönen Tage im Sommer verließ Wegener Regensburg. Er wollte noch in der guten Jahreszeit den Brenner erreichen und die Alpen überqueren. So beeilte er sich zum ersten Male.

In München sah er die reißende Isar, bald darauf befand er sich auf der Straße zum «Gebirge», wie man allgemein die Alpen nannte. Er durchrannte fast Benediktbeuern und kam zwischen dem Walchen- und dem Kochelsee hindurch zum Weg nach Bozen, auf dem er viele Kaufleute mit Pferden und Wagen überholte, die dorthin zur Messe wollten. Im September war er, nachdem er Innsbruck und den Inn kaum gesehen hatte, auf dem Brenner. Unterwegs hatte er so schwere Zerstörungen und mühsame Reparaturarbeiten an den Straßen gesehen, wie er sie sich niemals hätte vorstellen können: Sturzbäche hatten gelegentlich mehr als die Hälfte der ohnehin nicht breiten Straßen mit sich gerissen, und an vielen anderen Stellen hatten Wagen, die zwischen Deutschland und Treviso verkehrten, die Straßen zerfahren. Mit etwa 25 Zentnern italienischer Güter aller Art beladen, benötigten sie auf ebenen Straßen gewöhnlich nur zwei Pferde, an steilen Strecken aber acht und noch mehr, die dann häufig die ganze Straßenbreite von nur 16 Schuh = etwa 4 Metern einnahmen, so daß entgegenreisende Menschen und Wagen sich in die knappen Ausweichstellen drücken mußten.[18] Mehr als sechs Stunden pro Tag konnten die Wagenführer und ihre Pferde sich nicht quälen. So brauchten sie für die etwa 22 Meilen = 170 Kilometer von Bozen bis Innsbruck mindestens fünf Tage.

Auf dem Brenner wurde Wegener durch Ungewitter mit entsetzlichen Blitzen und angsterregendem Donnern ein paar Tage aufgehalten; er konnte sich so von der eiligen Wanderung seit Regensburg erholen. Und danach ließ er sich Zeit. Was er sah, war alles ganz neu für ihn: Dörfer mit weißangestrichenen Häusern und Hütten zwischen Hecken und hohen und breiten Feldern, gewaltige Schneegipfel, Bäume, die er nicht kannte: Lärchen und Zirbel. Die Luft, die er atmete, war anders als die in Regensburg oder gar in Berlin, und die Sonne brannte anders als in Pritzwalk. Die Menschen waren kleiner, aber beweglicher als er selber, die Frauen und Mädchen zierlich gekleidet.

So gelangte er an der Etsch entlang durch eine herrliche und großartige Landschaft nach Sterzing und Mittenwald, nach Brixen und schließlich in das Tal von Bozen. Später erzählte er in Pritzwalk, von seiner ganzen langen Wanderschaft sei wohl der Teil durch Tirol der fröhlichste und freudigste gewesen: Alles gab es im Überfluß – Licht, Wasser, Wiesen und angebaute Felder, bunte Obstbäume mit zahllosen reifen Früchten, und über die höchsten Berge führten angenehme, ungefährliche Wege. Alles erfüllte ihn mit einem wunderbar leichten Gefühl, über das er, der noch niemals sich selbst beobachtet hatte, geradezu in Verwirrung und Verwunderung geriet.

In der Nähe des reichen Sterzing sah er zum ersten Mal Bergwerke, aus denen offenbar viel Reichtum gehoben wurde. Noch nie hatte Wegener so prächtige Gasthäuser gesehen und so große Hospitäler – hauptsächlich für die vielen Pilger, die aus aller Welt zum Heiligen Lande zogen.

Auch hier blieb er im sanften Herbst ein paar Tage, dann ging es weiter an der Etsch entlang. Auf dem Lande, am Fluß und die Hügel hinauf war alles so dicht bepflanzt, daß Wegener nach seiner Erfahrung in der Prignitz meinte, eines müsse das andere ersticken: Der Wein den Mais, die Maulbeerbäume die Äpfel und Birnen – und die Quitten, die er ebenso wie Feigen noch nie gesehen hatte. Efeu wuchs in mächtigen Strängen die Felsen hinauf und verbreitete sich über sie, Eidechsen lagen auf dem Pfad, sonnten sich und glitten eilig ins Dickicht, wenn sie die Erschütterung des Bodens durch seine Tritte verspürten. Die Ochsen, die kräftige Männer zum Markt führten, erschienen ihm doppelt so groß und fett wie die in Pritzwalk und geradezu riesig im Verhältnis zu den zierlichen Eseln. Die Menschen sprachen nun nur noch italienisch. Aber sie waren freundlich und geduldig. Mit viel Lachen und Gestikulieren konnte er sich mit ihnen verständigen.

Schließlich gelangte er nach Trient. Wieder blieb er ein paar Tage. Dann ging es über Rovereto und Torbole zum Gardasee, wo er die ersten Ölbäume voller Oliven sah, außerdem Zitronen. Er kam nach Verona, nach Vicenza und Triene, wo man ihm auf großen Feldern Reis zeigte, schließlich nach Padua und zum Brentakanal. Dort hatte er Glück: Er half einem deutschen Reisenden bei der Unterbringung seines Gepäcks, und dieser nahm ihn gewissermaßen als seinen Diener mit auf das Schiff. Gegen Abend gelangte man nach einer großartigen Fahrt, Wegeners erster Schiffsreise, an reichen Dörfern und herrlichen Häusern mit großen Parks vorbei aus der Brenta in die Lagunenstadt Venedig. Wegener half dem Reisenden noch einmal mit dem Gepäck bei der Zollstation – sie war seit Augsburg die 73., behauptete jener empört: Alle paar Kilometer habe er anhalten und zahlen müssen – und das, obwohl erst vor einigen Jahren, nämlich 1656, Österreich und Venedig eine Herabsetzung ihrer Zölle um ein Viertel vereinbart hatten, weil der Handel unter dem Druck der hohen Abgaben an vielen Orten und Mautstellen begonnen hatte, von der Etsch-Brenner-Straße zu den Graubündener Straßen auszuweichen, wo die Zölle viel niedriger waren.[19] Wegener hatte nichts zu verzollen – aber immer noch einige Groschen eingenäht in seine Jacke. Er half dem guten Mann mit seinem Gepäck zu einer «Barcarole», deren Besitzer ihn sowie Wegener nur an einer einzigen Stelle aussteigen lassen durfte: an der Pforte zum «Haus der deutschen Kaufleute», dem «Fondaco dei Tedeschi».

Die Republik Venedig verlangte nämlich, daß alle deutschen Kaufleute – nicht die Pilger, die in der nahe gelegenen Herberge «Zum heiligen Georg» Unterkunft erhielten – im Fondaco wohnten.[20] Venedig hatte dieses Haus für die Deutschen vor Jahrhunderten gebaut und, als es im Winter 1504/05 abgebrannt war, groß und prächtig erneuert. Es sagte Wegener nichts, daß Giorgione und Tizian die vier Fassaden mit Fresken bemalt hatten – obendrein hatte in mehr als 150 Jahren die Feuchtigkeit das meiste von diesen Bildern sehr beschädigt. Die Stadt Venedig hatte auch einen Hausmeister und einen Schankwirt für den Fondaco eingesetzt, bei denen die Deutschen vorwiegend aus Regensburg und Nürnberg, Augsburg, München und Ulm, aber auch aus Köln und anderen rheinischen und flandrischen Städten, ihre Miete für die Wohnkammer und das zugehörige Keller-Gewölbe entrichten sowie essen und trinken mußten – übrigens allgemein gelobten venezianischen Wein. Wer diese Miete nicht zahlen wollte oder konnte, der mußte auf den Fluren, unter den Toreingängen oder im Keller zwischen Warenballen schlafen, was Wegener zunächst einmal tat. Im Fondaco standen nach Zahl und Ansehen die Augsburger und Regensburger an erster Stelle – einige Namen von ihnen kannte Wegener bereits. Diese und die «Schwaben» – so nannte man in Venedig seit alter Zeit die Kaufleute aus Ulm, Biberach, Ravensburg und Konstanz – zusammen bildeten eine besondere Gruppe. Die Augsburger allein stellten im 17. Jahrhundert ingesamt 47 der «Konsuln», das heißt der Vorsteher des Hauses, was der wirtschaftlichen Leistung ihrer Heimatstadt entsprach: Die Taxis'sche Post beförderte um 1660/70 jährlich etwa 12 000 Briefe von Augsburger Kaufleuten.

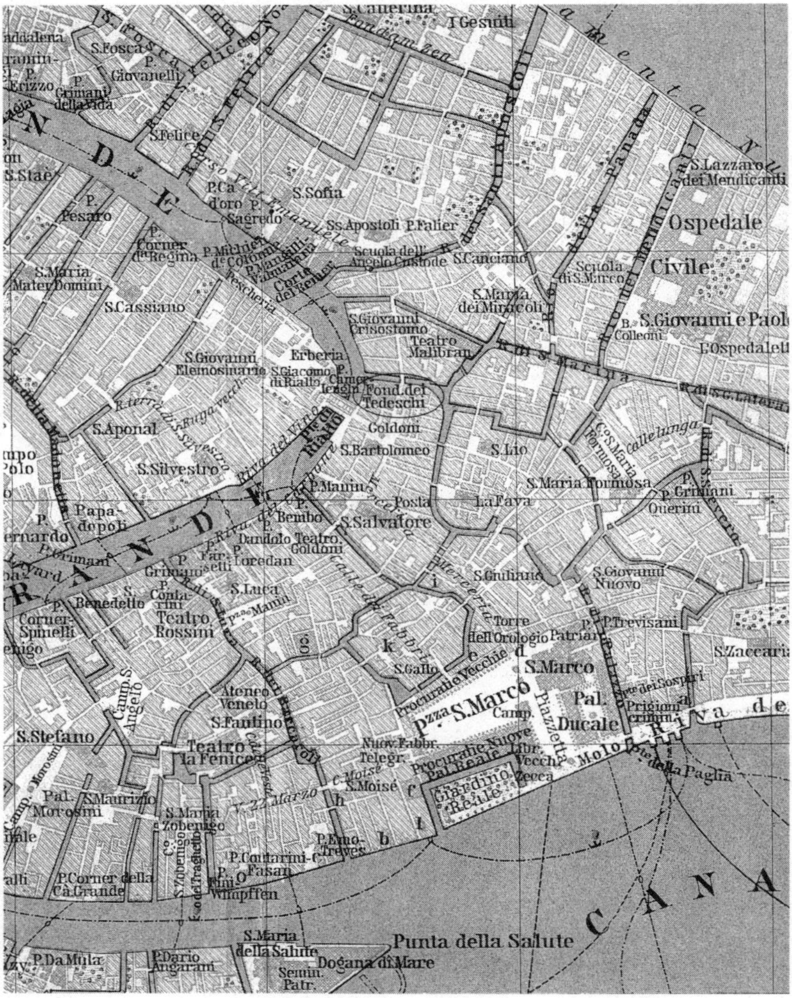

Venedig. Lage des Fondaco dei Tedeschi.

Eine zweite Gruppe bildeten die Kaufleute aus Nürnberg – auch von ihnen hatte Wegener schon ein paar Namen gehört. Von den Regensburgern erhielt er nicht allein guten Rat und einen Zehrpfennig, sondern auch eine Mahlzeit und einen Schlafplatz mit der Bemerkung, man sei bereit, einen Gesellen aus dem hohen Norden, der obendrein in Nürnberg und Regensburg als Tuchmacher und Loderer gearbeitet habe, für einige Zeit im Fondaco zu beschäftigen. Wegener ergriff diese Möglichkeit sofort, war er doch – vor wie langer Zeit schon! – aus Pritzwalk nicht zuletzt nach dem Süden aufgebrochen, um italienische und morgenländische Tuche zu sehen und dem Geheimnis ihrer Zartheit und ihres Glanzes nachzuspüren. Und jetzt sah er gleich bei seinem ersten Besuch in der Niederlassung der deutschen Kaufleute in Venedig Ballen mit Kaninchenhaaren, wie sein Meister in Regensburg sie für feinste Tuche verarbeitet hatte.

Natürlich blieb er zur Arbeit im Fondaco. Man ließ ihn gutes Geld verdienen. Obendrein erlebte er nun an Ort und Stelle ein wenig von den Spannungen zwischen den rheinischen und den bayerischen Kaufleuten im Fondaco und den Bemühungen beider Seiten, die venezianischen Behörden zur Verdrängung der Konkurrenten zu bewegen – wobei nicht nur der wirtschaftliche Wettbewerb, sondern auch der konfessionelle Unterschied eine Rolle spielte. So schrieben 1648 die Städte Nürnberg, Ulm und Regensburg ihren in Venedig tätigen Kaufleuten, daß Köln zu Niederdeutschland gehöre und daher keine Arbeitserlaubnis im Fondaco habe, der nur für die Oberdeutschen bestimmt sei. Doch konnte man dieses Verbot nicht aufrechterhalten, zumal 1652 neben einem venezianischen Anwalt, der 100 Goldstücke Honorar erhielt, sogar der kaiserliche Gesandte in Venedig sich für die Kölner einsetzte.

Mußten die Kaufleute für ihr Geschäft venezianische Werkstätten und Handelsgewölbe aufsuchen, dann durften sie das nur in Begleitung eines «Sensals», eines Polizisten also, der ständig darauf achtete, daß die Geschäfte sich streng an den Vorschriften orientierten – und zwar bis zum letzten Einpacken der Waren, die nun über den Brenner in die Heimat geschafft wurden. Zumeist tauschte man Güter, die aus deutschen Bergwerken stammten, also Gold-, Silber-, Eisen-, Kupfer-, Blei- und Zinn-Güter sowie Pelze, Leder, Hornware, Tuche, Leinen gegen Venezianisches, wie Glas aus Murano, und Erzeugnisse aus der Levante: viel Pfeffer, rohe Seide und Seidenstoffe, Samt, Taft, Schleier, Goldbrokat, griechische Weine, Zucker. Mit diesem Handel hatten sich früher einmal im Fondaco um die 100 Kaufleute mit vielen Dienern und Mitarbeitern beschäftigt – nun waren es höchstens noch 20, gewöhnlich weniger.

Vor zwei Jahrzehnten hatte Venedig, das seine Seefahrt, seine Kolonien und Handels-Stützpunkte im Mittelmeer immer wieder in teueren und verlustreichen Kriegen gegen die Osmanen verteidigen mußte, begonnen, die deutschen und auch die Kaufleute anderer Nationen durch außerordentliche Steuern an der Aufbringung der Kriegskosten zu beteiligen.[21] In dieser Zeit lebten und arbeiteten im Fondaco regelmäßig nur noch 10-12 Kaufleute aus Nürnberg, Memmingen, Augsburg, Salzburg, Frankfurt, Innsbruck und Köln. Im Jahre 1646 hatten die in Venedig anwesenden deutschen Kaufleute der Stadt 1000 Dukaten als freiwillige Unterstützung für den Schutz gegen die Türken gezahlt. Aber das hatte der «Serenissima» nicht genügt, denn bald danach war die Zahl derer, die in den drei Stockwerken des Fondaco Kammern und «Gewölbe» gemietet hatten, wieder auf nicht weniger als 45 gestiegen, die jährlich 254 Dukaten Miete zahlten.

Unter ihnen befand sich nun eine so große Zahl von Protestanten, daß sie für ihre zwar von den Behörden erlaubten, der Öffentlichkeit gegenüber aber geheimgehaltenen Gottesdienste zwei Kammern – mit den Nummern 81 und 82 – brauchten. Nach einiger Zeit der Bewährung durfte auch Wegener diese Kammern betreten und am Gottesdienst teilnehmen. Lange Zeit hatte man keinen Geistlichen gehabt. Aber seit 1657 leitete Johann Molitor aus Nürnberg die Gottesdienste im Fondaco – Wegener hatte die Predigten seines Vaters, des Diakons der Lorenzkirche, seinerzeit gehört. Allerdings zog Molitor infolge von Streitigkeiten im Hause schon bald nach Padua, um dort Medizin zu studieren. Und fortan war die kleine Gemeinde, solange Wegener in Venedig lebte und arbeitete, wieder ohne einen Pastor – bis 1664. Zuweilen starb ein Deutscher in Venedig und mußte dort beerdigt werden. Für diesen Fall hatten die Fondaco-Mieter 1649 zum Preise von 150 Scudi die Grabstätte des verstorbenen Malvasier-Weinhändlers Bartolo Tebon an der St. Bartolomäo-Kirche von seiner Witwe erworben.[22]

Wegener war nun ein tüchtiger und über seinen Beruf hinaus erfahrener, auch ein interessierter und umsichtiger junger Mann, den man gerne sah und dem man vertraute. Insbesondere ein protestantischer Kölner Tuchkaufmann beschäftigte ihn häufig und zog ihn mehr und mehr in seinen Dienst. So lernte er – natürlich immer unter Aufsicht eines Sensals – Venedig kennen. Mit dem Kaufmann Müllensiepen ging er zu den Schiffen, die aus Ragusa und Kreta, aus Zypern und von der nordafrikanischen Küste stammten und nun reich beladen im Hafen lagen – nicht nur mit Tuchen aller Art, sondern auch mit Bergkristall, mit Goldwaren und Keramik, die aus der Türkei auch mit chinesischem Porzellan, das über die berühmte Seidenstraße zusammen mit diesem feinsten und teuersten Gewebe aus China nach Europa kam. Er gelangte auch zum Arsenal und sah, wie Kriegsschiffe gebaut und für den Schutz der Seewege und Stützpunkte ausgerüstet wurden, wie sie mit schwer bewaffneten Mannschaften ausliefen und zerschossen aus dem Kampf zurückkehrten. Gerade um diese Zeit befand die venezianische handwerkliche «architectura navalis» sich auf ihrer Höhe. Um 1660/80 begannen mathematisch-technische Verfahren und Methoden in den Schiffbau einzudringen. Wegener erlebte unbewußt (ähnlich übrigens wie wenig später in seinem eigenen Beruf in Norddeutschland), daß neben den handwerklich gelernten Schiffszimmermann der Schiffbau-Architekt trat, der Mathematik studiert hatte und nicht mehr alter Tradition folgend das Werkzeug einsetzte, sondern Form und Eigenschaften des Schiffes im voraus berechnete und dessen Aufgaben entsprechende «Baupläne» aufstellte.[23]

Natürlich lernte er auch die Stadt mit ihren Hunderten von Kanälen kennen, betrat die vielen engen Gassen und bewunderte die zahllosen kleinen und großen «Geheimen Gärten»[24], jene privatesten Räume der Venezianer jenseits der Flure und Höfe, bewunderte die Balustraden und Fassaden der Häuser von Handwerkern und die Palazzi von Adligen mit Lorbeerbäumen, Zypressen und Pinien. Es lebte sich schön in diesem Venedig – und verwirrend für einen Jüngling aus dem hohen Norden.

Müllensiepen gewann den anstelligen und fleißig-beweglichen jungen Mann lieb, der inzwischen gut schreiben und rechnen, die Qualität vieler Materialien richtig einschätzen und mit den Venezianern umgehen gelernt hatte. Schließlich bot er ihm an, ihn als seinen engsten Mitarbeiter in Köln zu beschäftigen und zu behalten.

Das war ein verlockender Vorschlag, und der nun schon seit Jahr und Tag weitgereiste Wegener wußte, daß ihm damit ein Leben weit über die Verhältnisse der Prignitz hinaus eröffnet, allderdings auch die Trennung von seinen Eltern aufgezwungen werden würde. So zögerte er – und Müllensiepen verstand ihn und konnte warten, denn zunächst wollte er noch im Fondaco dei Tedeschi bleiben, nicht nur um wohlhabend und schließlich wohl reich zu werden, sondern auch als Beauftragter der Stadt Köln, der die Ansprüche der rheinischen Kaufleute auf offizielle Beteiligung am Fondaco in Venedig gegenüber den Oberdeutschen verteidigen sollte, während diese beim Dogen und seinen Ämtern für das deutsche Gebiet eine Monopolstellung erwirken wollten.

Als diese Auseinandersetzung, die noch einige Jahre dauern mochte, gerade in vollem Gange war, fragte sich ein wandernder Tuchmachergeselle aus Perleberg im Westen der Prignitz zum Fondaco durch. Er hatte auf seinem langen Weg über Nürnberg, München und Tirol von Wegener gehört. Nun begegnete er ihm in der Lagunenstadt. Er hatte auch eine Mitteilung für ihn: Wegeners Eltern ging es gesundheitlich nicht gut. Der Vater ließ ihn bitten, er solle heimkehren und die Werkstatt übernehmen.

Das bedeutete die Entscheidung – wahrscheinlich gegen die eigentliche Absicht des jungen Mannes, den es mehr und mehr reizte, noch ein paar Jahre in Italien zu bleiben, auch die seit alter Zeit berühmte Florentiner Wollentuchmacherei kennenzulernen, in der die Hälfte der Bevölkerung dieser Stadt beschäftigt sein sollte[25] ... dann vielleicht ins großstädtische Köln zu ziehen, von dem er so viel gehört hatte – oder sogar in den geheimnisvollen Osten. Hin und wieder sah er Männer oder hörte von solchen, die im Morgenland ihr Glück gemacht hatten: als Geschützgießer und Baumeister, als Kunsthandwerker und Soldaten. Und er selber traute sich manches über die Grenzen seines Handwerks hinaus zu, das er im Rahmen der brandenburgischen Zunftordnungen nicht würde verwirklichen können.

Aber der Vater rief ihn – das war ein Befehl; und die Mutter ließ ihn

Venedig, Ponte di Rialto. Gebaut 1588–92. Photographie um 1890. AKG, Berlin.

bitten – was nicht viel weniger bedeutete. So verabschiedete er sich von Müllensiepen, der ihn mit Hoffnungen auf eine bunte und reiche Zukunft zu halten versuchte, und von den anderen, unter denen nicht wenige gute Freunde und Kameraden geworden waren – schließlich von der Serenissima, der Lagunenstadt am Lido, die er nie wiedersehen würde.

Auf dem kürzesten Wege eilte er heimwärts. Nirgendwo unterbrach er die Rückwanderung zur Arbeit, nur selten einen Tag lang zum Ausruhen vom schnellen Lauf. Am Mittag eines regnerischen Tages im Spätherbst des Jahres 1661 betrat er wieder seine Heimatstadt Pritzwalk – nach mehr als dreieinhalbjähriger Wanderung. Er eilte durch die Straßen zum elterlichen Haus. Den Vater fand er krank und kaum noch arbeitsfähig mit einem Lehrling. Die Mutter war vor einigen Monaten gestorben: Not und Angst in den Kriegsjahren, unermüdliche schwere Arbeit in Haus, Hof und Garten, viele Schwangerschaften und der Tod aller Kinder außer Friedrich, die sämtlich nicht fünf Jahre alt geworden waren, hatten sie verbraucht. Sie hatte nicht das 40. Lebensjahr erreicht. Der Vater drängte ihn, an das Meisterstück zu gehen.

Die «Walz», die ihn ein paar Jahre lang fast von der Ostsee bis zur großen Weltstadt an der Adria geführt hatte, sollte sein bedeutendstes Erlebnis bleiben. Die Vielfalt der landschaftlichen Eindrücke, der Begegnungen mit Personen aus ganz anderen Lebens- und Berufskreisen wie

Kaufleuten, Ärzten und Geistlichen, der Umgang mit Meistern, die nicht selten Bedeutendes leisteten, auch wohlhabend, selbstbewußt und Mitglieder des Stadtrates oder der Schulvorstände waren, selbst Zusammenstöße mit anspruchsvollen Herbergsvätern – das alles hatte ihn geprägt und zu einem Mann werden lassen, der sich nicht ganz leicht in der Kleinstadt Pritzwalk wieder zurechtfinden und in die Gesellschaft von Verwandten und Kollegen einordnen konnte, welche die Prignitz nie verlassen hatten.

Natürlich hatte er nicht nur Angenehmes erlebt. Er war erbärmlichen Menschen aller Art, Asozialen, Elenden und Zusammengebrochenen, Bedauernswerten und Gefährlichen begegnet. Doch auch solche zuweilen enttäuschenden Erlebnisse hatten dazu beigetragen, daß er ein Mann geworden war – mit Selbstbewußtsein, Menschenkenntnis und dem Wissen um die Grenzen der eigenen Persönlichkeit. In den Gottesdiensten des Pfarrers Molitor, in der an Menschen aus aller Welt so reichen, Ausländern gegenüber in bezug auf Religion oft sehr strengen Serenissima Venedig war er mehr ein lutherischer Christ geworden als in all den Jahren davor in Pritzwalk. Und schließlich konnte er offensichtlich besser lesen, schreiben und rechnen, auch schneller denken und argumentieren als Lehrer und Ratsherren, selbst als mancher Pastor in der Heimatstadt. Er hatte sich in seinem Handwerk vieles angeeignet, was man in Pritzwalk nicht lernen konnte. Damit wollte er vorankommen – vielleicht nach Berlin. Aber zunächst mußte er nun dem Vater helfen – und, ein Meistersohn, sich um die Zulassung zur Anfertigung des Meisterstückes sowie zur Meisterprüfung bewerben. Tuchmachermeister Friedrich Wegener war sein erstes Ziel.

2. Salomon Herz Löw Oppenheim

Der verlorene Sohn war heimgekehrt, aber er fand keine Ruhe in der Frankfurter Judengasse. Wo immer man ihn sah, da zeigte man auf ihn, fragte und belästigte ihn. Jedermann hatte natürlich seinerzeit erfahren, daß der junge Oppenheim auf einer Handelsreise mit dem Vater in einer Nacht verlorengegangen war – geraubt, umgebracht, davongelaufen. Nun war er ebenso plötzlich wieder zu Hause. Der Vater hatte den Ältesten der jüdischen Gemeinde berichten und ihnen sagen müssen, was sein Sohn inzwischen gewesen war und getan hatte – ein Vagant, Mitglied einer Räuberbande, ein Baldowerer. *Nur* ein Baldowerer? Nicht auch ein Dieb, ein Plünderer – vielleicht ein Mordbrenner? Durfte man seinen Worten glauben, daß er jahrelang nur Gelegenheiten zum Einbruch ausgekundschaftet, daß er nur das Lager bewacht und andere Dienste geleistet habe? Warum war er überhaupt vor Jahren davongelaufen? Er hatte angesehene Eltern, gehörte zu einer fleißigen, auch wohlhabenden Familie. Niemand hatte ihm etwas Böses angetan. Er selbst war ein gehorsames Kind, ein guter Schüler gewesen – und plötzlich davongelaufen zu einer Verbrecherbande, vor der anständige Menschen sich fürchteten, die von der Polizei verfolgt wurde. Hätten Bauern ihn gefangen, dann hätten sie ihn wohl totgeschlagen oder aufgehängt. Und nun sollte er wieder in der geordneten Gemeinde der Juden leben, wieder der Mitarbeiter seines Vaters und eines Tages ein selbständiger Kaufmann sein, Messen besuchen, wie der Vater nach Worms und Speyer, Mannheim und Kassel reisen? Und wenn er dabei in die Hände «seiner» Bande geriet? Vielleicht würde man ihn einfach umbringen – das wäre allein seine Angelegenheit. Vielleicht würde man aber auch zunächst Geheimnisse der jüdischen Kaufmannschaft aus ihm herauspressen oder ihn zur Mitarbeit zwingen, erneut zum Baldowern – gegen den eigenen Vater, die Kaufleute der Frankfurter Judengasse. Man ließ ihm keine Ruhe mit Fragen, Verdächtigungen und Befürchtungen. Auch dem Vater nicht und nicht der Mutter, die früher eine angesehene Stellung unter den Frauen der Judengasse eingenommen hatte und nun die Mutter eines «Räubers» war.

Nach einigen Monaten eines solchen Lebens zwischen Neugierigen, die zu Mißtrauischen und schließlich zu Verfolgern wurden, waren Vater und Sohn Oppenheim sich darüber klar, daß Löw die Gemeinschaft der Judengasse verlassen mußte, wenn er nicht eines Tages verjagt werden wollte. Die Mutter weigerte sich natürlich, ihren Sohn gleichsam zu verstoßen. Aber auch hier war wieder einmal die Autorität des Vaters größer, hinter der obendrein ein nicht ganz klar ausgesprochener Rat oder gar Befehl der Ältesten stand.

Es traf sich gut, daß man sich gerade in einer Messezeit befand. Vater Oppenheim sprach mit einem alten Freund, der außerdem ein entfernter Verwandter war: Itzig Oppenheim, der wiederum mit den 1612 aus der Pfalz vertriebenen und nach Wien gewanderten Oppenheimers verwandt war. Zu diesen aber gehörte Samuel Oppenheimer, der seit 1660 als Armeelieferant hervortrat und 1674 von Leopold I. den Titel «Kaiserlicher Faktor» erhalten sollte. Jenem Itzig Oppenheim also erzählte der Vater, was sein Sohn erlebt hatte, der neben ihm stand, hier und da Fragen beantwortete und berichtete, wie er, übrigens mit einigen jungen Juden aus Südwestdeutschland, in der Bande gelebt hatte. Wieder und wieder versicherte er, daß er nie an einem einzigen Einbruch, einem Raubzug oder Schlimmerem teilgenommen hatte.

Schließlich erklärte der Freund des Vaters, er sei bereit, als Onkel seinen Neffen zu sich zu nehmen. Ein paar Tage später verließ Löw nach dem Ende der Messe mit dem Onkel und dessen beiden Dienern Frankfurt. Man reiste über Salzburg, wo ein großer Markt besucht werden sollte, nach Wien, der Heimatstadt des Onkels und dessen großer Familie.

Mindestens ein paar Jahre würde Löw zu ihr gehören. Die Namen Oppenheim und Oppenheimer wurden in den größeren Gemeinden niemals über die Generationen hinweg genau auseinandergehalten. Er würde des Onkels Mitarbeiter sein, mit ihm reisen – nach Böhmen und Mähren, vielleicht nach Polen, gewiß nicht nach Frankfurt. Ob er seine Eltern und Geschwister jemals wiedersehen würde, war ungewiß. Ein neues Leben würde für ihn anfangen. Das war das Ergebnis eines in langen Jahren in einem verwirrten Kinde entstandenen und in der Ratlosigkeit einer Nacht ausgeführten Entschlusses – eines jüdischen Kindes zwischen der Widersprüchlichkeit des Lebens in der Frankfurter Judengasse einerseits und dem Druck der christlichen Umwelt andererseits. Das alles würde in Wien kaum anders sein. Aber Löw war inzwischen ein junger Mann mit vielen Erfahrungen geworden. Wie er vor vier Jahren aus dem Leben der jüdischen Gemeinde hatte ausbrechen wollen, so wußte er nun, daß er nur in einer solchen geschlossenen Gesellschaft seines Glaubens existieren konnte – nicht allein auf sich gestellt und auch nicht in einer Bande von Asozialen.

Er hatte am Main gelebt und den Rhein verschiedentlich überquert. Nun zog er in der Gruppe des Onkels an der Donau entlang nach Wien – dorthin, wo der Kaiser regierte, unter dessen Schutz die aus Frankfurt und Worms vertriebenen Juden in ihre Gasse hatten zurückkehren und ihr stets gefährdetes Leben hatten fortsetzen können. Nun gewissermaßen unmittelbar unter der Hand dieses bedeutendsten Fürsten der Christenheit leben zu dürfen, erfüllte den immer noch weichherzigen jungen Oppenheim mit Hoffnung, eben weil ihn die Wirklichkeit des christlich-jüdischen Verhältnisses weiterhin verunsicherte.

Schon nach kurzer Zeit fühlte er sich in Wien wohl, in der großen und wohlhabenden jüdischen Gemeinde[26] und ihrem guten Verhältnis zur christlichen Bevölkerung. Die Juden, die seit 1624 in ihrem anfangs aus 14, bald schon aus 100 und mehr Häusern bestehenden Stadtviertel im Unteren Werd unbelästigt lebten, das durch eine «Schlagbrücke» mit der Christenstadt verbunden war, hatten während des 30jährigen Krieges die Armeen mit Geld für Ausstattung und Unterhalt und die Wiener mit Textilien und Lebensmitteln so gut versorgt, daß die Kaiser Ferdinand II. und Ferdinand III. und die große, schnell wachsende Hauptstadt sie noch ein Jahrzehnt nach dem Friedensschluß gut behandelten. Das änderte allerdings nicht die gesellschaftliche Rangordnung: in ihr nahmen nach wie vor die Juden hinter den Bauern die unterste Stufe ein und galten als «Besitz» der Christen.[27] Aber immerhin: privilegierten Juden – und zu ihnen gehörten die Oppenheim – hatte man die entsprechenden Urkunden verlängert und, wenn sie genügend zahlen konnten, auch erweitert. Den rund 10000 Prager Juden – sie bildeten die größte jüdische Gemeinde in Mittel- und Osteuropa und hatten sich kräftig an der Versorgung des

Heeres beteiligt – hatte Ferdinand II. nach der Schlacht am Weißen Berg 1622/23 sogar gestattet, gegen den Willen der Christen die nahe ihrem Stadtteil gelegenen, überwiegend von den protestantischen Exilanten verlassenen Häuser zu erwerben. Damit wuchs der jüdische Hausbesitz auf mehr als 300 Gebäude, an denen jeweils viele Parteien beteiligt waren. Das alles hatte die Prager Juden so sicher und selbstbewußt gemacht, daß sie jetzt anfingen, geradezu in die christliche Stadt zu drängen. In der Altstadt wurde es daher eng, und manche christliche Familie verließ Prag.[28] Man einigte sich, indem die Juden 30000 Taler zahlten. Ähnliches geschah in anderen Städten nicht nur Böhmens, sondern auch in mährischen Orten: in Nikolsburg und Kremsier zum Beispiel, während den Juden in den königlichen Städten wie Brünn und Olmütz nach wie vor der ständige Aufenthalt verboten blieb.

Der junge Oppenheim erfuhr dies und noch mehr, was das Selbstbewußtsein der Judenheit und ihr Gefühl der Sicherheit auch nach dem Friedensschluß im Jahr 1648 gefestigt hatte. Er erlebte es ähnlich in seiner neuen Gemeinde: in Wien, in Böhmen und Mähren lebte man besser und ruhiger als in Frankfurt.

Er erfuhr es auch in seiner neuen Familie. Als in Frankfurt die Belästigung und Bedrohung der Juden immer stärker geworden war und dann zu dem von seinen Eltern im Erzählen wieder und wieder nacherlebten Fettmilchaufstand von 1614 geführt hatte, war die ursprünglich aus der Pfalz stammende Familie Oppenheimer schon seit zwei Jahren in Wien – geflüchtet unter dem Druck jenes Hasses. Auch sie waren entfernte junge Verwandte des jungen Löw. Einer ihrer Söhne, jener Samuel Oppenheimer, ein «Onkel», war inzwischen so erfolgreich geworden, daß er gerade jetzt, 1661, beginnen konnte, mit der Armee und manchen Behörden Geschäfte zu machen. Er lieferte Getreide, Leder, Pferde – alles, was man brauchte. Er sollte es noch weit bringen. Ihn nahm Löw Oppenheim sich gewissermaßen zum Vorbild.

Zunächst aber half er seinem Onkel und Beschützer einige Monate lang im Wiener Geschäft. Dann nahm dieser ihn, wie einst sein Vater, mit auf Reisen. Natürlich nicht nach Deutschland. Dort sollte er vergessen werden. Er begleitete den Onkel und erlebte nun, was man ihm erzählt hatte: den Wohlstand vieler Juden, die Behaglichkeit in ihren Gemeinden, auch den angenehmen Umgang mit christlichen Behörden und Bürgern. Nach ein paar Reisen nach Prag, wo man sich im allgemeinen einige Wochen aufzuhalten pflegte, nach Nikolsburg und zu anderen kleineren Ortschaften – auf dem Wege lernte man das Leben in vielen Dörfern kennen – erhielt er Gelegenheit, 1663 mit dem Onkel nach Polen zu fahren und zu reiten. Das war noch einmal etwas ganz Neues.[29] In Polen waren 1648–56 in einem langen kriegsähnlichen Pogrom etwa 125000 Juden umgebracht worden.[30] Nun war man ähnlich wie die Menschen in Deutschland im

Begriff, wieder aufzubauen und materielle Verluste zu ersetzen. Dabei wurden die jüdischen Gemeinden mit immer noch insgesamt etwa 500 000 Menschen straffer organisiert als die im Habsburger Reich, und die Geistlichkeit spielte eine größere Rolle. Nicht wenige Juden besaßen Beziehungen zum Adel – wofür sie natürlich viel Geld aufbringen mußten – und konnten fast ganz unbehelligt arbeiten, obwohl ihnen seit den 40er Jahren in manchen Städten der Handel mit Lebensmitteln und Rindshäuten an Markttagen verboten und der mit Getreide erst gestattet war, wenn die christlichen Kaufleute ihre Geschäfte abgeschlossen hatten. In anderen Orten durften sie gewisse Güter «importieren», mußten sie dann aber für den Verkauf christlichen Kaufleuten überlassen. In Krakau waren sie so angesehen, daß die – wohlhabenden – jüdischen Pelzhändler sich schon 1613 in einer Innung hatten zusammenschließen dürfen. Überhaupt waren die polnischen Christen, zum Beispiel der Landadel, auch in Städten wie Krakau und Lemberg wohl noch toleranter als die Wiener. Immer wieder hörte Oppenheim, daß Juden vor der Verfolgung in Mittel- und Westeuropa nach Polen geflüchtet waren und dort viele starke Gemeinden gebildet hatten. Die Krakauer Vorstadt zum Beispiel wurde fast vollständig von ihnen beherrscht: dort wohnten in 250 Häusern Juden. In Lemberg besaßen sie mehr als 400 Häuser – im Durchschnitt von 12 Personen

Wien. Kupferstich (1720) von J. A. Delsenbach. AKG, Berlin.

bewohnt, was annähernd 4800 Menschen und damit fast 25 % der gesamten Einwohnerschaft ausmachte. In Przemysl war in den jüngsten Jahrzehnten die Zahl ihrer Häuser auf 70 mit etwa 900 Bewohnern gestiegen; das waren 20 % der Stadt, was etwa dem Durchschnitt des jüdischen Bevölkerungsanteils in allen Städten entsprach. Da konnte sich also ein junger umherziehender Kaufmann fast wie zu Hause fühlen – fast, denn die christliche Bevölkerung war schließlich doch ganz anders als die in Wien und Frankfurt: schlecht gekleidet, in bescheideneren Häusern als in Österreich und Deutschland. Viele Städte waren durch Kriege zerstört und in der Armut danach weiter verfallen. Nicht selten lebte man in den jüdischen Gemeinden besser als in den christlichen – was man nach Möglichkeit nicht nach außen bekannt werden ließ, so daß manche jüdische Familie ärmlich erschien, aber wohlhabend war.

Überrascht wurde Löw Oppenheim durch die Tatsache, daß man ihm immer wieder vom Übertritt eines Juden mit seiner Familie zum christlichen Glauben berichtete. Gewiß, daß hier und da eine christliche Missionstätigkeit stattfand, hatte er bereits in Deutschland und erst recht in Wien beobachten können. Dort hatte er auch gehört, daß man am Karfreitag in den Kirchen für die «Bekehrung» möglichst vieler Juden zum Christentum betete und für die Judenmission Geld spendete. Man hatte ihm sogar einen solchen Konvertiten gezeigt, der sich als Juden-Missionar besonders hervortat. Hier aber in Polen ging man zuweilen mit Gewalt vor. Man erzählte ihm, daß ein Schriftsteller empfahl, die Juden unter der Drohung zur Taufe zu zwingen, man werde ihnen sonst ihr gesamtes Eigentum, Häuser und Handelswaren sowie ihre religiösen Schriften nehmen.[31] Aber nicht ganz wenige Juden traten sogar freiwillig zum Christentum über – manche aus Sorge um die Zukunft ihrer Familie, andere, weil sie in die polnische Gesellschaft und Kultur aufgenommen werden oder die Enge des Judenquartiers verlassen wollten und als Christen vielleicht ein christliches Mädchen heiraten konnten. Oder sie waren arm und hofften, als Konvertiten von Innungen und Bünden aufgenommen zu werden und in deren Gemeinschaft ein besseres Leben zu haben. Ja, Oppenheim fand sich an seine eigene jüngste Vergangenheit erinnert, als man ihm einen Juden zeigte, der ein christlicher Bauer, als solcher sogar ein Leibeigener geworden war und eine Bauerstochter geheiratet hatte, nachdem er einer Räuberbande angehört hatte und sich von dieser hatte trennen können.

Wohin auch immer Löw Oppenheim gelangte – selbst im tiefsten Polen holten ihn die besonderen Schwierigkeiten ein, die einem Juden unter Christen – Protestanten wie Katholiken – das Leben, die seelische wie die materielle Existenz erschwerten.

Das weithin zerstörte Polen befand sich seit mehr als einem Jahrzehnt in einer wachsenden Wirtschaftskrise, in der die Kaufleute immer noch relativ am besten lebten – und damit viele Juden, wenngleich auch ihr Groß-, Fern- und Außenhandel ständig zurückging und damit das gesamte größere Geldgeschäft. Kredite waren mehr denn je gefragt – und die Rückzahlung wurde ständig unsicherer, so daß der jüdische Geldleiher zur Sicherung seines Kapitals immer höhere Zinsen und Pfänder verlangen mußte, was ihn unbeliebt machte. Löw Oppenheim hätte 1662 nicht in Polen leben mögen, obwohl die jüdischen Gemeinden groß und nicht ärmlich waren. Er kehrte gerne zu den verwandten Familien in Wien zurück, fühlte sich bei ihnen und in der Kaiserstadt zu Hause.

Aber auch in Wien hatten sich inzwischen die Verhältnisse für die Juden merklich verschlechtert. Im Jahre 1657 hatte Leopold I., kaum 17 Jahre alt, den Thron der Habsburger bestiegen; am 22. Juli 1658 war er in Frankfurt gekrönt worden. Ein Jahr später ließ er den Juden ein Privileg ausstellen, das eine unverkürzte Bestätigung der bisher gewährten Rechte und Freiheiten enthielt: Die Wiener Judenstadt, in der 1651 nur 91 Familien mit etwa 500–600 Personen gelebt hatten, die aber zur Beunruhigung der Christen in den jüngsten Jahren stark gewachsen war, genoß weiterhin den Schutz des Kaisers. Doch in der Christenstadt von Wien, die weniger als 2000 (Voll-)Bürger mit deren Familien zählte, wuchsen die Bestrebungen, die Juden aus Österreich zu vertreiben und ihre «Reichtümer» zu enteignen. Es war nicht schwer festzustellen, daß von den 111 Häusern in der Judenstadt 27 baufällig und die anderen alle zusammen 137 290 Gulden wert waren – im Durchschnitt also etwa 1000 oder, zählte man die aus «Bundwerk», also aus Holz und Lehm, nicht mit, um die 1500 Gulden je Haus. Das machte mißgünstig und neidisch. Der junge Oppenheim erkannte deutlich den Stimmungswechsel, der sich vollzogen hatte, während er sich auf Handelsreisen befand. Und er erfuhr andererseits, daß der Kaiser am 21. Juni 1661 in einem «Gnadenbrief» der Judenschaft von Frankfurt am Main alle alten Privilegien uneingeschränkt bestätigt hatte.[32] Zwar hatte er einen Monat später, am 28. Juli, auch den Wienern befohlen, die Juden gegen jegliche Tätlichkeit und Mißhandlung zu schützen. Aber gerade diese Tatsache beunruhigte die Wiener Juden. Vom Kaiser drohte ihnen keine Gefahr, doch wenn der junge Oppenheim seinen Geschäften in der Stadt nachging, stieß er immer häufiger auf Ablehnung, böse Worte, auf Haß und schließlich auf höhnische Bemerkungen über eine bevorstehende Vertreibung aller Juden.

Warum sollte er diese abwarten, wenn er zu Hause friedlich im Schutz des Kaisers leben konnte? Er besprach sich mit seinen Freunden, die nicht ausweichen konnten, sondern bleiben und den Schicksalsschlag fürchten mußten. Und sie gaben ihm zögernd recht. Andererseits wußte er, daß ihm in Frankfurt manche Glaubensgenossen mit noch größerem Mißtrauen begegnen würden als bei seiner Heimkehr vor ein paar Jahren.

Als er eben Tag und Nacht über die Wahl zwischen dem Wagnis sinnierte, bei seinen Freunden und Verwandten im Wiener Judenviertel zu bleiben und das ihm unabwendbar erscheinende Pogrom abzuwarten, oder geschäftlich wie menschlich möglichst unauffällig zu den Eltern in die Frankfurter Judengasse zurückzukehren, tauchte plötzlich eine großartige Verlockung vor Oppenheim auf. Eines Tages begegnete er offensichtlich reichen, sehr selbstbewußten jüdischen Kaufleuten aus Venedig, die so schöne und kostbare Waren zum Verkauf stellten, wie er sie noch nie gesehen hatte. Er traf sie erneut bei seinem nun schon sehr angesehenen Onkel Samuel Oppenheimer, und dort hörte er geradezu Unglaubliches.

In dem gewaltig großen Venedig, einer riesigen Stadt am Meer, ja, mit Meeresarmen mitten zwischen den zahllosen Palästen, Kirchen, Arsenalen und Geschäftshäusern, lebten gemeinsam mit etwa 1,5 Millionen Christen aus allen Ländern Europas und mit vielen Levantinern annähernd 5000 Juden in Häusern, die sie nicht besitzen durften, in einer Art Erbpacht. Rund 500 Familien also in einem winzigen Stadtteil mit immer höheren Gebäuden in immer engeren «Wohnungen» und Höfen, den man «Getto» nannte.[33] Woher dieser Name stammte, wußte man nicht mehr genau. Sicher war, daß es in Venedig seit langer Zeit einen kleinen Insel-Stadtteil gab, in dem früher einmal staatliche Eisengießereien gearbeitet hatten, und neben ihnen den zum Abschrecken der glühenden Bomben, Kettenglieder usw. nötigen Teich. Um 1515 hatte das Dutzend Feuer der Gießereien nicht mehr für den schnell wachsenden Bedarf der venezianischen Flotte an Ketten und Nägeln, Geschützen und Panzern gereicht. Man hatte die Gießerei verlegt und die Juden, deren Zahl damals nur etwa 2000 betragen hatte, aber ständig wuchs, in diesem Stadtteil «Getto», dessen Bezeichnung wohl mit gettare = gießen zusammenhing, eingesperrt. Seitdem vegetierten die venezianischen Juden «in getto». Nur in Venedig, in keiner anderen Stadt nannte zu Oppenheims Zeit irgend jemand die Judengasse oder das Judenviertel Ghetto. Die Juden selber hatten allerdings auch andere Erklärungen. Ihre Gelehrten leiteten, wie Oppenheims venetianische Bekannte wußten, das Wort vom Hebräischen «gut» = Trennungsbrief oder von anderen jiddischen oder syrischen Worten ab.

Inzwischen war die Judengemeinde in Venedig so gewachsen, daß man von einem Ghetto vecchio, einem Ghetto novo und einem Ghetto novissimo sprach, Stadtvierteln also, die zwar miteinander verbunden waren, aber ihre eigenen prächtigen Synagogen und Schulen, selbst Komödien-Theater besaßen und Karnevalsfeiern veranstalteten, in denen Italienisch, Spanisch, Französisch und auch Deutsch gesprochen wurde. Von Venedig aus verbreitete sich die Bezeichnung Ghetto mit ihrer furchtbaren Unterbedeutung des mörderischen Kerkers nach West und Ost über die ganze Welt.

Oppenheims Bekannte wären wohl bereit gewesen, ihn mitzunehmen in ihre Heimat und ihm bei der Niederlassung behilflich zu sein. Sie ließen deutlich erkennen, daß ihnen seine Kenntnis der Handelsverhältnisse an der Donau, in Böhmen, Mähren und Polen nützlich und zukunftsträchtig erschien. Oppenheim selber dachte freilich an ganz anderes: im Gespräch hatte er erfahren, daß der reichen Welthandelsstadt die Stadt Padua mit einer Universität, insbesondere mit einer im ganzen Abendland berühmten medizinischen Fakultät gehörte. Dort konnten, so erzählten seine Bekannten, Juden so frei studieren und zum Dr. med. promoviert werden wie Christen – mehr als 200 sollten es bereits getan haben. Öffnete sich hier für den nachdenklichen, häufig «philosophierenden» 20jährigen Frankfurter Juden ein Tor? Nicht in die jüdische Weisheit und das Rabbinat – sondern vielleicht gerade *heraus* aus jenen Gegensätzen, unter denen er so viel gelitten hatte, und hin zu der Möglichkeit, als gründlicher und modern studierter Arzt Menschen helfen zu können – *allen* Menschen, ohne Rücksicht auf ihre Religion?

Oppenheim schwankte und zögerte. Schließlich aber verharrte er in der Tradition, bei seinen Eltern, in der Religion seines Volkes – nicht zuletzt aus dem gleichen selbstbewußten Trotz, mit dem schon so viele Juden den Tod durch Christenhand hingenommen hatten. Er sammelte Aufträge für Frankfurt, löste sich aber im übrigen aus dem Geschäft seiner Verwandten. Im Frühjahr 1662 verließ er Wien, wenige Wochen später traf er wieder bei den Eltern in der Frankfurter Judengasse ein. Nicht mehr ein verlorener Sohn, nicht wieder ein Jüngling, nach dessen Leben in der Fremde man besser nicht fragte, sondern offenkundig ein erfolgreicher Kaufmann, der Wien, Böhmen, Mähren, der selbst Polen besser kannte als jeder andere Frankfurter. Er hatte ein kleines Vermögen in Geld und Waren erarbeitet, er legte Kreditbriefe und Aufträge bester Wiener Adressen vor. Und warum kehrte er nach Frankfurt zurück, wenn es ihm in Wien doch so gut ergangen war? Er berichtete, was er gesehen hatte, was ihm nachgerufen worden war, wie ihm die Wiener Glaubensgenossen gefährdet erschienen. Manche Frankfurter glaubten ihm, andere hatten Zweifel und meinten, gefährdet seien die Juden immer und überall gewesen. Deswegen müsse man nicht gleich ängstlich davonlaufen, und auf den Kaiser sei doch sichtlich Verlaß – in Wien nicht weniger als in Frankfurt, wo er ihnen nach seiner Krönung im Dom gegen die Zahlung von 10000 Gulden die Sicherheit ihrer Synagogen und Schulen garantiert hatte. Darüber hinaus übrigens die Freiheit des Reisens im Reich ohne Judenabzeichen, sogar höhere Zinsen angesichts der hohen Steuern, die sie zahlen mußten. Außerdem hatte der Kaiser Frankfurt zu ihrem einzigen Gerichtsort erklärt und ausdrücklich verboten, Juden auf die bloße «Blutbeschuldigung», das heißt, auf Verdächtigung hin zu verhaften, zu foltern oder gar hinzurichten. Derartige Prozesse gehörten eindeutig vor das kaiserliche Hofprozeßamt.

Löw Oppenheim schwieg zu solchen Einwänden und Erklärungen und trat umsichtig in das Geschäft des Vaters ein, das er durch sein eigenes kleines Kapital und seine Verbindungen nach dem Osten zur Freude der Eltern stärken konnte. Nun wollte er endgültig in der Frankfurter Judengasse heimisch werden.

3. Andreas Cleyer

Im Spätsommer 1652 machte sich Andreas Cleyer, der die Schule mit einem guten Ergebnis absolviert und von seiner Mutter aufgrund von zwei ansehnlichen Erbschaften die Zusicherung auskömmlicher Versorgung mit Geld erhalten hatte, auf den Weg zu seinem Medizin-Studium nach Leiden. Aber da er Zeit, ausreichend Taler und obendrein einen schönen Kreditbrief bei sich trug, beschloß er, über Duisburg dorthin zu wandern: einfach aus Interesse wollte er beobachten, wie eine Universität entstand – wenn auch nur langsam im Rahmen des Aus- und Aufbaus eines Gymnasiums.[34]

Zwar war, als er im Herbst 1652 in der schönen Stadt am Rhein ankam, von der Universität noch nichts zu sehen – weder Professoren noch Studenten. Aber er erfuhr immerhin zweierlei: Erstens führte man bereits eine Matrikel, in die er sich schon als Student hätte eintragen lassen können – womit er ein Studiosus gewesen wäre mit dem Ansehen und den Rechten eines solchen. Das wäre vielleicht ganz angenehm und möglicherweise sogar hier und da nützlich gewesen. Aber Cleyer, ein nüchterner und zugleich ehrgeiziger Jüngling, gewann schnell den Eindruck, daß es noch einige Zeit dauern würde, bis man in Duisburg Medizin wirklich studieren konnte – Theologie vielleicht früher, auch das römische Recht wahrscheinlich. Doch für die Medizin brauchte man, wie er wußte, mehr als ein paar Bücher und eine Wandtafel – zum Beispiel ein Theatrum Anatomicum, und von einem solchen sah er noch nicht die Andeutung eines Anfangs. Es wäre also wohl in Duisburg noch lange Zeit ein Studiosus ohne Studium geblieben, und das entsprach nicht seinen Zukunftsvorstellungen.

Etwas anderes kam hinzu. Als er sich nach guten Universitäten auf reformiert-evangelischer Grundlage umgehört hatte, war ihm eine Stadt genannt worden, von der er bisher noch nie etwas gehört hatte: Franeker in Friesland. Dort sollte es seit fast 100 Jahren eine Universität geben. Er hatte das zur Kenntnis genommen, aber nicht in seine Pläne einbezogen. Nun, in Duisburg, hörte er erneut die Bezeichnung Hohe Schule oder auch Universität in Franeker. Als er Fragen stellte, erfuhr er, daß die Institution in dieser nicht sehr großen Gewerbestadt ein beträchtliches Ansehen genoß.[35] Viele Ausländer studierten dort, und unter ihnen bildeten

Deutsche, insbesondere natürlich Friesen, die Mehrheit. Er erfuhr weiter, daß nicht wenige Studenten zunächst einmal ein oder zwei Semester in dem schönen Franeker[36] mit Stadtmauern und Wassergraben, mit ansehnlichen Kirchen und großen Windmühlen das Studium begannen und dann nach Leiden weiterzogen. Man sagte ihm, viele Studenten in Franeker seien elegante junge Männer, nicht selten Adlige.

Das alles machte auf Cleyer einen reizvollen Eindruck. Er hatte, woran er sich immer wieder gern erinnerte, Zeit und Geld, und er suchte schon jetzt für seinen späteren Beruf Verbindungen. Vielleicht fand er sie in Franeker. Als er dort rechtzeitig zum Wintersemester 1652/53 eintraf und sich immatrikulieren ließ, erfuhr er, daß im Vorjahr mehr als 100 Studenten eingetragen worden waren und daß insgesamt wohl an die 600 junge Männer, von denen einige allerdings erst 15 und 16 Jahre alt waren, in Franeker studierten.[37] Wenn er auf den Straßen, in den Universitätsgebäuden und Wirtschaften um sich sah, konnte er sich das kaum vorstellen. Und tatsächlich hörte er und erlebte denn auch bald, daß mancher Student seinen Hofmeister und Diener, den er «famulus» nannte, mit inskribieren ließ, ja, daß sogar neue Angestellte der Universitätsdruckerei und -buchbinderei, die Ökonomen und selbst Pedelle als Angehörige des «corpus academicus» in die Matrikel eingetragen wurden.

Cleyer mochte das gleichgültig sein. Er war ein Angehöriger der «Deutschen Nation», die unter den Fremden die größte war und hohes Ansehen genoß. Im übrigen sah er viele Studiosi aus Siebenbürgen, Polen und Böhmen sowie aus Skandinavien – ja, einmal zeigte man ihm sogar einen Juden, Zadia Bar Levi aus Marokko, der bereits seit 1647 völlig unbelästigt in Franeker studierte. Cleyer begegnete reichen, häufig deutschen Studenten, die geradezu mit einem kleinen Hofstaat umherzogen – künftige große Herren, Landesfürsten unter ihnen. Aber er sah auch viel akademische Armut und hörte, daß mehr als 100 Jünglinge ganz oder zum Teil auf Staatskosten studierten. Er blieb zwei Semester in Franeker und fühlte sich dort in der Hochschule wie in der städtischen Gesellschaft wohl. Allerdings hörte er auch wiederholt, daß das Studium in Leiden, dessen Universität 10 Jahre vor der von Franeker, also 1575 gegründet worden war, inzwischen ein höheres wissenschaftliches Niveau erreicht hatte. Absolventen von Leiden waren angesehener als die von Franeker, wo die Dozenten sich jeweils eng an eine von zwei philosophischen Gruppen hielten: die aristotelische oder die platonische. Erst viele Jahrzehnte später bildete sich allmählich eine dritte Gruppe: die naturwissenschaftliche.[38]

Cleyer hatte auch das Gefühl, daß er sich allzusehr unter Deutschen befand. Etwa jeder vierte Student stammte aus Deutschland, der deutschen Schweiz, den baltischen und österreichischen Gebieten – und weitaus die meisten waren reformierte Evangelische. Er begegnete Studenten aus Emden, Bremen, Lüneburg und Hamburg ebenso wie solchen aus Königsberg, Danzig und Riga. In Leiden mochten diese Zahlenverhältnisse ähnlich sein – aber die Universität als solche war viel größer und die Dozentenschaft, so sagte man ihm immer wieder, wissenschaftlich bedeutender.[39]

So entschloß er sich, nach dem Ende des Sommersemester 1653 Franeker zu verlassen. Bis zum Anfang des Wintersemesters in Leiden hatte er viel Zeit. Und da die Mutter ihn weiterhin finanziell gut versorgte, konnte er bequem in den Niederlanden herumwandern, die erst vor einigen Jahren durch den Frieden von Münster und Osnabrück 1648 politisch vom Deutschen Reich getrennt worden waren. Viele Menschen, denen er begegnete, wußten das natürlich gar nicht – menschlich erschien es jedermann gleichgültig. Vielleicht gelangte er in diesen Wochen auch zum ersten Mal nach Amsterdam, der großen und berühmten Handels- und Schiffahrtsstadt, die später für sein Leben entscheidende Bedeutung erlangen sollte. Sie befand sich in diesen Jahren auf der Höhe ihres «Goldenen Jahrhunderts», und Cleyer verspürte durchaus den selbstbewußten Reichtum ebenso wie die strenge Betriebsamkeit seiner reformierten Glaubensbrüder – weit über die binnenländisch-engen Verhältnisse Kassels in den Kriegsjahren seiner Kindheit hinaus.

Schließlich kam er an einem Herbsttag 1653 in der großen Stadt Leiden an – einer Tuchmacherstadt mit 50000 Einwohnern. Noch während des Kampfes gegen die katholischen Mächte hatten die niederländischen Generalstaaten in dieser Stadt, die sich lange Zeit unter schweren Verlusten gegen übermächtige Belagerer behauptet hatte, im Jahre 1575 eine protestantische Universität gegründet. Diese wurde sehr schnell eine Art Lieblings-Auslands-Universität der Niedersachsen: aus Braunschweig, Lüneburg und Hannover in erster Linie, aber auch aus Stadthagen, Stade und Helmstedt zogen Bürger- und Adelssöhne zum Studium nach Leiden.[40] Als Cleyer sich immatrikulieren ließ, studierten dort z. B. ein 23jähriger Albert Ernst von Adelebsen, ein «Nobilis Luneburgensis», und der 22jährige Gustav Adolf von Uslar «ex ducatu Brunswicense». Und 1655 sollte er noch die Ankunft von Christian Wilhelm Grote sowie Friedrich Scherenz, beide aus Lüneburg, sowie 1657 die von Johannes Warner aus Wolfenbüttel und die von Agatius van Dann aus Braunschweig erleben – zwei bereits älteren Studenten: der erste war 26 Jahre alt und bereits Magister, van Dann 25jährig. Aber auch hessische Landsleute begegneten Cleyer – einige aus Kassel, andere aus Marburg und Frankfurt.[41]

Seit etwa 25 Jahren existierte an der Leidener Universität die «Deutsche Nation». Sie war zwar inzwischen ein paar Mal verboten worden, weil sie angeblich die Studenten vom fleißigen Arbeiten abhielt; aber in Cleyers Studienzeit wurde sie schließlich in aller Form erlaubt. Bald gehörte sie dem Artikel XIX der Universitäts-Statuten zufolge zu den

Leiden. Kupferstich von M. Engelbracht, um 1750. AKG, Berlin.

Einrichtungen, die zu beachten der Student sich bei der Immatrikulation verpflichten mußte. Mit Cleyer gemeinsam wurden in diesem Semester weit mehr als 100 Studenten immatrikuliert: Wenige Jahre zuvor hatte die Universität sich, was die Zahl der Immatrikulationen anbetraf, auf ihrem Höhepunkt befunden.[42]

Duellverbot, ein straffes Stadtregiment und – allerdings nur für Bürgerliche – das Verbot, Waffen zu tragen, führten dazu, daß die Studenten nicht, wie an manchen deutschen Universitäten, verwilderten. Wer gegen die entsprechenden Vorschriften und Verbote verstieß, wurde empfindlich bestraft – man erzählte sich, daß ein Strachwitz auf 25 Jahre relegiert und ein Schönborn, der seinen Duellgegner getötet hatte, für alle Zeit aus Leiden ausgewiesen worden war. Andererseits genossen die Studenten manche Privilegien, die mit der Universität nicht unmittelbar zusammenhingen. So waren sie zum Beispiel von allen Steuern auf Lebensmittel befreit, während die Einwohner von Leiden immer wieder über die Höhe der Lebenshaltungskosten klagten.

Jeder sechste deutsche Student in Leiden schloß dort sein Studium mit dem Erwerb des Lizentiaten-, Magister- oder Doktortitels ab – Cleyer brachte es zum Lizentiaten: Er hat später Briefe und Verträge als M. L. (Medicinae Licentiatus) oder U. M. L. (Utriusque Medicinae Licentiatus) unterschrieben. Dieses Examen berechtigte ihn zur vollen Berufsausübung. Das Doktorat hätte ihm darüber hinaus die Lehrberechtigung erteilt. Aber danach hat er wohl nie gestrebt, obgleich die Promotion in Leiden, wie verschiedentlich betont wurde, finanziell erheblich billiger war als an anderen, insbesondere an deutschen Universitäten, so daß mancher Student geradezu aus diesem Grunde nach Leiden zog. Allerdings mußte er dafür dann auf «den großen Splendeur und die Ceremonien» verzichten, die andernorts mit der Promotion verbunden waren, und sich dagegen recht strengen Examen mit Disputationen und Prüfungen stellen, für die er abschließend Zeugnisse erhielt. Überhaupt klagten die Studenten darüber, daß es in Leiden wenig Eleganz und «Civilität» gäbe, während sie den Fleiß und den beruflichen Einfallsreichtum der Holländer im allgemeinen und den Ernst der Professoren im besonderen bewunderten.

Ende Oktober 1655 erfuhr Cleyer, daß Kurfürst Friedrich Wilhelm von Brandenburg als Herzog von Kleve mit einer Feier, die zwei Tage dauerte, die Universität Duisburg in aller Form eröffnet hatte. Sofort anschließend an diesen barock-prächtigen Akt war die Doktorpromotion von zwei Juristen, drei Medizinern und einem Philosophen durchgeführt worden. Einer der Juristen sowie einer der Mediziner waren erst vor drei Wochen, ein zweiter Mediziner sogar erst am 9. Oktober, also vier Tage vor der Eröffnung der Universität immatrikuliert worden, worüber man in Leiden nicht wenig lachte.[43]

Cleyer ist nach dem Bestehen des Licentiats-Examens wohl in den Niederlanden geblieben. Jedenfalls ist er im November 1661 von der Kammer Amsterdam der Vereinigten (Niederländisch-)Ostindischen Compagnie (VOC) angestellt und ein paar Monate später nach Batavia (Djakarta) auf Java geschickt worden.

Wir wissen über seine Existenz von der Beendigung des Studiums bis 1661/62 gar nichts. Vielleicht hat ihm das Leben zwischen Leiden und Amsterdam so gut gefallen, daß er sich nicht nach Kassel zurücksehnte; vielleicht war inzwischen seine Mutter gestorben. Ein wichtiger Grund für sein Verbleiben in den Niederlanden dürfte gewesen sein, daß die Examina und Titel zumindest der Universitäten von Leiden und Utrecht nicht überall im Ausland anerkannt wurden – zum Beispiel in Sachsen insbesondere nicht die medizinischen.[44] Noch im Jahre 1711 hieß es in einer Art Studienführer: »Etliche widerrathen das Leydener Doctorat, aus Beysorge, es dürfte im Reich angefochten und widersprochen werden.» Das ist um so erstaunlicher, als man in Leiden bereits 1637 nach dem Vorbild von Padua den klinischen Unterricht eingeführt, ein Theatrum Anatomicum errichtet und seitdem immer wieder die Bedeutung der Anatomie als Grundlage des medizinischen Studiums unterstrichen hatte.[45]

Etwas anderes kam für Cleyer hinzu: Bereits 1593 hatte der aus Arras stammende und in Leiden lebende Botanik- und Medizin-Professor Charles de Lecluse, genannt Clusius, dort einen Botanischen Garten angelegt.[46] Schon nach einem Jahrzehnt war diese einzigartige Institution so berühmt, daß man im Jahre 1610 Kupferstiche von einem gewissen W. Swanenburg kaufen konnte, die vor einem langgestreckten, hochfenstrigen Gebäude, offenbar einem Warmhaus, 16 große Beete mit verschiedenen Pflanzen zeigten.[47] Dieser Botanische Garten machte die Botanik der Arzneimittellehre nutzbar und galt als beispielhaft in ganz Europa. Die Leidener Medizinische Fakultät wies auch noch eine weitere wichtige Besonderheit auf: 1625 hatte sie den medizinischen Unterricht am Patientenbett eingeführt.[48] Gerade in Cleyers Studienjahren machten einige Dozenten die Leidener Medizinische Fakultät weithin in Europa berühmt.

Wie immer dem gewesen sein mag – Cleyer hat seine Zeit in Leiden gut genutzt und wahrscheinlich, wie sein späteres Leben in Niederländisch-Indien vermuten läßt, besonders eifrig im Botanischen Garten studiert. Hat er doch in Batavia die Apotheke und große medizinisch-botanische Anlagen aufgebaut und geleitet. Und nach dem Studium muß er als selbständiger Arzt, als Gehilfe eines solchen oder als Apotheker in einer niederländischen Stadt tätig gewesen sein. Denn die Niederländisch-Ostindische Kompagnie verlangte von einem Arzt wie von einem Apotheker, den sie anstellte, eine acht- bis zehnjährige praktische Tätigkeit. Bezog sie die Studienjahre ganz oder wenigstens zum Teil ein, dann erfüllte Cleyer mit seinen Jahren in Franeker und Leiden gerade diese Forderung, als er an Bord eines Schiffes der VOC ging.

4. Maria Sibylla Merian

Im Winter des Jahres 1664 sah Maria Sibylla Merian im Atelier ihres Stiefvaters einen jungen Mann über ein Büchlein gebeugt, das Marell selber drei Jahre zuvor herausgegeben hatte. Es hieß: «Artliches und kunstreiches Reisebüchlein für die Jugend zu lehren, in sonderlich für Mahler, Goldschmiedt und Bildhauer zusammengetragen und verlegt durch Jacob Marell, Burger und Maler in Frankfurt Ao 1661» und enthielt ein Selbstportrait Marells, der sich an der Staffelei, einen Blumenstrauß malend, dargestellt hatte.

Der Besucher war der Maler Johann Andreas Graff, der ein paar Jahre zuvor während seiner von 1653 bis 1658 dauernden Lehrzeit bei Marell Maria Sibylla als ein kleines, unauffälliges Mädchen gesehen und inzwischen wieder vergessen hatte. Dann war er in seine Heimatstadt Nürnberg zurückgekehrt und 1660, beraten von Matthäus Merian dem Jüngeren, über Augsburg für zwei Jahre nach Venedig und weiter nach Rom gewandert. Nun blieb er, inzwischen 28 Jahre alt, für ein paar Wochen zeichnend, betrachtend, mit dem Meister die Zukunft planend in Marells Haus und lernte Maria Sibylla ein zweites Mal kennen: eine junge Frau, eine selbständige Künstler-Persönlichkeit, die ihm um so mehr imponierte, als er selber, der einer wohlhabenden, angesehenen Familie angehörte, zwar fleißig, aber ein wenig oberflächlich war: Vom Studium der Mathematik war er zur architektonischen und schließlich zur Blumenmalerei übergegangen, in der er Gefälliges, aber niemals Bedeutendes schuf. Er erzählte Maria Sibylla von der vornehmen Gesellschaft, die er in Italien kennengelernt hatte, von Neapel mit dem Vesuv, zeigte ihr Skizzenbücher, regte sie an und hatte natürlich Interesse für ihre Arbeiten, die durch ihr charakteristisches Talent und durch die Hilfe des Halbbruders Kaspar, des Stiefvaters und seines Schülers Mignon bereits bei der Siebzehnjährigen eine ganz andere Dimension hatten als seine eigenen Bilder.

So erwuchs eine Freundschaft, ja Graffs Respekt vor der jungen Frau, die freimütig gestand, daß sie eine überdurchschnittliche Malerin werden wollte und sich außerdem für das Leben, Verwandeln und Sterben von Raupen aufs lebhafteste interessierte.

Am 16. Mai 1665 heiratete Johann Andreas Graff die Maria Sibylla Merian, nachdem man für die korrekte Vorbereitung im Rathaus und die Bekanntgabe in der Kirchengemeinde nicht weniger als 6 Wochen gebraucht hatte. Die junge Frau legte ihren Namen bewußt stolz und ehrgeizig nicht ab: Als Merian war sie in der Welt der Kunst bereits ein wenig bekannt; sie nannte sich bald «die Gräffin», bald auch «die junge Merianin und Gräffin». Graffs Eltern schenkten der Braut u. a. eine goldene Medaille von beträchtlicher Größe, die auf der einen Seite als Sinnbild der Treue zwei verschlungene Hände und auf der anderen Verse über Johann Andreas Graffs leidenschaftliche Liebe zu Maria Sibylla zeigte. Diese, nicht so wohlhabend, auch nüchterner, revanchierte sich zwei Tage später mit einem feinen Hemd, einer Halsbinde und einer Nachtmütze – einem alten Brauch entsprechend also mit aller Wäsche, die der Mann tragen sollte, wenn er seiner Frau zum ersten Mal in der Schlafstube entgegentrat.

Das junge Paar bezog ein eigenes Haus, das ihnen in den letzten Wochen nicht weit von dem der Marell bereitet worden war. Nur wenige Zeit später entstand bereits der erste Ehezwist, als nach dem Tode des berühmten Kupferstechers und Buchhändlers Christoph Leblon, der mit den Merian weitläufig verwandt war, ein riesiger Nachlaß an Kupferplatten, Stichen und Zeichnungen sowie Büchern zum Verkauf gestellt wurde, Maria Sibylla eine erhebliche Zahl von Werken über Blumen- und Insektenmalerei erwarb und Graff ihr übertriebenen unweiblichen Ernst bei der Arbeit vorwarf, die nun, da er ja für den Lebensunterhalt sorgte, nach seiner Meinung mehr und mehr zur Liebhaberei werden sollte. Aber das geschah nicht.

Nicht vor dem 5. Januar 1668 gebar Maria Sibylla ihr erstes Kind. Man taufte es Johanna Helena nach dem Namen zweier Patentanten aus beiden

Familien. Einige Monate nach der Geburt ihrer Tochter wurde Maria Sibylla durch ihren Stiefvater in Ereignisse hineingezogen, die ihren Wunsch, Frankfurt zu verlassen – sie war über Schwalbach bisher nicht hinausgelangt – verstärkten. Marell gewann den Eindruck, daß die Oberschicht der Frankfurter, insbesondere Ratsmitglieder, andere Maler ihm vorzogen und protegierten. Auseinandersetzungen über diese Angelegenheit verleideten Maria Sibylla Frankfurt, während aus Graffs Vaterstadt Nürnberg wiederholt die Aufforderung an ihn erging, zurückzukehren und sich dort in der Stadt Dürers und des Pegnitz-Ordens niederzulassen. Man schloß die laufenden Arbeiten ab, Maria Sibylla löste ihre Raupenzucht auf, und Graff bat Verwandte, eine Wohnung zu erwerben und vorzubereiten. Im Frühjahr 1670 fand die Übersiedlung der Familie Graff nach Nürnberg statt. Am 1. April ging es nach Seeligenstadt, am Tag darauf nach Aschaffenburg. Von dort schrieb Maria Sibylla einen begeisterten Brief an ihren Lehrer Mignon über das Schloß und die Mainlandschaft. Weiter fuhr man über Klingenberg nach Miltenberg, wo eine Achse des Wagens brach, und nach Würzburg. Hier setzte Maria Sibylla ihren Reisebericht für Mignon fort mit einer Schilderung der Orgelmusik im Dom und des Weges zum Schloß, der Fontäne und der riesigen Weinkeller. Auch sah man drei Kamele, welche der Sultan «Seiner Churfürstlichen Gnaden verehrt» hatte. Am 7. April gelangte man mühsam auf durchweichten Straßen nach Kitzingen, am nächsten Tage auf noch schlechteren nach Emsdetten, am 9. traf man schließlich in Nürnberg ein.

Für Maria Sibylla stellte diese Fahrt eine Art Gesellenwanderung dar. Sie machte sich nun in einem eigenen Hause in Nürnberg daran, ihr «Meisterstück» zu erarbeiten: ein Buch über ihre Beobachtungen der Seidenraupen. Das bedeutete konzentrierte Denk- und Malarbeit und brachte sie bald in Konflikt mit ihrem Mann, der sich in der Geselligkeit von Verwandten und Kollegen das Leben so leicht wie möglich machen wollte.

Im Juli 1670 berichtete Maria Sibylla ihrem Halbbruder Kaspar über das Leben in der Geburtsstadt ihres Mannes, in der sie selber nach zwei Jahrzehnten am Main nicht recht heimisch werden konnte. Und obendrein war die Ehe mit Graff nicht mehr glücklich. Dieser hatte schließlich erreicht, daß seine Frau keine neue Raupenzucht anlegte, die sie eigentlich für ihr Buch brauchte. Andererseits genoß sie es, daß 1671 Jakob Sandrart, ein Neffe des berühmten Joachim, sich in Nürnberg niederließ und bald im Einverständnis mit dem Stadtregiment daran ging, die Künstler-Akademie neu zu begründen. Auch las sie, was Erasmus von Rotterdam voller Bewunderung über Dürers Zeichnungen schrieb, und was dieser große Künstler selbst gegen Ende seines Lebens über die Proportion, über «Die Kunst in der Natur» gesagt hatte: «Wer sie heraus kann reißen, der hat sie – nimm dir nimmer mehr vor, daß du etwas besser mögest oder wollest machen als Gott seiner erschaffenen Natur zu wirken Kraft gegeben hat. Denn das Vermögen ist kraftlos gegen Gottes Schaffen. Daraus ist beschlossen, daß kein Mensch aus eigenem Sinnen nimmer mehr kein schöneres Bild machen kann, als die Natur, es sei denn daß er durch Nachbilden sein Gemüt vollgefaßt habe, das ist dann nicht mehr Eigenes genannt sondern überkommene und gelernte Kunst geworden... Daraus wird der gesammelte heimliche Schatz des Herzens offenbart durch das Werk und die Kreatur, die Einer in seinem Herzen schafft in der Gestalt eines Dinges.»

Solche Sätze des großen Meisters waren ihr aus dem Herzen geschrieben – und drangen tief in ihre eigene Arbeit ein, während sie ihrem Manne zu kompliziert erschienen. Er fand es falsch, daß seine Frau nun das Lateinische beherrschte und seit einiger Zeit auch Griechisch lernte, dabei aber schließlich doch nur Würmer und Schmetterlinge von den Nürnberger Wiesen malte. Sie jedoch wies ihn auf Dürers Großes Rasenstück – ein Wunder an botanischer Genauigkeit und dennoch ein großes Kunstwerk. Das wollte sie nachahmen – oder das winzige Bärlapp-Sträußchen am Helm des Ritters auf Dürers Stich «Ritter, Tod und Teufel». Sie wußte von Mignon, daß weitgereiste Männer in Dürers «Meerkatze» eine ganz bestimmte Affenart wiedererkannt hatten. Und in Nürnberg kam sie anscheinend zum ersten Male auf den Gedanken, nicht wie ihr Bruder nach Skandinavien oder, wie so viele Maler auf der Welt, nach Italien zu reisen, sondern nach Afrika oder Amerika. Vorläufig aber blieb sie bei Dürer, bei seinen Heilkräutern, Ackerveilchen, Brunellen und Gauchheil zum Beispiel, bei Pfingstrose, Kamille, Ochsenzunge und Lungenkraut, die er gezeichnet hatte, als er krank von der niederländischen Reise zurückgekehrt war und sich dem Tode nahe gefühlt hatte. Jahrelang litt er, seit er in Seeland gewesen war, an Erkältungskrankheiten; schließlich schickte er einem Antwerpener Arzt jene berühmte Zeichnung mit den Worten: «Da ist mir Weh'.» Auch besaß sie das Kräuterbüchlein von Leonhart Fuchs, das 15 Jahre nach Dürers Tod veröffentlicht worden war, und wußte einiges über Paracelsus, der sich den «Luther der Medizin» genannt hatte.

Im Jahre 1672 ließ der Kurfürst von Brandenburg sich von Maria Sibyllas Halbbruder Matthäus malen und gab ihm dafür jene schon genannte Ratsstelle nebst 400 Talern jährlich. Auch veröffentlichte Matthäus in dieser Zeit ein Buch: «Möglichst kurtzeste, jedoch gründliche genealogische Herführung von uralter Her- und Ankunft Beyder Hochfürstlichen Häuser Baden und Holstein», dessen genealogischen Teil der Frankfurter reformierte Geistliche Jakob Spener verfaßte.

Das waren gute Nachrichten. Es gab auch schlechte: Kaspar wurde langsam blind, er konnte nicht mehr arbeiten. Der Stiefvater Marell hatte durch gutes Leben und Kaufen von Bildern und Büchern nicht nur sein

Kapital aufgebraucht, sondern obendrein noch so hohe Schulden gemacht, daß er schließlich mit Maria Sibyllas Mutter zu dieser nach Nürnberg übersiedeln mußte. Das brachte für sie, die fleißig an ihrem großen Werk schrieb, viel Unbequemlichkeit, bei der Graff sie allein ließ: Er, der mitsamt seiner Frau zu ihrer «Ergötzlichkeit» in den «Pegnesischen Blumenorden», einen literarischen Geselligkeitsverein, aufgenommen worden war, wurde von der Neubildung der Akademie in Anspruch genommen und hielt das Buch seiner Frau ganz und gar nicht für wichtig.

Im Herbst 1675 erschien des berühmten und fast 70jährigen Joachim Sandrart «Deutsche Academie der edlen Bau-, Bild- und Mahlerei-Künste», der erste Band einer Biographie-Sammlung bedeutender Maler, Bildhauer und Baumeister, ein besonders nach dem Erscheinen des zweiten Bandes 1679 schnell sehr angesehenes «Kompendium des gesamten Wissens über Kunst», so daß man Sandrart als den «deutschen Vasari» feierte – veröffentlicht in Nürnberg von der Verlagsanstalt seines Neffen Jacob und in Frankfurt von Matthäus Merian, Maria Sibyllas Halbbruder.

Das steigerte noch ihren Ehrgeiz. Sie wollte ihr Buch vollenden, zumal sie im 11. Bande des Theatrum Europaeum ihres Bruders nun nachlesen konnte, wie drei Jahre zuvor der Kurfürst von Brandenburg, als er von dem weithin berühmten Künstler Matthäus gemalt worden war, für die Tafelmusik von 42 Trompetern und 12 «Heerespaukern» begleitet worden war.

Die junge «Gräffin» entfaltete in jenen Jahren eine für eine Frau sehr ungewöhnliche Aktivität. Sie schuf eine Folge von drei mal zwei Kupfern, die 1675–1680 unter dem Titel «Florum fasciculi tres – Newes Blumenbuch» im Verlag ihres Mannes erschienen und als Vorlagen für die verschiedensten kunsthandwerklichen Arbeiten, wie zum Beispiel für Stickereien, verwendet wurden. Außerdem wurde sie Lehrerin: sie versammelte einen Kreis junger Mädchen um sich, die sie im Malen, Stechen und Sticken unterrichtete, ihre «Jungfern-Company», wie sie selber diese Gruppe nannte. Obendrein erhielt sie, vielleicht durch die Vermittlung von Matthäus, einen Großauftrag. Wohl für den berühmten «Türken-Louis» malte sie ein Feldherrenzelt mit Tieren und Blumen aus. Und daneben, darüber hinaus betrieb sie natürlich die Hauptsache, ihre entomologische Pionierarbeit.

Sie schrieb und zeichnete immer fleißiger – und gegen Ende Januar des Jahres 1678 gebar sie nun auch ihre zweite Tochter, fast elf Jahre nach Johanna Helena. Man taufte sie am 2. Februar in der Sebaldus-Kirche auf den Namen Maria Dorothea. 1678 kehrte das alte Ehepaar Marell unter vielen Abstechern nach Frankfurt zurück. Auf dem Wege erfuhren sie in Wertheim von Kaspar Merian, der sich dorthin zurückgezogen hatte, daß er im Begriffe war, seinen Hausstand aufzulösen und sich der Religionsgemeinschaft eines Grafen Labadie in Holland anzuschließen.

Im Februar 1679 erschien dann endlich Maria Sibylla Merians erstes Buch – ihr «Meisterstück»: «Der Raupen wunderbare Verwandlung und sonderbare Blumen-nahrung, ... von Maria Sibylla Gräffin Matthäi Merians, des Eltern/Seel. Tochter» – in Nürnberg im Selbstverlag, in Frankfurt eigenartigerweise nicht beim Bruder Matthäus, sondern «bei David Funken». Der Band hatte etwa 110 Textseiten und 50 Kupfer. Er begann mit einem Lobgedicht des Professors für Rhetorik C. Arnold auf die «kunstreiche» Maria Sibylla. Dann schilderte diese sehr einfach dem «Hochwerthen, kunstliebenden Leser» ihre Arbeitsweise, ihre Beobachtungen und deren Ergebnisse: Raupen, Schmetterlinge, Eier usw. auf den Blättern, Blüten, Stielen, Knospen und Früchten von 50 Pflanzen.

Das war nun nach unserem heutigen Verständnis ein Forschungsbericht – fast ohne alle zeitgenössisch-barocke Diktion, ein Bericht über einen großartigen Arbeitsprozeß. So sagt Maria Sibylla zum Beispiel zur Tafel 35 ihres Bandes, daß sie vier Jahre gebraucht habe, ehe es ihr gelungen sei, die dort dargestellte «Motte» zu züchten. Bei einer Raupe hatte sie ein Jahr auf die Verpuppung warten müssen. Von einem Kornfeld vor den Toren Nürnbergs hatte sie einen Maus-Kadaver voller «Würmer und Maden» mit nach Hause genommen und lange Zeit gewissenhaft erhalten, um die Tiere auf ihm studieren zu können. In ihren Tagebüchern hatte sie aufs genaueste die Daten der Verpuppung und des Ausschlüpfens der Schmetterlinge eingetragen, Farbe und Größe festgehalten, daneben die Aquarelle gemalt, die als Vorlage zu den Tafeln des Bandes dienen sollten, und dann die Umsetzung in den Kupferstich selber vorgenommen.

Jener Nürnberger «Professor der Redekunst und Poesie» Christoph Arnold berichtete in seinem Lobgedicht, welchen männlichen Forschern im Bereich der Insektenkunde Maria Sibylla sich angeschlossen hatte – zum Beispiel Gessner in Zürich, Wotton und Mouffet in England, Goedard, dessen Experimente sie zum Teil wiederholt, überprüft und zitiert hatte, und Swammerdam in Holland: «Es ist verwundernswert», meinte er, daß nun Merians Tochter mit ihrem Fleiß sich getraut habe, «zu schreiben mit Bedacht, was der Gelehrtenschar so viel zu tun gemacht».

Sie selber, die Beobachterin und Autorin, schrieb natürlich viel nüchterner.[49] Sie erwähnte in ihrem Vorwort, daß sie bei manchen Raupen «in einer Schachtel» «bis in das fünfte Jahr» habe warten müssen, um ihre «wunderbarlichen Veränderungen» ganz genau erkennen und zeichnen zu können. Bei der Bemalung dieser Zeichnung hatten ihr dann hier und da ihre «Lehrjungfern» geholfen.

Übrigens vergaß sie nicht, sich bei ihrem «Eheliebsten» zu bedanken, der für manche «Speisen» der Raupen, also Blätter, gesorgt hatte. Aber das formulierte sie so geschickt, daß man nicht ganz deutlich erkennt, worin die Hilfe bestand: hatte er das Raupenfutter nur herangeschafft oder auch gemalt und gestochen? Auf den Blättern findet man jedenfalls keine Stilunterschiede, und Graff hatte eigentlich schon einige Jahre zuvor die Blumenmalerei aufgegeben.

Maria Sibylla bot die Tafeln dieses Bandes ihren Lesern in zwei Formen. Einmal beschreibt sie aufs allergenaueste jede Einzelheit der Falter und Raupen, so detailliert, daß der Leser nun die dazugehörige Tafel selber kolorieren kann. Und ein anderes Mal fügt sie ihre eigenen Beobachtungen und Gefühle hinzu. Da berichtet sie über das ganze Leben einer Raupe, deren Bewegungen, das «Fädelein, das aus ihrem Munde geht» und an dem sie sich auf und ab bewegt. Das Nachtpfauenauge, «diese große und von der Natur überaus nett gezeichnete Motte», das sie auf der Tafel 23 darstellte, hatte sie mit ständig wachsender Freude an den «Schattierungen» der Farben mehrere Jahre beobachtet «und sie damals auch oft in meine Malerei gebracht». Aber als sie nun ans wirkliche Studium dieses Tieres gegangen war, «ist mir die Zeit sehr lange gefallen, bis dieser schöne Mottenvogel ... hervorgekommen war. Jahrelang hätte sie «dessen Raupen ... nacheinander gehabt und mit süßen Kirschen, Äpfeln, Birnen und Zwetschgenblättern erhalten, die eine so schöne grüne Farbe, wie im Frühling das junge Gras hatten ...».

Genau unterschied sie die beiden großen Familien der Tag- und Nachtfalter, die sie als Sommervögel beziehungsweise Motten-Vogelein bezeichnete. Weiter ging sie jedoch nicht. Auch brachte sie die Bezeichnungen «Eilein», «Samen», «Würmelein» durcheinander und nannte sowohl eiförmige Puppen als auch wirkliche Eier eben «Eilein», was die Texte stellenweise fast unverständlich machte. Aber: wenn sie sich auch bemühte, mit der in ihrer Zeit möglichen wissenschaftlichen Genauigkeit zu schreiben, so tat sie dies ja doch nicht für Gelehrte, sondern für Liebhaber – Liebhaber der «Mottenvögelein» hier, der schönen Abbildungen von Sommervögelein dort. Schon der Titel ihres Buches machte das ganz deutlich. Sie widmete es «Naturkündigen Kunstmahlern und Gartenliebhabern» – den einen als Vorlage oder zum «Bestimmen» der Tiere, den anderen zur Freude etwa im Winter, wenn die Tafeln gewissermaßen den Garten ersetzen sollten. Auch freute sie selber sich an den Pflanzen nicht weniger als an den Faltern – an den «geschweiften Tulpanen und hundertblätterichten Rosen», am «gespitzelten» Blatt des «Röhrleinskrauts» (Löwenzahn), das «der Zeichnung so wohl ansteht», am «heilsamen Wegerich», den «vielleicht mancher Maler ... im vordersten Grund seiner Landschaftsmalerei wohl gebrauchen könnte».

Im übrigen malte sie ohne System, wie die Tiere und Pflanzen gerade zur Verfügung standen, hatte auch im Buch keine eigene Systematik, keine wissenschaftliche Ordnung oder von den Tieren nahegelegte Reihenfolge, sondern folgte im allgemeinen dem «Blumenjahr» der Natur. Sie respektierte zutiefst den Gegenstand ihrer Malerei. Sie wußte, daß die alten Griechen den Schmetterling als Sinnbild der Seele bezeichnet hatten, die den Verstorbenen verläßt. Sie war von dieser Vorstellung tief beeindruckt und setzte sie dahin fort, daß der Mensch schließlich wie die Raupe vom Todesschlaf wieder auferstehen wird. Professor Arnold fand dafür in den letzten Zeilen seines abschließenden Gedichtes die entsprechenden Worte:

«Liebster Gott, so wirst du handeln
auch mit mir zu seiner Zeit,
wie die Raupen sich verwandeln,
die durch ihre Sterblichkeit
wiederum lebendig werden
gleich den Toten in den Erden:
Laß mich armes Würmelein
dir alsdann befohlen sein.»

Der große Bruder Matthäus in Frankfurt schrieb ihr einen «Huldigungsbrief», der nicht nur, wie man das auch in Nürnberg tat, Lob spendete, sondern darüber hinaus Verständnis für die plötzlich weithin bekannte und berühmte 32jährige «Gräffin» zeigte, die sich als eine rechte Merian erwiesen hatte. Graff aber war durch diesen Erfolg, an dem seine Geduld durchaus beteiligt gewesen war, plötzlich ganz zum Manne seiner Frau geworden. Das löste nun seit der Wende des Jahres 1679/80 allmählich die Ehe auf. Als Marell am 11. November 1681 in Frankfurt starb und einen beträchtlichen Kunstschatz – darunter nicht weniger als 320 Ölbilder u. a. von van Dyck und Tizian – hinterließ, entschloß Maria Sibylla sich, zu ihrer einsam gewordenen Mutter nach Frankfurt zurückzukehren, während Andreas Graff in seiner Heimat blieb. Sie hat ihn dort noch ein paar Mal für kürzere und längere Zeit besucht. Erst im Mai 1685 trennte man sich schließlich endgültig. Inzwischen hatte sie auch wieder gänzlich den Namen Merian angenommen. Sofort nach ihrem Einzug bei der Mutter machte sie sich an die Fertigstellung des zweiten Bandes ihres Werkes über «Der Raupen wunderbare Verwandlung ...»

Wovon lebte Maria Sibylla in ihren Nürnberger Jahren? Die Frage erscheint auf den ersten Blick eigenartig, ja, überflüssig. Ihr Ehemann Graff stammte aus einer angesehenen Nürnberger Familie und galt als wohlhabend. Aber seine Frau lebte zumindest nicht ausschließlich von ihm. Das kann mehrere Gründe gehabt haben. Es ging ihm finanziell nicht so gut, wie man annahm; und zweifellos gab es bereits nach der verhältnismäßig kurzen Zeit, in der Maria Sibylla den angesehenen Künstler bewunderte und in ihn verliebt war, keine wirklich enge Gemeinsamkeit mehr. Hauptsächlich aber erwies sich wohl sehr bald in Nürnberg, also nach der Trennung von der Frankfurter Merian-Atmosphäre, daß Maria Sibylla ein selbständiger Mensch sein wollte: als Künstlerin und im «bür-

Maria Sibylla Merian. 1679. AKG, Berlin.

gerlichen» Alltag. Sie arbeitete schnell und viel nicht nur am Studium der Seidenraupen, sondern sie malte auch auf Bestellung Blumenbilder. Für alle diese Tätigkeiten brauchte sie Gehilfinnen, die sie als Schülerinnen gegen Honorar beschäftigte. Aus dieser Gruppenarbeit ergab sich, daß sie in größerer Menge Farben und Rohmaterial einkaufte und gelegentlich an «Kollegen» in Nürnberg und außerhalb gegen Bezahlung abgeben konnte: allmählich wurde die Künstlerin auch eine «Kauffrau»; sie blieb eine solche bis in ihr hohes Alter.

Aus jener langen Nürnberger Zeit existiert ein Portrait der «Gräffin»-Merian. Nicht ihr Halbbruder Matthäus hat es in fast quadratischem Format 59 × 50,5 cm groß in Öl auf Leinwand gemalt, wie man lange Zeit gemeint hat, sondern im Jahre 1679 wahrscheinlich ein niederländischer Meister aus dem Umkreis von Gerard Terborch. Es zeigt das ernste Intellektuellen-Gesicht eines energischen Menschen. Maria Sibylla trägt ein schlichtes schwarzes Kleid mit einem weißen Spitzenkragen um Hals und Schultern und darüber noch einen durchsichtigen Batistkragen. Sie hat Perlen an einem schwarzen Spitzenhäubchen und eine Perlenkette. Die Frau, die einem entgegenblickt, ist sichtlich eine selbstbewußte Persönlichkeit. Sie hat ein bedeutendes Buch veröffentlicht und sieht nun ihr Vis à Vis in ruhiger, eher distanzierter Gelassenheit an – nicht als glückliche Mutter zweier Töchter – gleichsam ohne Ort und Zeit.[50]

5. Dodo II. von Knyphausen

Vom Schüler zum Lehrling und von dort zum Gesellen, der verpflichtet war, zu «wandern», vom Gymnasiasten zum studiosus – das waren deutliche Schritte «vorwärts» im Leben. Aber schon Maria Sibylla Merian, die keine Schule besuchte, wechselte nur von einem Hauslehrer zum anderen, wenn sie den Schreibgriffel mit dem Zeichenstift vertauschte. Und der junge Oppenheim, der nicht die Synagogen-Schule besuchte, begleitete den Vater zunächst einmal gleichsam zu seinem Vergnügen, wenn es zum Rhein oder nach Kassel ging.

Dodo von Knyphausen konnte eigentlich überhaupt keinen Wechsel vom Schüler zum «Lehrling» und «Gesellen» empfinden. Zwischen seinem 15. und seinem 20. Lebensjahr lernte er immer wieder einmal wie ein Schüler und befand sich doch von Zeit zu Zeit auf der Kavalierstour und auf einer Bildungsreise.

Im Jahre 1641 geboren, empfand er auch noch als Jüngling die Folgen des Großen Krieges, als er begann, in Begleitung oder unter Führung seines «Hofmeisters» Freunde und Verwandte seiner Eltern in Ostfriesland, in den Niederlanden, auch an Weser und Rhein für ein paar Wochen zu besuchen. Wieder und wieder erzählte man ihm, daß die Hessen erst 1650 begonnen hatten, Friesland zu räumen, daß man danach im August dieses Jahres ein «Solennes Dankfest» gefeiert, dann aber erfahren hatte, daß Ostfriesland durch diese Besatzung einen «Schaden» im Werte von 22 Tonnen Gold erlitten hatte. Eine «Tonne» bedeutete in Friesland etwa 150 Liter. Bereits im Jahre darauf hatte das Land unter einer großen Teuerung gestöhnt, und als Dodo seine ersten Kavaliers- und Bildungsreisen absolvierte, zeigte ihm sein umsichtiger und realistischer Hofmeister Bourdon, daß überall noch die Schäden an Bauernhäusern und Adelsschlössern nur behelfsmäßig beseitigt, hier Wälder abgeholzt, vom Sturm verwüstet liegengelassen und dort ungepflegt neu gewachsen waren.

Im Jahre 1656 sah er seine Mutter, die verwitwete Oktavia Johanna, zum letzten Male. Sie zog nach Pommern, ging dort eine zweite Ehe ein und überließ ihre zwei Söhne und zwei Töchter der Obhut eines Onkels Carl Friedrich. Dieser sorgte für eine gute Ausbildung des Erstgeborenen. Er schickte ihn nicht nur zu Freunden und Verwandten, sondern auch nach Den Haag und Amsterdam, wo er mit bedeutenden Kaufleuten, auch mit großen Herren der Ost- und Westindischen Kompanien gut bekannt war. Ein paar Wochen oder Monate erlebte Dodo den stillen Fleiß im Amsterdamer Ostindienhaus der Niederländisch-Ostindischen Kompanie und den Lärm beim Laden und Entladen ihrer Schiffe. Als der Onkel Dodo auf diese Art gegen Ende der 50er Jahre ein wenig in das große Überseegeschäft, in die Lagerhäuser und Schiffe, Büros und Märkte hatte hineinsehen lassen, schickte er ihn, den jungen wohlhabenden, wenn nicht reichen Herrn von Adel, mit angemessener Dienerschaft und natürlich noch immer in Begleitung des Hofmeisters für zwei Semester auf die Universität Leiden. Dort studierte Dodo bei den angesehensten Professoren das Recht und die Staatswirtschaft, Jus und Cameralia. Mehr als 30 Jahre später sollte sich erweisen, daß der brandenburgische Staat von diesem kurzen Studium mehr profitierte als die Familie Knyphausen – und am wenigsten letztlich Dodo selber. Außerdem begegnete er in Leiden vielen ausländischen Standesgenossen seines Alters, die man später vielleicht zum eigenen Vorteil an die gemeinsame Zeit in der großen Tuchmacher- und Universitätsstadt erinnern konnte.

Dann schickte der Onkel seinen Neffen an den kaiserlichen Hof nach Wien, wo er für einige Zeit die große Diplomatie und deren politische und wirtschaftliche Verbindung über die Alpen nach Venedig, aber auch ein wenig den Geist des Katholizismus kennenlernen sollte. Äußerungen in seinem späteren Leben lassen vermuten, daß er vielleicht sogar in Rom und ein paar Tage oder Wochen am päpstlichen Hof gewesen ist, nicht dagegen an einer der berühmten italienischen Universitäten wie Padua, Pisa oder Bologna, wo es einen Lehrstuhl für den «Mos gallicus» gab.[51] Doch kann man nicht sagen, daß er wie so viele adlige und bürgerliche junge Leute eine «italienische Kavalierstour» gemacht habe. Um 1660/70, also nach dem Großen Krieg, befanden sich wohl ständig etwa 50 junge Männer aus den oberen Gruppen dieser beiden Gesellschaftsschichten zu ihrer Ausbildung als Kavalier allein an der unter den Deutschen sehr beliebten Universität Siena – zu Beginn des Jahrhunderts waren es dreimal soviel und mehr gewesen. Später zogen sie nach Frankreich oder besuchten die Ritter-Akademie in Wolfenbüttel, die allerdings nur bis 1712 bestand. In den Jahren 1660/61, also fast gleichzeitig mit Dodo, reiste z. B. der 16jährige Markgraf Christian Ernst zu Brandenburg, bevor er großjährig wurde und die Regierung in Bayreuth übernahm, in Begleitung von zwei hohen Beamten durch Deutschland, Frankreich, Italien bis nach

Rom, wo ihn Papst Alexander VII. aufs freundlichste empfing und ein «Padre Oliva» zur katholischen Kirche zu «bekehren» versuchte.[52]

In den Zeiten der Armut und des allmählichen Wiederaufbaus nach dem Dreißigjährigen Kriege standen langen und weiten Bildungsreisen mehr Schwierigkeiten im Wege als früher, worunter auch Dodo litt. Sie waren zunächst einmal teuer. Reiste ein junger Mann aus einem mittleren regierenden Hause mit angemessener Begleitung ein oder zwei Jahre, dann konnte eine solche Kavalierstour leicht an die 10000 Reichstaler kosten. Ein derartiger Luxus kam für die Knyphausen, die ständig um ihren Besitz kämpfen und Verluste von Ländereien befürchten mußten, natürlich gar nicht in Frage. Aber auch eine standesgemäße Reise zu Verwandten kostete Geschenke und ein Aufenthalt in Wien bereits viele Gulden.

Anderes kam hinzu. Nach 1650 sahen die Landesherren Auslandsreisen ihrer Untertanen, auch solche zur «Bildung» oder Ausbildung, nicht mehr so gerne wie früher. Das Geld sollte im Land bleiben, «Devisen», Gold also, nicht ins Ausland verbracht werden. So gründete man Universitäten wie etwa Duisburg, zog die jungen Leute an den eigenen Hof und verbot den Eltern geradezu, die Söhne «reisen» zu lassen, mit der Drohung, ihnen später keine guten Positionen in der Heimat zu geben. Der Kurfürst von Brandenburg, der 1640 den Thron bestiegen hatte und dem Dodo unerwarteterweise in den 80er Jahren in einer bedeutenden Position verbunden sein sollte, zog die Hugenotten zu vielen Tausenden in sein Land, dazu manchen ausländischen calvinistischen Gelehrten, Offizier und Diplomaten, Leute, die sich also von ihrer Heimat trennten – aber seine angesessenen Untertanen sollten keine ausländischen Gewohnheiten und Auffassungen annehmen. Mit einem Edikt – allerdings erst aus dem Jahre 1686 – wandte er sich scharf an alle Vasallen, Lehnsleute und vermögenden Bürger, die «sich unterstehen, ohne unseren Vorbewußt und Consenz ihre Söhne in fremde und auswärtige Lande, auch Königreiche untern Vorwand, daß sie daselben die Sprachen und allerhand Exercitia lernen sollen zu verschicken, und selbige peregrinieren und reysen lassen». Lang und breit ließ er, der seine besten Lehrjahre in Holland zugebracht hatte und von dem dort Gesehenen und Erfahrenen bis zu seinem Tode profitierte, sich über die sittlichen und leiblichen Gefahren einer solchen Reise aus. Immer wieder verweigerte er die Ausstellung eines Passes. Nur Reisen in das kaiserliche Wien konnte man kaum in aller Form untersagen.

Edikte dieser Art erließ seitdem jeder preußische Herrscher, bis Friedrich II. am 29. Februar 1744 das Reisen überhaupt gänzlich verbot – ohne Erfolg. Übrigens setzte man fast immer voraus, daß man auch einen Einreise-Paß des Landes brauchte, welches man längere Zeit besuchen wollte, und beantragte einen solchen schriftlich. Die Antwort ließ häufig lange auf sich warten. Und als 1640 Graf Wilhelm Ludwig von Hessen-Saarbrücken seinen Sohn in die Niederlande schicken wollte, erhielt er zwar durch die Vermittlung des Generals Wilhelm von Nassau-Siegen einen Paß für die Generalstaaten, keinen jedoch für den spanischen Anteil an den Niederlanden: dafür war der spanische Statthalter in Brüssel zuständig, ein Katholik, mit dem die Generalstaaten nicht einmal korrespondierten. Französische Durchreise-Pässe waren um diese Zeit meist zeitlich knapp begrenzt. Man tat gut daran, diese Fristen zu beachten. Nicht nur in Frankreich kontrollierten Militärstreifen auf den Straßen die Reisenden, die man mit Geld- und Haftstrafen belangen oder auch einfach festhalten und schikanieren konnte.

Der protestantische Dodo ist anscheinend nicht in Frankreich gewesen, so daß er dort weder eine Universität noch die «Ritter-Akademie Royal» zu Besançon kennenlernen konnte – katholische Institutionen natürlich. Er hat wohl auch nie seine Mutter besucht, die in Pommern einen schwedischen adligen Offizier geheiratet hatte und später bis zur Oberhofmeisterin in Stockholm aufgestiegen ist. Nahm man ihr übel, daß sie die Knyphausen und Ostfriesland verlassen hatte? Dann tat man ihr unrecht. Denn bevor sie 1686 sehr alt starb, hatte sie ausdrücklich verfügt, ihren Leichnam prunkvoll in die alte Heimat zu überführen und neben dem ihres ersten Gatten beizusetzen.

Überhaupt ist Dodo nach dem Osten wohl so wenig gereist wie über die gewissermaßen heimatlichen Niederlande hinaus nach Westen. Kurfürst Friedrich Wilhelm war um 1660 noch ein politisch unselbständiger, auf Subsidien angewiesener Kleinfürst – und seine Residenzstadt Berlin nicht mit Den Haag und Amsterdam zu vergleichen. Das änderte sich erst nach der Schlacht bei Fehrbellin im Jahre 1675 und vollends, als der Kurfürst in den 80er Jahren See- und Überseepläne nicht nur, wie so mancher andere Fürst, entwickelte, sondern auch innerhalb kurzer Zeit einigermaßen lukrativ realisierte.

Auf den Gedanken, an einer ost- oder mitteldeutschen Universität zu studieren – etwa in Königsberg oder in Wittenberg – kam man angesichts von Franeker und Leiden natürlich nicht; und außerdem herrschte an jenen, ganz besonders in Wittenberg, ein strenger lutherischer Geist.[53] Umgekehrt galt die in Calvins Genf entwickelte reformierte Akademie zwar als eine besonders wissenschaftliche Anstalt – aber fast ausschließlich als eine Ausbildungsstätte für Seelsorger.

Wo immer Dodo II. sich auf seiner Kavalierstour und Bildungsreise noch aufgehalten haben mag – er hat keine Aufzeichnungen darüber gemacht, wenigstens nicht hinterlassen, und das umfangreiche «Lütetsburger Hausbuch» enthält keine Angaben über seine persönliche Entwicklung in den 60er Jahren. Er scheint als ein junger Herr zurückgekehrt zu sein, der bereit und in der Lage war, sich nun verantwortungsvoller Be-

Dodo II., Reichsfreiherr zu Inn- und Knyphausen.

rufsarbeit im privaten Bereich – Landwirtschaft, Streit um Besitzungen, Erbschaften usw. –, zum anderen der Wahrnehmung öffentlicher Ämter in Friesland zuzuwenden. Das war nicht weniger wichtig als die Erhaltung und Verbesserung des eigenen Besitzes für sich und seine Geschwister, für die er auf manchem Gut «gelernt» und in Leiden studiert hatte. Für einen Knyphausen gehörte es sich einfach, an der Landesverwaltung und an der obersten Rechtsprechung teilzunehmen, die Beziehungen nach Den Haag zu kennen und im Interesse des eigenen Adelsstandes – im Verein mit Bürgern und freien Bauern – zu pflegen, in den unruhigen Zeiten mit ständigen langen Kriegen und kurzen Fehden auch den Bestand Ostfrieslands sowohl gegenüber dem Kaiser wie gegenüber den französischen Königen und deren ehrgeizigen Ministern zu behaupten.

Dodo II. war ein gesunder, gebildeter, auch vernünftiger und ehrgeiziger Mann von 20 Jahren, als er sich 1661/62, gelegentlich beraten durch ältere erfahrene Mitglieder der obersten Staats- und Standesgremien, diesen Aufgaben zuwandte.

6. Berufliche Ausbildung und Bildung um 1660–1680

Von unseren fünf jungen Menschen erlangte der Tuchmachergeselle aus der brandenburgischen Ostprignitz auf seiner Wanderung wohl die weiteste und breiteste Ausbildung und Bildung.

Gewiß – er war nur ein Handwerker und obendrein in einer weit abgelegenen ärmlichen Landschaft aufgewachsen. Doch wohin er nun kam, da erlebte er fast immer neue, ihm bisher unbekannte Formen seines Berufes. Alle, die ihn ausübten, waren natürlich «Tuchmacher». Aber in jeder Region, fast in jeder Stadt mußten diese sich ihrer Umgebung anpassen. Überall war die Wolle entsprechend der Ernährung und Pflege der Schafe verschieden, so daß man nur ganz bestimmte Tuche aus ihr machen und ihnen nicht jede Farbe geben konnte. Hier fehlte es an Lehrlingen, so daß man ohne den Landesherrn zu fragen die Lehrzeit verkürzte, dort gab es einen Überfluß an Gesellen, so daß diese unverheiratet oder mit ärmlichen Familien alt, gelegentlich auch aufsässig wurden und der Magistrat Polizei gegen sie einsetzen mußte. An anderen Orten, besonders im Süden Deutschlands, blühte um 1660 das Handwerk, importierte man zusätzlich zur heimischen gute ausländische Wolle und gewann Vermögen und weithin Ansehen durch seine Exporterlöse.

Wegener lernte natürlich auch andere Handwerke kennen – solche, die es in Pritzwalk überhaupt nicht gab. Er begegnete Sattlern und Tischlern. In Nürnberg stand er eine Stunde in einer Werkstatt, in der man Karossen für vornehme Reisende baute. Er sah Dachdecker bei ihrer gefährlichen Arbeit und natürlich viele Bauersleute – von Schauspielern und Zirkusreitern ganz abgesehen. Und schließlich lernte er die große Seestadt an der Adria kennen. Er war ein weit gereister, viel erfahrener, kenntnisreicher junger Mann, als er heimkehrte. Er wußte – und vergaß es bei seiner weiteren beruflichen Entwicklung nicht – wie groß und bunt die Welt des Handwerks war: es war nächst der Landwirtschaft das größte Gewerbe der Welt – im Gegensatz zu jener ein überaus bewegliches und vielseitiges. Wer tüchtig war, konnte durch die Welt wandern, sich hier oder dort verdingen, ja niederlassen. Der fleißige, ehrliche Tuchmacher Wegener hätte nach Köln ziehen können – vielleicht auch mit Wollkaufleuten in die Levante.

Der alles in allem wohlhabende Cleyer stand Wegener in bezug auf Bildung und Ausbildung nahe. Gewiß: er befand sich als Gymnasiast, als Studiosus und schließlich als Licentiat in der Gesellschaftsordnung weit über ihm. Wegener hätte das nie bestritten und hätte als *Hand*werker, der er war, Cleyer stets als Herrn geachtet. Vielleicht hätte er sogar für ihn gearbeitet und ihn um seine ärztliche Hilfe bitten müssen. Aber an Berufs- und Weltkenntnis waren sie einander nicht unähnlich. So viele landschaftliche Unterschiede, wie es im Tuchmachergewerbe gab, existierten auch in bezug auf die Universitäten. Von Königsberg, Prag und Wien im Osten bis zu den Pyrenäen und Italien konnte man an zahllosen Orten studieren – und jede Universität besaß ihre regionale oder nationale, ihre konfessionelle und ihre gesellschaftliche, auch ihre wissenschaftliche Individualität. Cleyer wollte nach Duisburg und zog schließlich weiter nach Franeker und Leiden, weil er in Kassel in den reformierten Protestantismus hineingeboren und -erzogen worden war. Er wußte, daß er in Wittenberg und Königsberg hauptsächlich Lutheranern begegnet wäre – Professoren ebenso wie Studenten. Und sie lehrten und lernten dort auch eine Art lutherischer medizinischer Wissenschaft, wie die Leidener Professoren für ihre spezifisch reformiert-protestantische Auffassung nicht nur von Gott und Christus, sondern auch von Gesundheit und Krankheit, von ärztlicher Hilfe und vom Sterben in ganz Europa bekannt waren. Niemals hätte er im italienisch-katholischen Padua studieren wollen – ganz anders als der junge Oppenheim. Der hätte überhaupt nur an einer christlichen Universität studieren können – und da war es für ihn schon gleichgültig, ob an einer katholischen oder einer protestantischen, wenn sie ihn nur überhaupt zum Studium und schließlich zum Examen zuließen.

Cleyer lernte in seiner Studien- und «Gesellen»-Zeit das gewerbe- und auch das geldreichste Land Europas, wenn nicht der Welt kennen. Vermutlich wußte er das nicht genau, als er zwischen Leiden und Amsterdam lebte, studierte und arbeitete. Aber sein ganzes weiteres Leben erhielt durch die Jahre in den Niederlanden Maßstäbe: des Fleißes, der Leistung, auch des Strebens nach Gewinn und Wohlstand. Er geriet nicht nur in einen materiellen, sondern auch in einen intellektuellen Lebensstandard hinein, der seine ganze weitere Existenz bestimmen sollte: Cleyer hat nach dem Studium in Leiden nie wieder aufgehört, auf eine ganz bestimmte Art zu «streben», sich mit Forschung und mit wissenschaftlicher Arbeit zu beschäftigen; er wurde, so begabt er dafür war, niemals ein reiner Gelehrter, sondern suchte immer auch nach der praktischen Anwendung seiner neu gewonnenen Kenntnisse. Das sollte ihn, der nicht weltberühmt, ja in unserem alltäglichen Verständnis nicht einmal wirklich «berühmt» geworden ist, bis zu seinem Ende auszeichnen.

Maria Sibylla Merian hat keine Schule besucht. Sie hat keine «Lehre» absolviert, sie ist in den ersten 18 Jahren ihres Lebens nicht weit über ihre Geburtsstadt am Main hinausgelangt – und sie hat doch ständig gelernt, Lehrer und Lehrerinnen gehabt und von Deutschland und Italien, auch von den Niederlanden mehr erfahren als mancher, der diese Länder bereist hat.

Ihre Halbgeschwister, ihr Stiefvater, dessen Schüler und Mitarbeiter sind ihr Tag für Tag vorzügliche, erfahrene Lehrer in allen Spezialitäten gewesen, die eine Malerin beherrschen mußte, wenn sie eine angesehene Künstlerin werden und von ihrer eigenen Arbeit leben wollte. Das aber war das Ziel dieses so ehrgeizigen wie begabten Mädchens: sich ihres Vaters und ihres Halbbruders Matthäus würdig zu erweisen, Pflanzen, Blumen und die Tiere auf ihnen wie duftend und lebend zu malen, eine «Merianin» zu werden, die neben den vielen tüchtigen Malerinnen in Frankfurt und Nürnberg, in Amsterdam und in der Schweiz bestehen, ja diese übertreffen würde.

Maria Sibylla, auch sie eine dem Calvinismus nahestehende Protestantin, war als Künstlerin nicht weniger ehrgeizig als Cleyer, der Botaniker. Weit voneinander entfernt lebten sie, begegneten einander niemals in ihrem künftigen Leben, hörten nicht voneinander und besaßen doch manche Ähnlichkeit: sie beschäftigten sich mit Pflanzen – auch schon die junge Malerin auf wissenschaftliche Weise, obwohl sie natürlich nie mit Gelehrten gesprochen oder eine Universität besucht hat. Auch ihre Geschwister hatten kein Bedürfnis, über das Malen, das Konterfeien von Personen und Landschaften hinaus sich mit Wissenschaften zu beschäftigen: sie strebten nach Vermögen und Reputation in Frankfurt, an Fürstenhöfen, in großen Städten – und sie gewannen beides, während die kleine Schwester berühmter werden sollte als der Vater und die Geschwister – aber nicht wohlhabend.

Fast täglich hatten die Merian und die Marell Besuch von nah und fern, und immer saßen beim Stiefvater Kunden, Lehrlinge, Mitarbeiter. Mit ihnen lebte Maria Sibylla, besprach sie entstehende Bilder, auch ihre eigenen Ansätze zu solchen. Das war ihre Welt, wie eine Zeitlang der Fondaco dei tedeschi die des jungen Tuchmachers und der medizinbotanische Garten in Leiden die des Studenten Cleyer: so groß war die Welt, und doch gab es viele Parallelen.

Wenn die Merianin bei der Vollendung ihres «Meisterstücks» sehr viel älter war als Wegener und auch erheblich älter als Cleyer beim Abschluß seines Studiums, dann liegt das nicht an einer persönlichen Langsamkeit ihrer Entwicklung, sondern an unserer darstellerischen Einteilung. Natürlich hatte sie vor dem Erscheinen ihres Bandes über die Seidenraupen viele Zeichnungen und Gemälde vollendet, verschenkt und verkauft, deren Qualität durchaus dem feinen Tuch entsprach, welches Wegener den prüfenden Meistern in Pritzwalk vorgelegt und später verkauft hatte, und ebenso Cleyers richtigen Antworten bei der Prüfung durch die Leidener Professoren. Aber sie hatte schon als junges Mädchen nicht mehr nur danach gestrebt, eine Blumen- oder Schmetterlings-Malerin zu werden, wie es viele gab, nicht eine Handwerks-Meisterin gewissermaßen, sondern etwas Besonderes darüber hinaus: eben eine forschende Malerin oder eine malende Forscherin. Und als solche hatte sie sich niemals prüfenden Handwerkern oder Wissenschaftlern vorgestellt.

Und der gräfliche «Geselle» Dodo von Knyphausen? Wie paßt er in diese Gruppe? Er ist «gewandert» wie Wegener und hat studiert wie Cleyer – aber beides eben mit einem gewissen bescheidenen «Hofstaat», als junger «Cavalier», der eines baldigen Tages ein Herr, ein kleiner selbständiger Herrscher oder vielleicht ein bedeutendes Mitglied eines fürstlichen Hofes werden würde. Er hatte große Teile Westeuropas gesehen – aber doch anders als Wegener: ausgewählte Teile, vornehme Familien, große Besitzungen, den einen oder anderen kleinen Fürstenhof und schließlich ein Jahr lang die Universität – aber auch diese wieder in der Gruppe vornehmer junger Adliger, denen es an Geld nicht fehlte und zu denen zum Beispiel Cleyer keinen Zugang hatte. Allerdings: die strengen Artikel der Universitäts-Verfassung galten auch für sie, das erlebte man von Zeit zu Zeit mit einem gewissen Schreck, wenn einer aus dieser Adelsgruppe wegen ungebührlichen Benehmens oder nach dem Bekanntwerden eines Duells nicht nur von der Universität, sondern auch aus der Stadt verstoßen wurde. Dodo war offenbar ein nüchterner junger Mann und hatte neben sich einen aufmerksamen Hofmeister – auch er übrigens «immatrikuliert» und dadurch «Mitglied» der Universität. So gelangte Dodo unbeschadet durch alle Gefahren des Studentenlebens und Versuchungen der Kavalierstour, denen alles in allem nicht ganz wenige junge Männer in dieser Zeit erlegen sind – mindestens finanziell durch die Schulden, mit denen sie ihre Eltern zuweilen für lange Zeit erheblich belastet haben.

Bleibt der junge Jude, der einer Verlockung in die «Freiheit» beinahe nachgegeben hätte, schließlich aber gewissermaßen als Geselle in die Frankfurter Judengasse zurückgekehrt war. Die anderen vier wanderten, ritten und fuhren nach Westen und Süden, Oppenheim als einziger lernte den Osten kennen, die kaiserliche Hauptstadt an der Donau und so ferne und fremde Landschaften wie die um Prag und Krakau – fast sogar das Reich der Sultane. Gelegentlich hörte er, daß es Gebiete gab, in denen ein unauffällig lebender nützlicher Jude unter mohammedanischer Herrschaft weniger gefährdet existieren konnte als an Main und Rhein. Aber nichts lockte ihn, selber festzustellen, ob solche Gerüchte auf Tatsachen beruhten. Er lernte Sprachen notdürftig verstehen und radebrechen, von denen man in Frankfurt nichts wußte – und wohl auch an der Universität Leiden nicht viel. Er reiste und reiste – mal mühselig, mal etwas bequemer. Er verdiente gutes Geld, als Wegener, Cleyer und Knyphausen noch Groschen beziehungsweise eine ganze Menge oder gar viele Taler ausgaben. Aber wenn die Münzen sein Gepäck beschwerten, mußte er Angst um das Kapital haben – und um sich selber obendrein.

Im Leben der anderen jungen Menschen gab es viele Tage des Vergnügens, der Freude, der Lebenslust – in Oppenheims Dasein nur wenige, und die nicht in der Öffentlichkeit, sondern heimlich, unauffällig. Der

Jude hatte kein Recht, in der Gegenwart von Christen vergnügt zu sein: die hohen Priester und Ältesten seiner Vorfahren hatten in Palästina vom römischen Statthalter Pontius Pilatus Christi Kreuzigung verlangt und erreicht – vor mehr als 1600 Jahren. Dafür mußten noch immer viele Juden in ganz Europa ihr Leben lassen.

IV. Die ersten zwei Berufsjahrzehnte in der zweiten Hälfte des 17. Jahrhunderts

1. Andreas Cleyer

Cleyer hatte nach dem Abschluß seines Studiums annähernd ein Jahrzehnt Berufsausübung und Erfahrung als utriusque medicinae Licentiatus, das heißt als Apotheker und Medizin-Botaniker hinter sich, er hatte an verschiedenen Orten in den Niederlanden, vielleicht auch in Ostfriesland Menschenkenntnis erworben und war schließlich, am 27. Juni 1634 getauft, 27 Jahre alt, als er «um den 22. November 1661» von der «Kammer» Amsterdam der «Niederländischen Vereinigten Ostindischen Compagnie» (VOC) angestellt und exakt am 9. Januar 1662 unter 94 Matrosen, 32 Soldaten sowie 8 Frauen und Kindern nach Batavia, dem heutigen Djakarta, auf Java geschickt wurde.[1] Dort hat er sein weiteres Leben verbracht – etwa 36 Jahre, allerdings in ständiger Verbindung mit den Niederlanden, ja mit dem Großen Kurfürsten von Brandenburg. Unterbrochen wurde dies nur durch zwei längere Aufenthalte in Japan.

Der historische Hintergrund dieser sehr ungewöhnlichen Existenz bedarf einer kurzen Skizzierung.[2] Fast 250 Jahre vor Cleyers Reise nach Java hatte König Johann I. von Portugal im Jahre 1415 seinen Bruder Prinz Heinrich, der später den übertriebenen Beinamen «der Seefahrer» erhalten sollte, mit der nicht eben großen und auch nicht sehr seegewohnten portugiesischen Flotte zur Eroberung von Ceuta ausgesandt – einer auf der nahen afrikanischen Küste gelegenen arabisch-islamischen Festung. Das war dem Prinzen gelungen. Im Laufe des 15. Jahrhunderts waren dann Generationen von portugiesischen sowie venetianischen und genuesischen Seefahrern in portugiesischen Diensten an der westafrikanischen Küste entlanggesegelt, hatten hier Stützpunkte angelegt und dort Fahrten tief in die breiten Mündungen riesiger Flüsse unternommen, hatten bald ein paar Sklaven, bald etwas Gold den Königen in Lissabon zu Füßen legen können, hatten auch auf einigen Inseln Kolonisten angesiedelt und begonnen, eine Art Kolonialwirtschaft zu treiben.

So war man weiter und weiter nach Süden gelangt – immer in der Hoffnung, bei der nächsten Reise das Ende des ungeheuer langen Kontinents (viel länger, als unsere Landkarten in Mercator-Projektion ihn erscheinen lassen) zu erreichen, ihn in östlicher Richtung umsegeln und damit schließlich als erste Nation den Weg zu dem reichen China entdecken und monopolisieren zu können.

Verwandte von Bartholomeus Diaz hatten schon 1434 Kap Bojador umfahren und 1445 auch Kap Verde, das «Grüne Kap» – grün jedenfalls im Vergleich mit der Wüstenei Innerafrikas. Diaz selber war bereits mehrmals an der Guinea- und an der Goldküste gewesen, als er zur Jahreswende 1487/88 im Sturm und ohne Sicht auf die Küste das heutige «Kap der guten Hoffnung» umsegelte und am 3. Februar 1488 zum ersten Mal südostafrikanischen Boden betrat. Er segelte die Küste entlang nach Norden bis zur heutigen Algoa Bay: Indien und die Schätze des Mongolen-Reiches lagen vor ihm. Aber die erschöpften Mannschaften seiner Schiffe meuterten und zwangen ihn zur Umkehr. Die Entdecker sahen das stürmisch umtoste Ende des Kontinents, nannten es «Kap der Stürme» (Cabo Tormentoso) und erreichten im Dezember 1488 wieder Lissabon.

Aus vielen Gründen verging fast ein Jahrzehnt, bevor Vasco da Gama diese Reise des Diaz wiederholte und fortsetzte: am 4. Juli 1497 verließ er mit vier Schiffen Lissabon, am 24. April des folgenden Jahres brach man von dem auf der ostafrikanischen Küste gelegenen Malindi nach Indien auf. Am 20. Mai 1498 erreichte da Gama mit seinen Schiffen Kalikut an Indiens Malabarküste.

Das war mehr als 160 Jahre vor Cleyers Reise gewesen. Cleyer selbst mußte zunächst einmal von Amsterdam in die Gegend der Tajomündung und zu den letzten Felsen Europas gelangen, bevor das Schiff, auf dem er sich mit insgesamt etwa 130 Menschen befand, den Atlantik erreichte. Noch immer segelte man gerne in Sicht von «Landmarken» an der Küste. Aber längst waren die Navigationsmöglichkeiten besser geworden, hatte man das Fahrwasser bei Inseln und Flußmündungen erkundet, waren die Schiffe größer und ihre Ausrüstungen mit Segeln und Tauwerk weit sachgerechter als in den Jahrzehnten von Heinrich dem Seefahrer bis zu Vasco da Gama. Ihre Schiffe waren etwa 400 Tonnen groß gewesen; das, auf dem Cleyer sich befand, war gewiß um mindestens 50 %, wenn nicht 60 % größer. China hatte schon 100 Jahre davor Schiffe nach Afrika ausgesandt, die vier- bis fünfmal so groß gewesen waren. Man reiste um 1660 schneller, bequemer – und daher auch weniger durch Skorbut, andere Krankheiten und Unfälle gefährdet – als im 15. Jahrhundert. Portugiesische Kaufleute hatten sich, natürlich durch Militär geschützt, am Arabischen Golf, an der indischen Küste, auf Ceylon und Madagaskar niedergelassen. Geistliche waren ihnen zur Mission gefolgt. Ein portugiesisches Viezkönigreich war schon 1505, ein Bistum 1538 gestiftet, sein Hauptsitz bald nach Goa verlegt und dort 1557 zum Erzbistum erhoben worden. Gegen Ende des 16. Jahrhunderts lebten in dieser Hauptstadt der portugiesischen Kolonie etwa 20 000 Europäer – natürlich fast nur Portugiesen. Seit 1520 besaßen diese bereits regelmäßige und schnell wachsende Handelsverbindungen mit Java, das Marco Polo 1291 als erster Europäer gesehen hatte; bald gab es auch Kontakte zu weiteren indonesischen Inseln.

Kein anderer europäischer Staat machte dem kleinen Portugal, einem für abendländische Verhältnisse drittklassigen, nicht eben menschenreichen Staat, die Seeherrschaft und die Überseewirtschaft von der nordafrikanischen Küste über das Kap der guten Hoffnung nach Indien und von dort nach China und Japan streitig. Das aber bedeutete, daß praktisch das ganze 16. Jahrhundert hindurch nur portugiesische katholische Kaufleute mit mediterranen Traditionen (und jahrhundertelangen Erfahrungen im Umgang mit der arabisch-moslemischen Besatzungsmacht auf der Iberischen Halbinsel) als Europäer in West- und Ostafrika, in Indien und auf den asiatischen Meeren verkehrten. Sie begegneten den Afrikanern, Arabern, Indern und anderen Asiaten, der schwarzen, braunen und gelben Menschheit in diesen Gebieten beim Handel und im Krieg, bei der christlichen Mission und im Konkubinat. Nur sie vermittelten auch, wenn sie heimkehrten, über den Hof der portugiesischen Monarchie und deren Behörden, über den Markt von Lissabon und über kollegiale Begegnungen mit Engländern, Niederländern, Franzosen und Deutschen wie Genuesen und Venetianern den Europäern Vorstellungen von dieser fernen Welt – ein Gegenbild gewissermaßen zu Amerika, das man seit 1492 kennenlernte.

Als im Rahmen der Religionskriege im Jahre 1588 eine riesige spanisch-katholische Flotte – die «Armada», die unter dem Kreuz der katholischen Mission aus vielen Häfen der Iberischen Halbinsel aufgebrochen war, um England zu erobern und zu rekatholisieren – durch den englisch-niederländischen Gegner schwere Verluste erlitt, hauptsächlich aber von gewaltigen Stürmen auseinandergerissen und weitgehend vernichtet wurde, änderte sich die Situation: die protestantischen, mehr an der Nordsee gelegenen, mit den Traditionen der Hanse und der «merchant adventurers» verbundenen Staaten und Gesellschaften hatten, wie sich in den nächsten 50 Jahren erweisen sollte, einen weltpolitisch entscheidenden Erfolg erzielt.

Nun drangen schwerbewaffnete englische und niederländische Kauffahrteischiffe in Spaniens und Portugals amerikanische und asiatische Handels- und Kolonialräume ein, verlangten Handelsfreiheit, schufen sich Stützpunkte und bereiteten Konkurrenz. Im Jahre 1596 erschienen zum ersten Mal Amsterdamer Schiffe in javanischen Häfen. Sie kamen aus Indien, erwarben Exotica und erzielten mit ihren Ladungen stattliche Gewinne, als sie heimkehrten. Man brauchte also «Kolonialwaren» nicht unbedingt in Lissabon teuer einzukaufen. Man konnte sie billig vom Erzeuger erwerben – Pfeffer und andere Gewürze, Seide (auch solche aus China) und Kuriositäten aus Elfenbein und edlen Hölzern – und dann von Amsterdam aus selber über Europa verteilen. Unter sehr hohen Gewinnen versteht sich: 100 % waren selbstverständlich, 400 % nicht selten. Allerdings mußten die Seeleute ja auch die Gefahren nicht nur des Schiffbruchs, sondern auch der Seeräuberei, vieler Krankheiten, Hunger und Durst auf sich nehmen – das heißt, Kapital und Leben aufs Spiel setzen.

Aus den jahrhundertelangen Erfahrungen in der deutschen Hanse und mit den englischen Kaufleuten wußte man, wie man solche Gefahren wenigstens verringern konnte: durch genossenschaftliches Zusammenwirken. Die einzelnen Kaufleute legten ihr Kapital nicht in einem einzigen eigenen Schiff an, das sie mit nur von ihnen allein gekauften Waren beluden und in monatelangen Fahrten über die Meere nach Indien schickten, sondern sie beteiligten sich mit Teilen ihres Geschäftskapitals an mehreren Schiffen und Ladungen. So verringerten sie das Risiko, vermieden Totalverluste – allerdings unter Verzicht auf *sehr* große Gewinne bei einer einzigen Reise.

Bald nach dem Ende jener spanisch-portugiesischen «Armada», seit 1595, schlossen sich Kaufleute und Reeder in englischen Häfen zu solchen genossenschaftlichen Verbindungen zusammen: für jeweils eine Reise, nach der man abrechnete und sich voneinander trennte. Die Erfolge bei der Minimierung der Verluste und der Garantie zumindest bescheidener Gewinne bewiesen, daß man sich mit dieser Selbsthilfe auf dem richtigen Wege befand. Da lag es nahe, daß man von der Vereinigung für eine einzige Reise den Schritt zur Bildung einer Genossenschaft, einer «Compagnie» ohne zeitliche Begrenzung tat.

Das geschah zum ersten Mal im Jahre 1600 in London durch die Bildung der «Ostindischen Compagnie», die von der Regierung privilegiert wurde, das heißt ein Monopol für den gesamten englischen Handel mit den Gebieten östlich des «Kaps der guten Hoffnung» erhielt. So etwas bedeutete natürlich kaufmännische Konkurrenz und Seekrieg mit den Portugiesen, wobei die Auseinandersetzung zwischen Protestantismus und Katholizismus für zusätzlichen Sprengstoff sorgte – wenngleich die Engländer im Unterschied zu den Portugiesen nur wenig missionierten, sondern sich auf das Geschäft beschränkten.

Bereits die ersten Reisen von Geschwadern der englischen Ostindischen Compagnie brachten so gute Gewinne und so geringe Kosten und Verluste, daß auch einzelne niederländische Kaufleute und Schiffsbesitzer sowie ältere kleine «Vorkompagnien» sich im Jahre 1602 zu einer «Vereinigten Ostindischen Compagnie» (VOC) zusammenschlossen. Auch die VOC erhielt von der Regierung, den niederländischen «Generalstaaten», ein nationales Monopol für den Handel jenseits des Kaps der guten Hoffnung einerseits und der Magellanstraße andererseits – natürlich gleichfalls nicht allein im kaufmännischen, sondern auch im politisch-militärischen Wettbewerb von der indischen Westküste über die indonesischen Inseln bis nach Japan.

Als Andreas Cleyer sechs Jahrzehnte nach ihrer Gründung in den Dienst dieser VOC trat, war sie auf der Höhe des «Goldenen Jahrhun-

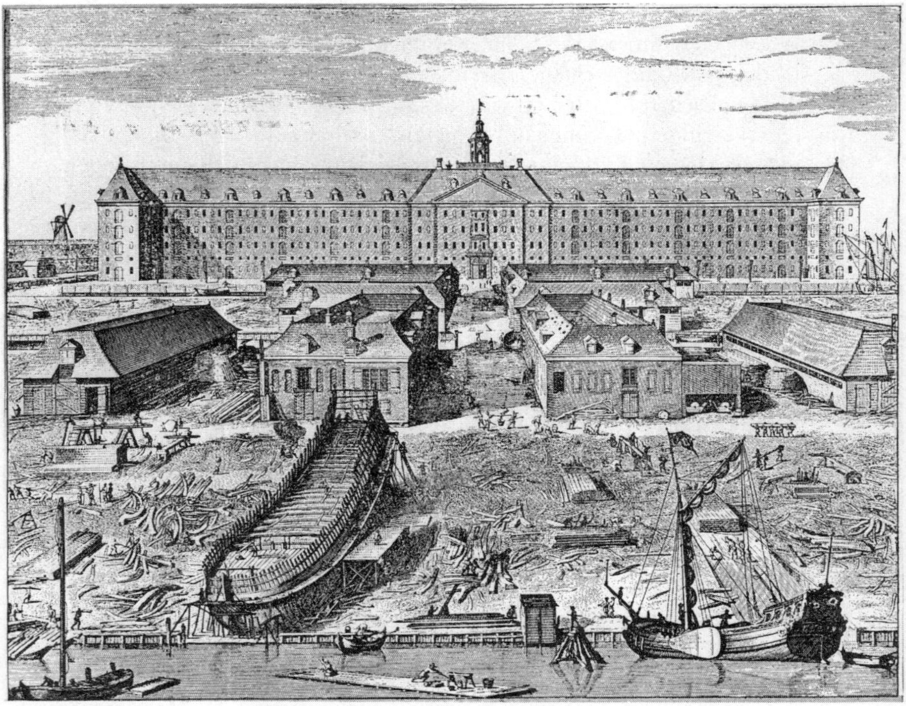

Amsterdam. Werft der Ostindischen Kompagnie. Kupferstich (1694) von J. Mulder. AKG, Berlin.

derts» der Vereinigten Niederlande ein gewaltiges Unternehmen geworden. Das Kapital ihrer Mitglieder, die gewissermaßen Aktionäre waren, arbeitete in Schiffen und Handelsgütern in Europa und in Übersee – es handelte sich um mehrere Millionen Gulden, die sich ständig in Bewegung befanden und ihren Besitzern eine glänzende Verzinsung = Dividende brachten. Die VOC gliederte sich in der Heimat in fünf «Kammern» – zum Beispiel in Amsterdam und Rotterdam –, die, entsprechend ihrer Beteiligung am Gesamtkapital, zwei bis acht Vertreter in das oberste Führungsgremium der Kompanie entsandten. Dieses zählte insgesamt 17 Männer und nannte sich daher so selbstbewußt wie unauffällig die «Heeren Seventien» oder «Heeren XVII». In Übersee befand sich die Zentrale in dem am 30. Mai 1619 gegründeten, inzwischen zu einer Großstadt angewachsenen Batavia auf Java, einer richtigen europäischen Stadt – natürlich mit einer reformierten Kirche und einer zu ihr gehörenden Schule, auch mit Büros für Kaufleute und Verwalter sowie einigen Personen, die sich – ehrenamtlich – um das gesellschaftliche Leben kümmerten: um

Kranke und Invaliden, Witwen und Waisen, Geburten, Begräbnisse, Nachlässe usw. Von dort aus leitete man die immer zahlreicher werdenden Handelsstationen auf anderen Inseln und in vielen Orten an den Festlandsküsten sowie den Verkehr mit der Heimat. Auch in Batavia regierte ein verhältnismäßig kleines Gremium, der «Rat von Indien», die vielseitigen und den Handelswünschen entsprechend ständig wachsenden Geschäfte. An seiner Spitze stand ein von den «Heeren XVII» in Amsterdam ernannter Generalgouverneur.[3]

Die Mitarbeiter der Kompanie wurden im Verhältnis zu den Arbeiten und Gefahren, die sie auf sich nahmen, schlecht bezahlt: ein Assistent begann mit 24 Gulden, der Generalgouverneur endete bei 700 Gulden im Jahr. Das hatte einen sehr einfachen Grund: die «Heeren XVII» in Amsterdam waren fest davon überzeugt, daß die Männer in Asien, wieviel oder wie wenig man ihnen auch zahlte, auf die Dauer von den Asiaten korrumpiert und durch Schmuggel und andere Betrügereien reich würden. Sie hatten damit durchaus nicht unrecht. Fast jedes Mitglied des Rates von Indien und auch etwa der Oberkaufmann einer Batavia untergeordneten Station auf dem Festland kehrte wohlhabend in die Heimat zurück.

Dem «Rat von Indien» unterstanden also die zentralen Kontore und Warenlager, die Werkstätten und Transporteinrichtungen, auch die Garnison, die in der Stadt Batavia mit ihren vielen asiatischen, hauptsächlich javanischen und chinesischen Arbeitskräften für die Sicherheit sorgen und die Europäer sowie deren große materielle Werte gegebenenfalls verteidigen mußte: Zu gewissen Jahreszeiten, wenn schnelle Dschunken Tee der jüngsten Ernte. Seide und Porzellan nach Batavia brachten und möglichst hohe Preise erzielen wollten, rechnete man immer damit, daß sich hinter den breiten Segeln dieser Handelsschiffe ein Geschwader von Kriegsdschunken, beladen mit Tausenden von Schwerbewaffneten, verbergen und plötzlich eine Invasion versuchen könnte.

Einmal im Jahr traf die Flotte aus der niederländischen Heimat ein und brachte Güter, Angestellte und Soldaten, geschäftliche und private Briefe. Nach einiger Zeit, wenn die Schiffe entladen, repariert und mit asiatischen Gütern gefüllt waren, wenn Freiwillige und Unfreiwillige, zum Beispiel Sträflinge, an Bord gegangen waren, machten die Schiffe sich wieder auf den weiten und nicht ungefährlichen Weg in die Heimat.

Das für Batavia und seine Außenstellen vorgesehene Personal, das sich gewöhnlich für drei bis fünf Jahre hatte verpflichten müssen, reiste unter einem Soldaten- beziehungsweise Offiziersrang, der die disziplinarische Einordnung sowie die Gehaltsstufe, die Position innerhalb der VOC erkennen ließ. Wurden Ehefrauen oder Familien mitgenommen, dann verdoppelte oder verdreifachte sich sogar die erste Vertragszeit. Darüber hinaus erwartete die VOC, daß ihre Angestellten ehrgeizig waren, wohlhabend werden wollten und daher ihre Verträge mehrfach verlängerten, wofür man sie dann mit Rang- und Gehaltserhöhungen, Tantiemen und Beteiligungen an Geschäften belohnte.

Andreas Cleyer wurde als «Adelborst» angestellt – was etwa der bescheidenen Stellung eines Fähnrichs zur See entsprach. Aber dabei kann es sich nur um die erste schematisch-organisatorische Einordnung während der Überfahrt gehandelt haben. Denn immerhin war er ein Studierter, ein Licentiat mit einem Jahrzehnt Berufserfahrung – ein Mann, der in Batavia mit einer gewissen Autorität ausgestattet sein würde. Den konnte man nicht wie einen einfachen Unterleutnant an Land gehen und dort unterbringen lassen. Ein anderer Deutscher, der gemeinsam mit Cleyer auf dem Schiff war, reiste auch als Fähnrich, war aber als Bergwerks-Leiter vorgesehen.[4] Cleyer selbst schrieb später, er sei «martis filiis consociatus», also als Genosse der Mars-Söhne in Batavia angekommen, habe sich dann aber der Erforschung der medizinisch nutzbaren Schätze der Natur angenommen: er wurde Botaniker, Apotheker und schließlich Arzt.

Diese Erforschung der einheimischen Medizinalien zählte bei der VOC zu den Amtspflichten des Chirurgen. Unter «Chirurgen» verstand man bei der Kompanie tatsächlich die nicht-akademischen Chirurgen, und zwar solche mit acht- bis zehnjähriger Ausbildung und Praxis, sowie akademisch ausgebildete, das heißt studierte Ärzte. Beides traf auf Cleyer zu. Spezialtitel ließen die Aufgaben und Fähigkeiten der Ärzte detailliert erkennen: sie waren etwa Doctor chimicus, Doctor anatomicus oder – in Cleyers Fall – Licentiat utriusque medicinae, studierter Internist und Chirurg also, den man bei der VOC auch als Doctor medicinae oder do^{c}-med. bezeichnete.

Am 10. Juni 1662 traf das Schiff, auf dem Cleyer sich befand, in Batavia ein. Er hielt schriftlich fest, daß man schnell gereist war und keinen Todesfall zu beklagen hatte. Cleyer hat, soweit wir wissen, während seiner Reise im Jahre 1662 kein Tagebuch geführt, auch nach seiner Ankunft nicht rückblickend Aufzeichnungen über seine Erlebnisse auf dem Meer gemacht – jedenfalls ist nichts Derartiges erhalten geblieben.

Aber nur drei Jahre vor ihm hat ein Schweizer im Dienste der Ostindischen Kompanie die gleiche Reise unternommen: Albrecht Herport.[5] Und der hat über sein Leben als Soldat – als einer der vielen Schweizer «Reisläufer» seit dem späteren Mittelalter – in Batavia und von dort aus auf Formosa, in Vorderindien und auf Ceylon während der Jahre 1659 bis 1668 ein ganzes Buch geschrieben, das im Jahre 1669 in Bern veröffentlicht worden ist. Cleyer und Herport waren ohne Zweifel mehrmals gleichzeitig in Batavia. Und Herport hatte obendrein eine gewisse «Beziehung» zu Maria Sibylla Merian, deren Vorfahren ja auch Schweizer gewesen waren. Seinem Buch hat er eine Widmung an seine Heimatstadt vorangestellt, in der er ausführt, daß auch ein «gemeiner Mann» Erfahrungen sammeln und daher eine Zeitlang reisen solle. Diese Tatsache habe in ihm «auch einen Lust erweckt, daß ich nach erlehrung der Mahlerey-Kunst, dieselbige desto besser auß zu arbeiten, und mich, durch andere erfahrenheiten dem werthen Vatterland mit der Zeit zu dienen tüchtiger zu machen, mich auff den großen Europäischen Marckt-Platz allerlei Künsten in Holland begeben ...» Dort habe er vieles aus Übersee kennengelernt und schließlich Lust bekommen, in das «weit entlegene Indien zu säglen», die Natur zu sehen und «auch vermittelst meiner Mahlerey-Kunst allerlei Geschlecht Heidnischer Völckeren indianischen Früchten, Tiehren, Festungen, Schiffahrten eigentlich und nach dem Leben abgezeichnet ...» mit nach Hause zu bringen.

Herport war also um 1660/70 ein Mann, der ähnlich neugierig und begabt war wie Maria Sibylla Merian und Andreas Cleyer. Seine Reisebeschreibung beginnt: «Auff dem 25. May Anno 1659 sind wir, als die in dem Ost-Indianischen Hauß zu Amsterdam geworbene Völcker, deren samethafft 350 waren, daselbst nach gewohntem Brauch gemusteret und auff einer Galliot bewahrt, nach dem Hafen Vlie geschickt und allda auff das bereitliegende Schiff, Malacca genannt, gesetzt worden ...»

Genau das geschah rund drei Jahre später Cleyer. Am 29. Mai verließ man den Hafen, am 2. und 3. Juni passierte man «zwischen Dovern in England und Cales in Franckreich den Kanal». Tags darauf mußte man sich des Angriffs eines «Turckisch Raub-Schiffes» erwehren. Drei Wochen später begegnete man im Sturm einem aus West-Indien kommenden, mit Zucker beladenen englischen Schiff. Von weitem sah Herport die Kanarischen Inseln. Im Gebiet des Äquators kamen manche Menschen in der großen Hitze «gantz von Sinnen», manche tranken Salzwasser und starben davon. Mehr als die Hälfte aller Menschen an Bord war krank, an mehreren Tagen starben drei oder vier von ihnen. Ein Soldat «sich hat vergessen und bey Nacht an dem Mondschein schlaffend gelegen», wovon sich ungefähr einen Monat lang sein Mund und die Augen «auff die eine Seite dem Lauff des Mondes nach kehrten». Am 19. August starb der «Krankentröster oder Vorleser», ein Gehilfe des Geistlichen. Am 23. September traf man am Kap der Guten Hoffnung ein, wo man sich bis zum 3. Oktober erholen konnte. Am 29. Dezember war man in Batavia, wurde «von dem Herrn General freundlich empfangen und einem jeden sein Logier ordiniert ...» Etwa das gleiche dürfte 1662 Cleyer erlebt haben.

Cleyer befand sich also plötzlich mit einigen hundert Europäern mitten unter einem seit 1540 ganz moslemischen Volk von Javanern sowie vielen chinesischen Kaufleuten und Arbeitern. Viele Weiße, die in Batavia eintrafen, starben schon nach ein paar Monaten. Die Überlebenden aber fanden die Stadt mit ihren (meist) kühlen Grachten, mit schattigen Bäumen und der großen Meeresbucht so angenehm, das Leben in ihr so billig und bequem, die Löhne und Gewinne im Verhältnis dazu so gut, daß sie gewöhnlich länger blieben, als sie geplant hatten. In Batavia konnte der arm eingetroffene Soldat, wenn er alle Gefahren überlebte, intelligent und fleißig war, zur herrschenden Schicht aufsteigen – in Holland bot sich ihm diese Möglichkeit nicht. Andere, die weniger glücklich waren, nannten Batavia allerdings das «Pestloch» und die «Stadt des Todes».[6]

Cleyer begann sofort zu arbeiten – als Arzt und Chirurg, als Apotheker und Botaniker. Er vertrug die Hitze besser als die meisten Europäer. Das lag wohl nicht zuletzt daran, daß er viel außerhalb der Stadt in den «Kampong» genannten Dörfern der Eingeborenen umherwanderte, nach Medizinalpflanzen für seine Apotheke suchte und die eingeborenen «Ärzte» beobachtete. Er war etwa zwei Jahre in Batavia und fühlte sich wohl, als er plötzlich ein wohlhabender Mann wurde: als Alleinerbe der blinden Witwe Anna Ammanus, in deren Haus an der vornehmen Tijgersburghwal-Straße er wohnte.[7] Ihr Ehemann Johannes Ammanus, der aus «Rudolphstadt» in Thüringen stammte und in Batavia gelebt hatte, war 1651 gestorben. Nun hinterließ seine Witwe durch ihr Testament vom 8. Juli 1664 ihrem Neffen, der als «Medicus Licentiae im Dienste der Edlen Compagnie» bezeichnet wurde, ihr Haus und allen weiteren Besitz.

Vielleicht war Cleyer nicht wirklich der leibliche Neffe, sondern Frau Ammanus wollte sich nur dankbar für manche Hilfe erweisen, die er ihr hatte zuteil werden lassen, und ihm das Erbe sichern. Immerhin: Cleyer korrespondierte mit einem Paul Ammanus in Leipzig. Eine entfernte Verwandtschaft mochte also durchaus bestehen. Im Jahre 1650 hatte das Ehepaar Ammanus zwar ein gemeinsames Testament aufgesetzt, demzufolge drei in ihrem Hause lebende Pflegekinder bei ihrer Hochzeit eine Aussteuer erhalten sollten. Aber das war nun vierzehn Jahre her. Sicher waren die Pflegekinder längst verheiratet; vielleicht lebten sie auch gar nicht mehr in Batavia. Als die blinde Witwe Ammanus am 27. August 1664 wenige Wochen nach der Formulierung ihres Testaments starb, war der nun dreißigjährige Arzt Cleyer, der sie behandelt haben dürfte, jedenfalls nicht mehr ausschließlich auf das Gehalt der VOC angewiesen. Vielleicht hing es damit zusammen, daß er seine drei Jahre ältere Schwester Anna Elisabeth nach Batavia kommen ließ. Wann sie dort eintraf, ist nicht mehr festzustellen. Am 14. November 1669, also nicht mehr ganz jung, heiratete sie in erster Ehe Gottschalk Trapp aus Lübeck, der bei der VOC Assistent ihres Bruders Andreas war.

Rund ein Vierteljahr, nachdem Andreas Cleyer seine Hauswirtin beerbt hatte, erschien er zum ersten Male in einer Entscheidung des Rates von Indien, der obersten Behörde der VOC in Batavia. Er hatte wohl außer dem Haus an der Tijgersburghwal-Gracht auch Kapital geerbt. Nun bot er der VOC die Herstellung von «chemischen» Medikamenten zu Heimatpreisen unter der Voraussetzung an, daß er die Grundstoffe dafür aus Amsterdam gleichfalls zu Heimatpreisen erhielt und von seinen sonstigen laufenden Aufgaben freigestellt würde. Er konnte damit sozusagen ein selbständiger pharmakologischer Unternehmer und Apotheker werden und die VOC als sein Hauptkunde von ihm stets frische Medikamente erhalten. Wahrscheinlich verstand er inzwischen so viel von den indonesischen Medizinalpflanzen, daß er sich zutraute, bessere Medizin anzubieten als die niederländischen Lieferanten der VOC. Daß die Gewinnspanne zwischen den Rohstoffpreisen in Amsterdam und den Preisen der von dort gelieferten Medizinen beträchtlich war, zeigte sich schnell. Pieter van Berthem, der Leiter der Festungsapotheke und des gesamten Gesundheitswesens von Batavia, dem also auch Cleyer unterstand, erkannte es sofort. Und die VOC wäre nicht eine Gesellschaft erfolgreicher Kaufleute gewesen, wenn sie nicht Cleyers Forderungen zunächst einmal entgegengetreten wäre. Aber am 15. Dezember 1665 nahm sie dann Cleyers Angebot versuchsweise für ein Jahr an – doch mußte Cleyer für die aus Holland gelieferten Rohstoffe und Halbfabrikate 150 % des dortigen Preises zahlen, weil alles, was aus Europa eintraf, der Zentrale in Batavia zum Ausgleich für die Transportkosten mit einem Aufschlag von 50 % in Rechnung gestellt wurde.

Im übrigen erkannte man durchaus, daß Cleyer durch die Herstellung frischer Medikamente einen guten Dienst leistete. Andererseits hatte dieser in van Berthem einen sicheren und sachverständigen Kunden. Damit hob sich seine Stellung in der VOC, und er wurde ein weitgehend selbständiger Fabrikant mit zusätzlichem Verdienst. Er muß nicht nur zu Geld, sondern durch seine Aktivitäten und Leistungen auch zu Ansehen gelangt sein. Schon acht Monate später, am 1. September 1666, ernannte die VOC ihn zum Rektor der neu zu gründenden Lateinschule – auf eigenes Erbieten, wie ausdrücklich hinzugefügt wurde. Eine solche Vorschule für den Besuch der Universitäten in Europa war bereits 1642 einmal gegründet, aus Mangel an Schülern aber 1665 wieder geschlossen worden. Seither hatten die «Heeren XVII» auf die Wiedereröffnung gedrängt. Als man in Batavia zögerte, schickten sie 1666 einfach einen Lateinlehrer nach Java. Aber der starb unterwegs. Da erbot Cleyer sich, die Schule zu übernehmen. Er machte auch diese Sache so gut, daß er bereits vom 1. Januar 1667 ab das nicht geringe Monatsgehalt von 60 Gulden erhielt. Der Leidener Student aus Kassel bewährte sich also in Indonesien. Nun konnte er auch heiraten: Catarina van Renssen, die Tochter eines Oberkaufmannes, der, wie seine Ehefrau, aus Middelburg auf der Insel Walcheren stammte.

Glück kam hinzu: Anfang Mai 1667 traf ein von den «Heeren XVII» als Rektor der neuen Lateinschule angestellter Theologe ein. Da drohte für Cleyer also der Positionsverlust. Aber gerade jetzt starb Pieter van Berthem. Was lag näher, als daß Cleyer am 20. Mai dem Theologen ohne jeden Widerstand die Schule überließ, nachdem er eine Woche zuvor angesichts seiner bewiesenen Leistungen als pharmazeutischer Fabrikant zu Berthems Nachfolger ernannt worden war? Sofort machte er sich umsichtig an eine Reform des Medizinal- und Gesundheitswesens in Batavia und dessen Außenstellen. Nach fünf Probemonaten erhielt er rückwirkend das Gehalt, das Berthem bezogen hatte: 75 Gulden monatlich. In dieser Position sollte er neun Jahre bleiben. Die Produktion von Medizinen gab er korrekterweise schon während der Probemonate auf.

Am 6. Oktober 1667 wurde Cleyer eine Tochter Cornelia geboren. Seine gesellschaftliche Stellung zu dieser Zeit läßt die Tatsache erkennen, daß der Generalgouverneur von Niederländisch Indien Taufzeuge war. Cornelia sollte im Frühjahr 1682, erst vierzehn Jahre alt, den Unterkaufmann des Japankontors Pieter van Dijck heiraten, der schon im November 1691 starb, und zwar auf der für die niederländische Faktorei künstlich aufgeschütteten Insel Deschima vor der großen Handels- und Hafenstadt Nagasaki. Bei ihm war der Arzt und später weltberühmte Japankenner Engelbert Kämpfer, der Cleyer in einem uns erhaltenen Brief über den Tod des Schwiegersohns berichtete.

Der Geburt von Cornelia folgten bald die von Johannes und, getauft am 10. August 1670, Cornelis. Inzwischen war der Vater weiter aufgestiegen. Hatte er bereits im Sommer 1666 als einer der Kandidaten für Ehrenämter gegolten, so erhielt er bald darauf den Posten eines der Sergeanten unter einem Fähnrich und einem Leutnant in der Schützenkompanie oder Bürgerwehr der VOC. Im Jahre 1671 wurde er Fähnrich, im Jahr darauf aber auf seine Bitte hin wegen großer Arbeitslast freigestellt, denn die Bevölkerung von Batavia wuchs in diesen Goldenen Jahren der VOC schnell. Im Mai 1668 wurde – wohl auf Grund und Anregung von Cleyer – eine Stadt- und Hospitalapotheke gegründet. Man trennte damit die kostenpflichtige Versorgung derjenigen (Frei-)Bürger, die nicht Angestellte der VOC, sondern etwa Diener oder selbständige Kaufleute waren, von der jener Angestellten, deren Kosten die Gesellschaft trug. Der Stadtapotheker arbeitete als Pächter der VOC, die ihm die Erstausstattung stellte. Für die Versorgung des Hospitals erhielt er einen festen Betrag pro Patient und Tag.

Im Januar 1669 hatte Cleyer seine neuen Instruktionen für das ihm unterstehende medizinische Personal der VOC in Asien fertiggestellt. Sein Ziel war natürlich, dem kaufmännischen Geist des Unternehmens entsprechend, dessen Angestellter er war, die Einsparung von Menschen, Instrumenten und Medizinen einerseits, aber auch eine optimale ärztliche Versorgung der Mitarbeiter andererseits, die von Europa heranzuschaffen und gesund und arbeitswillig zu erhalten die Gesellschaft viel Geld kostete. So regelte er die Hierarchie der Mitarbeiter, ordnete die Zuständigkeit der beiden Apotheken, setzte den Verbrauch von Medizinen in ein vernünftiges Verhältnis zur Zahl der Patienten und reduzierte die immer

Das Schloß in Batavia, von Kali Besar West aus gesehen. Gemälde von Andries Beeckmann, 1656. Rijksmuseum Amsterdam.

wieder auswuchernde Bürokratie auf das Notwendigste. Schließlich führte er Halbjahresinspektionen zunächst für die «freie» Stadtapotheke und später, als diese sich bewährt hatten, auch für die VOC-Apotheke ein. Das Ergebnis war, daß beide Apotheken der VOC zum ersten Male Gewinne erarbeiteten. Zur Reorganisation sollte wohl auch die Anstellung eines weiteren Arztes gehören. Dieser verließ auf dem Schiff «Jonge Prins», das mit 325 Matrosen bemannt und mit 38 «Stücken», also Geschützen, ausgerüstet war, den Hafen von Texel am 14. Dezember 1668. Am 27. Juni 1669 traf es nach einer Reise von sechs Monaten und dreizehn Tagen auf der Reede von Batavia ein. Unterwegs waren 31 Personen ums Leben gekommen – drei fielen über Bord –, unter ihnen der Unter-Chirurg Gerrit Ossius.[8]

Nach seinem ersten Erfolg mit der Modernisierung des Apothekenwesens in Batavia ging Cleyer einen Schritt weiter. Er, der in Leiden studiert und dort im Anatomischen Theater gestanden hatte, richtete im Mai 1673 in Batavia eine Anatomie für die Fortbildung der Ärzte und Chirurgen ein, die er selber mit einem wissenschaftlichen Vortrag eröffnete und fortan in Verbindung mit einer wöchentlichen Vorlesung leitete. Auch kam in diesem Jahr 1673 Georg Meister aus Dresden nach Batavia – zunächst, wie einst Cleyer, als «Soldat». Aber schon bald zog Cleyer auch ihn an sich. Meister betreute später seine medizinbotanischen Gärten.

Das alles setzte natürlich voraus, daß Cleyer viele Jahre in Batavia bleiben und erst im Alter nach Europa zurückkehren wollte. Infolgedessen wurde von Zeit zu Zeit sein Gehalt erhöht: im November 1669, wohl nach Ablauf seines ersten Vertrages, auf 90, am 8. Januar 1675 auf 100 Gulden monatlich. Nun bildete das Gehalt ja bei fast allen europäischen Beschäftigten der VOC nicht die einzige Einnahmequelle. Von den Schiffsbesatzungen hatte jeder – der Schiffsjunge wie der Kapitän und der leitende Kaufmann, der sogenannte «Supercargo» – im Schiff garantierten Raum für «eine Kiste», eine halbe, eine viertel, eine achtel Kiste, in der er Handelsgut frachtfrei nach Europa transportieren durfte – Pfeffer zum Beispiel. Diesen konnte er in Amsterdam oder in seinem Heimatort, wo immer er wollte, abgabenfrei verkaufen, doch durfte er natürlich nicht die Preise unterbieten, welche die VOC auf dem Markt erzielte. Und bei der Ausfahrt nach Batavia war es genauso. Die Angestellten der VOC in Asien genossen entsprechende Möglichkeiten.

Seit 1666/67 wohnte Cleyer wohl nicht mehr in dem Haus, das er geerbt hatte, sondern als Leiter der VOC-Apotheke direkt neben dieser in einer Amtswohnung. Er war nun ein angesehenes Mitglied der Oberschicht von Batavia: Diakon der reformierten Kirchengemeinde, Mitglied des Komitees für Ehrenangelegenheiten und Streitigkeiten unter den Europäern, auch des Schöffenkollegiums – jeweils wahrscheinlich für zwei Jahre.

Zu Beginn des Jahres 1677 lief der Vertrag des Stadtapothekers mit der VOC aus. Im November 1676 hatte er bereits Anspruch auf die Heimreise. Aber man fand keinen Nachfolger für ihn, so daß der Stadtapotheke die Schließung drohte. Das durfte natürlich nicht eintreten. In dieser schwierigen Lage erhielt Cleyer die Möglichkeit, wieder Unternehmer zu werden. Er übernahm die Stadtapotheke sowie die Medikamentenbelieferung der VOC und des Hospitals auf eigene Rechnung und auch noch die Leitung des Labors – natürlich gegen ein Honorar. Andererseits mußte er selbstverständlich für Einrichtung und Warenbestände der Stadtapotheke und des Labors einen Ablösebetrag zahlen. Das war so viel Geld, daß sein Vermögen dafür nicht ausreichte und er für 18 Monate ein Darlehen aufnehmen und verzinsen mußte. Gleichzeitig wurde die auch noch bestehende Festungs-Apotheke zu Cleyers Gunsten geschlossen und in ein Warenlager für ihn umgewandelt. Cleyer war nun ein stattlicher freier Unternehmer, behielt aber darüber hinaus seine VOC-Position mitsamt Gehalt. Das alles geschah in Verbindung mit dem Abschluß eines neuen Vertrages zwischen ihm und der VOC auf 10 Jahre mit dem beiderseitigen Recht des Rücktritts während der ersten beiden Jahre.

Natürlich hatte Cleyer auch ein Privatleben. Wir wissen wenig davon, aber immerhin soviel, daß dieses Privatleben durch ein paar ineinandergeschachtelte Zufälle im Jahre 1677 nicht nur in die Geschichte Berlins, Brandenburgs, Preußens und damit in die der Hohenzollern verwickelt wurde, sondern auch mit der Wissenschaft der Sinologie und dem Berliner Museumswesen zu tun bekam.

Beginnen wir mit Christian Mentzel, dem im Jahre 1622, also 12 Jahre vor Cleyer in Fürstenwalde bei Frankfurt an der Oder geborenen Bürgermeisterssohn. Er wurde Gymnasiast in Berlin, studierte auf der 1506 von Papst Julius II. gegründeten, sehr angesehenen Universität in Frankfurt an der Oder (der «Viadrina») und an der 1544 gegründeten Universität Albertina in Königsberg, unterrichtete in Danzig Anatomie und Botanik, begann, wohl durch den Großen Krieg ein wenig verzögert, eine Art Bildungsreise, die er mit der Promotion an der berühmtesten medizinischen Fakultät Europas, nämlich in Padua abschloß, ließ sich als Arzt in Berlin nieder und gelangte schnell zu hohem Ansehen. Der noch nicht «Große» Kurfürst Friedrich Wilhelm von Brandenburg, der sich von seinem 14. bis 18. Lebensjahr in den Niederlanden, davon einige Zeit als Student an der Universität Leiden, aufgehalten hatte, berief ihn im Kriege gegen Schweden 1658 in sein Hauptquartier und machte ihn 1660 zu seinem Leibarzt. Als solcher hatte Mentzel nicht viel zu tun, und da ihm an Botanik und Heilmitteln mehr gelegen war als an einer großen Praxis mit nicht immer gut gewaschenen Patienten, begann er, sich für Botanische Gärten zu interessieren. Über die Anlage in Leiden war er natürlich informiert, über die in Batavia unterrichtete ihn – Andreas Cleyer.

Wie Mentzel mit Cleyer bekannt geworden ist, wissen wir nicht genau. Kurz: er korrespondierte mit ihm seit dem Jahre 1677, in dem Cleyer sich im 15. Jahr seines Aufenthaltes auf Java mitten in einer aussichtsreichen Karriere befand – übrigens außerdem auch mit dem sechs Jahre älteren Eberhard Rumph, einem anderen Arzt aus Hanau, der erst 1702 als holländischer Unterstatthalter auf der Insel Amboina starb, nachdem er u. a. ein sechsbändiges Herbarium amboinense geschrieben hatte, das erst 4 Jahrzehnte nach seinem Tode veröffentlicht wurde. Bei diesen Briefwechseln ging es zwar anfangs natürlich um exotische Heilpflanzen und Medikamente, aber bald versorgte Cleyer auch die Bibliothek des Kurfürsten, der im Begriff war, sich nach dem Vorbild niederländischer Verwandter und eines Onkels, des Herzogs von Kurland, für Überseeschiffahrt und Kolonialwesen zu interessieren, mit seltenen botanischen und medizinischen Werken. Das zog sich über viele Jahre hin. Cleyer schickte[9] Mentzel in ihrer Korrespondenz Zeichnungen einheimischer Krankheitssymptome, zum Beispiel farbige Darstellungen der asiatischen Lepra, Tusche-Bilder von Echinokokken, die er bei der Sektion eines menschlichen Magens gefunden hatte, sowie von der Elephantiasis arabicum. Er sandte ihm Abbildungen von Tieren und Menschen aus Süd- und Ostasien, von Himmelsereignissen, insbesondere aber von javanischen Pflanzen. Dazu schrieb er Berichte, für die er zum Teil Material von seinen Mitarbeitern erhalten hatte – über den Kampferbaum und die Kampfergewinnung zum

Beispiel, über die Kultur der Indigopflanze, über die Perlfischerei und auch drei Bilder der Teepflanze, die damals, gemeinsam mit dem Porzellan, als «Chinoiserie» im Mittelpunkt nicht nur des kaufmännischen, sondern auch des gesellschaftlichen Interesses stand – ganz besonders, nachdem der Kurfürst 1678 den in Den Haag erschienen «Traktat über das ganz ausgezeichnete Kraut Tee» des niederländischen Arztes Cornelius Bontekoe gelesen und so erfahren hatte, daß Tee in China fast als Allheilmittel galt.

Mentzel wertete Cleyers Berichte und Bilder ganz modern wissenschaftlich aus – für sein eigenes Wissen sowie für das Interesse seines Herrn, des Kurfürsten. Er veröffentlichte sie in lateinischer Sprache mit Abbildungen in den seit 1670 in Leipzig erscheinenden Miscellanea curiosa medico-physica der Kaiserlichen Leopoldinischen Deutschen Akademie der Naturforscher und Ärzte.

Schließlich schrieb Cleyer ein «Specimen medicinae sinicae...», das Mentzel 1682 in Frankfurt veröffentlichen ließ. Als Mentzel in diesem Jahre erfuhr, daß Cleyer die Leitung von Deschima übernehmen würde, schrieb er ihm, er möge «keinen Augenblick ungenutzt lassen, um an botanischen Dingen in Japan zu erwerben», was er irgendwie erwerben könne. Und Cleyer tat, was er konnte: er kaufte für wenig Geld eine Handschrift mit mehreren hundert von Japanern gemalten farbigen Abbildungen japanischer Pflanzen und Vögel und schickte sie mit Rechnung an den Kurfürsten nach Berlin. Wir wissen, wie lange solche Briefe und Pakete unterwegs waren. So sandte Cleyer zum Beispiel am 13. März 1677 aus Batavia einen Brief an Mentzel und schrieb an einen anderen Bekannten später: «Die Correspondenz ist etwas weit und habe ich den 23. 7bris 1678 wieder antwort erhalten.» Cleyer war übrigens nicht ganz so reich, wie manche in Deutschland glaubten, wenn sie erfuhren, was er alles nach Berlin schickte. Er ließ sich größere Ausgaben durchaus vom Kurfürsten erstatten.[10]

Mentzel galt inzwischen weithin als einer der bedeutendsten Botaniker für die Pflanzen zwischen der deutschen «Streusandbüchse», wie man die Mark Brandenburg gelegentlich nannte, und Japan. Er sorgte nun dafür, daß Cleyer im Oktober 1678 mit dem Beinamen «Dioscurides» in die 1652 in Schweinfurt gegründete Academia Naturae Curiosorum aufgenommen wurde. Sie war zwischen der British Society und den italienischen Akademien bald eine der angesehensten gelehrten Gesellschaften in Europa – übrigens unter dem bis heute geltenden Motto «nunquam otiosus» (‹niemals müßig›). Im März 1680 erhielt Cleyer ein feierliches Aufnahmeschreiben. Im Jahr 1687 erhob Kaiser Leopold I. jene Akademie zur noch heute bestehenden «Sacri Romani Imperii Academia Caesareo – Leopoldina Naturae Curiosorum». Ihr gehörte Cleyer also noch fast ein Jahrzehnt lang an.

Da Mentzel immer öfter die höchst interessanten Briefe von Cleyer in deutschen Zeitschriften veröffentlichte, darunter zum Beispiel Notizen über die Ginseng-Wurzel und die chinesische Pulslehre des Missionars Michael Boym, entschloß er selber sich schließlich auch, die chinesische Sprache zu erlernen, um Cleyers Geschenke richtig in das europäische Wissen einordnen zu können – und der inzwischen *Große* Kurfürst bestärkte ihn zu Beginn der achtziger Jahre in seinen Studien. Im Jahre 1685 – Cleyer hatte nun auch Deschima, Nagasaki und Tokio kennengelernt – veröffentlichte Mentzel das erste chinesische Wörterbuch, das in Europa gedruckt wurde und weite Verbreitung fand, mit etwa 550 chinesischen Worten in lateinischer Übersetzung und portugiesischer Transkription und mit einer langen Einleitung – ein wahrhaft wissenschaftliches Werk.

Im Jahr 1696, in dem Cleyer wohl gestorben ist, während der Kurfürst bereits seit einigen Jahren tot war, ließ Mentzel diesem Buch eine «Kurtze chinesische Chronologie oder Zeit-Register aller chinesischen Kayser...» folgen. So kam – wenn auch nur indirekt – Cleyer von Batavia aus mit Friedrich Wilhelm, dem Großen Kurfürsten von Brandenburg, in Kontakt, dessen Bibliothek im Berliner Schloß durch die Geschenke von Cleyer sowie dank dem wissenschaftlichen Verständnis von Mentzel und dem Theologen und Orientalisten Andreas Mutter zu der angesehensten Institution dieser Art in Europa wurde.

Kehren wir wieder zurück zu Cleyer nach Java. Er arbeitete offenbar mit einem ganz ungewöhnlichen Fleiß: Er produzierte Medikamente im eigenen Labor, in dem ihm ein Apotheker, ein deutscher «Knecht» und einheimische Helfer zur Hand gingen, er besaß medizinische Botanische Gärten für Heilpflanzen, die Georg Meister mit einigen Javanern betreute. Zeitweise hatte er außer den qualifizierten Europäern ein Dutzend einheimische Mitarbeiter. Sie alle scheinen von der VOC bezahlt worden zu sein. Bis zum Frühjahr 1682 – Cleyer war nun 26 Jahre in Batavia – wuchs die Zahl der Mitarbeiter auf vier Apotheker, zwei Laboranten, einen Geschäftsführer, zwei Schreiber und mindestens 54 Einheimische, die insgesamt monatlich 576 Gulden an Gehältern und Löhnen erhielten. Ende 1681 hatte Cleyer sogar eine «Außenstation» eingerichtet, nämlich den Apotheker Heinrich Claudius auf eigene Kosten zum Kap der guten Hoffnung geschickt, damit er dort Drogen und Heilpflanzen erforschte, anbaute und nach Batavia lieferte.

In rund zwanzig Jahren war Cleyer gewissermaßen ein internationaler Unternehmer auf zwei Kontinenten geworden: in Asien und Afrika. Aber das war ihm nicht immer ganz ohne Schwierigkeiten gelungen. Es gab Probleme, die insbesondere in der späteren Phase zuweilen zu seinem plötzlichen Ende als Unternehmer zu führen schienen, jedoch schließlich für seinen letzten bedeutenden Erfolg verantwortlich waren.

Die große niederländische Handelsgesellschaft, die VOC, wiederholte im 17. und 18. Jahrhundert manche Erfahrung, welche die portugiesischen Entdecker und Kolonisatoren seit Heinrich dem Seefahrer im 15. und 16. Jahrhundert gemacht hatten. Dazu gehörte zum Beispiel, daß die Entfernung von Amsterdam nach Batavia noch größer war als die von Lissabon nach Goa, daß viele Befehle aus der Heimat und viele Anregungen von Java, wenn die Reaktionen auf sie erfolgten und die Antworten am Ursprungsort eintrafen, nicht selten längst überholt, ihre Ursachen praktisch vergessen waren – insbesondere, wenn diesseits und jenseits der Meere das Personal gewechselt hatte oder wenn mit neuem Personal, das auf See den Tod gefunden hatte, dessen Kenntnisse, geheime mündliche Berichte oder Befehle verlorengegangen waren. Zuweilen gingen auch Schriftstücke, Duplikate von Abrechnungen, Anweisungen und Quittungen in den Bergen von Papieren unter, die hin und her gesandt wurden.

So geschah es wohl einmal oder mehrmals mit Teilen von Abmachungen und deren Ergebnissen, über die oben berichtet wurde. Vielleicht aber glaubte Cleyer auch, geschäftstüchtiger sein zu können als gewisse Repräsentanten der VOC – und irrte sich. Es scheint, daß er 1678 angefangen hat, gewisse für die Stadtapotheke und das Labor bestimmte Medizinalien aus den Bestellungen der VOC in Europa herauszulösen und aus Gründen des Gewinnes auf seinen eigenen Namen zu bestellen. Jedenfalls entstanden in diesem Bereich Unklarheiten und Meinungsverschiedenheiten, die im Herbst 1681 zu einem langen Schreiben aus Amsterdam mit vielen Fragen und auch mit direkten Vorwürfen gegen ihn führten, das in Batavia im März 1682 eintraf. Man forderte Cleyer auf, sich zu rechtfertigen.

Cleyer tat das: es handelte sich, wie nicht anders möglich, um eine vor Jahren im Anschluß an den Vertrag von 1676 begonnene Verwirrung. Zwei Jahre später hatte Cleyer in Batavia den schönen Betrag von 26 000 Gulden in bar erhalten, wovon man in Amsterdam angeblich so wenig wußte wie von den Einzelheiten der Medizinal-Regelungen und deren Ergebnissen. Die «Heeren XVII» wurden mißtrauisch, verlangten Detailangaben über längst Vergessenes und entlassene, heimgekehrte Personen – und hörten ausgerechnet zu dieser Zeit Gerüchte über «riesige» Privatgeschäfte, die Cleyer getätigt haben sollte.

So etwas kam in den entsprechenden Handels- und Kolonialgesellschaften aller Länder gelegentlich vor. Und es gab inzwischen von Rußland über Schweden und Dänemark, die österreichischen Niederlande, Holland, England und Spanien für Nord-, Mittel- und Südamerika, West- und Ostafrika, Indien, Indonesien und den Fernen Osten mehr als dreißig solcher «Kompanien».

Aber Cleyer hatte ein gutes Gewissen. Er schrieb nicht allein am 7. April 1682 einen äußerst energischen Verteidigungsbrief an die VOC, sondern präsentierte auch den allen seinen Handlungen zugrundeliegenden Vertrag, Rechnungsbücher, Vereinbarungen, Abschlüsse und Ergebnisse: er hatte zweifellos gut verdient, aber auf so ehrliche Weise, daß man alle Vorwürfe und Verdächtigungen zurücknehmen mußte.

Cleyer wäre kein guter Geschäftsmann gewesen, wenn er daraufhin nicht einen Gegenschlag geführt hätte: er, ein bekannt tüchtiger – und nun unzweifelhaft ehrlicher – Mann, bot die Auflösung seines Vertrages mit der VOC an. Vielleicht meinten die «Heeren XVII», man werde in Batavia mit dem Beleidigten nie wieder so vorteilhaft zusammenarbeiten können wie bisher, sollte sich aber nicht einfach von den 20jährigen Erfahrungen dieses Mannes trennen, für die man ihm obendrein ansehnliche Gehälter gezahlt hatte. Man unterzog sein Unternehmen noch zweimal einer mißtrauischen Inventur, fand keinen Fehler und zahlte ihm für Laboreinrichtung und Vorräte, die für etwa zwei Jahre reichen mochten, 120000 Gulden. Es ist nicht mehr festzustellen, ob Cleyer bei diesem ganzen Handel viel verdient hat oder vielleicht nur gerade auf seine Kosten gekommen ist.

Uns interessiert hier auch nicht, was in der Folgezeit aus dem Medizinalwesen der VOC zwischen Batavia und Nagasaki geworden ist – sondern ausschließlich Andreas Cleyers Fortkommen. Und den machte die Kompanie genau drei Tage, nachdem er sein offenbar überzeugendes Rechtfertigungsschreiben dem Rat von Indien in Batavia vorgelegt hatte, am 10. April 1682 zum Leiter und Oberkaufmann des Japankontors auf der Insel Deschima vor Nagasaki. Glück muß man haben – und Cleyer hatte schon wiederholt viel Glück gehabt. Der dortige Leiter wollte aus familiären Gründen ein Jahr aussetzen. Man hatte im Augenblick keinen geeigneten Vertreter für diesen schwierigen Posten, der es gelegentlich verlangte, zum Hof des Tenno in Edo, dem heutigen Tokio, zu ziehen und vor diesem in erniedrigender Weise Kotau zu machen – wobei man allerdings auch mehr oder weniger heimlich einträgliche Privatgeschäfte organisieren konnte.

Man offerierte Cleyer für 18 Monate die Leitung des Japankontors, und er nahm an. Später würde man weitersehen. Wahrscheinlich würde Cleyer dann, in anstrengendem Klima und fremder Umgebung immerhin fast 50 Jahre alt geworden, wohlhabend in die Heimat zurückkehren wollen.

Zunächst aber erinnern wir uns noch einmal des Schweizer Reisläufers Herport, der seit Ende 1659 im Dienst der VOC stand. Während Cleyer als Apotheker und Botaniker, als Sammler und Schriftsteller in der niederländischen Oberschicht Batavias und in indirekter Korrespondenz mit dem Kurfürsten von Brandenburg eine geschichtlich einzigartige Entwicklung erlebte, war Herport einer der vielen anonymen Soldaten der VOC in deren Kolonialreich. Als solcher nahm er an den Überfällen auf

Küstengebieten nahegelegenen Inseln wie Sumatra und Ceylon sowie das vorderindische Festland teil. Mit Gewehren und Geschützen, die die Eingeborenen noch nie gesehen hatten, geschweige denn besaßen, überfielen oder belagerten die Truppen der VOC – mal 300, mal 500, gelegentlich auch 1000 Mann stark – Orte oder Landstriche, plünderten sie, erpreßten von Gefangenen Lösegeld und kehrten für einige Zeit nach Batavia zurück, wo Verwundete mit Salben, Pillen und Tees behandelt wurden, die Cleyer in seiner Apotheke hergestellt hatte. Im Juli 1660 zum Beispiel unterstützten zwölf oder dreizehn Schiffe mit 600 Soldaten den Gouverneur von Formosa bei einem Angriff auf das portugiesische Macao. Einen Monat später war Herport dabei, als man Tonking angriff. Er erlebte Orkane und viele Todesfälle, vor allem auf Grund der Vitaminmangel-Krankheit Beri-Beri und der Roten Ruhr. Herport beschrieb später das Leben der Menschen dieser Inseln und Küsten – voller Erstaunen etwa auch einen Volksstamm, der von einer Frau zwar vorzüglich regiert wurde, verwundete gefangene holländische Soldaten aber zerstückelte und mit Genuß verzehrte – während man im allgemeinen doch von Wurzeln, Früchten, Schweine- und Hirschfleisch lebte.

Im Jahre 1661 nahm er an der verlustreichen Verteidigung des holländischen Forts Zeelandia gegen eine große Anzahl chinesischer Dschunken teil. So lernte er kämpfend, bald «siegend», bald flüchtend ein riesiges Küsten- und Inselgebiet kennen, bewohnt von Einheimischen wie auch portugiesischen Eroberern und Kaufleuten, insbesondere an der Malabarküste und auf Ceylon, wo man wieder und wieder landete. Im Frühjahr 1667 erlebte er noch, wie in Batavia ein Feuer ausbrach, das innerhalb einer Stunde 200 Häuser einäscherte. Dann wollte er, nachdem er der VOC mehr als drei Jahre über seinen Vertrag hinaus gedient hatte, nach Europa zurückkehren. Er erhielt seinen Paß und ein Zeugnis, wurde gemeinsam mit anderen Soldaten in militärischer Form entlassen und am 3. Oktober 1667 auf der «Wapen van Horn» eingeschifft. Am 18. Mai 1668 traf das Schiff in Terschelling ein. Am 23. Mai betrat Herport in Amsterdam wieder «unseren Christen-Boden, welches ich in neun Jahren, minder drei Tage, nit hab tun können».

Herport zog eine Art Bilanz dieser Bildungsreise als ein Soldat, der malen und gut schreiben konnte. Auf dem Titelblatt seines Buches, das er mit neun Bildern von Menschen und Tieren, Landschaften und Orten geschmückt hatte, nannte er sich einen «der Mahlerey-Kunst Liebhaber». Offenbar hat er weitere Aquarelle und Ölskizzen aus dem Fernen Osten mitgebracht. Die «Reichthummen, die ich mit mir auß Indien gebracht, sind neben der Vergnügung meiner Begierde, ehrliches Verhalten und guter Namen auch Vollkommenheit meiner Glieder und die Edle Gesundheit meines ganzen Leibes, darfür ich meinem Gott die Tag meines Lebens nit genugsam dancken kann . . .»

Im Jahre 1680 ist Herport in Bern gestorben – wie Cleyer und die Merian einer der vielen Menschen, die auf der Wende vom 17. zum 18. Jahrhundert das Abendland mit Kenntnissen von Übersee bereichert haben.

2. Friedrich Wegener

Als Wegener erschöpft von der schnellen Wanderung in Pritzwalk vor dem Vater stand, erkannte er sofort, worin seine erste, wichtigste Pflicht bestand: Er mußte Meister werden.

Das war für einen Meistersohn um 1660 nicht schwer – schon gar nicht für einen, der bis Venedig gewandert war, bei den Textilhandwerkern so angesehener Städte wie Nürnberg und Regensburg Erfahrungen im Weben und Bearbeiten der verschiedensten Stoff-Arten gesammelt und in der weltberühmten Handelsstadt an der Adria die feinsten Gewebe, nicht nur aus Smyrna, sondern sogar aus China bewundernd auseinandergefaltet und befühlt hatte. So sah er sich denn ein paar Tage in seinem Heimatstädtchen um, das ihm mit etwa 550 Metern Länge in der West-Ost-, 350 Metern Breite in der Nord-Süd-Richtung und nicht mehr als vier Straßenblöcken nach seinen Erlebnissen auf der Wanderung winzig erschien. Pritzwalk war seit mehr als 200 Jahren noch immer fast ausschließlich ein Tuchmacherort. Die Einwohner lebten von der Tucherzeugung, die, wie Wegener wußte, vom Einkauf der Wolle bis zum Verkauf des Tuches an die Schneider oder deren Kunden oder auch an den Tuchkaufmann in vielen Arbeitsgängen bestand; außerdem lebten sie von der Verarbeitung und dem Verkauf der landwirtschaftlichen Erzeugnisse der näheren Umgebung. Allerdings wurde der Stadt die Erholung nach dem Dreißigjährigen Krieg sehr schwer – einmal wegen des Mangels an Menschen, die bereit waren, sich in diesem östlichen Teil der Prignitz anzusiedeln, zum anderen aber auch, weil das Interesse des Kurfürsten Friedrich Wilhelm, der 1640 die Regierung übernommen hatte, sich zunächst der Entwicklung seiner Hauptstadt und deren Verbindung zum Osten und nach Breslau zuwandte.

Den Tuchmachern fehlte es mithin häufig an Kundschaft. Daher waren die Meister um 1660 bestrebt, sich ihre «Nahrung» durch die Verringerung der Lehrlings- und Gesellenzahl einerseits und die Verlängerung der Lehrzeit auf drei, schließlich auf vier Jahre andererseits zu sichern. Schon sprach man davon, daß Gesellen erst nach fünf Jahren den Meister wechseln dürften. Natürlich wehrten sich die Gesellen gegen eine solche Einschränkung ihrer Bewegungsfreiheit. Wegener hörte sie hier und da beraten, wenngleich sie zu einem Meistersohn kein rechtes Vertrauen hatten. Schließlich murrten sie so sehr, unterbrachen die Arbeit so häufig, daß der Rat im Jahre 1665 ihre «Artikel» revidierte und sie einer strengen

Aufsicht unterwarf.[11] In dieser Situation stellte Wegener seinen Antrag auf Zulassung zur Meisterprüfung, bewies mit Hilfe der Kirche, daß er ehelicher Herkunft, und an Hand der vielen Bescheinigungen auf seinen Wanderpapieren, daß er ehrlich geblieben war. Nach kurzer Zeit erhielt er die Anweisung, sieben Ellen Wollzeug so feiner Art zu machen, wie es ihm nur möglich war. Die Wolle dafür mußte er sich auf eigene Kosten beschaffen, wo und wie immer es ihm richtig erschien. Er mußte sie den Zunft-Oberen vorweisen, die sie befühlen, beriechen und wiegen würden. Sagte sie ihnen zu, dann würde man ihm einen Termin für die Fertigstellung und öffentliche Vorlage des «Stückes» setzen und an diesem feststellen, ob er wirklich eine Meisterleistung vollbracht hatte.

Zwar hatte Friedrich Wegener einige Monate nicht mehr an einem Webstuhl gesessen und seit ein paar Jahren nicht mehr an einem in der Prignitz gebauten, der ihm nun im Verhältnis zu denen in Süddeutschland klobig erschien und tatsächlich schwerer zu bewegen war als jene. Aber in dieser Hinsicht machte er sich keine Sorgen. Er hatte einst in seinem Vater einen pflichtbewußten Lehrherrn gehabt. Dieser würde ihm auch jetzt noch, wenngleich nach dem Tode seiner Frau ohne Lebenslust, obendrein müde und fast blind, zur Seite stehen.

Schwieriger würde es werden, erstklassige Wolle zu finden. Dafür mußte er noch einmal ein paar Wochen herumziehen – nach dem Westen, woher die weiche und doch feste Wolle friesischer und flämischer Schafe kam, oder nach Frankfurt, der Stadt an der unteren Oder, die durch Universität und Wollmarkt weithin bekannt, wenn nicht berühmt war. Allerdings in großem Abstand hinter Leiden, aber das wußte Wegener so wenig, wie Cleyer in Leiden jemals etwas über den Namen der Universität «Viadrina» hinaus von Frankfurt und seinem Wollmarkt erfahren hatte.

Zunächst sah er sich einmal bei den Wollhändlern und Schäfern in der Prignitz selber um. Bereits bei seiner Rückkehr nach Pritzwalk war ihm aufgefallen, daß die schweren Schäden durch die Feuersbrünste von 1642 im Norden und von 1654 im Süden der Stadt längst noch nicht alle beseitigt waren. Ruinen von Wohnhäusern standen an den Straßen und Reste von Ställen und Scheunen hinter ihnen bei den Höfen. Er hatte gehört, daß in seiner Heimatstadt weniger als 800 Menschen lebten und vermögende und arbeitsame Zuwanderer selten waren, obwohl man ihnen auf Befehl des Kurfürsten mit billigen Bauplätzen und Abgabenerleichterung manchen Reiz bieten mußte, den man gerne selber genossen hätte. Kurfürst Friedrich Wilhelm wollte reformierte Niederländer in sein Land ziehen. Aber die zögerten, ihre blühende Heimat zu verlassen – selbst wenn man ihnen Haus und Hof schenkte. Dagegen stammten von den 365 Bauern, die nach dem Kriege allmählich in die Prignitz zogen, nicht weniger als 172 aus Holstein. Aber es kam auch nicht selten vor, daß Neusiedler, die aus Pommern, Mecklenburg, aus Sachsen oder dem Gebiet um Fulda gekommen waren, sich nach wenigen Jahren erneut auf den Weg machten: das Leben in Pritzwalk war schwer, der Menschenschlag nicht zu schnellen Freundschaften geneigt, das Essen einfach, der Pastor meist streng. Auch in den Dörfern der weiteren Umgebung war wohl noch immer jeder dritte Hof unbesetzt und wüst.[12]

Übernachtete Wegener auf der Suche nach Wolle in einem Dorf, dann klagten ihm seine Gastgeber vor, daß die Herrschaft sie immer ärger drückte, zur Arbeit antrieb, aber nur mit dem Allernötigsten so weit versorgte, daß sie nicht bei der Arbeit auf dem Acker zusammenbrachen: die Gutsbesitzer wollten mit den Leistungen dienstpflichtiger Bauern, die nicht umgekommen oder davongelaufen waren, ihren früheren Wohlstand wiederherstellen. Sie durften nach den meisten staatlichen Bauernordnungen die Dienstpflichtigen zu vier Tagen Arbeit in der Woche zwingen, von Sonnenaufgang bis Sonnenuntergang bei zwei Stunden Pause; wenn die Ernte drängte, auch einen fünften Tag – und sie drängte fast immer. Es kam hinzu, daß die übrigens grundsätzlich steuerfreien, aber alle paar Jahre zu Sonderabgaben verpflichteten Adligen manche «wüst» gewordenen Bauernhöfe an sich zogen und damit zusätzliche Lasten für ihre Leute schufen. Kaum jemals Fleisch und niemals Butter gab es für die gänzlich Leibeigenen, die «servi» nach römischem Recht, die Sklaven also, die «an die Scholle gebunden» waren, und für die in vielen Rechten wie Eheschließung und Fortzug der Kinder beschränkten halbfreien «coloni» – es sei denn, man stahl oder wilderte. Aber das war lebensgefährlich.[13]

Ganz besonders häufig und nachdrücklich klagte der Prignitzer Adel über den Ungehorsam, die Widerspenstigkeit, die Gottlosigkeit der Pritzwalker und der Bauern in der Umgebung der Stadt.[14] Aber dieser Widerstand und die Solidarität der Bürger und Bauern erreichte, daß, wie Wegener hörte und sah, die Lage der einfachen Menschen in der Prignitz sich nach dem Friedensschluß von 1648 nicht ganz so sehr verschlechtert hatte wie in anderen Gebieten.

Gleichwohl bildete auch für sie die «Schoß» genannte Steuer auf Hausgrundstücke eine schwere Belastung. Der aus «Honoratioren» bestehende Rat versuchte immer wieder, Häuser, die repariert wurden, rückwirkend mit diesem «Schoß» für alle die Jahre zu belasten, in denen er nicht gezahlt worden war – was natürlich den Zuzug von Siedlern und den Wiederaufstieg der Stadt verzögerte. Erst mit der Einführung der «Accise» genannten Handelssteuer für die Städte in den 70er Jahren fiel die Belastung der Hausgrundstücke fort.

Das waren also die Bauern, von den wenigen – niemals ganz – Freien bis zu den schollengebundenen Sklaven. Von ihnen konnte Wegener keine erstklassige Wolle erhoffen – und auch nur wenige Tuchbestellungen. Diesen armen Menschen reichte in ihrem meist nicht sehr langen Leben gewöhnlich ein einziger Anzug aus dickem, hartem Tuch – den sie nicht selten bei ihrem Tode auch noch ausdrücklich einem Sohn oder Schwiegersohn vererbten. So ging Wegener denn zu den Schäfern, um nach Wolle für sein Meisterstück zu suchen. Was er bei ihnen fand, war für einen Mann, der Süddeutschland und Italien gesehen hatte, überaus enttäuschend. Die Schafe waren klein, schmutzig, schlecht ernährt und gegen Nässe und Kälte nicht geschützt. Das hatte zur Folge, daß die Wolle gelegentlich zwar lang war – aber auch sehr hart und fest. Aus solchem Material konnte man kein feines Tuch weben. Wegener versuchte, dies den Schäfern klarzumachen, und berichtete ihnen von dem Wollmarkt in Nürnberg und von den 300 Tuchmachern in Straßburg. Er hatte auch von der Blüte der Tuchmacherei im Meißenschen, in Schlesien gehört, Tuche aus Zittau kennengelernt und gelegentlich erfahren, daß in Calw eine Färberzunft mehr als 800 Meister beschäftigte.[15] Aber die Schäfer hörten ihm so wenig zu wie die Bauern; ihre Schafe gehörten nicht ihnen, sondern irgendeinem adligen Guts- oder Schloßherrn, der sich um seine Leute nicht kümmerte, sie so hungern und frieren ließ wie die Schafe und sie blutig schlug, wenn die Wollschur nicht so viel Wolle – das heißt Geld – brachte, wie er erwartet hatte. Warum sollte der Schäfer sich um die Lämmer kümmern, warum sie gegen Füchse und Wölfe schützen, wenn er letzten Endes schlechter lebte als seine Hütehunde, die sich hier und da einen jungen Hasen fingen und verschlangen? Andererseits waren die brandenburgischen Schäfer aber auch eine gefährlich selbstbewußte und rauflustige Gruppe von Menschen. Seit Jahrzehnten waren sie in einer Zunft zusammengeschlossen, deren Satzung bestimmte, daß niemand Schäfer werden durfte, «dessen Eltern nicht auch Hirten oder Schäfer gewesen waren». Die Zunft weigerte sich, «wegen ihrer Vereinigung anderen Leuten Rede und Antwort zu stehen oder sich gar bestrafen zu lassen», da sie sich selbst eigene Richter gesetzt hatte. Der Kurfürst von Brandenburg hatte es bereits 1620 für «hohe Zeit» erklärt, dieses «ungehaltene, freche, böse Gesinde gebührenden Ernst sehen zu lassen». Aber er hatte an seine «Gesinde-, Hirten- und Schäferordnung» vom 11. Mai 1620 im Jahre 1635 wieder erinnern müssen, und sein Sohn, der spätere *Große* Kurfürst, hat 1641, 1644, 1645, 1646, 1651, 1681, 1683 und 1685 verschärfend ihre Befolgung angemahnt – die «Unbilligkeit» der Schäfer hat jedoch kein Ende genommen.[16]

Wegener war fast verzweifelt. Wie sollte man hier in der Prignitz, in Brandenburg oder auch in Friesland, wo die vernachlässigten Schafe selten mehr als zwei Pfund Wolle auf sich trugen, die Menschen also seit langer Zeit an die dürftigste Qualität der Tuche gewohnt waren, jemals einen Kunden finden, für den es sich lohnte zu zeigen, was er im Süden gelernt hatte? Sein Vater versuchte, ihn zu trösten: Viel früher, in seiner eigenen Kindheit, sei es besser gewesen. Dann sei der lange Krieg gekommen und habe alles vernichtet – die Menschen mitsamt ihrem Eigentum. Seitdem die Schweden abgezogen waren, sei es schon wieder besser geworden. Sicher werde er, der Sohn, auch noch wirklich gute Zeiten erleben.

Doch das reichte dem jungen Manne nicht. Er wollte nicht auf eine gute Zukunft warten, an die er nicht glauben konnte, nachdem er die Menschen auf dem Lande und in den Städten gesehen hatte, die noch kleiner und ärmlicher waren als Pritzwalk. Vielleicht faßte er schon hier, bevor er noch an die Herstellung seines Meisterstücks ging, unscharf den Entschluß, über die Tuchmacherei hinauszusteigen. Zunächst aber machte er sich noch einmal auf den Weg nach Westen – nach Leiden. Dort kaufte er heimlich so feine Wolle, wie er sie selbst in Venedig nur selten gesehen und gefühlt hatte: Zarte, saubere, weiche Wolle aus dem Nacken vorzüglich ernährter und gepflegter flämischer Schafe. Sie war teuer – gewiß. Aber so etwas hatte sein Vater, hatten überhaupt die Tuchmacher in Pritzwalk noch nie gesehen, geschweige denn verarbeitet. Und zu Hause besaß er einen Beutel voll Kaninchenwolle aus Smyrna. Er konnte an die Arbeit gehen.

Er war ein erfahrener Weber. Aber nun mußte er feststellen, daß die Webstühle, auf denen man in der Prignitz Tuche machte, nicht zufällig so schwer waren und nur langsame Arbeit gestatteten: die Gerätebauer stellten sie für Prignitzer Wolle her, nicht für flämische oder schwäbische. Wiederholt mußte der Vater ihn zur Geduld anhalten – man habe ihm reichlich Zeit für die sieben Ellen feinen Wollensamtes gelassen, der im allgemeinen nicht hergestellt und auch nicht gefragt wurde. Schließlich aber «blühte der Baum», womit man aufatmend konstatierte, daß der Kettenbaum des Webstuhls durchzuschimmern begann, die Arbeit sich also dem Ende näherte.[17] In diesem Stadium besuchte Wegener den Altmeister der Zunft und die elf weiteren Tuchmachermeister, also auch seinen eigenen Vater, und teilte ihnen in der zur Gewohnheit gewordenen Form eines Gedichtes mit, daß er nun bald das Meisterstück vorlegen und um Prüfung nebst wohlwollender Aufnahme in die Zunft bitten werde. Am Ende ging er, noch immer ja Geselle, ebenso zu dem Altgesellen, einem verheirateten Manne mit drei Kindern, die deutlich nicht immer satt wurden, und teilte ihm höflich seine Absicht mit. Dieser fühlte sich ausgezeichnet, und es sprach sich herum. Zur gegebenen Zeit trug der Lehrling von Vater Wegener das Meisterstück des festlich angezogenen Sohnes Friedrich in das Haus des Altmeisters. Wenige Minuten später trafen fast alle Meister ein, einer war sehr alt und konnte sich kaum noch bewegen, ein anderer trauerte um seine Frau, die vor kurzem gestorben war.

Das Meisterstück wurde ausgebreitet, der Länge und der Breite nach wiederholt gemessen und dann Zoll für Zoll, Pritzwalker Elle für Elle genau befühlt, gezogen, zusammengedrückt, gegen das Licht gehalten, auch angefeuchtet – also streng geprüft. Man schickte Wegener vor die Tür, als man das Ergebnis der Prüfung formulieren wollte. Man rief ihn wieder herein: sein Wollensammet war für ausreichend befunden worden – man hatte in Pritzwalk noch niemals so guten gesehen. Noch niemals! Aber gerade deswegen, so fügte der Altmeister mit strenger Stimme hinzu, solle er sich auch nie wieder an eine solche Arbeit machen. Er werde Tuchsorten dieser Art in der Prignitz nicht verkaufen können. Pritzwalk liege zu weit von Berlin und Cölln entfernt. Dort am Hofe, bei den Offizieren, bei den hohen Herren des Oberpräsidiums, auch bei den Hofgeistlichen und Leibärzten des großen Kurfürsten bestünde ein Bedarf an geblümtem Wollendamast, an Wollensamt, an Kreton, Flanell und Fries – aber nicht auf den Gutshöfen um Pritzwalk herum. Friedrich Wegener schwieg zu der Mahnung. Er hatte mehr im Sinn als den Prignitzer Adel mit Tuch aus der Wolle seiner eigenen Schafe zu versorgen.

Meisterstück und -prüfung waren vor langer, langer Zeit einmal eingeführt worden, um sicherzustellen, daß die Qualität des Handwerks über alle Generationen hinweg erhalten blieb.[18] Hier aber mußte nun mancher «Prüfer» im stillen zugeben, daß der «Prüfling» mehr konnte als er selber.

Dann kam die mündliche Prüfung. Man fragte ihn nach einigen Absätzen der Zunftordnung und der kurfürstlichen Gesetzgebung – insbesondere nach den Bestimmungen über Lehrlinge und Gesellen. Er konnte das alles leicht beantworten. Man ermahnte ihn noch einmal: er habe dem Altgesellen eine Art Abschiedsbesuch gemacht. Das sei nicht üblich und dürfe nicht einreißen. Die Gesellen seien ohnehin viel zu selbstbewußt. Wegener schwieg auch hier. Er wußte, warum er diesem freundlichen, älteren, vom Leben enttäuschten Mann, der wie ein Knecht auf dem Dorfe lebte, eine kollegiale Höflichkeit erwiesen hatte: vielleicht würde er ihn in naher Zukunft brauchen.

Schließlich ernannte der Altmeister Friedrich Wegener zum Meister und nahm ihn als solchen in die Pritzwalker Tuchmacherzunft auf, der er bereits seit seiner Lehrzeit als Schützling angehört hatte. Man werde diese Aufnahme nach Berlin melden. Wegener lud die Meister zum Meistertrunk und -schmaus ein. Das war nicht billig – aber in Berlin, Leipzig und anderen Städten im Osten und Süden Deutschlands war es noch viel teurer und mancherorts sogar mit Geschenken an die älteren Meister verbunden.

Wegener kaufte einen gebrauchten Webstuhl und stellte ihn in dem Raum auf, in dem er auch schlief und sein Eigentum liegen und hängen hatte. Es wäre eng geworden im Elternhaus, wenn nicht die Mutter vor annähernd zwei Jahren gestorben wäre.

Einige Monate später heiratete Friedrich Wegener. Als er zu den Meistern seiner Zunft gegangen war, um die Meisterprüfung zu erbitten, hatte er im großen Garten eines Hufschmieds ein schön gewachsenes Mädchen gemeinsam mit jüngeren Geschwistern gesehen und singen gehört. Er war an der Hecke stehengeblieben – natürlich kannte man einander in diesem kleinen Ort –, hatte mit ihr gesprochen, ihr erzählt, was er plante, war weitergegangen – und wieder und wieder gekommen. Er war schließlich vor der Schmiede des Vaters Franz Treu, der zwei Gesellen und zwei Lehrlinge beschäftigte und selbstsicher Anordnungen traf wie ein Mann, der befehlen und bezahlen konnte, stehengeblieben und hatte «Guten Tag» gewünscht. Zufällig war die Tochter dazugetreten. Das geschah ein paar Mal. Wegener beschrieb die Hufeisen der Pferde, die schwere Lasten in Nässe und Eis über die Alpen zogen – nicht selten acht hintereinander und drei Meilen an jedem Tag. Der Schmied war interessiert und bat ihn um eine Skizze. Er war erstaunt: Wegener hatte, wie er sagte, in Venedig handwerklich zeichnen gelernt. Eines anderen Tages bemerkte Wegener, daß es in Holland wohl mehr Boote und Fähren gäbe als Pferde. Was er denn von Holland wisse? Er berichtete vom Wollkauf in Leiden für das Meisterstück. Der Schmied wollte dieses sehen, und Wegener brachte es ihm am Tage darauf. Der Schmied wusch sich die Hände, nahm es auseinander, legte es zusammen, rief nach seiner Frau, schenkte es ihr und zahlte Wegener einen guten Preis. Auch sagte er zu ihm: Du kannst zu viel für einen Pritzwalker Tuchmacher. Gib das auf, laß uns darüber sprechen. Und man sprach darüber. Schließlich überließen die Eltern ihre Tochter Margarete Treu dem Friedrich Wegener als Ehefrau.

Treu war in Pritzwalk und Umgebung kein seltener Name. Vor langer Zeit hatte man nach harten Menschenverlusten durch die Pest in der Gegend von Bamberg Neusiedler für die Prignitz geworben. Einige waren gekommen und hatten sich auch in Pritzwalk und auf seinen Dörfern niedergelassen, darunter eine ganze Sippe namens Treu. Sie hielten sich ein wenig abseits, hatten Erfolg in ihren Berufen und bildeten nun eine in Stadt und Land sehr angesehene Gruppe. Noch immer nannte man sie nach dem Ort ihrer Herkunft die «Bamberken». Wegener heiratete also eine Bamberke. Der wohlhabende Schmied Franz Treu kaufte für Friedrich Wegener und Margarete nicht weit von seinem stattlichen Anwesen bei der Straße, die nach Meyenburg führte, ein Haus mit genug Raum für mehr als nur die übliche Werkstatt. Man hatte Pläne.

Aber zunächst gebar Margarete Wegener im Frühjahr 1664 ihren ersten Sohn. Die beiden waren glücklich. Der Vater bestand darauf, daß er Friedrich Wilhelm heißen solle. Allerseits war man erstaunt: warum sollte er nicht nach einem der Großväter getauft werden, warum nicht Hans oder Karl, Paul, oder wie der Großvater Franz heißen? Nein, Wegener wollte diese Namen nicht. Man bat den Pastor, der den frommen und freigebigen Treu gewogen war, um Rat – der nannte manchen Namen und meinte, Friedrich Wilhelm sei vielleicht für einen Pritzwalker Tuchmacher ein wenig hoch gegriffen: so heiße der Kurfürst in Berlin. Wegener wußte das und fragte, ob es verboten sei, seinem Sohn den gleichen

Namen zu geben. Nein, das natürlich nicht. Ob man den Kurfürsten um Erlaubnis bitten müsse? Nein, nicht einmal das. Dann also, und nun endgültig und ein für alle Mal, solle er Friedrich Wilhelm heißen!

Als der Sohn Ostern 1664 auf diese beiden Namen getauft worden war und die Handlung im Kirchenbuch mit Datum und Unterschrift des Pastors festgehalten wurde, zeigte dieser den Eltern nicht wenige Eintragungen von Taufen in der Sippe Treu. Und höchst überrascht mußte er feststellen, daß manche seiner Vorgänger es mit der Schreibung dieses Namens nicht immer ganz genau genommen hatten. Gewiß – die meisten waren Treu geschrieben, aber einige Täuflinge hatten am Ende ihres Namens einen Schnörkel erhalten, so daß dort Treue stand. Nun, von diesem Tage ab wußte man, warum es in Pritzwalk und Umgebung neben mehreren Treus auch ein paar Treues gab. Einige Schreibfehler waren geradezu in der gleichen Familie und Generation geschehen: Ein Friedrich Treu hatte einen Sohn Franz Treu und einen Sohn, dem man, als er in die Fremde zog, aus der er nicht zurückkehrte, der Dokuments-Qualität des Kirchenbuches entsprechend den Namen Wilhelm Treue in seine Papiere eintragen mußte.[19]

Der Pastor fand diese Nachlässigkeit gar nicht schön, ja, ein wenig beunruhigend. Aber er freute sich auch auf den Tauf-Schmaus. So klappte er das Kirchenbuch zu und küßte Mutter und Täufling auf die Stirn. Das zeigte deutlich, daß dieser Teil der Taufe beendet war. Man legte Friedrich Wilhelm Wegener in seine Wiege, wandte sich dem reichen Festessen zu und vergaß nicht, den Armen der Gemeinde ein ansehnliches Geschenk in Geld und Resten von der Tafel zukommen zu lassen.

Am nächsten Tage ging man wieder an die Arbeit. Seit langer Zeit gab es eine Redensart, die meinte, Wollen- und Leinenweber seien Brüder oder Vettern, da sie sich beide des gleichen uralten Großgerätes menschlicher Kultur bedienten, des Webstuhls. Da liege zum Beispiel der große Unterschied gegenüber den Gebräuchen der Metallverarbeitung mit den oft kaum merklichen Übergängen und Grenzverschiebungen benachbarter, aufeinander eifersüchtiger Gewerbe.[20] Zu Wegeners Zeit galten in der Prignitz und überhaupt auf dem Lande die Wollen- und die Leinenweber zwar immer noch als Vettern – aber sie befanden sich doch auch in einem schroffen Gegensatz: wie reich und arm, wie Üppigkeit und Elend, wie Sommer und Winter. Die Holsteiner, die nach dem Großen Kriege in die Prignitz eingewandert waren, hatten für den Leinenweber das Sprichwort mitgebracht: «Uns Herrgott nährt uns all, sä de Wewer, ower knapp-knapp, knapp-knapp!» Im Schwabenland existierte ein ähnliches klangmalendes Elendswort von dem im dumpfen Webkeller um kargen Lohn unermüdlich schaffenden Leineweber, den Hungerleider: «Lorch» nannte man ihn wegen seiner Arbeitsstätte im Keller unter der Erde, «Schlichtfresser» wegen seines Darbens beim fast immer frugalen Mahl.

Oder man sagte: «S' ist Larifari (also wertloser Kram), wie's Weber – Weibleins Habermus». Und ihr Mann meinte: «Mit einer leeren Wampe is net gut gampe» (also sich am Webstuhl hin und her bewegen), und schließlich: ein Weber sei nur ein «Spatzedreck schwerer als e Schneider».

Zwar besaßen die Leinenweber in Frankfurt am Main ein stattliches Zunfthaus. Aber vielerorts hatten sie lange Zeit geradezu als unehrlich gegolten. Wenn der Henker Arbeit bekam, dann war es natürlich, daß die Zimmerlinge den Galgen aufrichteten. Aber wenn die Leinenweber in Würzburg noch 1653 zuweilen gemeinsam mit den Müllern die Leiter für den Galgen besorgen mußten, dann bedeutete das wahrlich Hohn und Verachtung der anderen, angeseheneren Gewerbe. 100 Gulden hatten 1611 die 90 Leineweber des Gerichtsbezirks Marquartstein aufgebracht, damit der Herzog von Bayern einen dauerhaften Galgen mitsamt Leiter mauern ließ.

Wegener gehörte also zu den «reichen» Wollwebern. Aber auch die waren in Pritzwalk, gemessen am Ehrgeiz des jungen Mannes, dem eine Familie heranwuchs – der zweite Sohn hieß Karl, der dritte Ewald und die nach einigen Jahren folgende Tochter nach der verstorbenen Großmutter Frieda –, noch zu arm. Zwar belebte sich seit Mitte der 60er Jahre die Wirtschaft im Kurfüstentum. Aber die Mark Brandenburg blieb auch dann noch eine Streusandbüchse. Einige gute Roggenernten füllten die Geldbeutel der Gutsbesitzer und auch über den Winter hinweg die Mägen ihrer «Leute». Doch bis zum Tuchmacher und Schneider reichte das Geld weiterhin nur selten.

Wegener sah sich um und bemerkte, daß auch in der Prignitz, genauso wie in Süddeutschland, der Tuchhändler und Gewandschneider, der Tucherer oder Tucher weit besser lebte als der Weber. Andererseits konnte er nicht verhältnismäßig bequem in einer Werkstatt sitzen, sondern mußte ständig unterwegs sein: zu den Webern und zu den Schneidern, zu den Gutsherrn, den Pastoren und Ärzten, zu den Märkten und Messen (etwa in Frankfurt an der Oder) zwei- und dreimal im Jahr ohne Rücksicht auf das Wetter und die Gesundheit.

Aber es lohnte sich deutlich. Gewiß brauchte man Anfangskapital: man mußte einen gewissen Vorrat an Tuchen mancher Art anlegen, Wagen und Pferde kaufen, vielleicht einen Gehilfen bezahlen und manchem Kunden Kredit gewähren, wenn er weitere Käufe in Aussicht stellte. Man mußte auch sicher sein, daß die anderen Mitglieder der Tuchmacher-Zunft nicht neidisch wurden und einem das Zunftrecht entzogen. Denn Wegener wollte nicht von heute auf morgen vom Webstuhl zum Handel überwechseln. Während er über Land zog, wollte er das Recht behalten, zu Hause einen erfahrenen und zuverlässigen Gesellen weiterhin weben und damit das Notwendigste für den Haushalt erarbeiten zu lassen – jenen verheirateten Altgesellen, den er besucht und zu dem er, der Abmahnung der Meister zum Trotz, eine Art freundschaftlich-kollegiale Verbindung aufrechterhalten hatte. Wegeners Vater, am Schluß ein müder und fast blinder Mann, war bald nach der Geburt des zweiten Enkels gestorben. Der Sohn hatte das Haus geerbt, das nun leerstand. Dahinein mochte der verheiratete Geselle mit Familie und Webstuhl ziehen. Er würde dankbar, fleißig und ehrlich arbeiten.

Doch Wegener zögerte weiter und weiter. Er traute seinen Kollegen nicht, unter denen sich einige befanden, die familiäre Not litten und daher leicht neidisch werden konnten auf den jungen Mann mit der schönen Frau und den gesunden Kindern, wenn außerdem auch noch wirtschaftlicher Erfolg dazukäme. Da hielten im Frühjahr 1671 – Wegener war nun 30 Jahre alt – auf der Meyenburger Straße vor der Schmiede des Schwiegervaters zwei mit ordentlichen Pferden bespannte Wagen, um die herum etwa ein Dutzend ausländisch aussehender Menschen stand – alte und junge, die nicht weiter wußten. Sie gingen zum Schmied, und einer fragte in schwer verständlichem Deutsch, ob dies hier Pritzwalk sei. Der Schmied gab Antwort, und ein Geselle wies darauf hin, daß eines der sechs Pferde lahmte, weil es ein Hufeisen verloren hatte. Man spannte es aus und ließ es beschlagen, auch noch ein zweites. Inzwischen setzten sich die Ankömmlinge auf den großen Platz vor der Schmiede und begannen zu essen. Frau Treu trat hinzu, gab den Kindern warmen Brei und sprach mit den Müttern. Während die Eisen glühend gemacht und schließlich auf die Hufe gepaßt und genagelt wurden, erfuhr man, wer die Menschen waren.

Im Jahr zuvor, also 1670, hatten die Wiener ihren Kaiser bewogen, die Juden aus der Stadt zu verjagen. Diese hier hatten vom Brandenburgischen Residenten erfahren, daß sein Kurfürst bereit war, einige 40 oder 50 Familien in seinem menschenarmen Land aufzunehmen, falls sie wohlhabend oder gar reich und arbeitsam waren. Sie hatten sich gemeldet, waren langsam nach Berlin gezogen und unter Berufung auf den Residenten bei den Behörden vorstellig geworden. Da aber erlebten sie nun, als sie ihren Vermögensstand darlegten, daß sie dem Kurfürsten für die Hauptstadt nicht vermögend genug waren. Sie konnten keine stattlichen Häuser bauen, keine großen Geldgeschäfte eröffnen, nicht hohe Steuer zahlen, Gold- und Silberschmiede, Pferdehändler und Schneider viel Geld verdienen lassen.

In Berlin durften sie also nicht bleiben. Zurück nach Wien konnten und wollten sie nicht. Wohin? Der Kurfürst ließ diese beiden Familien in die Stadt Pritzwalk schicken, die zusätzliche Einwohner – und seien sie auch Juden – brauchen konnte. Der Rat der Stadt wurde entsprechend benachrichtigt. Seine Proteste fanden kein Gehör. Neben den drei alteingesessenen Judenfamilien mußten die Pritzwalker Bürger nun zwei weitere aufnehmen – sie taten es nicht gern, wenngleich man jenen ansah, daß sie nicht gerade Betteljuden waren, sondern möglicherweise wohlhabende Menschen. Aber das war nicht mehr ganz richtig. Im Wiener Judenviertel an der Donau hatten sie, während sie arbeiteten und verdienten, geradezu in einem gewissen Reichtum gelebt. Der Verkauf ihrer Häuser mitsamt den meisten Waren brachte ihnen jedoch nur einen Bruchteil des eigentlichen Wertes – die Erwartung dieses «Spekulationsgewinnes» hatte ja ihre Vertreibung durch die Wiener verursacht. Die lange Flucht-Wanderung hatte bei aller Sparsamkeit viel Geld gekostet, das Warten auf die kurfürstliche Entscheidung im teuren Berlin, wo man einen Wohlstand vortäuschen mußte, der nicht mehr bestand, fast den Rest des Vermögens. Den Pritzwalkern mochten sie als «Wiener Hofjuden» erscheinen – in Wirklichkeit waren sie inzwischen arme Flüchtlinge.

Der Rat wies ihnen am äußersten Ende der Meyenburger Straße eine herrenlose Ruine mit Hof und Garten zu. Die mochten sie sich herrichten. Frau Treu und ihre Tochter Margarete Wegener übernahmen es dem Stadtrat gegenüber, sich um die Familien zu kümmern. Und damit erhielt Friedrich Wegener den letzten Anstoß zum Berufswechsel, den er noch brauchte. Gute Werke finden gelegentlich ihren Lohn. Seine Frau erfuhr, daß einer der jüdischen Familienväter in Österreich ein weitgereister und erfahrener Tuch- und Leinenkaufmann gewesen war. Er zeigte sich sofort bereit, mit Wegener zusammenzuwirken. Da er aus Berlin die kurfürstliche Erlaubnis mitgebracht hatte, in seinem alten Beruf wieder tätig zu werden, konnte der Rat von Pritzwalk, der ohnehin den beiden Frauen gegenüber zu Dank verpflichtet war, ihnen keine Schwierigkeiten in den Weg legen.

Dennoch gingen Friedrich Wegener und Nathan Gold verschwiegen und unauffällig an die Arbeit. Sie legten ihre kleinen Kapitalien zunächst nicht zusammen, sondern kauften anfangs getrennt ein, tauschten Erfahrungen aus – Gold mußte auch erst noch den Prignitzer Dialekt verstehen lernen –, legten einen Warenvorrat an, zogen getrennt, aber nach einem gemeinsamen Plan auf die Märkte und richteten so im Laufe einiger Jahre eine Art Handelsgesellschaft ein, während der Altgeselle die Tuchmacherei aufrechterhielt und seine Frau Margarete Wegener zur Hand ging.

Wegener wollte also seine immer engere und schließlich freundschaftliche Verbindung zu Gold nicht in aller Öffentlichkeit der traditionellen Judenfeindschaft entgegenstellen, die in Pritzwalk ebensosehr herrschte wie in so vielen anderen Orten in Mittel- und Osteuropa. Er bemerkte nicht oder erst später, daß der Kurfürst in Berlin seine Einstellung den Juden gegenüber seit der Aufnahme der Wiener Flüchtlinge änderte.[21] Bereits 1658 hatte er nachdrücklich die uneingeschränkte Zulassung der polnischen Juden «auf den Jahrmärkten und in den Städten» Kurbrandenburgs, ganz besonders aber zu den Messen in Frankfurt an der Oder befohlen. Nachdem er dann jene 50 Familien sorgfältig ausgewählt und aufgenommen hatte, nahm er sich 1671 der Juden überhaupt mit einer Reihe von Dekreten an – gegen die wiederholten Proteste einzelner Städte und ganzer Regionen. Im Mai 1671 «begnadete» er sie mit der Erlaubnis, «in Sonderheit Tücher und dergleichen Ware in Stücken verkaufen, auch ellenweise aufmessen» zu dürfen. Am gleichen Tage gestattete er im Zusammenhang mit jenem Aufnahmeedikt den 50 Familien zwar nicht in einer eigenen Synagoge, aber in den Wohnungen ihren Gottesdienst zu halten, einen Schächter und einen Schulmeister anzustellen. Im übrigen gab es zu dieser Zeit in der Mark Brandenburg bereits einen Landesrabbiner für die ansässigen Juden; ihm wurde nun auch die Sorge für die neu Hinzugezogenen auferlegt.[22]

Am 9. November 1672 bestätigte der Kurfürst den jüdischen Messebesuchern in Frankfurt erneut und sehr eindringlich seine kurfürstliche Gnade. Nachdem die Landstände wenige Tage zuvor über jene 50 Familien geklagt hatten, erklärte er am 18. Dezember 1672 weiter, er habe nun einmal diese «Juden unter unserer hohen Hand und Siegel vergleitet, welches wir so schlechterdings nicht umstoßen können», zumal «wir noch der beständigen Meinung seien, daß die Juden mit ihren Handlungen Uns und dem Lande... nutzbar erscheinen». Die Innungen in Berlin und Kölln, die Kauf- und Handelsleute von Neubrandenburg klagten und klagten in den nächsten Jahren weiter gegen die Juden, aber am 6. Juni 1678 erklärten völlig überraschend die Adligen des Pyritzschen Kreises «öffentlich..., daß sie über keinen Juden bishero zu klagen..., sondern es hätten sich dieselben sowohl bei dem Adel als Gemeinen in Handlungen wohl und löblich verhalten, alles was sie gekaufet, ehrlich und aufrichtig bezahlet, dergestalt, daß in diesem Kreise ihnen nichts Übles kann nachgesaget oder erwiesen werden, sondern seind im Handel viel mehr den Einwohnern nützlich als schädlich gewesen...»

Wegener verhielt sich also – ohne es zu erfahren – den Pritzwalker Juden gegenüber genau so, wie der Adel es für richtig hielt und der Kurfürst befahl – wobei hier und da vorteilhafte Kredite etwa für die Mitgift der Töchter und die Kavalierstour der Söhne, beim Verkauf von Vieh, Korn und Wolle usw. deren Urteil günstig beeinflussen mochten.

Inzwischen ging das Leben im Kurfürstentum Brandenburg weiter. Im Jahre 1667 hatte der Kurfürst zwar in den Städten eine neue Steuer, die «Accise», eingeführt, die auch für die Lebenshaltung der Pritzwalker Verteuerungen brachte; aber auf dem Lande kam es gleichzeitig zu Entlastungen bei der «Kontribution» genannten altgewohnten Steuer. Und Pritzwalk lebte mehr vom Lande als aus sich selber heraus. Nach dem Siege der brandenburgischen Truppe über die Schweden bei Fehrbellin am 18. Juni 1675 konnte der Kurfürst sich mehr als bisher dem «Landesausbau» widmen – vorzüglich unterstützt seit 1676 durch den Generalkriegskommissar Joachim Ernst von Grumbkow.[23] Auch Wegeners Geschäft belebte sich deutlich im Rahmen dieser Entwicklung des Landes: überall begegnete er Hoffnung und Zuversicht.

Als er selber 1680 – glücklicher Familienvater mit einer ungewöhnlich unternehmerischen Frau und vier gesunden Kindern, mit wohlhabenden Schwiegereltern und einem tüchtigen jüdischen Geschäftspartner, der fast ein Freund geworden war – nach zwei fleißig und geschäftstüchtig verbrachten Jahrzehnten 40 Jahre alt wurde, stand er weitaus an der Spitze aller Pritzwalker, die sich mit Tuchweberei und -handel beschäftigten. Noch fühlte er sich fast jung. Zuweilen klagte er laut über das viele Reisen in jeder Jahreszeit – aber das tat er eigentlich nur, um nicht allzu sehr den Neid der Kollegen herauszufordern.

Margarete Wegener war es da am wohlsten, wo sie ihren Mann kennengelernt hatte: mit ihren Kindern im Garten. Sie konnte es sich leisten, über Gewürze, Rüben und Heilpflanzen hinaus, wie jede Bauersfrau sie säte und pflanzte, auch anderes zu pflegen: Blumen, die man eigentlich nur in «richtigen» Bürgergärten sah, in denen des Arztes, des Bürgermeisters, des Geistlichen, oder vielmehr in denen ihrer Ehefrauen, denn diese Männer selber gruben und pflanzten natürlich nicht – das war Frauen- beziehungsweise Bauern-Arbeit.

Sie hatte einen Küchengarten und einen Blumengarten.[24] Im Küchengarten gewann sie rote Rüben, Möhren und Zwiebeln, im Mistbeet Blumenkohl, Kohlrabi, Majoran, Kohl und Basilikum; in einem separaten Beet für Heilpflanzen allerlei blut- und schmerzstillende Kräuter, andere gegen Husten und Durchfall der Kinder. Sie zog auch Zwiebel- und Möhrensamen und baute Fenchel, Kürbis und Salbei, Rettich und Spinat, Anis, Erbsen, Mangold, Kresse und Sauerampfer an. Im Blumengarten hatte sie Ginster und Rosmarin, Buchsbaum, Thymian, Wermut und Sauerampfer – aber auch Krokus und Steinbrech, Primeln und Märzbecher, Narzissen und Herbstzeitlose. Auf diese Weise lernten ihre Kinder viele nützliche und schöne Pflanzen kennen, die man in den Bauerngärten kaum jemals und selbst in den Bürgergärten einer Kleinstadt wie Pritzwalk nur selten sah. Ja sie kannten schließlich sogar einen Vers auf den Mist, den die Mutter in einer von ihrem Mann mitgebrachten «Zeitung« gelesen hatte:

«Der Mist sei wohl gefault, soll nicht zu sehr eralten,
mehr trocken sein als naß, so wird es gut gehalten.«

Nach der Arbeit schmeckte dann den Kindern das mit Kümmel oder Mohn gewürzte, mit Butter bestrichene Brot und am Abend der mit Milch gekochte und mit Honig gesüßte warme Hirse-, Gerste- oder Haferbrei. Fleisch aß man eigentlich nur an Festtagen. Gelegentlich brachte der Vater von seinen Fahrten zu den Hafenstädten wie Lauenburg und Frankfurt an der Oder harten Stockfisch, Salzheringe oder sogar einen geräucherten Aal mit nach Hause, der schärfer war als Schinken und Speck.

Daraus bereitete die Frau dann ein «Festmahl» – das aber nicht jedem schmeckte: Haferschleim, Fleischbrühe, verschiedene Wurzeln und Kräuter, Erbsen und im Backofen getrocknete Pflaumen mundeten eigentlich besser als diese «Hamburger Aalsuppe», die nur den Männern gut gefiel.[25] Im übrigen konnte man in den vielen Bächen und Seen in und um Pritzwalk heimische Süßwasserfische fangen und angeln. Zwar existierten hier und da, hauptsächlich im menschenreichen Berlin und in seiner Umgebung, Fischer-Zünfte mit Privilegien für die Garnfischerei und den Fischhandel, aber die Kleinfischerei stand fast überall jedem frei – insbesondere die «Küchenfischerei» zu des «Tisches Notdurft», bei der man zumeist so weit ins Wasser gehen durfte, wie «die Füße ohne Hilfe» trugen. Wegeners jüdische Freunde, die in Wien durch das Fleisch der Rinder und Schafe verwöhnt worden waren, welche die aromatischen Gräser und Kräuter der Donau-Auen gefressen hatten, aßen die Fische aus den Prignitzer Seen lieber als das Fleisch der Tiere vom märkischen Sand.[26]

Besonders gerne gingen die Kinder mit der Mutter Ostern zum «Eierpicken» mit hartgekochten Eiern, zum Aufrichten des Baumes am Vorabend des Pfingstfestes, flochten mit ihr Johanniskränze, banden am Ende der Getreideernte, der «Aust», die letzten Roggen-Garben zu einer Puppe zurecht, die sie mit Bändern und Blumen schmückten und dem Vater schenkten.[27] Die Mutter selbst litt häufig unter Augen- und Halsentzündungen, da der Rauch der offenen Feuerstätte, die zum Kochen und an kalten Tagen zur Erwärmung des ganzen Hauses diente, nur durch die Tür und ein paar Schlitze in der Mauer abziehen konnte. Eines Tages ließ ihr Mann nach der Rückkehr von einer Reise einen Herd in Tischhöhe mauern – mit einem Feuerrost zur Trennung von Glut und Asche, Verbesserung der Luftzufuhr und einem Kamin durch das Dach – einen «Kochofen», wie man ihn nicht einmal beim Arzt oder Pastor besaß. Seine Frau Margarete war ihm dankbar, und obendrein sparte man Heizmaterial.[28]

So lebte man dahin: die Eltern und ihre Kinder waren gesund, und das Geschäft brachte gutes Geld ein. Die Zusammenarbeit mit den Juden stieß nirgends auf Widerstand, und in der Prignitz wie im ganzen Lande ging es jetzt aufwärts: nachdem der «Alte Derflinger» 1675 bei Fehrbellin die Schweden besiegt hatte, begann man, Friedrich Wilhelm den «Großen Kurfürsten» zu nennen. Allmählich verblaßte in Wegeners Generation die Erinnerung an den langen Krieg und die vielen Verluste. Als Wegener selber 1680 40 Jahre alt wurde und diesen Tag, einen Sonntag, nach dem Kirchgang mit seiner Familie und den Eltern seiner Frau bei einem Festessen feiern konnte, fühlte er sich auf der Höhe des Lebens. Zu seiner Frau sagte er am späten Abend, als sie wieder allein waren: «Ich bin gesund, und wir haben so viel Geld, daß wir in normalen Zeiten nicht in Not geraten. Die Kinder lernen gut. Sie wachsen heran. Unser Ältester soll die

Schmiede seines Großvaters erhalten – wenn er will. Karl aber, dein Zweiter und neben Frieda dein Liebster, soll nicht wieder einfach als Tuchmacher an einem schwerfälligen Prignitzer Webstuhl anfangen. Wir wollen noch in diesem Jahr den nächsten Schritt tun!» Mit diesem Entschluß begann er ein neues Jahrzehnt.

3. Dodo II. von Knyphausen

«Von seinen Studien und Reisen zurückgekehrt», hat Dodo II. von Knyphausen 1662 begonnen, sich «unter Anleitung seines Protektors, des Hofgerichtspräsidenten von Ostfriesland», in seine Aufgaben als bedeutender hochadliger ostfriesischer Grundherr und als angesehener Vertreter seines, des ersten, Standes in mehrere öffentliche Ämter einzuarbeiten. Seit langem besaß er keine Eltern mehr, die ihn bei der Aufnahme der praktischen wirtschaftlichen Arbeit hätten beraten können. Den Vater hatte er als Zwölfjähriger verloren, seine Mutter hatte nach Schweden geheiratet, als er fünfzehn Jahre alt gewesen war – er hat sie nie wieder gesehen.

Aber er besaß freundschaftliche und verwandtschaftliche Beziehungen zu den altadligen Geschlechtern der Fürsten von Nassau und Friesland, der Grafen von Erbach, Solms, Möers, Leiningen, Oettingen, Manderscheid und noch manchen anderen.[29]

Im Vordergrund der landwirtschaftlichen Tätigkeit stand für Männer seiner Art die Pferdezucht für den Handel. Bereits im Jahre 1276 hatte der Bischof von Münster den Friesen freien Handel mit Pferden, Ochsen und Schafen zugesichert – Märkte für dieses Vieh fanden in Dodos Zeit statt in Aurich, Emden, Leer und einigen weiteren Städten und brachten durch Export viel Geld ins Land.[30] Dodos II. Vater wurde im Dreißigjährigen Krieg auf einem Friesenpferde galoppierend abgebildet.[31] Im Jahr 1658 schickte man dem Kaiser einige kostbare Pferde als Krönungsgeschenk. Sie waren zwar klein und eher häßlich, aber kräftig und ausdauernd. Paulus Potter hat ein solches Pferd gemalt; und in dem «Neuen Tractat von der Stuterey oder Fohlenzucht», Nürnberg 1672, wurde ein kleines Pferd mit mächtiger Brust ausdrücklich als «Friesländer» bezeichnet. Bei dem apfelgrauen Hengst «Kranich», mit dem Graf Anton Günther von Oldenburg (1583–1667) sich abbilden ließ, schleifen der neun Ellen lange Schweif und die sieben Ellen lange Mähne über den Boden. Das Haar dieses von seinem Herrn hochgeschätzten Schulpferdes, auf dem er auch seine junge Frau eingeholt hatte, hing in fünf von Schleifen gehaltenen Zöpfen vom Halse herab.

Auch die Zucht von Heidschnucken mit einem Wollertrag von allerdings nur zwei bis drei Pfund bildete einen wichtigen Teil des Wirtschaftsbetriebes. Bedeutender als die Wolle und der leichte «Schlachtkörper» war der organische Dünger, den sie hinter sich ließen. Die Herden zählten 400 bis 700 Schafe, für die man nur zwei, höchstens drei Schäfer brauchte.[32] Bereits im 15. Jahrhundert aber sagte man in Friesland: «In beesten is alle ore rikedoeme» («In Rindern steckt all unser Reichtum»). Die meisten Rinder waren «feist» und gaben viel Milch, das heißt auch Butter, galten also als «Doppelnutzungskühe». Peter Paul Rubens hat um 1620 einen kleinen, sehr gedrungenen friesischen Ochsen gezeichnet.

Seit Jahrzehnten wurde innerhalb der Familie von Knyphausen ein heftiger, zuweilen auch in militärische Kämpfe mit Toten und Gefangenen ausartender Streit geführt, dessen Einzelheiten hier nicht interessieren. Allmählich erzielte Dodo Erfolge in diesem unerfreulichen Familienkrieg. Am 19. Oktober 1670 heiratete er, ohne sich hiervon stören zu lassen, die wahrscheinlich 24jährige Hedwig Oriana Reichsfreiin von Frydag zu Goedens. Die katholischen Frydags waren durch Heirat aus der Gegend von Recklinghausen nach Ostfriesland gelangt, und Orianas Vater war 1646, wohl dem Jahre ihrer Geburt, zum Reichsfreiherrn erhoben worden. Ihre Mutter stammte aus dem Gelderland. Einer ihrer jüngeren Brüder, Johann Ernst, war Rektor eines Jesuitenkollegs bei Brüssel, ein anderer, Iko Wilhelm, Jesuiten-Prediger in Maastricht. Da sich auf diese Weise abzeichnete, daß die katholische Kirche in Nordwestdeutschland bald nach dem Frieden von Münster und Osnabrück ein paar Positionen zurückerobern würde, erhob Kaiser Leopold I. die beiden älteren Brüder von Hedwig Oriana zu Reichsgrafen und ernannte sie zu Reichshofräten. Der eine von ihnen, eine sehr männliche Erscheinung, wurde außerdem kaiserlicher Kammerherr, der andere, der diplomatisch begabte Franz Heinrich, in Dodos Berliner Zeit kaiserlicher Gesandter beim Kurfürsten. Der reformierte Ostfriese Dodo heiratete also in einen katholischen Adelskreis mit bedeutenden Aussichten und politisch-konfessionellen Aufgaben. Und die Frydags leisteten, was man von ihnen erwartete: der eine wurde Großprior seines Ordens für Ungarn auf Malta; Orianas Schwester konnte in Brüssel als Gräfin Duras ein großes Haus führen. Eine andere Frydag vermählte sich mit dem dänischen Gouverneur von Norwegen, einem «natürlichen» Sohn Friedrichs III. von Dänemark.

Hedwig Oriana, eine kluge, vielseitig beeinflußte und gebildete junge Frau, hatte gelernt und wußte 1670, was sie ihrem Kreis und sich selber schuldig war. Als sie am 20. Oktober 1670 in der Schloßkapelle der landesherrlichen Sommerresidenz Sandhorst bei Aurich unter der Protektion der Regentin Christine Charlotte Fürstin von Ostfriesland, Herzogin von Württemberg, Dodo durch die «copulatio» ihre Hand reichte und mit ihm in die Klunderburg einzog, brachte sie katholische Dienstboten und Priester mit. Im Ehepakt wurde festgelegt, daß in dem reformierten Milieu der Knyphausen öffentlich katholische Gottesdienste stattfinden dürften – allerdings existierte für diesen katholischen Bereich eine «absonderliche dazu aptierte Salett» (Gartenhaus). Natürlich wurde der Hauskaplan genauso zur Tafel befohlen wie der reformierte Geistliche. Man lebte in einer geistig und wirtschaftlich sehr hochstehenden ökumenischen Gemeinschaft. Und so blieb es fast ein Vierteljahrhundert lang bis zum Tode dieser einerseits ungewöhnlichen und andererseits doch zu einem großen Kreis von physisch und seelisch verwandten Menschen gehörenden Frau am 5. Dezember 1694 in Berlin.

Es gehörte zum Wohlwollen des Kaisers gegenüber den Frydags, daß er 1671 dem gewissermaßen angeheirateten Dodo und seinem einzigen Bruder Moritz ausdrücklich die seinen Vorfahren 1631 verliehenen Titel eines Reichsfreiherrn, Bannerherren und Edlen Herren zu Lütetsburg und Bergun mit der Versicherung seiner Gewogenheit bestätigte. Immerhin war Dodo zu dieser Zeit als Assessor Mitglied des ostfriesischen Hofgerichts: da konnte ein kaiserlich-katholisches Diplom nicht schaden. Das Diplom von 1631 war in den Kriegswirren der Zeit nicht in die Hände der Familie gelangt.

Im Jahre 1673 kamen winzige 6½-Monats-Zwillings-Söhne kaum lebensfähig zur Welt und zur Nottaufe. Aber immerhin: die Nachfolge war gesichert und die Mutter, wie ein Porträt zeigt, sehr stolz, wenngleich die gerade anwesende fürstliche Regentin den erstgeborenen Franz Ferdinand in der Eile mit einem «bei dem Feuer stehenden Wasser-Getränk» hatte nottaufen müssen. Der Vater erzielte politisch-wirtschaftliche Erfolge. Erst fiel ihm der Alleinbesitz einiger Güter und schließlich 1677 die ganze Herrschaft Lütetsburg samt Entschädigungsgeldern für entgangene frühere Einnahmen zu, mit denen er umfangreiche Instandsetzungen vornehmen konnte. Sofort zog man in dieses Schloß um, das in den folgenden Jahren aufwendig ausgebaut, ja eigentlich erneuert wurde. Denn weitere Erbschaften zeichneten sich ab. Dodo konnte hoffen, ein sehr bedeutender Mann in Ostfriesland zu werden. Das führte anscheinend dazu, daß er zeitweise mit Geld recht großzügig umging, d. h. spekulierte. Sein Ansehen in den ostfriesischen Institutionen, denen er einflußreich angehörte, hätte darunter leiden können. Da er ein sehr ehrgeiziger, im Grunde aber auch ein solider Mann war, fing er sich (oder seine Frau ihn?) und beschäftigte sich nun ernsthaft mit der großen Ökonomie: Er lernte autodidaktisch die Buchführung eines Staatsmannes, die dem Jura-Studenten auf der Universität nicht beigebracht worden war. Erfahrung im Rechts- und Wirtschaftswesen war es, was ihn schließlich auf die Höhe seines Erfolgs führen sollte. Obendrein nahm ihn immer stärker der Wiederaufbau von Schloß und Wirtschaft von Lütetsburg in Anspruch. Es stellte sich heraus, daß das «fast zu Grunde verfallene» Schloß auf alten Mauerteilen neu errichtet werden mußte, damit es auf moderne Weise für eine große Familie mit vielfältig zusammengesetzter Hofhaltung bewohnbar wurde. So entstand nach mehreren Entwürfen von 1678, wie man später sagte, «ein mächtiger Backsteinwürfel», der in niederländischer Bauweise unmittelbar aus dem Wasser herausragte. Oriana erhielt im westlichen Erdgeschoß eine würdige Kapelle, in deren Fensternischen und Seitenkammern sich Altäre, Bet- und Beichtstühle befanden, Dodo im westlichen Obergeschoß einen reformierten Predigtsaal mit Orgel, daneben Wohnräume und eine Bibliothek. Insgesamt bestimmte unübersehbar das Kirchliche den Wohn- und Lebensstil – zwei Konfessionen harmonisch unter einem Dach.

Und das war nicht etwa eine auf Repräsentation nach zwei Seiten bedachte Äußerlichkeit. Lütetsburg war wohl noch nicht ganz so fertig, wie man es haben wollte, da ging Dodo II. bereits 1682 an den Bau einer Kirche in Bargebur, einem Ort, der unmittelbar vor dem vorwiegend lutherischen Lütetsburg lag. Die Kirche sollte einen alten, ihm ungenügend erscheinenden Raum in der Burg für die reformierten Gottesdienste der Gemeinden Lütetsburg und Norden ersetzen. Nun gab es jedoch auch noch weitere lutherische Gemeinden in anderen Orten. Diese vernachlässigte man nicht geradezu – aber sie mußten sich mit bescheideneren Möglichkeiten begnügen, wofür die Lütetsburger Lutheraner sich dadurch rächten, daß sie den Bau einer reformierten Kirche im Orte selber verhinderten. Und sogar als der Bau in Bargebur bereits bis zum Dach stand, kamen 100 Mann «bewaffneter Pöbel von Lutheranern» und rissen das Gebäude ein, «so daß nicht ein Stein auf dem anderen blieb». Auch kam ihnen die lutherische Regentin in Aurich mit dem Versuch eines Bauverbots zu Hilfe. Dodo II. hat die Bargeburer Kapelle, in der er, der unglücklich starb, schließlich beigesetzt wurde, wohl nie in fertigem Zustand gesehen. Erst als das Militär des reformierten Kurfürsten von Brandenburg in Ostfriesland eingezogen war, konnte unter der «brandenburgischen Assistenz» von einem Unteroffizier und 18 Mann und unter der Drohung, daß die ganze Garnison von Emden nebst niederländischer Verstärkung anrücken werde, der Bau vollendet werden. Zum Schutz der Kirche selber deckte «eine löbliche Salvaguardia» die Kirche noch lange «wider alle besorglichen Ausfälle».

Über andere größere und kleinere Wirren, die Lütetsburg und Ostfriesland erlebten und erlitten und die aufgrund von Verwandtschaften, konfessionellen Differenzen und europäischen Zielsetzungen auch die Höfe von Wien und Berlin beschäftigten, muß hier leider hinweggegangen werden – genauso wie über die Auseinandersetzungen zwischen Ludwig XIV., England und Schweden hier, dem Kaiser, Spanien, Holland, Brandenburg und Dodo dort, der 1678 Hofrichter wurde.

Ostfriesland wurde von alledem am schwersten getroffen, als im Jahre 1682 die rat- und hilflos gewordene Landesherrin den mehr als 60jährigen, vielerfahrenen, ja, raffinierten Kurfürsten von Brandenburg von Aurich aus um Schutz gegen die Vertretung ihrer eigenen Untertanen, die drei «Landstände», bat. Offenbar hatte sie keine Ahnung von dem politischen Ehrgeiz dieses verschlagenen Herrn. Er ließ sich nicht zweimal bitten.

Dodo II., 41jährig, seit einem Jahrzehnt glücklich und politisch einflußreich verheiratet, Vater eines «Thronfolgers» und weiterer Kinder, die man «richtig» verheiraten würde, regierte zu dieser Zeit seit 20 Jahren seinen Besitz und war als Präsident der Stände der einflußreichste Mann in Ostfriesland mit besten Beziehungen nach Wien und Den Haag – aber auch mit einem klaren Blick für das, was die Landesfürstin mit ihrem Hilfsgesuch ausgelöst hatte und was sich nun unabwendbar ereignen mußte. Obendrein waren die Knyphausen mit der Kurfürstin Luise Henriette von Brandenburg durch deren Mutter – wenn auch nur weitläufig – verwandt.

4. Salomon Herz Löw Oppenheim

Salomon Herz Löw Oppenheim war im Juni 1662, 22 Jahre alt, überraschend nach Frankfurt zurückgekehrt. Sofort mußte er feststellen, daß sich am Main wie an der Donau die Stimmung der Bürger gegen die Juden verhärtet hatte. Nach 1648 waren den Juden in ihrer Gasse sechs Ladengeschäfte für den Warenhandel zugestanden worden. Diese erwiesen sich als so vorteilhaft, daß die zünftigen Handwerker sich zunehmend über sie beschwerten – und Erfolge erzielten: die Knopfmacher zum Beispiel erreichten noch rund ein Vierteljahrhundert nach der Eröffnung dieser Geschäfte, 1674, daß den Juden der Handel mit härenen und seidenen Knöpfen von Rechts wegen untersagt wurde.[33] So etwas betraf zwar Oppenheim nicht unmittelbar, bestärkte ihn aber in der Befürchtung, daß die Gefahr in ganz Mittel- und Osteuropa durchaus noch nicht vorüber war. Im Augenblick wichtiger erschien ihm allerdings seine eigene Stellung unter den Juden.

Auf alle Fragen, die Freunde und Nachbarn, Gemeindealte und Rabbiner stellten, gab er ruhig und gelassen die Antwort, den Wiener Juden stünde eine neue Verfolgung bevor – «nur» eine Vertreibung, möglicherweise ein böses Pogrom, nicht das erste bekanntlich. Die einen glaubten ihm und hielten ihn für einen ernsthaft und besonnen gewordenen, übrigens gut aussehenden Mann, der nun den Eltern Freude bereiten und das Alter erleichtern werde. Andere waren überzeugt, die Zeit der Pogrome sei endgültig vorbei. Wenn der Kaiser die Frankfurter Juden ausdrücklich unter seinen Schutz stellte – warum sollte er dann erlauben, daß die gute Steuern zahlenden und den Handel in Österreich, Böhmen, Mähren fördernden «Hebräer» aus der Kaiserstadt vertrieben oder gar ermordet würden? Löw Oppenheim konnte nur immer wiederholen, wie man ihn behandelt, was man ihm nachgerufen hatte, wie er die Stimmung der Wiener empfand. Und seine Zuhörer lächelten weiter. Stimmung! Wer gab etwas für die Stimmung, für die Laune? Hatte er gute Geschäfte gemacht oder schlechte?

Er hatte gute Geschäfte gemacht. Mit einem gar nicht ganz kleinen Kapital, mit sicheren Kreditbriefen, mit Aufträgen und «ersten Adressen» für weitere Geschäfte trat er in die Handlung seines Vaters ein, der nun etwa 52 Jahre alt war und noch immer mit seinen Brüdern Löw und Nathan Löw und ihren Familien im Hause «Zum Schwarzen Bären» wohnte und arbeitete – in großer, ständig und durch Herz Löw nun erneut wachsender Enge.

Es lag nahe, daß er nicht einfach dem Vater zur Hand ging: das Gebiet um Rhein, Main und Fulda sollte er nicht erneut bereisen. Das dortige Geschäft behielten der Vater und die Brüder weiterhin für sich. Herz Löw dagegen sollte seine Erfahrung im Südosten und Osten nutzen – bis Wien, Prag und sogar bis Krakau. Es war dort, wie er wußte, gutes Geld zu verdienen – allerdings nur, wenn man von Frankfurt aus weite Reisen mit entsprechender Mühe sowie lange Zahlungstermine mit entsprechenden Unsicherheiten und Zinsen auf sich nahm. Dazu war er bereit. Auch ging es beim Handel mit diesen Gebieten zum Teil um Waren, die der Vater und die Brüder noch nie in der Hand gehabt hatten. Hier lockte der Reiz der Neuheit die Menschen in der Frankfurter Judengasse.

Schon seit der Römerzeit wurde, wie die Inschriften in den Ruinen auf dem Magdalensberg beweisen, das berühmte «Norische Eisen» hauptsächlich in Form von Geräten über die Stadt Aquileja in den gesamten Mittelmeerraum gehandelt.[34] Während der Völkerwanderungszeit war dieser Verkehr zusammengebrochen. Erst im 12. Jahrhundert hatte die Eisenproduktion in der Steiermark wieder einen größeren Umfang angenommen – mit dem entsprechenden Handel nach Oberitalien und nach Venedig sowie zur Donau. In den Jahren 1314 und 1415 erhielt die Stadt Leoben große «Freiheitsbriefe», die ihren Kaufleuten für den Einkauf am Erzberg fast ein Monopol sicherten und auch ihre Eisenwaren-Handelsmöglichkeiten bedeutend erweiterten. Daraufhin schlossen die Leobener Eisenhändler sich zu einer «Commune» zusammen, deren Privilegien im 15. Jahrhundert widerholt verlängert und erweitert wurden.

Am Handel mit Innerberger Eisen waren in Niederösterreich anfangs hauptsächlich Steyr sowie Waidhofen an der Ybbs beteiligt. Später traten in Oberösterreich abhängig von Steyr Emmersdorf und Melk, Krems-Stein und Wien, Enns, Wels, Linz und Freistadt hinzu. Kaiser Maximilian I. unterstellte die Produktion der landesfürstlichen Hoheit, reglementierte wohl auch den Handel mit Eisenwaren, mußte aber den Fernhandel letzten Endes der Marktentwicklung überlassen – den frühkapitalistischen großen Verlegern und finanzkräftigen Kaufherren.

Als der junge Oppenheim die Eisen- und Stahlexporte der «Innerberger Hauptgewerkschaft» kennenlernte, waren insbesondere die nach Deutschland, Freistadt, Krems und Wien in einem kräftigen Aufschwung begriffen. Hatten sie um 1655 noch insgesamt etwa 13 000 × 56 kg = 728 000 kg betragen, so stiegen sie in den sechziger Jahren bis auf etwa 1,6 Mio kg. Davon gelangten mehr als 500 000 nach Deutschland. Das übrige verteilte sich ziemlich gleichmäßig auf Freistadt, Krems und Wien – nicht zuletzt wegen der Sommer- und Herbstmessen dort und in Linz, wo die oberdeutschen Kaufleute ihre Geschäfte mit den Steyrer Eisen-Bürgern abschlossen. Sie vermittelten mit Hilfe der Linzer und Regensburger «Donaufrächte» beachtliche Mengen von Stahl und Eisen zum «Legort» Regensburg. Von dort aus gelangte die Ware zu den Legorten Nürnberg, Frankfurt am Main und Leipzig.

So trat also der junge Oppenheim, der die Wirtschaft von Wien, Krems und Linz einige Jahre lang kennengelernt hatte, nun von seiner Heimatstadt aus in den Eisen- und Stahl-Handel ein.[35] Worum ging es dabei? Einmal um Roheisen und -stahl für die Weiterverarbeitung, dann aber auch um Fertigwaren: um Sensen, Strohmesser und Sicheln hauptsächlich. Die «Donaumaut» Aschach passierten:

Jahr	1652	1675	
Sensen	91550	122000	
Strohmesser	16210	17205	
Sicheln	10250	59860	
	118010	199065	«Stück» Eisen.

Diese Steigerung um insgesamt annähernd zwei Drittel, bei den Sicheln um das Viereinhalbfache, erlebte Oppenheim zum großen Teil mit, und ebenso die entsprechende Entwicklung des Fracht- und Transportwesens, die Handelsbehinderungen und -verbote, die Erhöhung der Mautgelder und sonstigen lokalen Aufschläge, schließlich die Versuche von adligen Herren und Städten, solche Abgabenkomplexe pachtweise an sich zu ziehen.[36] Und Oppenheim sollte dabei gute Geschäfte machen. Alleine die Jahre 1667 und 1668 brachten dem Export nach Deutschland einen Anstieg um 32 bzw. 30%. Dabei nahmen im Süden Regensburger und Nürnberger Kaufleute die stärksten Positionen ein, von denen aus sie Innerberger Stahl und Sensen nach der Schweiz, Frankreich und den Niederlanden sowie, unter Beteiligung Frankfurter Kaufleute, nach Hamburg und Lübeck vermittelten – und von dort aus in die baltischen Länder, insbesondere nach Riga.[37]

Oppenheim wurde also ganz unabhängig vom Frankfurter Messeverkehr, der seit dem Sommer 1666 sowieso schwer unter den am Niederrhein herrschenden Epidemien litt. Wegen der Ansteckungsgefahr wurden keine Geleitbriefe und Pässe für Waren und Personen ausgestellt. Die

Herbstmesse dieses Jahres fiel fast ganz aus.[38] Ja, Oppenheim konnte es sogar genießen, daß ab den 60er und mehr noch in den 70er Jahren der Frankfurter Eisenhandel über den von Regensburg und Nürnberg hinauswuchs. Insbesondere der Aufschwung des Sensengeschäfts war das Verdienst Frankfurter Bankiers, Kaufleute und Spediteure. Genannt wurden überall die Brüder de Neufville als Bankiers und Spediteure sowie Heinrich Fröhn, nicht aber der Jude Oppenheim, der, genau wie jene, verzinnte weiße und schwarze Bleche, Sensen, Sicheln und Strohmesser auf der Achse über Salzburg und Regensburg nach Nürnberg und von dort auf der Regnitz und dem Main nach Frankfurt beorderte.[39] Diese Stadt entwickelte sich seit den 70er Jahren im westlichen Deutschland zum wichtigsten Umschlagplatz für österreichische Eisenwaren. Und der junge Löw Oppenheim, der diesen Teil seines Geschäfts ganz selbständig, mit eigener Kasse, also unabhängig vom Vater und von den Brüdern betrieb? Er wurde bis zum Jahre 1670 der höchstbesteuerte Frankfurter Jude!

Das lag wohl auch daran, daß er nicht in Regensburg kaufte beziehungsweise Waren von dort aus vermittelte. Er hatte aus der Zeit um 1660 Verbindungen nach Freistadt behalten. Dort aber erzeugte man in Drahtzügen und Sensenschmieden Waren, die nach Böhmen und Mähren, zur Lausitz und nach Schlesien verhandelt wurden. Breslau und seine Umgebung bezogen fast alle Sensen aus Freistadt. Schlesiens Hauptstadt nahm 1655 56 % und 1682 79 % des ständig steigenden Freistädter Handels mit Sensen, Strohmessern und Sicheln auf: 140 000 beziehungsweise 354 000 Stück – nicht zuletzt, weil es dank des Breslauer «Niederlagsrechts» den Kaufleuten verwehrt wurde, westlicher gelegene Handelsplätze zu besuchen. So erlangte Freistadt also seit 1660 eine dominierende Rolle. Oppenheim aber kannte die meisten Straßen, über die der Handel rollte, und viele Menschen, die ihn betrieben. Er besaß auch Kapitalien in Wien, die durch seine Verwandten an solchen Geschäften beteiligt waren. Die östlichen Kaufleute aber waren zu einem großen Teil Juden – zum Beispiel aus Brody.[40]

Der junge Oppenheim muß zwischen 1663 und 1670, also bis zum Ende seiner 20er Jahre, dauernd unterwegs gewesen sein: von Frankfurt nach Regensburg, vielleicht die Donau hinunter bis Krems und Wien, wohl auch weiter die gewohnten Straßen nach Böhmen und Mähren – und ebenso zur Ostseeküste, nach Hamburg. Er muß außerdem einen riesigen Briefwechsel geführt haben. Die Taxis unterhielten zu jener Zeit ein Postnetz, von dessen Hauptlinie Brüssel-Venedig aus viele Verzweigungen Mitteleuropa durchliefen. Briefe, die man in Venedig aufgab, waren mit Sicherheit 10 Tage später in Brüssel.[41] Die Beförderung eines Päckchens von Venedig zu dem großen Verteilerpostamt Augsburg, über das mehr als die Hälfte der Post von Venedig nach dem Norden transportiert wurde, kostete je Unze 9 Soldi, nach Frankfurt 12, nach Köln 18 und nach Antwerpen 21 Soldi, wobei 20 Soldi einer Lira entsprachen. Frankfurt hatte seit 1610 ein eigenes Postamt und lange Zeit einen Postmeister gehabt, der weithin durch seine unternehmerische Tüchtigkeit berühmt gewesen und dem Reichs-Generalpostmeister in Brüssel beinahe über den Kopf gewachsen war: Johannes von den Birghden.[42] Aber dieser war bereits 1627 durch den Niederländer Gerard Frints ersetzt worden – der Chef des Hauses hatte begonnen, jenen ganz außergewöhnlichen Mann zu fürchten, und behauptet, Birghden, der die Postkurse Frankfurt-Leipzig, Köln-Hamburg und Nürnberg-Augsburg eingerichtet und damit in der Tat Hauptzielpunkte im protestantischen Deutschland miteinander verbunden hatte, habe enge Beziehungen zum geächteten Winterkönig und zu anderen protestantischen Führern unterhalten. Das mag stimmen oder nicht – jedenfalls wurde er in zehn Jahren ein reicher Mann. Im Jahre 1631 in Frankfurt mit einem «Vermögen» von 600 Gulden eingebürgert, kaufte er zehn Jahre später für angeblich 200 000 Gulden das Haus «Zum Kranich» an der Nordseite des «Römers».

Schon im September 1643 waren Münster und Osnabrück, wo man über eine Beendigung des Krieges zu verhandeln begonnen hatte, an das Taxis'sche Postnetz angeschlossen und untereinander mit doppelten Reitposten verbunden worden, und 1645 hatte die Reichsgeneralpostmeisterin Alexandrine von Taxis im Auftrage Kaiser Ferdinands III. einen neuen Postkurs Münster-Frankfurt-Nürnberg-Linz-Wien eingerichtet, der den zeitraubenden Normalkurs über Köln vermied. Im Jahr darauf war ein Kurs Münster-Brüssel-Nymwegen-Utrecht-Amsterdam gefolgt, wo dann die deutsche Post nach England, Frankreich, Spanien und Portugal verteilt wurde.

Diese Jahre hatten die Blütezeit der Taxis-Post ausgemacht. Denn nach dem Friedensschluß von 1648 waren schnell die Landesposten erstarkt – es drohte den Taxis eine «Fragmentierung» der Post, der zwar juristisch das kaiserliche Postregal im Wege stand. Aber bereits im Jahre 1650 mußten die Taxis das sächsische Postwesen mit dem Postamt Leipzig verloren geben. Seit 1658 kämpften Braunschweig-Lüneburg, Hessen-Kassel, Brandenburg und Schweden, also protestantische Staaten, erbittert gegen die Taxis-Post und erklärten den Grafen Taxis für einen «Ausländer», der gar kein Reichsamt bekleiden dürfe. Auch beschäftige er mit Vorliebe Fremde und transferiere seine riesigen Einnahmen ins Ausland. Als Kaiser Leopold I. auf Drängen des Reichsgeneralpostmeisters Lamoral von Taxis 1660 den Kurfürsten Friedrich Wilhelm von Brandenburg aufforderte, seine Landesposten einzustellen und die Reichspost in seinen Staaten zuzulassen, erwiderte dieser, er sehe keine Ursache dazu und sei «auch gar nicht gemeint, mich mit dem Gräff. Taxis über meine landesfürstliche Hoheit ... einzulassen». Im Gegenteil, die guten Leistungen seiner eigenen Landespost hätten sichtlich die Taxis'schen Postbedienten nicht wenig «aufgemuntert».

Oppenheim nutzte natürlich auch diese Möglichkeit, zugleich sein Geschäft zu beschleunigen und sich selber die an Umfang – und Ertrag – ständig wachsende Arbeit zu erleichtern. Er wurde in diesen Jahren trotz seiner relativen Jugend in der Judengasse ein angesehener Mann. Kein Mensch mochte mehr über seine Vergangenheit Vermutungen anstellen.

Besonders dicht war seine Korrespondenz mit den Verwandten und Geschäftsfreunden in Wien, Krems und Linz. So war er besser als die anderen Juden in Frankfurt darüber unterrichtet, daß die Wiener Jahr für Jahr eine Verschärfung der Verhältnisse erlitten: die Christen wurden bösartiger. Kaiser Leopold heiratete 1666 eine Spanierin, von der man sagte, sie sei mehr zu einer bigotten «Religieusen» als zu einer Prinzessin und Kaiserin erzogen worden. Als im Jahre 1668 die erst vor acht Jahren von Leopold erbaute Hofburg in Flammen aufging, gaben viele Wiener den Juden die Schuld daran: mehr denn je forderten sie deren «Austilgung». Ein Jahr später verlangte die Stadt Wien von den Juden innerhalb einer Woche ein genaues Verzeichnis aller Schulden und Guthaben des Judenviertels und verbot den Einwohnern bis auf weiteres, ihr Viertel ohne einen besonderen Passierschein zu verlassen. Man zog also Bilanz, um zu wissen, was man mit einem Schlage gewinnen und auf längere Sicht an Abgaben einbüßen würde, wenn man die Juden vertrieb. Und solange man rechnete, hielt man die Opfer einfach gefangen.

Oppenheim erkannte deutlich, wie das Verhängnis heraufzog. Noch im gleichen Jahre schlug es zu: Am 3. August 1669 drohte man den Juden die Vertreibung an, und am 25. Februar 1670 wurde auf Grund eines Gelöbnisses der Kaiserin bei der Frühgeburt eines Sohnes 5 Tage zuvor in aller Form das Ausweisungsedikt zum Tage des Fronleichnamsfestes erlassen. Es traf, wie der brandenburgische Resident aus Wien seinem Kurfürsten in Berlin bereits am 27. Juli 1669 vorausgesagt hatte, 1346 Personen im Besitz von 132 Gebäuden im Werte von 205 650 Gulden insgesamt.[43] Ausdrücklich schrieb der Kaiser, die Vertreibung geschehe «nicht wegen begangener Übeltat, sondern um willen ihrer Kays. Maj. dieselben in dero Erzherzogtum Österreich ferner nicht gedulden wollen».

Die Wiener Juden wanderten aus oder flüchteten – die meisten naturgemäß nach Böhmen, Mähren, Ungarn, Polen, Bayern, einige auch nach der Kurmark Brandenburg: in Berlin entstand eine «Colonie der österreichischen Exilierten», zu deren Bildung jener Resident angeregt hatte. Bereits am 19. April 1670 erging an ihn ein kurfürstliches «Rescript», in dem es hieß: «Ob wir nun wohl mehr Juden ins Land zu nehmen Bedenken tragen, so möchten wir doch endlich nicht ungeneigt sein, daferne es reiche, wohlhabende Leute wären, welche ihre Mittel ins Land bringen und hier anlegen wollten, ein 40 bis 50 Familien in unsere Lande aufzunehmen.» Etwa so viele trafen allmählich in der Kurmark ein, nur wenige reiche Familien zogen direkt in die Hauptstadt, wo man sie fortan «die Wiener» nannte – wie 15 Jahre später die Hugenotten «die Franzosen» und noch später die österreichischen Protestanten «die Salzburger». Viele Flüchtlinge fürchteten sich vor dem Leben in einer Stadt, in einer großen christlichen Gemeinde, die vielen Erfahrungen zufolge sich leichter und gefährlicher gegen die Juden wenden konnte als ein Gutsbesitzer und die von ihm abhängigen Bauern, Arbeiter und Handwerker. Sie zogen lieber in Kleinstädte und größere Dörfer.

Auch in die kaiserlich garantierte Sicherheit der Frankfurter Judengasse flüchteten natürlich einige Wiener: zu ihrem Verwandten, Freund und Kollegen Löw Oppenheim. Einst hatten sie ihn freundlich aufgenommen und auf den Weg zum Erfolg gebracht. Nun empfing er sie herzlich und großzügig, wie es sich für einen Mann gehörte, über den man erfuhr, daß er, nur 30 Jahre alt und noch unverheiratet, der höchstbesteuerte Jude in Frankfurt war.

Das Leben – ein sehr erfolgreiches – ging weiter. Wahrscheinlich im Jahre 1674 heiratete Salomon Herz Löw Oppenheim, etwa 34 Jahre alt, Bela Halle, die Enkelin und Erbin des Nathan Halle, der 1629 gestorben war. Im Jahre 1675 wurde Herz Salomon Oppenheim, genannt von Halle, geboren. Es folgten bald zwei Brüder, Lazarus Salomon und Aron Salomon – auch sie genannt von Halle.

So zogen die Jahre friedlich und erfolgreich dahin – und doch war nach Oppenheims fester Überzeugung und Angst, die ihn seit seiner Kindheit, seitdem er zum ersten Male Erinnerungen an den Fettmilch-Aufstand gehört hatte, Tag und Nacht niemals mehr verlassen hatten, die Zukunft ständig mit neuen Gefahren verbunden. Immer, auch jetzt, da er als reicher Mann weder unter Ludwigs XIV. Kriegen in den 70er Jahren noch anschließend im Jahre 1680 unter den Folgen schwerer Epidemien in Thüringen, Meißen, Schlesien und Österreich zu leiden brauchte, sah er sich und seine Familie gefährdet.

Zur Herbstmesse 1680 wurde an Frankfurts Toren niemandem aus den verseuchten Gebieten ohne Gesundheitspaß oder Sondergenehmigung des Frankfurter Sanitärsamtes der Einzug erlaubt. Die Waren mußten vor der Stadt an bestimmten Stellen gelagert werden; den Menschen wurde Zwangsquarantäne in Holzbaracken auferlegt. Die Orte Bornheim und Bockenheim waren von auswärtigen Kaufleuten mit ihrer Begleitung überfüllt.

Oppenheim betraf dies alles wenig. Sein Handel brauchte die Messe kaum, und sein Warenverkehr von Süden nach dem Westen und Norden konnte an Frankfurt vorbeigeleitet werden. Viel hinderlicher waren für ihn Ludwigs XIV. Kriege gegen Belgien und Holland und auch die Kämpfe am Oberrhein mit der Besetzung von Straßburg: sie störten den

Handel in Westdeutschland beträchtlich. Und außerdem litt er unter den Ereignissen im Frankfurter Judenviertel selbst. Dort waren die moralischen Zustände innerhalb der Gemeinde kaum jemals so betrüblich gewesen wie, ständig zunehmend, seit 1660.[44] Deutlich stand dies im Zusammenhang mit den gedrückten wirtschaftlichen Verhältnissen und mit der quälenden Enge, in der eine ständig wachsende Zahl von Menschen leben mußte. Viele Juden waren fast oder ganz arbeits- und erwerbslos. Das führte dazu, daß die Nachbarn einander beobachteten und kritisierten, mit Neid und Eifersucht verfolgten. So kam es zur Bildung von Klüngeln. Die Judengasse, deren Bewohner eigentlich aufs engste zusammenhalten mußten, um sich gegen Anfeindungen von außen zu behaupten, wurde zu einem Kampfplatz. Nicht einmal in der Synagoge ruhten die Zwistigkeiten – man trieb in ihr «unzulässigen Mutwillen». In das Gemeindebuch wurde 1679 eingetragen: «Seit geraumer Zeit ist die Aufführung in unserer Gemeinde infolge unserer großen Sündhaftigkeit derart, daß einer den anderen lebend verschlingen möchte. Keiner hat Scheu vor Gott dem Allmächtigen, sondern trachtet nur danach, die Wünsche seines eigenen Herzens zu erfüllen.»

Der Rat der Stadt, der die Ereignisse scharf beobachtete, nahm besonderen Anstoß am Denunziantentum unter den Juden. Dauernd liefen bei ihm Anschuldigungen von Juden ein. Schließlich setzte der Vorstand der jüdischen Gemeinde einen öffentlichen Fasttag an, um Gott anzuflehen, er möge seinen Zorn von der Gemeinde abwenden und die Herzen wieder zum Guten lenken. Beim Gottesdienst nahm 1679 der Vorbeter einen Satz in sein Gebet auf, der sich gegen die Angeber und Verleumder, die Händelsüchtigen und ihre Helfershelfer richtete. Außerdem erklärten die Vorsteher der Gemeinde alle solche Übeltäter für unfähig, ein Amt in der Gemeinde zu bekleiden oder während des Gottesdienstes ein Ehrenamt wahrzunehmen, und verurteilten sie, den Schaden, den ihr Auftreten angerichtet hatte, in vollem Umfang zu ersetzen sowie obendrein 100 Dukaten Strafgeld zu zahlen. Bei erneuter Übertretung der Gesetze würden sie dem Bann verfallen und aus der Judengasse ausgewiesen werden. Das wirkte offenbar, denn seit 1680 verstummten die Klagen über Angeberei bei den christlichen Behörden; doch hörten die Privatstreitigkeiten nicht auf.

Der reiche und vornehme Fernhändler Löw Oppenheim hielt sich aus all diesen Wirren heraus, auch wenn sie in seiner unmittelbaren Nähe und Freundschaft stattfanden, zum Beispiel die jahrelangen Angriffe auf Abraham Drach im «Hause zum Drachen». Abraham Drach gehörte zu den bedeutendsten Mitgliedern der jüdischen Gemeinde, seine Familie lebte seit Generationen im Frankfurter Judenviertel und hatte der Gemeinde die höchsten Beamten gestellt.[45] Wiederholt hatte man ihn zu wichtigen Verhandlungen nach Wien geschickt. Er galt nicht nur als klug und geschäftsgewandt, sondern auch als äußerst redlich. Er war Hoffaktor mehrerer Fürsten in Frankfurts Umgebung; aber er war auch streng und gegenüber unlauteren Elementen in der Gemeinde rücksichtslos – nicht zuletzt, wenn sie sich im Verkehr mit Christen unkorrekt verhielten. Das zog ihm Feindschaft und Haß zu. Man klagte ihn schon 1670 unter Vorwänden an – er wurde freigesprochen. Aber nach ein paar Jahren begannen die Angriffe erneut mit der Behauptung, er verleumde ständig die katholische Geistlichkeit in Mainz. Man hatte Erfolg: 1676 zog der Kurfürst von Mainz Drach vor sein Gericht – aber die Ankläger blieben aus. Der Kurfürst verhängte daraufhin für einige Zeit eine Handelssperre gegen die Frankfurter Juden. Drach wagte voller Angst nicht mehr, die Judengasse zu verlassen, da der Kurfürst von Mainz Anspruch auf die Gerichtsbarkeit auch über die Frankfurter Juden erhob. Im Mai 1678 erhielt er schließlich einen kurfürstlichen Paß und zog nach Mainz, um sich zu rechtfertigen. Inzwischen wurde sein Haus in Frankfurt mehrfach von kaiserlichen Abgesandten durchsucht – ohne Ergebnis. Zeitweise saß Drach, von einem Leutnant und zehn Mann bewacht, im Mainzer Gefängnis. Dann durfte er nach Frankfurt zurückkehren, was zu neuen Zusammenrottungen in der Judengasse mit dem Vorwurf führte, er habe versucht, Christen zum Judentum zu bekehren.

Am 31. April 1680 machte Drach sich auf den Weg zum Kaiser in Wien, um dessen Hilfe zu erbitten. Er gelangte nur bis in die Nähe von Linz. Dort wurde er auf Veranlassung des Mainzer Residenten am kaiserlichen Hof verhaftet und in das Gefängnis der Stadt gebracht. Am 30. August 1680 wieder entlassen, erhielt er die Erlaubnis zur Weiterreise erst im März 1681. In Wien erlebte er 1683 die Belagerung der Kaiserstadt durch die Türken – und auch noch den Entsatz durch Sobieski. Im Frühjahr 1684 entschied der Reichshofrat endlich den Prozeß gegen Drach: er wurde ohne jede Einschränkung freigesprochen und in alle seine Ehrenämter wieder eingesetzt, der auf seine Habe in Frankfurt gelegte Arrest aufgehoben. Seine Verleumder sollten innerhalb von zwei Monaten 150 000 Gulden Strafe aufbringen – sie brauchten nur wenig Zeit mehr. Als Drach von ihnen außerdem 131 981 Gulden Schadenersatz forderte, erzwangen die Vorsteher der Gemeinde einen Vergleich, dessen Ergebnis unbekannt geblieben ist.

Im Jahre 1687 ist Drach gestorben – ein unschuldiger, aber gebrochener Mann. Oppenheim erlebte dies alles aus nächster Nähe, er sah Tag für Tag, was Juden geschehen konnte und was sie selber einander antaten zwischen Frankfurt, Mainz und Wien. Er wurde die Angst vor einem ähnlichen Schicksal um so weniger los, als Drachs jüdische Hauptgegner, auch sie wohlhabend, unter der Führung eines kaum weniger reichen Isaak Kann viele Jahre die Judengasse und in ihr ein paar Familien ganz besonders terrorisieren konnten. Kann hat seinen Gegner Drach, den er als seinen Nebenbuhler um die höchsten Ehrenämter und die Verehrung durch die Gemeinde empfand, um 15 Jahre überlebt. Und er hat seine Macht auf seine Nachkommen vererben können.

5. Maria Sibylla Merian

Die Jahre nach der Trennung von ihrem Mann und des Zusammenlebens allein mit ihren beiden Töchtern begannen für Maria Sibylla Merian gleich mit einer Reise nach Norddeutschland: bald nach ihrer Rückkehr in das Frankfurter Milieu der Merian kam aus Schloß Gottorp in Holstein an Matthäus die Anfrage, ob die durch ihre Blumenbilder berühmte Schwester bereit sei, in den Blumenhäusern von Gottorp eine Reihe südländischer Pflanzen zu zeichnen und zu malen.

Unerwartet ergab sich hier für Maria Sibylla die Möglichkeit, sich einen alten Wunsch zu erfüllen: seit der Zeit ihrer Verlobung hatte sie Norddeutschland sehen wollen, dessen Landschaft Matthäus ihr verlokkend beschrieben hatte. Nun machte sie sich im Frühjahr 1683 auf den Weg nach Holstein und Schleswig. Über Hamburg gelangte sie zum Herzogtum Stormarn, dessen Weite mit Getreide, Obstbäumen und prächtigem Vieh sie in einem Brief an die Mutter bewundernd als ein «Land der Verheißung» schilderte. Weiter führte der Weg nach Itzehoe mit dem prächtigen Schloß der Rantzau in schönster Lage und schließlich am Karfreitag 1683 zum Schloß Gottorp.

Dort erlebte sie während der folgenden Wochen in fast sommerlicher Wärme das Frühjahr und sah und malte zum ersten Male die fremdartigen Pflanzen, die wegen des schönen Wetters bereits in das Grün der Gärten gestellt worden waren. Sie malte auf Papier, Leinewand und Pergament und lernte Menschen kennen, die zwar nicht in Italien gewesen waren, aber sowohl Java kannten als auch zur dänischen Insel St. Thomas in Westindien gereist waren: neue Welten taten sich der Frankfurterin auf, die bisher nur unter süddeutschen und niederländischen Künstlern gelebt hatte. Auch begegnete sie Seeleuten, Plantagenleitern und Ärzten – skandinavischen und englischen –, die ihr von afrikanischen Negern und Sklaven auf den Inseln Westindiens berichteten und nicht zuletzt Pflanzen beschrieben, die es auch in den Gewächshäusern von Gottorp nicht gab: Azaleen, Chrysanthemen und viele andere mehr.

Während sie also in aller Bequemlichkeit im Schloß lebte und über den zweiten Band ihres Raupenbuches nachdachte, für den sie weitere 50 Abbildungstafeln fertig hatte, begannen Afrika und Amerika sie zu locken. Sie wollte sich in aller Form von Graff trennen, ganz unabhängig sein und Neues studieren und malen. Aber natürlich mußte erst dieser zweite Band gedruckt vorliegen, mit dem sie «Gottes Lob aus seinen Geschöpfen vermehren» wollte, wie es jener Arnold, Professor der Eloquenz, im ersten Band in Reime gefaßt hatte. Nun schloß sie in ihrer prägnanten, von allem Überschwang freien Sprache den Text ab. Seine letzten Zeilen wandten sich unmittelbar an den Leser.

«Die Augenlust recht zu genießen, laß Dich, o Leser, nicht verdrießen, daß Du
nicht urteilst zu behend, lies vom Anfang bis zu
END.»

Sie kehrte nach Frankfurt zurück und wurde dort sehr bewundert. Graff sandte aus Nürnberg einen langen Brief, in dem er andeutete, daß es nun doch eigentlich der künstlerisch-wissenschaftlichen Arbeit genug sei und man das gemeinsame Leben in Frankfurt oder Nürnberg wieder aufnehmen könne. Aber Maria Sibylla dachte an ganz anderes und war außerdem wieder und endgültig und voller Stolz eine Merian: am 4. Dezember 1683 hatte der Kurfürst von Brandenburg ihren Bruder Matthäus in einem «Decreditif» an den Magistrat der Stadt Frankfurt zu seinem «Residenten in Frankfurt und am Rheine» erhoben. Der Künstler und Verleger war nun, 63 Jahre alt, auch Diplomat geworden. Im Frühjahr 1684 erschien Graff unerwartet bei Matthäus Merian und erkundigte sich nach seiner Frau sowie nach der Entwicklung der Töchter Johanna Helena und Maria Dorothea, die jetzt 18 und 8 Jahre alt waren. Dann besuchte er auch selber seine «Familie». Überall mußte er zur Kenntnis nehmen, daß man ihn gleichsam vergessen hatte. Maria Sibylla forderte ihn geradezu auf, umgehend nach Nürnberg zurückzukehren und sich nie wieder bei ihr sehen zu lassen. Daß sie jede neuerliche Lebensgemeinschaft mit ihrem Ehemann schroff ablehnte, hatte seit einiger Zeit besondere Gründe, die ihr ganzes künftiges Leben und auch das ihrer Töchter verändern sollten.

Wovon lebte Maria Sibylla mit ihren beiden Töchtern, nachdem sie Nürnberg verlassen und sich von ihrem Mann unwiderruflich getrennt hatte? Offenbar in erster Linie von ihrer Maler-Hände Arbeit: sie war ja eine angesehene und sehr beliebte Blumenmalerin in einer für die Malerei insgesamt und für die der Blumen im besonderen aufgeschlossenen Stadt und Region, die über Nürnberg und Augsburg bis zu den Alpen reichte – und eine «Merianin» obendrein, nicht mehr eine Gräffin. Auch die «Jungfern-Compagnie» gab es noch, die ihr in Nürnberg bei der Raupenzucht und bei der Malerei zur Hand gegangen war – zu ihr gehörten Magdalene Fürst, die nun 30 Jahre alt und selber eine angesehene Coloristin war, die «Jungfer-Auerin», die nach Maria Sibyllas Weggang für sie weiterhin Farbenhandel betrieb, und insbesondere die noch junge, erst 1664 geborene Clara Regina Imhoff. Mit ihr, die anfangs bei ihrem Vater Christoph Andres «Im Hoff» in Nürnberg am «Herrenmarkt» wohnte, blieb sie fortan mehr als zwei Jahrzehnte lang per Korrespondenz freundschaftlich und geschäftlich verbunden. Der erste erhalten gebliebene Brief an Clara ist eine Antwort vom 22. Juli 1682 aus Frankfurt auf ein «angenehmes Brifflein», in der Maria Sibylla alle Blumen zusammenstellte, die sie in ihrem «Raupen- und Blumenbüchlein» gemalt hatte. Auch erwähnte sie, daß sie nun bereits in Frankfurt eine weitere Gehilfin brauchte: die «Jungfer Combanny». Am 24. März 1683 bedankte sie sich für ein schönes und «wohlausgeführtes Täflein» der Imhoff, das sie in ihrer Wohnung so auslegen wolle, daß es «von vielen Kunstliebhabern soll gesehen werden, wie auch von vielen Frauenzimmern». Zu den Rosen hatte die Imhoff «schönen Karmin» gebraucht – den möge sie in Ehren halten, «denn er ist übel zu bekommen». Am 8. Dezember schickte sie der Imhoff einen Brief «sambt einem Päcklein». Darin befanden sich «zwei Muschel Grundfarb und ein Gläßlein gutten Firniß, ich habe ihn dünn gemacht, auf das Sich lange halten soll, er kost 30 x und die Farbe 12 x, dut also 42 x, ein großes Cabital». Das Geld solle sie der «Jungfer Auerin» geben, die übrigens auch «schöne farben» zum Verkauf habe.

Durch die «Madamoiselle» Imhoff trat sie auch in Verbindung mit deren Vetter Christoph Volkamer, dem sie am 8. Mai 1685 Grüße schickte und ihre Dienste als Farbenhändlerin anbot. Bereits am 3. Juni des gleichen Jahres sandte sie der Imhoff für diesen Vetter einen Brief auf einem Pergament und unterschrieb – eine 38jährige bekannte Künstlerin, die von ihrer Arbeit leben mußte – als «votre tres humble servade Marie Sibile Gräffin».

Bald darauf verließ sie Frankfurt und übersiedelte nach Holland. Das unterbrach anscheinend für viele Jahre die Korrespondenz mit der «Jungfer Im Hoff». Je eifriger und erfolgreicher Maria Sibylla malte und schrieb, um so mehr drängte es sie, unter Menschen zu leben, die mit ähnlichem Ernst diesen Beruf ausübten. Nicht mit ihrem nun schnell alternden großen Halbbruder, der immer mehr ein Unternehmer wurde und wirklich Neuartiges nicht mehr schuf, sondern mit den besten ihres Faches – und die arbeiteten in den Niederlanden. Das war das eine. Außerdem führte sie in Frankfurt immer häufiger mit ihrer Mutter Religionsgespräche: sie entfernte sich von der reformierten Kirche, der sie seit ihrer Taufe vor mehr als 30 Jahren angehörte. Ihr Bruder Kaspar hatte sich sogar einer Sekte angeschlossen, deren Hauptsitz in den Niederlanden war: den Labadisten.

Jean de Labadie, geboren 1610 in Bourg, Guienne, war zunächst Jesuit geworden, hatte aber 1639 den Orden verlassen und war 1650 zur reformierten Kirche übergetreten. In dieser hatte er als Prediger unerwünschte mystische Lehren entwickelt. So war er als Geistlicher verschiedentlich versetzt oder gar verbannt worden; er hatte dieses Amt 1657 in Orange, 1659 in Genf und 1666 schließlich in Middelburg in Zeeland wahrgenommen. Dort wurde er endgültig seines Amtes enthoben, weil er eine «Gemeinschaft Wiedergeborener» bilden wollte und Spannungen in der reformierten Kirche verursachte. Also wandte er sich 1669 nach Amsterdam, von da nach Herford, aus dem ihn ein Edikt des Reichskammergerichts vertrieb, weiter nach Bremen und endlich nach Altona, wo er 1674 starb. Sein Schüler Philipp Jakob Spener wurde weltberühmt, als er die Sekte der «Labadisten» allmählich in die Bewegung des Pietismus überführte.

Maria Sibylla hatte in Gottorp von den Labadisten reden gehört, die äußerlich kaum von der Lehre der reformierten Kirche abwichen, aber einem katholisch-klösterlichen Lebensideal zustrebten und in Gütergemeinschaft vorwiegend von Handarbeit lebten. Ihre Hauptgemeinde – insgesamt handelte es sich um nicht mehr als 400 Seelen – saß nun in den Niederlanden. Die bekannteste Frau unter ihnen war Anna Maria von Schürmann gewesen, eine sehr gelehrte Schwärmerin aus Köln. Sie war wegen ihrer außerordentlichen Sprachkenntnisse – sie konnte mit drei Jahren lesen, sechsjährig Blumen und Insekten malen, sprach mit sieben Jahren lateinisch, mit acht holländisch und lernte hebräisch sowie alle lebenden Sprachen des Orients – schließlich als «Stern von Utrecht» in die Geschichte, nicht zuletzt in die der weiblichen Genies eingegangen. Viele Jahre hatte sie Labadie auf seiner schwierigen Lebensreise begleitet, schließlich war sie 1678 am Sitz der Labadisten in Wiewart in Friesland gestorben.

Dort, unweit von Leeuwarden, hatte Labadie für seine Sekte ein großes Schloß erhalten. Nun gründeten etwa 160 Anhänger, mitten unter einfachem und geringem Fischer- und Hirtenvolk, eine «Kolonie». Ihre Zahl wuchs – meist durch den Zuzug reicher, selbständiger, unverheirateter Frauen und armer, heimatloser Handwerker aus den ganzen Niederlanden – innerhalb weniger Jahre auf etwa 500 Seelen. Man entschloß sich, Tochtergemeinden oder -kolonien zu gründen und die Bekehrung der Heiden zu betreiben: die labadistische Sekte wurde eine Missions-Gesellschaft.

Maria Sibylla fühlte sich zu diesem geistigen Lebenskreis hingezogen und doch auch noch immer an Frankfurt gebunden, den materiellen Mittelpunkt ihrer Arbeit. Dort blieb sie zunächst einmal wohnen, ließ ihr Bürgerrecht verlängern und trennte sich in aller Form von Graff. Sie war nun, mit zwei Töchtern, die ihr sehr nahestanden, allein und ganz «selbständig», mithin auch endgültig auf ihren eigenen Verdienst angewiesen. Sie begann 40jährig ein neues Leben – das einer beruflich höchst erfolgreichen, seelisch nicht unbedingt glücklichen Frau.

Bei den Labadisten erlebten ihr Bruder Kaspar und ihre alte Mutter Freundschaft, Hilfe in einer Gemeinschaft. Konnte vielleicht auch sie als nicht mehr ganz junge Frau mit zwei Töchtern dort endlich finden, was ihr weder das Elternhaus noch die Ehe noch die Geschwister hatten bieten können: neben der Arbeit, über sie hinaus den Menschen? Aber sie zögerte. Sollte sie, die über den mehr konventionell-unbeholfenen Vergleich des Menschenwurms mit der Raupe hinaus niemals außergewöhnliche Gläubigkeit gezeigt und sich über das Evangelium der christlichen Ehe hinweggesetzt hatte, sich einem sehr fremden Orden anschließen – einem Missions-Orden sogar – und obendrein ihre materiell abhängigen Töchter, die junge Frauen wurden, zu dem gleichen Schritt zwingen? Außerdem: Würde sie im Kreise der Labadisten genügend Zeit zur Arbeit und damit die Gelegenheit finden, Geld für den Lebensunterhalt von drei Frauen zu verdienen? Sie hatte in Nürnberg und Frankfurt gut verkaufen können. Aber von einem Schloß mitten in einem nicht sehr dicht bevölkerten Agrargebiet aus würde das kaum möglich sein.

Schließlich führte wohl ihr Ehemann die Entscheidung herbei. Mitte 1685 wollte er von Frankfurt nach Nürnberg zurückkehren, sie ihn aber auf keinen Fall begleiten. Man trennte sich also wieder einmal – endgültig. Graff ließ 1692 in Nürnberg die Scheidung amtlich konstatieren, bevor er am 25. Juni 1694 als «Maler und Conterfeier» die «tugendsame» Anna Maria Hofmann heiratete. Anfang Mai 1685 verließ Maria Sibylla mit ihren Kindern Frankfurt. Mit einem Wagen fuhr man nach Mainz, von dort auf einem Schiff nach Bingen, wo man übernachtete, und weiter durch «die Schlucht des Flußbettes» an vielen Burgen vorüber nach Köln, Emmerich und Arnheim, schließlich auf Postbooten nach Leeuwarden. Von dort aus berichtete Maria Sibylla dem Bruder Matthäus über die lange Reise, die anschließend über Zwolle und Assen durch das «ebenste und sauberste» Land, das sie je gesehen hatte, in Kaspars Begleitung zum Schloß Waltha State führte.

Kaspar brachte sie in eine fleißige, ernsthafte und doch auch fröhliche Gesellschaft. Jeder arbeitete, der eine war Tischler und Böttcher, der andere Bauer und Schmied, Arzt und Schuhmacher. Zwar lebte man nach Möglichkeit unmittelbar von der eigenen Hände Arbeit, aber man mußte doch auch manches kaufen, Abgaben zahlen und obendrein die Missions-Gemeinden in Übersee unterstützen – die eine in Neu Amsterdam, dem späteren New York, die andere in Surinam, wo ein Bruder der drei ehemaligen Schloßbesitzerinnen Sommelsdijk Generalgouverneur und Besitzer einer sehr großen Plantage war: im Innern des Landes, weit entfernt von Paramaribo. Das interessierte nun Maria Sibylla ganz außerordentlich: im Schloß Gottorp hatte sie Bilder von Pflanzen und Tieren aus Surinam gesehen.

Man fand sich schnell in den Kreis wohlmeinender, eifriger und meist recht einfacher Menschen ein, der im wesentlichen von vermögenden Mitgliedern sowie von der Tüchtigkeit eines wortkargen und verschlossenen älteren Buchhändlers und eines Arztes lebte, des in weiter Umgebung angesehenen unverheirateten Doktors Deventer. Nach Labadies Tod war er mehr aus Anhänglichkeit an jenen bei der Gemeinde geblieben als um des Glaubens willen. Er war vorübergehend in Surinam gewesen und erzählte im Laufe der Zeit Maria Sibylla vieles von dem Leben unter dort geborenen, mehr oder weniger freien Menschen und afrikanischen Negern, die man als Sklaven nach Surinam gebracht hatte.

Im übrigen malte Maria Sibylla fleißig in dem ihr ganz neuen landschaftlichen und menschlichen Milieu. Nach Frankfurt, wo am 25. Februar 1687 ihr ältester Halbbruder Matthäus starb, zog sie nichts zurück. Wenige Wochen später verlor sie am 12. April 1687 auch den ihr besonders verbundenen Halbbruder Kaspar. Nun war sie fast ganz allein mit ihren Töchtern unter eigentlich fremden Menschen, mitten in einem ebenso fremden Lande. Sie las medizinische und naturkundliche Bücher, die Deventer ihr lieh, und malte und malte.

Im Sommer 1688 wurde in Surinam der Gouverneur Sommelsdijk von aufständischen Soldaten erschlagen. Auf dem Schloß sichtete und ordnete man seinen Nachlaß. Maria Sibylla half dabei und fand Kästen mit äußerst farbenprächtigen surinamischen Schmetterlingen. Nun zeichnete und malte sie auch diese. Aber das fand schließlich ein Ende. Sollte sie anschließend nach Surinam selber reisen und noch einmal ein neues Leben beginnen? Die meisten Mitglieder der Labadisten-Gemeinde verließen bald nach Sommelsdijks Tod das Schloß und die Gemeinschaft – nicht zuletzt, weil diese auch durch den Tod mehrerer älterer Damen, deren Vermögen an Verwandte fiel, schnell verarmte. Im Jahre 1690 starb Maria Sibyllas Mutter. Das enthob sie jeder künstlerischen Entscheidungsfreiheit: nun mußte auch sie vom Schloß Waltha State aus irgendwohin ziehen, wo sie den Lebensunterhalt für drei Frauen erarbeiten konnte.

Im Jahre 1691 übersiedelte sie schließlich mit den beiden Töchtern, ihren Druckplatten und Studienblättern nicht nach Frankfurt, auch nicht nach Nürnberg, sondern nach Amsterdam – dorthin also, wo man sich nach Surinam einschiffen konnte. Aber sie blieb zunächst einmal acht Jahre in dieser großen und reichen Hafenstadt, in der die Ost- und die Westindische Kompanie residierten, deren Schiffe aus Java und Japan, Westindien und Mittelamerika unzählige Pflanzen, Tiere – und Menschen mitbrachten.

Am 28. September 1691 signierte sie in Amsterdam ein Blumenbild. Bald darauf heiratete die ältere Tochter, die eine wirkliche Labadistin geworden war, den aus Bacharach stammenden Kaufmann Jakob Hendrik Herold, den sie in Friesland kennengelernt hatte und der Geschäftsverbindungen nach Surinam unterhielt. Das Paar unternahm mehrmals Reisen dorthin und bestärkte nach der Rückkehr Maria Sibylla jedesmal mehr in dem Wunsch, die exotische Fauna und Flora im lebendigen Alltag zu studieren und zu malen.

Schnell zeigte sich, daß der Wechsel vom Schloß der Sommelsdijks nach Amsterdam den Schritt in eine neue Welt bedeutet hatte. Sie geriet in eine Gesellschaft, die sich mit Afrika, Asien und Amerika verbunden fühlte, lernte als Malerin Reeder und Kaufleute kennen, reiche Menschen, die an den Grachten in so prächtigen Häusern lebten, wie es sie weder in Frankfurt noch in Nürnberg gab. Sie kam buchstäblich aus der binnenländischen Provinz in eine Weltstadt und reiste von dieser aus nicht selten auch nach Haarlem, Leiden, Den Haag, Delft und Rotterdam. Wie die Niederländer gegen Ende dieses ihres «Goldenen Jahrhunderts» zu sagen pflegten, war Amsterdam würdig, die Residenz eines großen Fürsten zu sein. Und die Amsterdamer selber lebten in der Überzeugung, daß ihrer Stadt keine andere auf dem europäischen Festland an Bedeutung, Arbeitsamkeit und Reichtum gleiche – auch nicht Paris, wo der Sonnenkönig Ludwig XIV. regierte und seine Pläne zur Unterwerfung Europas zu verwirklichen suchte.

Hier spielte sich nun das Leben der allmählich alternden Frau ab. Würden damit in Amsterdam die großen Merian aussterben? Es war nicht zu vermuten, daß nach dem Tode von Matthäus und Kaspar andere Halbgeschwister oder ihre eigenen Töchter dem Namen Merian neuen Ruhm hinzugewinnen würden. Ihr eigenes Ansehen aber stieg in der niederländischen Metropole von Jahr zu Jahr. Auch nach Nürnberg besaß die tüchtige Geschäftsfrau «Maria Sibylla Merian» – so zeichnete sie nun alle Briefe – noch immer mindestens eine Verbindung. Die Jungfer «Im Hoff» war inzwischen eine Madame Clara Regina Scheurling, immer noch in «Norimberg», geworden. Ihr schickte sie am 29. August 1697 einen Brief «sambt einem schälgen Carmyn» – nach wie vor war Karminrot also eine sehr wichtige Farbe für die Blumenmalerin. Zugleich aber bot die Geschäftsfrau ihr auch «viel Raritäten aus ost und west Indien» zum Kauf oder im Tausch: «allerhandt Thierlein, die nicht in Theudtschen Landen seindt, als Schlangen von allerhandt arten und allerhandt Sommervogelein» sowie Kröten und anderes. Die täte man in «gläszer mit gemeinem brandenwein und macht die gläszer mit pandtoffelholz wohl zu, da bleiben sie gut in ...» Auch konnte sie Samen von «Indianischen gewürtszen» vermitteln – «und verbleibe Ihro wie auch deren ganszen wohladelichen Freundschafft dinstwillige Dinerin ...»

Alle Welt sprach vom niederländischen Kolonialreich, das nach Westindien und über Ostindien und China bis zur Insel Deschima vor der japanischen Hafenstadt Nagasaki reichte. Und überall blühten Pflanzen, flogen Schmetterlinge, die man hier in Amsterdam auf Bildern oder unbewegt tot in Sammlungen sehen konnte. Unter all diesen war die des berühmten Anatomen und Botanikers Friedrich Ruysch die eindrucksvollste. Der nun 60jährige Mann war bis Rußland berühmt durch seine Erfindung zur Konservierung anatomischer Präparate mit Hilfe des sogenannten «liquor balsamiens». Seine etwa 35jährige Tochter Rachel war eine angesehene Blumen- und Früchtemalerin, weil sie die Pflanzendetails liebevoll und genau nachbildete. Sie war seit 1695 mit dem Portraitmaler Juriaan Pool in Den Haag verheiratet und gebar ihm nicht weniger als 10 Kinder. Im Lebenskreis dieser Künstler und Wissenschaftler fühlte Maria Sibylla sich sehr wohl. Ruysch selber hatte niemals sein Vaterland verlassen. Aber bei ihm begegnete sie weitgereisten Männern, die ihm für seine große Sammlung und seine Tochter die schönsten und seltensten Pflanzen aus aller Welt mitbrachten und schenkten. Mit ihnen besprach Maria Sibylla schließlich ihren Reiseplan. Die einen meinten, eine solche jahrelange Reise auf dem Meer und in der tropischen Wildnis sei zu anstrengend, wegen ungewohnter Speisen, wilder Tiere und Krankheiten auch zu gefährlich für Frauen. Andere waren weniger pessimistisch – unter ihnen der sehr angesehene, welterfahrene Bürgermeister von Amsterdam Nicolaas Witsen, ein Vertrauter Wilhelms III. von Oranien, der vor einigen Jahren König von England geworden und Amateur-Ethnologe geblieben war. Dem Bürgermeister trat Maria Sibylla in den folgenden Jahren freundschaftlich näher. Mit dem seit der Ehe der Tochter vereinsamten

Amsterdam, Rathaus. Gemälde von G. A. Berckheyde (1638–98). AKG, Berlin.

und alternden Ruysch und mit Witsen betrachtete sie gelegentlich Atlanten, las und besprach sie Reisebeschreibungen, Berichte von Kapitänen und Kaufleuten, Briefe aus der Labadisten-Gemeinde Providentia in Surinam. Auch Witsen besaß eine große Sammlung, die er freigiebig und großzügig Maria Sibylla für ihre Arbeit zur Verfügung stellte. Der Menschenkenner Witsen sah wohl deutlicher als alle anderen den Ehrgeiz, der die 50jährige Malerin und Forscherin bewegte und ihr außergewöhnliche Kräfte verleihen konnte. Er zählte ihr auch nicht nur die Beschwerden auf, denen sie begegnen würde, sondern ebenso die Genüsse, die sie erwarten konnte. Und als er von ihr erfuhr, daß sie der Labadisten-Gemeinde locker angehört hatte und einige Sommelsdijks kannte, ja, daß ihre älteste Tochter zeitweise in Providentia lebte, riet er ihr, schon des Alters wegen, sich so bald wie möglich auf den Weg dorthin zu machen – aber nicht für drei bis fünf Jahre, sondern allerhöchstens für zwei. Er kannte den neuen Gouverneur Paul van der Veen und versprach ihr, ihn über ihre Wünsche zu informieren. Er nannte die Orte, die sie besuchen, die Menschen, die sie kennenlernen sollte, und rechnete ihr die Kosten eines zweijährigen Aufenthaltes für zwei Frauen in Surinam vor.

Da erschrak Maria Sibylla: auch wenn sie all ihr Hab und Gut, die Bilder und Platten verkaufte, den Hausstand also einfach auflöste, würde der Erlös nicht reichen. Und wenn sie nach zwei oder drei Jahren zurückkehrte? Sie würde dann nichts besitzen als Bilder aus Surinam. Sie würde wahrscheinlich keine Labadistin sein, die mit der Hilfe einer Gemeinde rechnen durfte. Und in Deutschland? Da gehörte sie zu keinem Menschen, auch nicht mehr zu Graff, der ja seit 1695 in Nürnberg wieder verheiratet war.

Schließlich beschaffte Witsen der angesehenen und beliebten deutschen Künstlerin ein recht hohes Amsterdamer Staatsstipendium, so daß sie bei ihrer Rückkehr wohl doch noch ein Konto für den neuen Anfang in Europa vorfinden würde. Das gab den letzten Anstoß zum endgültigen Beschluß. Am 23. April 1699 hinterlegte sie bei einem Notar Wijmer ein Testament, in dem sie ihre Töchter als Universalerbinnen einsetzte und ihren Schwiegersohn Herold sowie einen befreundeten Kollegen, den Maler Michiel van Muscher, zu ihren Sachwaltern in den Niederlanden bestimmte. Witsen besorgte ihr und der jüngeren Tochter Dorothea Maria, geboren 1678 in Nürnberg, also 21 Jahre alt, eine Kammer auf dem Schiff «Der goldene König», einer dreimastigen «Fleute» von etwa 200 «Lasten» Größe. So bezeichnete man das zu jener Zeit verbreitetste Kauffahrteischiff, das der Niederländisch Westindischen Kompanie gehörte. Es war gegen die maurischen Seeräuber, die aus dem Mittelmeer bis zur Elbmündung vorstießen, schwer bewaffnet, wodurch allerdings auch hohe Geschwindigkeiten unmöglich wurden: man würde viele Wochen unterwegs sein und möglicherweise gegen Ende der Reise trotz der

Menge von Lebensmitteln, die vor den Augen der Merians nebst Bier und Schnaps für die 60 Mann Besatzung an Bord geschleppt wurden, Mangel leiden. Die beiden Frauen waren nicht die einzigen Passagiere. Es befanden sich mit ihnen noch 20 niederländische Bauern auf dem Schiff, die in Surinam als Siedler ihr Glück machen wollten und ihre Haushalte bei sich hatten: Schränke und Betten, Geschirr und landwirtschaftliche Geräte.

Man verabschiedete sich von vielen guten, hilfsbereiten Menschen. Als Maria Sibylla gegen Abend ihr Tagebuch vornahm, um die erste Eintragung zu machen, begann sie: «10. Juli 1699. Heute früh wurden wir von den letzten Arbeiten an Deck geweckt. Und noch ehe wir fertig waren, unsere Kammer zu verlassen, in der wir recht ruhig geschlafen hatten, spürten wir, wie das Schiff sich langsam schwankend in Bewegung setzte. Da war nun der große Augenblick gekommen! Wir gingen hinaus und sahen, wie sich die Stadt Amsterdam, von der Frühsonne bestrahlt, gleichsam an uns vorüberschob...» Ein paar Seiten und Zeichnungen weiter hieß es: «Wir sind auf See». Maria Sibylla Merian hatte die Niederlande und Europa verlassen – 52 Jahre alt. Sie befand sich auf dem Wege zur «Höhe des Lebens».

6. Zwei Berufsjahrzehnte am Ende des 17. Jahrhunderts

Fünf Menschen erleben ihre ersten zwanzig Jahre wirklich ganz selbständiger beruflicher Tätigkeit während der fast vier Jahrzehnte zwischen 1661 und 1699. Daß diese zwanzig Jahre über einen so langen Zeitraum verteilt sind, obgleich doch die Geburtsjahre nicht mehr als ein Jahrzehnt auseinanderliegen, beruht nicht allein auf der Verschiedenartigkeit der Entwicklung und des Schicksals zum Beispiel von Cleyer und Merian, sondern ein wenig auch auf der Betrachtungsweise des Autors: man könnte die Merian von ihrem Werdegang her auch schon vor dem Beginn ihrer Arbeit an dem Seidenraupen-Buch als eine «Meisterin» – nämlich der Blumen-Malerei – bezeichnen. Von dem großen Hauptwerk über Surinam her gesehen, bildet jedoch das Buch über die Seidenraupen den Anfang ihrer charakteristischen Kunst – das «Meisterstück» am Ende der Gesellenzeit, noch nicht ein Meister-*Werk*.

Fünf arbeitsame Menschen – vier Männer und eine Frau. Das dürfte in etwa – sieht man einmal ab von der Haus- und Gartenarbeit hier und den Klöstern da – der Verteilung der «Berufs»-Arbeit insgesamt auf Männer und Frauen im 17. Jahrhundert entsprechen. Wo befinden sie alle sich am Anfang der zwei Jahrzehnte auf der gesellschaftlichen Leiter in Deutschland?

Zuoberst steht natürlich Dodo von Knyphausen – ein junger Großadliger mit Verbindungen zum Wiener Kaiserhof, wohlhabend und wahrscheinlich eines Tages reich. Er kann befehlen und regieren. Ihm stehen die Tätigkeiten und Berufe offen, die von der Oberschicht der Gesellschaft ausgeübt werden. Er kann einen großen Besitz an Acker- und Weideland, an Wald und Seen mitsamt Hunderten von mehr oder weniger abhängigen Menschen beherrschen, das Land vertauschen und verkaufen. Er kann bei vielen Fürsten hoher Offizier, ja General und Feldmarschall werden, wie es deren mehrere in seiner Verwandtschaft gibt. Als solcher kann er kommandieren, Leute in den Tod schicken, wofür er sich, wenn es mit «Erfolg» geschehen ist, nur vor Gott zu verantworten braucht. Er kann «zu Hofe» gehen – und wird es tun –, also hofadlige Nachkommenschaft zeugen (übrigens auch andere, ohne dafür zur «Rechenschaft» gezogen zu werden: Bankerte auf einer Bank oder hinter ihr zum Beispiel).

Er kann jagen und fischen und braucht dabei auf die Gärten und Felder, die Mühlengewässer und Teiche anderer Menschen keine Rücksicht zu nehmen; er kann sogar Bauern zum Jagddienst heranziehen und mit ihnen gemeinsam das Ergebnis ihrer eigenen mühevollen Arbeit, Saat und Frucht, vernichten, ohne sie dafür entschädigen zu müssen.

Er ist, in gewissen Grenzen, Gerichtsherr über die Einwohnerschaft seines Besitzes und Patronatsherr über Kirche und Schule. Das sichert ihm viele Rechte und überläßt ihm stillschweigend noch mehr, denn der oberste Gerichtsherr, dem er selber verantwortlich ist, lebt weit entfernt in einer Landes- oder gar in der Reichshauptstadt Wien und ist nicht ganz wenig auf Dodo von Knyphausen angewiesen: auf seinen Gehorsam, mindestens seine Anhänglichkeit, auf Soldatengestellung, nicht zuletzt auch auf sein gutes Urteil im weiten Umkreise der Verwandtschaft, des ganzen Standes. Und sogar der alleroberste Gerichtsherr, Gott, ist ein wenig auf ihn angewiesen: schließlich kann Dodo II. als Patronatsherr das Gotteshaus vernachlässigen oder aber vergrößern; er kann, wenn es ihm gefällt, über den Pastorenacker jagen, den Geistlichen mitsamt seiner Familie darben lassen oder ihn so gut ernähren, daß er füllig wird.

Wer steht an zweiter Stelle der Hierarchie? Das ist nicht ganz einfach festzulegen – nicht einmal wenn Cleyer in Deutschland lebte und nicht auf Java. Denn Maria Sibylla Merian ist ja nicht einfach eine tüchtige, angesehene Malerin, die für ihre Arbeiten ansehnliche Preise erzielt, sondern außerdem auch Angehörige einer bedeutenden, wohlhabenden Verlegerfamilie – sogar bereits in der zweiten Generation. Gerade beim hohen Adel sind Matthäus Merian der Ältere und der Jüngere wohlbekannte, geschätzte, gut bezahlte, «dekorierte», beschenkte Maler und Stecher – natürlich nur Bürgerliche, aber doch mit höherem Ansehen als ein Arzt oder ein Pastor.

Genießen diese Leute, die männlichen und weiblichen Meriane, heute ein höheres «Prestige» unter uns als Cleyer? Mit Sicherheit. Wer kennt schon jenen botanischen Forscher und Entdecker? Nicht einmal seine Berufskollegen, sondern nur einige Historiker, die sich auf die Geschichte der Erforschung der südostasiatischen Flora spezialisiert haben. Ja, wenn er Linné (nicht Lenné, der Gärtner von Berlin und Potsdam!) hieße – dann wüßte man wenigstens seinen Namen.

Aber wir sind im 17. Jahrhundert. Und da kennt und schätzt Kurfürst Friedrich Wilhelm von Brandenburg, der Große Kurfürst, die Leistung dieses Mannes im weit entfernten Batavia. Da wird er von naturwissenschaftlichen Gelehrten geehrt und in die Akademie gewählt, wodurch er unsterblich wird – zumindest in den Annalen dieser bedeutenden Gelehrten-Gesellschaft.

Was ist und wird er in diesen zwanzig Jahren? Er zieht hinaus als Faktorei-Arzt einer sehr großen halbstaatlichen Handels- und Kolonialgesellschaft – um 1660 wohl der allergrößten in der Welt überhaupt –, aber als schlecht bezahlter Anfänger. Er entwickelt und verselbständigt sich, wird Apotheker-Botaniker und als solcher mehr oder weniger freier Unternehmer mit guten Einnahmen. Er wird aufgenommen in die Führungsgruppe für den ganzen weiten Besitz und ungeheuer einträglichen Handel der Vereinigten Ostindischen Kompanie. Die «Heeren XVII» in Amsterdam, also gewissermaßen die Regierung dieser Gesellschaft, haben zeitweise viel Vertrauen zu ihm und werden ihn eines Tages nach einem Mißverständnis, das er aufzuklären vermag, zu ihrem alleinigen kaufmännischen und diplomatischen Repräsentanten gegenüber Japan aufsteigen lassen. Ein bedeutender Mann also in den Grenzen seiner Berufe, denn er übt ja deren mehrere aus. Aber bekannt ist er auch in diesem Bereich nur wenigen – natürlich den Männern in Batavia, jenen «Heeren XVII» in Amsterdam, dann aber erst wieder dem Großen Kurfürsten im kleinen Brandenburg durch dessen Leibarzt, schließlich ein paar dankbaren und bewundernden Naturforschern. Und doch war er ein Mann, der für seinen Lebenskreis Bedeutendes geleistet und das Wissen der Menschen bis heute bereichert hat

Nun aber kommt gewiß Maria Sibylla Merian, Tochter Matthäus' d. Ä., Halbschwester Matthäus' d. J. und des Kaspar Merian, eine eigenständige Frankfurter Malerin zu Beginn dieser Zeit und bedeutende Künstlerin sowie ebenso eigenständige naturwissenschaftliche Beobachterin und Forscherin in Amsterdam am Ende der zwanzig Jahre – mit zwei Töchtern, die nun auch bereits als Malerinnen und als Mitarbeiterinnen der Mutter einen guten Namen haben.

Im weiten Bereich der Kunst – Malerei, Bildhauerei, Musik, Dichtung, Schriftstellerei usw. – hat es früher nicht gar so wenige tüchtige, bedeutende Frauen gegeben, wie man angesichts der modernen Frauenforschung zuweilen meinen sollte. Man hat sie sogar schon im 19. Jahrhundert bewundernd anerkannt. In der «großen» Zeit der ständig wachsenden stehenden Heere (mit riesigen Korps von Offizieren, Generalen und Admiralen) sowie der «großen» Kriege, und natürlich in Hitlers Drittem Reich hat man dann diese Kenntnis beiseitegeschoben und zugunsten des «Soldaten», des männlichen Heldentums in der Geschichte verdrängt. Aber in den Bibliotheken ist sie erhalten geblieben.[46] Und heute erleichtert sie die eine oder andere Entdeckung.

Maria Sibylla Merian, die in den hier interessierenden zwanzig Jahren in Frankfurt und Nürnberg sowie in vielen niederländischen Städten – zuweilen mehrere Jahre – gelebt hat, erfuhr schon in ihrer Kindheit und erst recht nach ihrer Eheschließung, daß anerkannte, bedeutende Künstlerinnen vielerorts tätig waren – weit über die Lokalberühmtheit hinaus. Mit manchen Malerinnen hatte sie Umgang, von anderen kannte sie wenigstens Werke, von vielen ihren Namen und ihren Ruf. Natürlich waren ihr die «Kolleginnen» in Nürnberg persönlich bekannt, aber auch Blumen-, Architektur- und Miniaturmalerinnen und Schnitzerinnen in Augsburg, Regensburg und München, in Halle und Leipzig, und insbesondere – als Labadistin – die Kölnerin Anna Maria von Schürmann. Maria Sibylla wurde und blieb schließlich die berühmteste von allen, aber in ihrer eigenen Gegenwart lebten mit ihr gleichzeitig einige, die zumindest regional nicht weniger bekannt waren und mit denen sie in einer gewissen Konkurrenz stand – um so mehr, als man aus verschiedenen Gründen recht beweglich war: von Berlin oder – wie Maria Sibylla – von Nürnberg oder von Frankfurt aus für einige Zeit nach Amsterdam zu ziehen, in Süddeutschland den Wohnort zu wechseln, war keine Seltenheit, so daß also Begegnungen und Austausch fast selbstverständlich wurden. So lernte Maria Sibylla in diesen zwanzig Jahren viele Frauen kennen, die ähnlich wie sie selber existierten und arbeiteten, ein ereignisreiches, zeitweise sehr erfülltes, zu anderen Zeiten auch einsames, finanziell beengtes Leben führten.

Zwei Männer bleiben übrig, und da gibt es keinen Zweifel, daß im Rahmen der Gesellschaft des 17. Jahrhunderts der Pritzwalker Tuchmacher weit über dem Frankfurter Kaufmann rangierte: der Christ über dem Juden.

Wegener war und wurde in diesen zwanzig Jahren immer mehr zum weitgereisten Manne. Er kannte die Welt des Handwerks und des Handels von Pritzwalk bis Frankfurt an der Oder im Osten und bis Leiden im Westen, über Berlin, Nürnberg, Regensburg und die Alpen bis Venedig. Das war sehr viel mehr, als die meisten Gesellen sich erwanderten, die sich selten über 100 bis 150 Kilometer von der Heimat entfernten. Er war und blieb ein Städter, ein Kleinstädter freilich mit Gartenwirtschaft und Beziehung zur kommunalen Organisation (einschließlich Zunft) hier, zum Bauerntum, zur kleineren und mittleren Landwirtschaft mit Schafzucht dort. Sein Leben war vor und nach der Gesellenwanderung eingebunden in die lutherisch-protestantische Gesellschaft, in der die Kirche, das heißt Gesangbuch, Neues Testament und Predigt, sowie die Verordnungen, Edikte und Reskripte vom Kurfürsten über den Landrat bis zum Magistrat sein und seiner Familie tägliches Leben bestimmten. Zeitungen oder gar Bücher haben er und die Seinen in diesen zwanzig Jahren kaum gesehen, auch vom Geschehen in Deutschland, in Europa und der Welt nur sehr wenig durch Hörensagen erfahren – soweit es sie nicht unmittelbar betraf: Mißernten und Unwetter hatte man am eigenen Leibe auszubaden, Nöte in Kriegszeiten bekam jeder mit; gelegentliche Begegnungen mit Verwandten, Freunden, wandernden Gesellen, nicht zuletzt auch die Predigt am Sonntag waren die einzigen Informationsquellen über Pritzwalks brüchige Mauern hinaus.

Die Wegener gehörten neben den Bauern zum größten Teil des Volkes in der Prignitz, in Brandenburg, in Deutschland überhaupt. Sie waren mit ihrer Hände Arbeit die Träger der Wirtschaft, des täglichen Lebens – kurz vor dem Beginn des Übergangs, des «Fortschritts» zur Manufaktur und weiter zur «Fabrik».

Und schließlich Herz Löw Oppenheim. Er gehörte nicht zu dieser Gesellschaft, die eine christliche war. Er war ein Fremder. Er existierte im Rahmen von «Privilegien», die nicht etwa Vorrechte bedeuteten. Er besaß nicht die Menschenrechte, die auch dem geringsten Christen durch die Taufe zustanden. Er lebte vom Schutz, der ihm gewährt wurde, den er sich wieder und wieder erbettelte, erkaufte, oder er vegetierte ohne solchen Schutz, also ganz rechtlos, ständig Gefahren ausgesetzt – bis hin zum Totgeschlagenwerden, zum Pogrom.

Oppenheim lebte in Frankfurt im Schutze der Judengasse, aber die «Privilegien», die dort vom Kaiser gewährt und von Zeit zu Zeit erneuert wurden, gab es nur gegen Geldzahlungen, deren Höhe vom christlichen Monarchen bestimmt war oder mit seinen Funktionären ausgehandelt werden mußte. Man war schließlich «Schacherjude».

Die Judengasse bildete, wo immer es sie gab, eine Welt für sich – mit der Synagoge, einer Schule, mit eigenen Ärzten, eigener religiös bestimmter Literatur und Kultur. Zu den Rabbinern, Juristen, Ärzten, Kaufleuten mochten höchst gelehrte Männer zählen – mit der christlichen Kultur der Mittelschicht hatten sie praktisch keine Berührung. Aber der eine oder andere von ihnen, noch nicht die Oppenheim, war allerdings Hoflieferant, Hofbankier, Leibarzt (sogar von Fürstbischöfen), wurde als solcher an Verwandte, an benachbarte Fürsten ausgeliehen und dabei als politischer Informant und Nachrichtenträger benutzt. Dann stand er, solange er sich bewährte und es seinem Herrn gefiel, oberhalb aller «Privilegien» – und war damit erst recht schutzlos der Gnade, der Laune, dem Zufall überlassen.

Auch Löw Oppenheim wurde in diesen Jahren ein weitgereister Mann:

er gelangte bis zur Grenze Rußlands und fast auch bis in den Grenzraum zwischen Christentum und Islam. Dagegen lernte er den Westen jenseits des Rheinlandes nicht kennen. Er war in Frankfurt und blieb auch auf seinen Reisen immer ein deutscher Jude – soweit es so etwas gab.

Alle fünf Personen haben viele Kenntnisse aus der Welt nach Mittel- und Norddeutschland gebracht. Cleyer durch Sämereien, Aufzeichnungen und Briefe, die Merian durch zahllose Bilder und einige wichtige Bücher, die anderen durch mündliche Berichte über ihre Wanderungen und Reisen nach Westindien, Venedig und Wien – insbesondere aber in die Niederlande. Wegener, Knyphausen, Cleyer und die Merian sind in vielen niederländischen Städten gewesen, wissenschaftlichen Zentren wie Leiden und Franeker, in vielen wirtschaftlich blühenden Orten mit prächtigen Kirchen, die mit den katholischen Domen aus alter Zeit wetteifern konnten, und nicht zuletzt in Kunst- und Kulturstädten. Sie haben dort die niederländische Form des Protestantismus kennengelernt oder sich sogar zu ihr bekannt, einer Glaubensrichtung, die sich in der Auseinandersetzung mit agressivsten Formen des Katholizismus behauptet hatte.

Sie haben manches von dieser Lebensart, der westeuropäischen Kultur mit einigen «exotischen» Einsprengseln, in Deutschland etabliert: der Handwerker Wegener, der Kenntnisse seines Berufs aus Venedig mit denen aus Holland vergleichen und verknüpfen konnte, Dodo von Knyphausen, der in dem Wirtschaftsland die Cameralwissenschaften studiert hatte, schließlich Maria Sibylla, die zahlreichen Künstlern, Künstlerinnen und Kunstliebhabern begegnete, die mit den einen sich messen mußte, wenn sie von den Honoraren der anderen sich und ihre kleine «Familie» erhalten wollte. Sie haben auf diese Weise unbewußt dazu beigetragen, das Leben im Kurfürstentum des reformiert-protestantischen Friedrich Wilhelm von Hohenzollern zu formen und zu heben. Dieses Leben war zwischen 1640 und 1710 vom Hof in Berlin bis in die Dörfer und Städte wie Pritzwalk weit stärker niederländisch-protestantisch und in den letzten Jahren hugenottisch-protestantisch bestimmt als französisch. Das französische Lebens-Element spielte erst hundert Jahre später eine Rolle: in der Zeit Friedrichs II. und Voltaires. Solange das «Siebengestirn» der Danckelmann und unter seinem Protektorat Männer wie Knyphausen aufsteigen konnten, solange nicht eine Akademie in Berlin, sondern die Universitäten in Frankfurt an der Oder, Duisburg und Halle die Entwicklung der Wissenschaften, der Kultur bestimmten, war diese aufs stärkste reformiert-protestantisch, «oranisch» geprägt. Erst als Preußen ein Königreich geworden war, bahnte sich langsam ein Wandel an.

Sie alle fünf sahen um sich herum und erlebten am eigenen Leibe die allgemeine Erholung vom Dreißigjährigen Kriege, den Aufstieg des Kurfürstentums Brandenburg zu einem starken Kleinstaat mit Staatsschatz, wachsender zentraler und weniger starker regionaler Bürokratie. Da waren die Anfänge eines stehenden Heeres, also eines Offizierkorps, neues Standesbewußtsein von Beamten und Militärs neben der einflußreichen Geistlichkeit, schließlich das Wachstum Berlins und anderer Städte. Armut und Zerstörung, die vom Kriege verursacht waren, verschwanden in diesen Jahrzehnten allmählich, was nicht bedeutete, daß es keine «Landarmut» mehr gab. Die mittleren und kleinen Bauern, Tagelöhner und Gelegenheitsarbeiter wurden nach wie vor von der «Herrschaft» ausgebeutet, und auch im Handwerk befanden sich noch immer viele Gesellen, die ohne Aussicht auf Selbständigkeit ein vom Meister abhängiges ärmliches oder gar elendes Leben fristeten.

Wer brachte es in diesen Jahrzehnten am «weitesten»? Die Merian wurde eine international angesehene berühmte Künstlerin ganz eigenen Stils. Zweifellos war Dodo von Knyphausen am reichsten, stand er gesellschaftlich weit über allen anderen. Ob die Unternehmer- und Künstler-Großfamilie Merian beim Tode des jüngeren Matthäus wohlhabender war als Löw Oppenheim kurz vor seinem Tode, ist schwer abzuschätzen. Auf jeden Fall war dieser Matthäus in aller Offenheit ein anspruchsvoll auftretender Herr, und Oppenheim war ein jüdischer Reisender, den ständig die Furcht begleitete, daß dem Judenviertel in Wien ein Pogrom drohte und dieses auf Deutschland, auf die Frankfurter Judengasse überspringen könnte.

Sie alle fünf befanden sich in Deutschland, auf Java und – fast – in Surinam auf dem Wege zur Höhe ihres Lebens.

V. Auf der Höhe des Lebens

1. Andreas Cleyer

Als Andreas Cleyer sich im Juni 1682, also 48 Jahre alt und seit genau 20 Jahren in Batavia, nach Deschima einschiffte, war Japan den Europäern «bekannt». Im Jahre 1543 waren zum ersten Mal einige portugiesische Kaufleute mit einer chinesischen Dschunke auf einer kleinen japanischen Insel im Süden von Kiusu gelandet. Sie hatten schnell einen einträglichen Handel aufbauen können, weil sie in einem langdauernden Bürgerkrieg einige Territorialherren mit Feuerwaffen zu versorgen in der Lage waren. Bereits sechs Jahre später begann der durch seine Erfolge in Indien berühmt gewordene Jesuiten-Pater Xavier, ein enger Freund von Ignatius von Loyola, von der gleichen Insel aus mit Missionsarbeit. Man erreichte, daß 1582 drei bedeutende Landesfürsten eine Gesandtschaft zum Papst nach Rom sowie nach Lissabon und Madrid schickten. Aber als diese 1590 endlich wieder zurückkehrte, war die Lage völlig verändert: die kaiserliche Zentralgewalt hatte sich gegenüber den Territorialfürsten durchgesetzt und 1587 die Ausübung des Christentums untersagt, da es befahl, Gott höher zu verehren als den Kaiser. Als viele Japaner unter dem Einfluß europäischer Priester das Verbot nicht befolgten, setzte 1597 eine Christenverfolgung ein, die zur Vertreibung der Portugiesen und für einige Jahre zur vollständigen Trennung Japans von der Umwelt führte – so streng, daß der Bau seegängiger Schiffe untersagt wurde.

Im Jahre 1600 erreichte zum ersten Mal ein niederländisches Schiff, im Jahre 1609 ein Schiff der VOC japanische Häfen. Die Holländer verhielten sich bescheidener, «klüger» als die Portugiesen, beschränkten sich auf einen für die japanische Oberschicht nützlichen Verkehr und erreichten eine Art Handelsvertrag. Im Jahre 1641 erhielt die VOC die Erlaubnis, auf einer künstlich aufgeschütteten, fächerförmigen, etwa 200 m langen und 80 m breiten Insel Deschima in der Bucht vor Nagasaki eine Faktorei, also ein Warenlager anzulegen. Die Insel war mit einem mehr als mannshohen Bretterzaun von der Umwelt abgeschlossen, die Leute wohnten daher wie Gefangene und durften auch nur an einem einzigen, genau festgelegten Termin im Jahr mit ihrem Angebot die Küste betreten. Außerdem mußten sie von Zeit zu Zeit unter erniedrigenden Bedingungen die Herrscher in Tokio besuchen und diesen tributartige Geschenke vor den Thron legen. So war es mehr als 40 Jahre lang geblieben.

Cleyer hatte also eine zwar für die VOC wichtige Aufgabe übernommen, mit der, wie man wußte, erhebliche Privatgeschäfte und -gewinne verbunden werden konnten, aber im Verhältnis zu seiner Freiheit und gesellschaftlichen Position in Batavia unter den Europäern und der Oberschicht der Javanen mußte er sich fast wie ein Sklave vorkommen.[1]

Am Vormittag des 27. Juni 1682 wurde dem offiziellen «Dagh-Register» von Batavia zufolge «der Edele Andreas Cleyer» von vornehmen Repräsentanten der VOC auf das Schiff «Goudestijn» geleitet. Dort speisten sie mit ihm, verabschiedeten sich und gingen wieder an Land, während sein Schiff die Segel setzte.[2] Doch blieb er schließlich aus den genannten Gründen nur 16 Monate auf Deschima. Anfang Oktober 1683 brach er zur Heimfahrt auf – er war dafür an den von den «Handelswinden» abhängigen Segel-Plan der VOC gebunden. Und da das Schiff, das er benutzen mußte, auch noch andere Häfen anlief, traf er nach einem längeren Aufenthalt in Malakka erst am 1. März 1684 wieder in Batavia ein. Er hatte eine arbeitsreiche Zeit hinter sich: 1682 hatte die Ladung der nach Deschima gesandten niederländischen Schiffe einen Wert von 1 Million Gulden gehabt, 1683 waren es 0,74 Millionen gewesen, 1684 hatte sich der Wert Cleyers Bestellungen zufolge verdoppelt.[3]

Nach dieser Leistung erhielt Cleyer für ein Jahr eine Art Urlaubs-Beschäftigung u. a. im Justizkollegium.[4] Noch immer hatte er die Absicht, in Batavia zu bleiben: anstelle seines seit 1667 geschäftlich genutzten Hauses an der Tigergracht ließ er für sich und seine Familie ein neues prächtiges Haus bauen. Er galt als ein reicher Mann. Halb Angestellter der VOC in höherer Position, halb privater Unternehmer und Rentner in noch verhältnismäßig jungen Jahren, ist er gewiß von manchen weniger Erfolgreichen beneidet und mißgünstig angesehen worden. 50 Jahre später hat man geschrieben,[5] das neue Haus habe Cleyer 50000 Gulden gekostet. Aber noch später stellte man fest, daß das beste Haus in dieser Straße – übrigens *nicht* das der Cleyer – überhaupt nur 11000 Gulden wert war.[6]

Wie immer dem gewesen sein mag, Cleyer übernahm nach einiger Zeit der Erholung die Leitung der Faktorei auf Deschima ein zweites Mal – und eigentlich unter noch schwierigeren Verhältnissen. Als er sich 1685 erneut auf den Weg machte, hatten die Japaner den Handel mit Ausländern schon wieder eingeschränkt. Zwar traf das in erster Linie die Chinesen, die man sich nach wie vor von der Küste halten wollte. Aber auch Cleyer empfand, als er auf Deschima eintraf, die Verschärfung der Vorschriften: eine weitere Beschränkung des Verkehrs mit den Japanern auf dem schmalen Küstenstreifen, der ohnehin nur für dergleichen vorgesehen war, sowie eine noch strengere Beobachtung der Vorgänge auf der kleinen Insel, die einer Isolierstation für Aussätzige oder Verbrecher glich.

Aber die VOC und ihre Angestellten konnten in dieser erniedrigenden

Situation gutes Geld verdienen. Und wenn man eines Tages nach Holland zurückkehrte und sich dort in einem schönen Landsitz an fließendem Wasser niederließ, das nicht, wie die halbversumpften Grachten in Batavia, wie eine Kloake stank, dann mußte man ja nicht jedermann erzählen, unter welchen Entbehrungen und Gefahren für Leib und Leben sowie Erniedrigungen man zu Geld gekommen war.

Ließen die Japaner Cleyer und seine Mitarbeiter nur selten von ihrer Insel herunter, so distanzierten die Niederländer selber sich wiederum von den chinesischen Kaufleuten. Denn diese versuchten, die japanischen Handelsbeschränkungen durch Schmuggel zu umgehen. Der aber war jetzt ein geradezu lebensgefährliches Unternehmen: wer erwischt wurde, verschwand einfach oder wurde öffentlich hingerichtet, sein Leichnam den Landsleuten überlassen – ganz abgesehen davon, daß ein solcher Verstoß gegen die Gesetze zur Schließung von Deschima führen konnte. Man hatte die Geschichte der portugiesischen Kaufleute und Missionare durchaus noch in Erinnerung. Tatsächlich beschränkten die Japaner bereits 1685 den erlaubten Einfuhrwert auf 1 Million Gulden, wobei allerdings zu bedenken ist, daß etwa 50 % dieses Wertes Reingewinne der Kompanie bildeten – von dem Privathandel der Angestellten ganz abgesehen.

Ende September 1686, als wieder einmal die wenigen Wochen der Handelserlaubnis begannen, kam es wegen wachsenden Schmuggels zu einer gerichtlichen Untersuchung, die sich diesmal auch gegen die Niederländer richtete: acht von ihnen, darunter drei von Cleyers Gruppe der ständig auf Deschima Wohnenden und fünf von Schiffen, die eben Handelsgüter gebracht hatten, wurden zum japanischen Statthalter geschleppt, in Handfesseln nach Deschima zurückgebracht und ausgewiesen. Bald danach endete im Oktober 1686 Cleyers zweite Amtszeit auf Deschima. Kurz vor seiner Abreise führten die japanischen Behörden einen strengen Prozeß gegen Schmuggler – eine Art Schauprozeß: 39 Japaner wurden geköpft oder gekreuzigt, Cleyer und mehrere seiner Mitarbeiter für alle Zeiten unter Androhung der Todesstrafe des Landes verwiesen.[7]

Natürlich hatte das für die VOC erniedrigende Aufenthaltsverbot gegen einen ihrer höheren Angestellten und ein paar Arbeitskräfte eine weitere Untersuchung auch in Batavia zur Folge. Man stellte einige Tauschgeschäfte fest, die bisher durchaus üblich gewesen, nun aber offenbar verboten waren. Die beschuldigten Niederländer und insbesondere Cleyer wurden in Batavia nicht bestraft. Die Japaner aber richteten noch weitere neunzehn ihrer schmuggelnden Landsleute hin und verbannten neun ins Innere des Landes. Die Namen der ausgewiesenen Niederländer wie die der betroffenen Japaner wurden in das Strafregister von Nagasaki eingetragen. Ganz unbedeutend kann also das verbotene Geschäft nicht gewesen sein.

Für Cleyer war der Vorgang zwar belastend, andererseits drohte ihm aber auch nicht mehr eine dritte Amtszeit in Japan. Doch kehrte er auch nicht nach Europa zurück, sondern blieb in Batavia, wo er nun sichtlich die Höhe seiner Karriere erreicht und wohl auch überschritten hatte. Den Medizinhandel hatte er natürlich vor seinem ersten Japan-Dienst eingestellt. Er nahm ihn nun nicht wieder auf. Vielmehr wurde der 52jährige jetzt im Range eines Justizrats Mitglied des Justiz-Kollegiums der VOC. Aus den Akten der Gesellschaft geht hervor, daß er sich fortan wirklich nur noch mit Rechtsfragen beschäftigt hat. Er war also Arzt und Chirurg gewesen, Apotheker, Medizinal-Botaniker und pharmazeutischer Unternehmer, schließlich auch kaufmännischer Manager einer Handelsstation im Fernen Osten. Nun, gegen Ende seiner Karriere, wurde er auch noch Richter.

Wir werden ihm noch ein letztes Mal begegnen, aber zuvor sei hier erwähnt, daß die japanischen Behörden in bezug auf die Niederländer auch sehr viel großzügiger sein konnten, wenn es für ihr Land, insbesondere für dessen Herrenschicht, von Vorteil war. Bereits sehr bald nach der «Ansiedlung» der Niederländer auf Deschima im Jahre 1641 kam es mit Hilfe von Dolmetschern zu einem lebhaften Verkehr ihrer Stationsärzte mit japanischen «Kollegen», die sich dann, wenn sie einiges von jenen gelernt hatten, geradezu als Kenner der «Chirurgie der Holländer» bezeichneten. Vom 21. Januar 1665 ist ein Zeugnis des niederländischen Chirurgen auf Deschima erhalten geblieben, in dem einem «Diener» des Fürsten von Hirado bescheinigt wird, daß er «geraume Zeit bei den niederländischen Chirurgen gelernt hat und in der Kunst der Chirurgie . . . vollkommen unterwiesen wurde». Und etwa ein Jahrzehnt nach Cleyers Tätigkeit auf Deschima sowie dem harten Strafgericht durfte ein japanischer Arzt sogar in die Niederlande reisen und dort drei Jahre lang studieren. Bei seiner Rückkehr brachte er die ersten europäischen ärztlichen Instrumente in den Fernen Osten.[8]

2. Friedrich Wegener

Wegener und sein zurückhaltender jüdischer Kompagnon Nathan Gold hatten sich Ende der 70er Jahre auf den Märkten bis nach Frankfurt und Breslau, den beiden vielbesuchten Handelsstädten an der Oder, auch bis Lauenburg und an die Grenze von Hamburg umgesehen und an nicht wenigen Orten ein merkliches Wachstum im Handwerk festgestellt. Allerdings war selbst die beste norddeutsche Wolle zu dieser Zeit noch höchstens zur Erzeugung eines guten Mitteltuches geeignet. Bessere Tuche mußten aus flämischer, englischer, spanischer, auch italienischer und selbst afrikanischer Wolle hergestellt werden.[9] Aber man hielt sich nicht mehr unbedingt an die alten Zunftbräuche. Nicht selten benötigten Meister zwei, selbst drei Gesellen sowie obendrein Lohnarbeiter, die weder Lehrling noch Geselle und daher auch nicht den Zunftordnungen unterworfen waren. Die Wollweber hatten ja viele Zulieferer und Nebengewerbe – Walker, Scherer und Färber zum Beispiel. Ehrgeizige und wagemutige Webermeister fingen an, mehrere dieser Berufe in ihrer Hand zusammenzufassen, dadurch die Arbeitskosten insgesamt zu verringern und einerseits die Produktion zu verbilligen, andererseits durch die Herabsetzung der Preise bei gleichzeitiger Verbesserung der Ware neue Käufer zu gewinnen. Dem Adel ging es immer besser, die Getreide- und Viehpreise stiegen – man nahm mehr Geld ein und konnte daher auch den Druck auf die «Untertanen» ein wenig lockern. Hier und da kaufte ein Bauer ein Stück gutes Tuch für neue Kleidung. Die Städte wuchsen. Schließlich sah man fast keine wüsten Stellen mehr aus dem großen Kriege. Und in Berlin, wo Wegener zweimal gewesen war, auch den Meister besucht hatte, bei dem er als wandernder Geselle gearbeitet hatte, entwickelte sich geradezu ein großstädtisches Leben, bei dem viel Geld ausgegeben wurde – und verdient werden konnte. Der alte Meister bestätigte ihm das.

Unter diesen Umständen entschlossen Wegener und Nathan Gold sich, vorsichtig und verschwiegen ihre Geschäfte auszuweiten. Wieder zog Wegener zu den Gutsbesitzern, den Bauern und Schäfern, befühlte die Schafe, zog die Wolle auseinander, nachdem sie geschoren worden war, wog sie, stritt um den Preis und – kaufte. Er beschäftigte in Pritzwalk Frauen und Kinder in Heimarbeit, die diese Wolle säuberten und grob sortierten. Dann ließ er erfahrene Gesellen die Feinsortierung vornehmen und vereinigte so alle Arbeitsgänge unter seinen Augen und unter der Aufsicht des immer noch fleißigen und dankbaren verheirateten Altgesellen, der ihm manches Organisatorische abnahm. Er ließ sich aus Süddeutschland zwei auseinandergenommene leichte Webstühle schicken, mit denen man, nachdem sie mühsam zusammengesetzt und vorsichtig in Gang gebracht worden waren, anfing, feine und immer feinere Tuche zu weben, wie Wegener sie früher in Regensburg, Bozen und Venedig, und nun jüngst auch in Frankfurt und Berlin gesehen hatte. Dorthin wurden Tuche aus Schlesien und der Lausitz geliefert – aus Zittau z. B. seit mehr als hundert Jahren. Warum nicht auch aus Pritzwalk?

Wegener besuchte jüngere Kollegen und stellte fest, daß sie wie er am Fortschritt interessiert waren. Er brachte ihnen webfertige Wolle ins Haus, lieh ihnen Geld, holte nach einer verabredeten Zeit die Ware ab, zahlte die zweite Hälfte des Lohnes, gab neue Wolle und einen weiteren Vorschuß – um den Verkauf ihrer Ware auf dem Markt brauchten diese «Kollegen» sich nicht mehr zu kümmern. Denn damit, mit vielen Stücken verschiedener Qualität und Farbe, also auch mit unterschiedlichen Preisen zogen Wegener und Gold zu den einzelnen Adelssitzen und zu den

Märkten. Mit der Zeit lernte Wegener alle die Lieferer, Mitarbeiter und Abnehmer angemessen zu behandeln: er wurde «Verleger», wie es der Kurfürst im Edikt vom 30. 3. 1687 geradezu wünschte.[10] Das war in der Prignitz ein neuer Beruf, den es in Süddeutschland schon lange gab: den Tucherer oder auch einfach Tucher. Eine Familie, die in Augsburg seit langer Zeit dieses Geschäft betrieb und dabei fast so reich geworden war wie die Fugger und Welser, hatte sogar den Namen Tucher angenommen.

Wegener ging mit der Einführung von Verbesserungen und Erfindungen noch weiter. In Berlin erfuhr er 1682, daß man dabei war, eine neue Art von Walkmühle zu bauen,[11] und als er zwei Jahre später wieder dorthin kam, konnte er sie arbeiten sehen. Wenn bisher ein Wolltuch vom Webstuhl kam, sah es aus wie grobe, schmutzige Leinewand. Erst durch das Walken, durch zwölf- und mehrstündiges Stampfen, Stoßen und Drücken, ließen die Fasern des Tuches sich miteinander verfilzen. Zur Beschleunigung dieses Verfahrens und zur Reinigung der Wolltuche setzte man dieser Bearbeitung warmes, mit faulem menschlichem Urin, grüner oder weißer Seife, Steinmehl, Kuh- oder Schweinemist oder fettbindender Walkerde gemischtes Wasser zu. Das war also eine mühsame, eklige, letzten Endes auch teure Arbeit. Die neue Walkmühle, extra mit Selbstbewußtsein die «deutsche» genannt, war ein Stielhammer, dessen schwere «Stampfen» breite gekerbte Köpfe besaßen. Unter diesen stand der Walktrog, ein starker, durch eiserne Bänder zusammengehaltener eichener Klotz, der für die Tuche und die Walkflüssigkeit soviel «Löcher», das heißt Vertiefungen von etwa 55 cm im Geviert hatte, wie Hammerpaare vorhanden waren, die mit schweren Schlägen die Stoffe fest zusammendrückten und weit schneller mit der Walke fertig werden konnten als ein Mann. Danach mußten die Tuche lange Zeit in sauberem Wasser gespült werden.

Wegener beobachtete diese neue Mühle mehrmals bei der Arbeit, er besah und befühlte ungespülte und «fertige» Tuche, kaufte ein paar feine, mittlere und grobe davon, bot sie seinen Kunden an und fand dafür besseren Absatz als für die «gewöhnlichen» Stücke.

Im Jahre 1685 beschloß er, eine solche teure «deutsche» Walkmühle zu kaufen, nach Pritzwalk zu schaffen und sie dort, des Gestanks und Lärms wegen weit vor dem Meyenburger Tor, an einem stets wasserreichen Bach aufstellen zu lassen. Er eilte damit den Aufforderungen zur Hebung der Technik voraus, die in jenem «Wolledikt» des Kurfürsten vom 30. März 1687 nachdrücklich formuliert wurden.[12] Eine Zeitlang ließ er die Walkmühle nur für sich selber arbeiten. Als er sicher war, daß sie dauernd zuverlässig blieb, nahm er Walk-Aufträge anderer Tuchmacher an und beschäftigte einige von ihm arbeitslos gemachte Walker wieder als Tagelöhner: auch in der Prignitz begann die Maschinisierung mit ihren sozialen Auswirkungen.

So gingen erfolgreiche Jahre ins Land. Anfang 1686 hörte man Erstaunliches aus Berlin. Der französische König Ludwig XIV. hatte am 22. Oktober 1685 den Protestanten in seinem Lande die öffentliche Ausübung ihres Gottesdienstes untersagt. Vor fast einem Jahrhundert hatte das «Edikt von Nantes» 1598 den sogenannten «Hugenotten»[13] Religionsfreiheit und den Besitz ihrer Kirchen zugesichert sowie einen Anteil an den öffentlichen Lehranstalten und Hospitälern, Zutritt zu allen Ämtern und Würden, Beteiligung an den Gerichten und Besetzung von 200 befestigten Städten gewährt. Ludwig XIV. hatte nun nicht nur im Herbst des Vorjahres alle diese Rechte aufgehoben, sondern auch den Hugenotten jede religiöse Handlung verboten und die Auswanderung unter Androhung der Galeeren-, ja selbst der Todesstrafe verboten. Die Folge war, daß etwa 200 000 Hugenotten, vorwiegend junge Menschen, in protestantische Länder flüchteten.

Wie im Jahre 1671 der Brandenburgische Resident aus Wien gemeldet hatte, daß die Juden vertrieben wurden und Zuflucht suchten, so berichtete Entsprechendes nun auch der kurfürstliche Gesandte aus Paris. Er fügte hinzu, daß die meisten der zur Flucht Entschlossenen zwar jung und daher nicht reich seien, aber fast alle eine gute Ausbildung als Handwerker genossen hatten; auch befanden sich Ärzte und Apotheker, Geistliche und Gelehrte unter ihnen, die alle nützliche und dankbar-gehorsame Untertanen werden könnten.

Der «Große Kurfürst» entschloß sich schnell. Denn ihm ging es diesmal nicht nur um berufliche Fähigkeiten und Vermögen, sondern die reformiert-protestantischen Flüchtlinge standen auch seinem frommen Herzen nahe. Bereits am 8. November 1685 erließ er jenes berühmte «Edikt von Potsdam», das flüchtende Glaubensbrüder, die Refugiés, zur Einwanderung nach Brandenburg einlud. Er versprach ihnen Unterkunft und Arbeit, finanzielle Hilfe – letztlich Aufnahme in die protestantische Gemeinschaft seines Staates. Im Laufe des Jahres 1686 trafen – vielfach über Frankfurt am Main – nicht weniger als 20 000 Hugenotten in Brandenburg ein. 5000 von ihnen durften sich in der Hauptstadt Berlin und in deren Umgebung ansiedeln, die anderen wurden sorgfältig über das ganze Kurfürstentum verteilt, wo sie an vielen Stellen wirtschaftlich-beruflich anregend wirken sollten.

Wie vor 15 Jahren zwei jüdische Familien nach Pritzwalk geschickt worden waren, die nun längst fast unbeachtet ruhig dahinleben, ihrem kaufmännischen Beruf nachgehen und in der Stille ihres Hauses Gottesdienst halten durften, so trafen im Frühsommer 1686 zwei Refugié-Familien ein: ein Zimmermann mit Frau und drei Kindern und ein Töpfer – wohl gar ein Kunsttöpfer, man sah einiges Geschirr, das er gerettet hatte – mit Frau und zwei Kindern sowie seine etwa 60 Jahre alten Eltern, die in La Rochelle eine Apotheke besessen und zu einem recht guten Preis verkauft hatten. Mit dem Erlös konnten sie eine der letzten Ruinen vom großen Brand im Jahre 1652 erwerben, die, hinter Wegeners weit ausgestrecktem Garten gelegen, allerdings längst dicht überwachsen war. Erst einmal mußte mühsam gerodet werden, bevor man an den Bau eines Hauses für zwei Familien mit Werkstätten und vielleicht einer Apotheke mitsamt Lager gehen konnte. Margarete Wegener wußte bereits, daß der Töpfer, der sich in seiner Sprache «fajanzer» oder so ähnlich nannte, ganz in der Nähe gute Erde für seinen Beruf entdeckt hatte.

An einem warmen Juniabend saß Wegener mit seiner Frau im Garten vor der Werkstatt-Tür. Sie nähte, er rechnete Ein- und Verkäufe, Vorschüsse und Löhne gegeneinander auf, während man hörte, wie hinter dem Garten bei der Herrichtung des Bauplatzes gearbeitet und geredet wurde. Wegener begann zu murren: da haben auch wir sie nun, diese Franzosen – eine ganze Mandel (= 15 Stück). Seine Frau unterbrach ihn lachend: mehr, alles in allem siebzehn, und demnächst werden sie achtzehn, bald neunzehn sein.
Wegener murrte weiter: Das Grundstück kostet sie keinen Groschen. Das Bauholz wird ihnen billig auf den Platz gefahren werden. Die Steuer wird ihnen auf drei Jahre erlassen. Wir verstehen kein Wort von ihrer Sprache, und ihre Kinder müssen in der Schule und beim Pastor erst einmal Deutsch lernen.

Seine Frau Margarete unterbrach ihn erneut – diesmal ernsthaft: das alles braucht dich nicht zu stören. Sie sind freundliche Menschen, dankbar für einen Kohlkopf und ein Brot. Eines Tages werden sie bei dir Tuche kaufen. Denk an unsere Juden. Wo wäre all deinem Fleiß zum Trotz dein Geschäft, wenn diese anständigen Menschen nicht nach Pritzwalk gekommen wären? Nun unterbrach er seine Frau und fügte hinzu: wenn Ihr, Du und Deine Mutter, ihnen nicht vom ersten Tage an geholfen hättet – unseren Juden. Und Margarete schloß: so wollen wir es auch jetzt tun. Ich gehe und bringe ihnen einen Topf Milchbrei für die Kinder.

Zu diesem Komplex ist ein Wort zu sagen: keineswegs alle «Franzosen» kamen aus Frankreich. Nur etwa 20 % stammten aus Nord- und 10 % aus Südfrankreich, annähernd 30 % aus Flandern, dem Hennegau und den Niederlanden. Etwa ebenso viele hatten bereits in der Schweiz und danach in der Pfalz gewohnt und wanderten nun weiter in das Kurfürstentum Brandenburg. Wieder andere reisten über Rußland, England oder Schweden ins Land.[14] Der Kurfürst gewährte auch nicht allen die gleiche Hilfe. Diejenigen, die in die Uckermark kamen – und wahrscheinlich auch die «neuen» Pritzwalker – erhielten pro Familie 50 Taler, damit sie zwei Ziegen, eine Kuh und ein paar Geräte kaufen konnten. Geschenkt wurde ihnen das Baumaterial für ein Haus, das weitere 50, in den Städten zuweilen wohl auch mehr Taler wert war. Aber bereits das Brot- und das Saatkorn wurde ihnen nur vorgeschossen, und größere Bargeld-Unterstützungen wurden allein Gewerbetreibenden gewährt, von denen man sich ungewöhnlichen wirtschaftlichen Nutzen versprach – weder Bauern noch Ackerbürgern. Das Edikt von Potsdam versprach allen zehn steuerfreie Jahre, größeren Gruppen eigene Gerichtsbarkeit und kirchliche Verfassung. Letzten Endes entschied die jeweilige Gemeinde, nicht der Kurfürst oder eine seiner Behörden, wieviel Land ein «Refugié» erhielt: ein Bauer 1–4 Hufen; die vielen Tabakbauern, die zum Beispiel in die Uckermark geleitet wurden, brauchten und erhielten daher auch nur eine halbe Hufe oder noch weniger. Dieses Land stammte dann aus dem Besitz des Ortes, der Kirche oder eines Gutsherren.

Auf beiden Seiten, bei den Alteingesessenen und bei den «Neuen», entstanden natürlich Mißverständnisse. Die einen wollten die unerbetenen Unerfahrenen zu außergewöhnlichen Diensten und Abgaben zwingen, um sich selber das Leben zu erleichtern; jene verweigerten die Beteiligung an Botengängen, Deichbau, Graben-Unterhalt und anderen allgemeinen Lasten. Die Ankömmlinge waren zumeist fleißige Menschen, aber nach langer Wanderung oftmals schwach. Sie brauchten Monate, und das bedeutete in der Landwirtschaft häufig ein ganzes Wirtschaftsjahr, bevor sie Rüben mancher Art, Getreide, Tabak als Ergebnisse ihrer eigenen Arbeit essen beziehungsweise verkaufen konnten. Waren sie aber einmal so weit, dann mußten die «Alten» fast immer den Garten- und den Tabak-Bau und -Ertrag sowie die handwerkliche Leistung der Neuen anerkennen oder gar bewundern. Und im übrigen waren das keine anderen Menschen als die Pritzwalker, Havelberger, Neubrandenburger. Gewiß, sie sprachen zunächst französisch. Aber sie lernten schnell, sich verständlich zu machen und die Einheimischen zu verstehen. Theodor Fontane, selber hugenottischer Herkunft, hat 1889, also 200 Jahre später geschrieben:[15] «Alles, was damals aus Frankreich kam, waren keine pariserischen, sondern puritanische Leute, steif, ernsthaft, ehrpusselig – was sie vielfach bis auf diesen Tag geblieben sind» – und was auf Fontane selber durchaus zutraf.

Die Einladung an die Hugenotten machte den Kurfürsten berühmt, bewundert, ja beliebt – allerdings nicht beim Adel auf dem Lande. Der hätte lieber einen weniger strengen Herrn gehabt. Kurfürst Friedrich Wilhelm war offenbar ein gerechter, ein großmütiger und ein umsichtiger Fürst, der Frömmigkeit mit Geschäftsverstand verbinden konnte. War er dazu auch tolerant?

Nathan Gold hielt es für möglich. Er besprach sich mit Wegener und schrieb eine Eingabe an die für Juden zuständige Behörde in Berlin. Er erinnerte daran, daß er vor 15 Jahren als ein wohlhabender aus Wien vertriebener Jude in das Kurfürstentum hatte einwandern dürfen, dem «Großen Herrn Kurfürsten» aber nicht reich genug erschienen war für eine Ansiedlung in seinen Haupt- und Residenz-Städten Berlin und

Kölln. Man habe ihn weitergeleitet in das ärmliche Städtchen Pritzwalk, wo er, ohne daß die Bürger es wußten oder auch nur ahnten, von Stund an fast der reichste Einwohner gewesen war.

Gute lutherische Christen, der Schmied Treu und der Tuchmacher Wegener sowie ihre beiden Ehefrauen, hatten sich seiner und seiner Familie aufs Menschlichste angenommen, Wegener sich schließlich sogar geschäftlich mit ihm verbunden, was andere Bürger und der Rat anfangs nicht hatten erlauben wollen. Wegener sei in den 15 Jahren ehrlicher Kompanie mit ihm ein wohlhabender Mann geworden – mit einer Familie, wie es an Bildung, Erziehung und Hilfsbereitschaft in Pritzwalk keine zweite gab. Er selber sei noch reicher geworden, als er bei seiner Ankunft gewesen war. Er habe nun sieben Kinder und drei Enkelkinder, für die er so gut sorge, daß der Herr im Himmel seine Geschäfte immer noch segne. Nun aber werde er allmählich alt. Er könne nicht mehr so leichtfüßig wie früher mit schweren Tuchpacken über Land reisen und am späten Abend wie am frühen Morgen verkaufen und kaufen.

So bäte er denn den «Großen Herrn Kurfürsten», er möge ihm erlauben, zu seinen Verwandten, Freunden, Glaubensbrüdern nach Berlin zu

Der Große Kurfürst und seine Familie, um 1664/67. Gemälde von J. Mytens. AKG, Berlin.

ziehen und das Erbe seiner Güter deren Gefühl für Verantwortung zu hinterlassen. Er sei reich genug, um seiner Familie in einem vornehmen Viertel der Stadt ein bequemes Haus zu bauen – darüber hinaus sei er imstande, der Stadt einen angemessenen Betrag für die Niederlassungserlaubnis zu zahlen.

«In untertänigster Verehrung für den Großen Herrn Kurfürsten und sein Herrscherhaus ...»

Nathan Gold ließ Wegener, der ihn wiederholt gebeten hatte, ihn nicht zu verlassen, sein Schreiben lesen. Gold hatte erwidert, die Wegeners sollten doch auch nach Berlin ziehen. Dort gäbe es viele Pferde. Ihr Ältester könnte erst als Schmied arbeiten und dann – vielleicht mit einem jungen Gold – Pferdehändler, Gerbermeister und Sattler werden. Aber das wollte Wegener nicht. Man änderte den Antrag hier und da, betonte den Reichtum nicht ganz so häufig, weil das den Einzug nach Berlin verteuern mochte, komponierte noch ein paar Sätze über die gute Veranlagung der Söhne für den Beruf des Kaufmannes und Geldwechslers, hob den Anstand der Töchter hervor, die gewiß gute tüchtige Ehemänner finden würden, und brachte das wohlversiegelte Schreiben nach Meyenburg zur brandenburgischen Landespost – wohl wissend, daß der Kurfürst im Streit lag mit den Thurn & Taxis, deren Reichspostprivileg er nicht anerkannte.

Man wartete bis fast zum Ende des Jahres 1686. Dann kam schließlich die Ablehnung. In Berlin lebten nun genug Juden, auch reiche. Die jüdische Gemeinde sei zahlreich und ließe nicht selten den Respekt vor Stadt und Staat vermissen. Die Golds sollten weiter in Pritzwalk bleiben und sich dort wie bisher für den Kurfürsten nützlich machen. Seines Schutzes könnten sie gewiß sein.

Bei dieser einen Enttäuschung blieb es nicht. Vielleicht hatte die Berliner Behörde beim Rat von Pritzwalk ein Leumundszeugnis angefordert. Jedenfalls erfuhr dieser von dem Wunsch der Golds und nun auch von der zwar nicht barschen, aber doch deutlich obrigkeitlichen Zurückweisung des Bittstellers. So reich war also Nathan, viel reicher, als man bisher geglaubt hatte! Flugs ging man daran, die Schutzabgabe zu verdreifachen, die Gold für sich und seine Familie zahlen mußte.

Wegener aber, eingedenk der langjährigen guten Zusammenarbeit, tat mehr als klagen. Auch er war ja nun ein reicher Mann – ein weithin angesehener, mit dem man gerne Geschäfte machte. Er nahm den Brief der Behörde und ging zum Rathaus am Markt. Dort wies er den Rat darauf hin, daß der Kurfürst eine Übersiedelung der Wegener nach Berlin kaum verbieten werde. Ob das nicht ein Verlust für Pritzwalk wäre? Und was das Schutzgeld der Gold anbetraf, so sollte man dieses lieber ganz streichen, als es zu verdreifachen. Ausdrücklich hatte der Kurfürst die jüdische Familie in dem Schreiben der Behörde unter seinen Schutz genommen. Einen zusätzlichen Schutz der Stadt Pritzwalk brauchte Gold also gar nicht mehr. Wegener meinte jedoch, er werde ihn wohl dazu bewegen können, weiterhin freiwillig so viel in die Stadtkasse zu zahlen wie bisher – unter der Voraussetzung, daß die Beträge nicht als Schutzgelder bezeichnet würden. Wegener empfahl diese Lösung, faltete den Brief aus Berlin so sorgfältig zusammen, wie es sich bei einem kurfürstlichen Schreiben gehörte, und verabschiedete sich – er sei auf dem Wege zu Geschäften in Berlin. Seine Frau begleite ihn. Sie könne vorzüglich rechnen und schreiben.

Das war im Jahre 1686 gewesen. Zwei Jahre später starb der Große Kurfürst von Brandenburg. Landestrauer wurde verkündet und von den einfachen Untertanen in bewunderndem Gedenken eingehalten – vom Adel gar nicht oder mit Zähneknirschen: der Kurfürst hatte ihre Standesrechte beschnitten, ihre Organisationen, die «Landstände», auf reine Repräsentation reduziert, schließlich sie sich fast ganz unterworfen.

Ein neuer Kurfürst bestieg den Thron: Friedrich I., ein kleiner, verwachsener, fast 30jähriger Herr, von dem man hörte, daß er viel Wert lege auf Würde und höfischen Glanz. Seit dem Tode seines älteren Bruders Karl Emil im Jahre 1674 hatte er schon als Jüngling mit anspruchsvoller Prachtentfaltung seinem weltmännischen, wissenschaftlich interessierten Erzieher, dem westfälischen Reformierten Eberhard Danckelmann, und dessen Vorgesetztem, dem Oberpräsidenten O. von Schwerin, viel Arbeit verursacht.

Wegener war zu dieser Zeit erst 48 Jahre alt. Ihm konnte das Leben am Hofe in Berlin, beim ständig wachsenden kurfürstlichen Heer, in der hohen Beamtenschaft und bei den älteren Adligen, die von ihrem Vermögen in der Hauptstadt Feste feierten, gar nicht glanzvoll genug werden. Prunk belebte sein Geschäft. Man fragte nach immer kostbareren Geweben – und er konnte sie aus England und den Niederlanden, aus Schlesien und der Türkei, selbst aus Porto und Lissabon beschaffen – manchmal ein wenig unter Umgehung der Gesetze, mit denen der Große Kurfürst die Ein- und Ausfuhr ziemlich streng geregelt hatte. Aber wenn Wegener den Zöllnern sagte und beweisen konnte, für wen diese Seide und jener Flanell bestimmt war, wenn er seinen Worten klingenden Nachdruck verlieh, dann konnte er weiterreisen. Er war nun ein weithin bekannter Großkaufmann, der nur zufällig noch immer in Pritzwalk wohnte und nicht längst schon in Berlin. Auch hatte der Große Kurfürst noch am 3. Januar 1688 in einer Polizeiordnung das gesamte Zunftwesen gelockert und neu geordnet. So hatten zum Beispiel sogenannte Freimeister, welche die Regierung «jeden Orts – und zwar in jedem Handwerk einen zu setzen sich vorbehält», die «gleichen Rechte mit den Zunftmeistern» erhalten. Und es würde nicht bei diesem einen «Freimeister» bleiben können.[16]

So erlebte schließlich Friedrich Wegener, weit von Königsberg in Preußen entfernt, die Erhöhung des Kurfürstentums zum Königtum, als Friedrich am 18. Januar 1701 dort mit eigener Hand erst sich selber und dann seiner Ehefrau, einer sehr hochmütigen und anspruchsvollen Dame, die Königskrone aufs Haupt setzte.

Rund 60 Jahre alt war Friedrich Wegener zu dieser Zeit. Sein Schwiegervater war vor einigen Jahren gestorben und der Enkel Friedrich Wilhelm nicht sein Erbe und Nachfolger geworden: ihn hatte man nach der Gesellenwanderung nicht in Pritzwalk halten können. Er war, noch beweglicher und ehrgeiziger als sein Vater, nach Berlin gezogen, hatte sich mit finanzieller Hilfe der Familie dort als Kunstschmied niedergelassen und erhielt um 1700 weit mehr Aufträge für Gitter und Geländer vieler Art, als er selber erledigen konnte: er beschäftigte nicht nur Schmiede, sondern nun auch schon Eisenkünstler, die er immer kompliziertere Entwürfe, nicht selten nach französischen und italienischen Vorlagen, zeichnen und mit Hilfe von Schmiedegesellen kunstvoll verwirklichen ließ. Vater und Mutter waren stolz auf ihn. Die Schmiede in Pritzwalk hatten sie einstweilen verpachtet. Die anderen Kinder gediehen nicht weniger gut, blieben aber gerne in der Prignitz – zur Freude der Eltern. Seinen 60. Geburtstag feierte Friedrich Wegener damit, daß er die Hälfte seines Vermögens einem Altersheim stiftete, falls dessen Bau noch im gleichen Jahr auf einem Grundstück begonnen wurde, das die dankbaren und erfolgreichen Hugenotten zur Verfügung stellten. Ab dieser Zeit sah seine Frau ihn zuweilen über der Buchführung einschlafen. Er hatte seit dem Beginn seiner Lehrzeit im Jahre 1655 fast ein halbes Jahrhundert nur mehr und immer noch mehr gearbeitet. Nun wurde er alt.

3. Dodo II. von Knyphausen

Dodo II., Reichsfreiherr zu Inn- und Knyphausen, 1641 geboren, reformierten protestantischen Bekenntnisses, seit 1670 mit der fünf Jahre jüngeren katholischen Hedwig Oriana, Reichsfreiin von Frydag zu Gödens verheiratet und Vater von drei Söhnen, die reformiert, sowie zwei Töchtern, die katholisch getauft worden waren, hatte arbeitsreiche Jahre hinter sich, als er am 2. Februar 1683 in Emden ein Schiff bestieg, das ihn über Leer und emsaufwärts bis Neundorf brachte. Von dort sollte es trotz der Unbilden des Winters weitergehen bis nach Berlin – zum Großen Kurfürsten von Brandenburg, dessen Größe man erst jüngst in Ostfriesland recht genau kennengelernt hatte.[17]

Die in einem früheren Kapitel angedeuteten, aus dem 16. Jahrhundert überkommenen langwierigen Auseinandersetzungen um die Landeshoheit in Ostfriesland hatten am 16. Mai 1681 mit der Bildung eines «Konservatoriums» geendet, das dem Land den Status quo garantieren sollte.

Zu den sechs Mitgliedern dieses Gremiums gehörte der Kurfürst von Brandenburg als Herr des Westfälischen Kreises Cleve, Mark und Ravensberg. Er erkannte sofort die Möglichkeit, aus dieser Stellung heraus sein Territorium zu vergrößern – und endlich an die Nordsee zu gelangen, das heißt, Atlantikschiffahrt und Kolonialpolitik zu beginnen.

Der Kurfürst ließ alsbald durch seinen Gesandten bei den Vereinigten Niederlanden in Den Haag, sein Patenkind Friedrich Wilhelm von Diest, der ihm bereits beim Ordnen der Staatsfinanzen gute Dienste geleistet hatte, geheime Verhandlungen mit den Vertretern der drei Stände führen. Diese waren für die Ritterschaft Dodo von Knyphausen (seit 1677 im Besitz des Wasserschlosses Lütetsburg bei dem ostfriesischen Städtchen Norden, das er seit 1678 umbaute), der Bürgermeister von Emden für die Bürgerschaft und Eberhard ten Braak für die dritte «Kurie», den «Hausmannsstand» der Bauern auf erbeigenen Höfen.

Das Ergebnis der Verhandlungen, für die Dodo sich auch aus Den Haag Informationen geholt hatte, war, daß am 5. und 6. November 1682 brandenburgische Truppen, zu Schiff von Glückstadt kommend, die ostfriesische Festung Greetsiel durch Verrat überraschend besetzen konnten. Zwei Tage darauf wurde ein durch die gleichen Unterhändler bereits früher ausgehandelter Geheimvertrag zwischen dem Kurfürsten und den ostfriesischen Ständen unterzeichnet. In ihm garantierte der mächtige Herr in Berlin den Ständen seine Hilfe gegen das Grafenhaus der Cirksena, das zur Zeit die Landeshoheit innehatte. Es starb 1744 aus. Die Stände gestatteten aber nicht nur den Einmarsch brandenburgischer Truppen, das heißt die Okkupation des Landes durch den Kurfürsten – wofür übrigens jeder der drei Vertreter vom Kurfürsten dessen in Brillanten gefaßtes Miniaturportrait erhielt. Sie verpflichteten sich obendrein auch noch, ihm und dem Bischof von Münster bis zu dem (nicht vorgesehenen) Abzug ihrer Truppen monatlich 800 Taler zu zahlen und – aufgrund eines Geheimvertrages – dem Kurfürsten dazu monatlich 850 Taler sowie einmalig 1000 Taler für den Transport seiner Truppen, für Nebenkosten 300, für eine Gratifikation an den künftigen Kommandanten 200 Taler, für die Reparatur der Festungswerke von Greetsiel 1000 Taler und schließlich für Feuer und Licht in den Wachtstuben monatlich 50 Taler.

Die Stände ratifizierten diesen erstaunlichen Vertrag am 30. Dezember 1682 in Aurich und hielten richtigerweise den Machtwechsel für so bedeutungsvoll, daß sie beschlossen, Dodo von Knyphausen persönlich die Vertrags-Unterschriften nach Berlin bringen zu lassen.[18] Der Kurfürst ließ sich durch die Aufregung, die sein Vorgehen am Kaiserhof verursachte, nicht stören, befahl vielmehr sofort Benjamin Raule, ihn über die Eignung Emdens für seine maritimen Absichten zu informieren. Dodo, der nun bereits Präsident der Stände sowie des Hofgerichts in Aurich war, wurde gebeten, ihn in Berlin zu besuchen – was Dodos ersten Schritt zur Höhe des Lebens und zu einem unglücklichen Ende bedeuten sollte.

Im März 1682 hatte der Kurfürst eine «Brandenburgisch-Africanische Compagnie» für den Handel «auf denen Küsten von Guinea» gegründet. Ihr Sitz und Heimathafen hatte das weit entfernt von der Zufahrt zum Atlantik gelegene ärmliche Pillau in Ostpreußen werden sollen. Nun ergab sich eine Situation, die der Kurfürst schon früher anvisiert hatte: er konnte seine Gesellschaft, wie es in einem Vertragsentwurf hieß, «an dem Oceano und zwar zu Emden stabiliren». Sofort bat er daher Knyphausen zu entsprechenden Verhandlungen nach Berlin, so daß Dodo also nun zwei für seine Heimat wichtige Aufgaben zu erledigen hatte.

Am 2. Februar 1683 machte Dodo sich in strenger Kälte auf den Weg nach Berlin. Natürlich wurde er von einigen Männern verschiedener Berufe begleitet: zu ihnen gehörte ein Hauslehrer seiner Kinder, ein gebildeter Franzose, dessen Name in Vergessenheit geraten ist, obgleich er für seinen Herrn – und wohl auch für die mit den Kindern in Lütetsburg gebliebene Gattin – umfangreiche Aufzeichnungen über die Reise gemacht hat.

Folgen wir Dodo II. von Knyphausen auf seiner Reise, die nach einer gefährlichen Fahrt durch das Treibeis auf der Ems schließlich zum Kurfürsten führen sollte. Das Vorwärtskommen war nicht ganz einfach. Über eine Brücke bei Meppen gelangte man auf das völlig überschwemmte rechte Ufer der Ems nach Rheine und zur Burg Schönefleth bei Greden. Dort stellte ein Vertreter des Fürstbischofs von Münster, also eines der Konservatoren von Ostfriesland, der den Pakt mit dem Kurfürsten unterschrieben hatte, Dodo einen Paß aus. Dieser war für die weitere Reise durch die vielen kleinen Territorien unerläßlich. Das Gebiet des mit seinem ehemaligen Landesherren verbündeten Welfenherzogs wagte Dodo gleichwohl nicht zu durchqueren. So führte der Weg weiter über Lengerich und Osnabrück, wo man am Sonntag, den 11. Februar, während eines Gottesdienstes eintraf und daher einige Zeit vor einem verschlossenen Stadttor stand. Weiter ging es über Vechta und Delmenhorst nach Bremen. «Wir fuhren in die Stadt, die sehr groß und dicht bevölkert ist, wie in ein Schloß aus dem Schlaraffenland», heißt es im Reisetagebuch des ermüdeten Franzosen – «eine kleine Republik, die mit Handel und Wandel erfüllt ist», erschien ihm Bremen am Weserfluß, «der auch große Mengen Fisch liefert».

Nachdem man sich zwei Tage ausgeruht hatte, verließ Dodo mit seiner Begleitung «Republik und Republikaner» und gelangte an diesem Tage zunächst bis zum 6 Meilen entfernten Kloster Zeven, nach zwei Stunden Pause bei großer Kälte während der Nacht weiter über Buxtehude, das den Schweden gehörte, zum Schluß von dort per Schiff auf Este und Elbe nach Hamburg. Dort mußte man sich nach einer ununterbrochenen Reise von zwei Tagen und einer Nacht «durch eine Vielzahl von Schiffen» in den Hafen drängen.

Der Franzose nannte nach der Bewunderung für Bremen die Stadt an der Elbe zunächst einmal einfach «groß und schön» – und erwähnte dann im einzelnen «prachtvolle Häuser», die «sehr schöne Börse», das Rathaus und die «Oper, die in dieser Stadt in der Landessprache spielt» – erst seit dem 2. Januar 1678 übrigens, also seit fünf Jahren. Er notierte sich den Juden Isaac Manuel Teixeira, der so reich sei, daß er nicht Handel zu treiben brauche, sondern einfach von seinem Vermögen leben könne – aber er tat es nicht, sondern machte Geldgeschäfte in ganz Europa und war «Homme d'affaires» und Resident der Königin von Schweden auch nach deren Abdankung und Konversion zum Katholizismus.

Weiter ging es über Perleberg nach Fehrbellin, wo der Sieg des Kurfürsten über die Schweden im Jahre 1675 noch überall in Erinnerung war. Am 22. Februar 1683 traf man in Berlin ein – der Hauptstadt, in der Dodo II. die Höhe seines Lebens erreichen und, nach dem frühen Tode seiner Frau, auch das eigene Ende finden sollte.

Zum ersten Male begegnete Dodo, 42 Jahre alt, dem seit Jahrzehnten hier geschätzten, dort verachteten, gelegentlich durch Subventionen käuflichen, immer raffinierten, ja verschlagenen, aber auch mutigen brandenburgischen Herrscher. Gleich am Tage der Ankunft begannen Dodos Besprechungen mit dem Kurfürsten sowie den Ministern Fuchs und Meinders. Er dinierte und soupierte mit der kurfürstlichen Familie; der Bielefelder Meinders, vom Kurfürsten sehr geschätzt, lud ihn zur Hochzeit einer seiner Töchter mit einem Quitzow ein; mit Raule und Diest wohnte er im gleichen Hause. Dann begannen die Gespräche mit den wichtigsten Männern am Hofe: mit dem soeben zum Wirklichen Geheimen Staatsrat ernannten Joachim Ernst von Grumbkow, der, hochbegabt für Organisation und Verwaltung, seit 1679 mit dem Rang und Titel eines Generalkriegskommissars die brandenburgische Militärverwaltung leitete, und mit dem ebenfalls erst 42 Jahre alten Stettiner Paul Fuchs, der in Duisburg Professor für Jurisprudenz gewesen, dort zur reformierten Gemeinde übergetreten war und eine Hugenottin geheiratet hatte. Sein Ruf als scharfer, juristisch diplomatischer Denker hatte dazu geführt, daß der Kurfürst ihn 1670 als Geheimen Kammersekretär nach Berlin berief und förderte. Vor einigen Monaten war er Mitglied des Geheimen Rates, der obersten Staatsbehörde, geworden. Man wußte, daß er als Diplomat oder Minister eine große Zukunft vor sich hatte. Schon wenige Tage nach der Ankunft setzte Dodo nach einer «sehr gnädigen Audienz» gemeinsam mit den Ministern ein «Memorial» für einen «Marine-Traktat» auf.

Dann reiste er vom 27. bis zum 29. März nach Angermünde, wo seine jüngste Schwester verheiratet war. Am 31. März schrieb Dodo von Knyphausen verschlüsselt und in französischer Sprache in sein persönliches Tagebuch, auf halben Wege auf einer Fahrt von Berlin nach Potsdam habe er Fuchs und Diest getroffen, die ihm die «position des finances», das Finanzressort des Staates mit dem Rang eines Wirklichen Geheimen Rates, angetragen hätten. Dann habe man gemeinsam diniert. Da winkte nun also der Lohn dafür, daß der reformierte ostfriesische Freiherr geholfen hatte, dem Kurfürsten eine wichtige Provinz zu verschaffen. Doch der Kurfürst selber sah noch weiter – und Dodo II. natürlich auch. Dodos katholische Ehefrau Hedwig Oriana besaß familiäre Beziehungen zum Hof in Wien, und einer ihrer Brüder war sogar kaiserlicher Gesandter in Berlin. Dodo selber war nicht nur als vorzüglicher Verwalter seiner Besitzungen bekannt; er verfügte auch über gute Verbindungen zur niederländischen Kaufmannschaft. Und an bester Zusammenarbeit mit der VOC war der Kurfürst natürlich sehr interessiert – über Mentzel und Cleyer war er mit Batavia gewissermaßen vertraut. Nun bot er also Knyphausen die Verwaltung seiner Domänen an, die kein anderer übernehmen wollte, so daß Grumbkow und Meinders sie mit der linken Hand erledigen mußten. Kein Mensch wußte über Einnahmen und Ausgaben, Guthaben und Schulden genau Bescheid. Der Kurfürst wollte Ordnung schaffen, die Einnahmen steigern – und der Großgrundbesitzer und Schloßherr Knyphausen, auf den er sich auch wegen der Glaubensgemeinschaft verlassen konnte, erschien ihm als der rechte Mann. Dieser besprach sich mit dem Ostfriesen Danckelmann, der ihm natürlich zur Annahme riet. Gleichwohl bat Dodo schon um seines eigenen Ansehens willen um drei Monate Bedenkzeit. Der Kurfürst hatte wahrscheinlich nichts anderes erwartet.

Es folgten drei weitere Wochen in Berlin, in denen Friedrich Wilhelm den Ostfriesen offenbar genau beobachtete. Am 22. April 1683 fand die Unterzeichnung des Handels- und Schiffahrtsvertrages in bezug auf die Kompanie in Emden statt, der der Kurfürst sofort die Einrichtung einer brandenburgischen Reitpost für Briefe, Gelder und Pakete von Minden über Bremen nach Emden folgen ließ.[19] Am 24. erhielt Dodo im Rahmen einer Abschiedsaudienz in Potsdam seinen Paß für die Rückkehr, am Tage darauf trat er in Begleitung des aus Emmerich stammenden, erst 36 Jahre alten Friedrich Wilhelm von Diest, Vizekanzlers und brandenburgischen Gesandten in Den Haag, sowie des Herrn von Meinders, der nach Celle reiste, die Heimreise an. Am Mittag des 1. Mai erreichte man Minden, am Abend Bielefeld, am 5. Hamm. In Haltern nahm Diest sehr freundschaftlich Abschied von Dodo. Zehn Tage später war man nach «heftigen Reiseanstrengungen auf schlechten Straßen» in Emden. Rechtzeitig zum Abendessen traf man am 17. Mai wieder im Schloß Lütetsburg ein – 114 Tage nach der Abreise.

Für Dodo von Knyphausen war mit der Reise in den Osten die Angelegenheit, soweit sie ihn selber und seine Familie betraf, also noch keineswegs erledigt. Das Ehepaar Knyphausen mußte sich entscheiden, ob

Dodo das Angebot des Kurfürsten – immerhin das eines Kurfürstlichen Ministeriums – ablehnen, oder ob man für unabsehbare Zeit nach Berlin übersiedeln sollte. Dabei war vielerlei zu bedenken – zum Beispiel die Frage nach der Seriosität und dem Umfang von Friedrich Wilhelms See- und Überseeplänen.

Der Kurfürst hatte bisher auf staatseigenen Werften insgesamt 11 Schiffe gebaut. Als nun Emden gewonnen sowie der «Marine-Traktat» geschlossen war (und vollends, als man absehen konnte, daß Dänemark vertraglich den Zugang zum westindischen Hafen St. Thomas öffnen würde), konnte auch seine Brandenburgisch-Afrikanische Kompanie den Dreieckshandel beginnen, mit dem die Gesellschaften der Niederlande, Englands, Dänemarks und Schwedens schon so reich geworden waren: europäische Güter nach Westafrika – von dort Sklaven, «Schwarzes Gold», nach Westindien – schließlich Zucker und andere Güter nach Europa.

Was der Kurfürst weiter vorhatte, läßt sich am Geschehen der folgenden Jahre ablesen, an dem Knyphausen erheblich beteiligt sein sollte: Am 5. September 1684 wurde Emden Garnison der «1. Compagnie de Marine» des Kurfürsten; am 1. Oktober kaufte er von Raule neun Schiffe mit insgesamt 176 Kanonen. Nun war er Besitzer einer Kriegsflotte. Die Schiffe, die Raule seit 1678 auf Privatwerften in Königsberg, seit 1680 auf der kurfürstlichen Werft in Pillau, seit 1682 sogar in Berlin gebaut, die er in Hamburg ausgerüstet und nach Westafrika zum vorzüglich befestigten Fort Groß-Friedrichsburg sowie nach Westindien geschickt hatte, waren bisher stets Raules Eigentum geblieben und von ihm nur an Friedrich Wilhelm vermietet worden. Emden war – und blieb eigenartigerweise, vielleicht aus strategischer Vorsicht – nur Reparaturhafen. 1687 wurde auf Raules Anregung in Havelberg an der Elbe eine Werft angelegt, deren Schiffe zur Ausrüstung nach Hamburg fuhren. So entstanden also unter Dodos Augen in Brandenburg ganz neue Gewerbe: Schiffbau und Schifffahrt, die beide alles in allem viel mehr Geld kosteten als einbrachten – Geld, das Dodo aufbringen mußte: die «Herstellungskosten» der Goldstücke mit dem Porträt des Herrschers überstiegen noch deren Wert! Beide Gewerbe wurden daher denn auch vom Nachfolger des Kurfürsten erheblich reduziert und vom nüchtern-rechnerischen Friedrich Wilhelm I. nicht zuletzt um des Friedens mit den Niederlanden willen aufgegeben. Besaß der Kurfürst 1679 sechs und 1683 sechzehn Fregatten, so war damit im Augenblick des Eintritts von Dodo II. in seine Dienste der Höhepunkt der brandenburgischen Seerüstung erreicht. Denn bereits bei seinem Tode gab es nur noch dreizehn und, nachdem die Kompanie 1691 fast bankerott gemacht hatte, 1696 wieder sechs, im Jahre 1700 sogar nur vier Schiffe.[20]

Die Knyphausen hatten noch anderes zu bedenken. Sie waren wohlhabende Grundbesitzer, aber nicht etwa sehr reich. Dodo gehörte zu den vielen Mitgliedern des deutschen Hochadels, die aus Mangel an ausreichendem Besitz in fremder Herren Dienste treten mußten. Die Seitenlinie des freiherrlichen Hauses, der Dodo von Knyphausen angehörte, hatte das schon seit Generationen getan: sein Großvater Dodo I. zu Innhausen und Knyphausen, der noch mehr als die Hälfte des Großen Krieges miterlebt hatte, war schwedischer Generalfeldmarschall geworden, sein Vater Enno in derselben Armee Oberst gewesen; seine Mutter hatte in zweiter Ehe nach Schweden geheiratet. Der Gedanke lag also nahe, auf die gleiche Weise Reichtum und internationales Ansehen zu suchen.[21]

Angesichts solcher persönlichen und politischen Tatsachen beschloß man, daß Dodo das Angebot des Großen Kurfürsten von Brandenburg annehmen sollte. Sein Entschluß wurde ihm gewiß dadurch erleichtert, daß der Kurfürst ihn inzwischen zum Präsidenten der Präsidialkammer seiner Afrikanischen Kompanie in Emden ernannt hatte. Am 22. Juni setzten Dodo und seine Gemahlin ein sehr langes Testament auf, das davon ausging, daß beide in Brandenburg leben und sterben würden. Dann reiste Dodo rund ein Vierteljahr nach jenem Gespräch im August 1683 durch eine wunderbare Erntelandschaft in die Hauptstadt – auf weit angenehmere Weise als im tiefsten Winter. Am Sonntag, den 28. Oktober, trug er in sein Tagebuch ein: «Zum Gottesdienst bei Hofe, dann im Kabinett des Kurprinzen, wo ich den Eid ablegte.» Damit war Dodo also brandenburgischer Wirkl. Geheimer Rat. Im April des folgenden Jahres übersiedelte die Familie nach Berlin. Die Haushaltung in Ostfriesland wurde «völlig aufgehoben», was Dodo bei seinen Landsleuten, die ihm die Überlassung ihres Landes an Brandenburg verübelten, noch odiöser machte.

Dodo, der wie seine Standesgenossen keinen (ostfriesischen) Patriotismus empfand, sondern nur Standesloyalität gegenüber «Landesherren» und Familienegoismus, hatte keine moralischen Bedenken, dem Kurfürsten Ostfriesland zuzuführen und in dessen Dienste zu treten. Er baute sich fortan in Berlin ein schönes Haus, organisierte mit Hilfe tüchtiger Beamter, die Meinders für ihn herangezogen hatte, die «Hofkammer» genannte zentrale Domänen-Behörde und begann mit ihrer Hilfe, einen Überblick über die finanzielle Situation dieser wichtigsten Vermögens- und Einkommensquelle des Staates zu erarbeiten. Das war viel Kleinarbeit und dauerte einige Zeit. Und erst nach dieser Aufnahme der Stärken und Schwächen des Fürstengutes konnte er an dessen Reform im Sinne moderner Staatsführung gehen. Zum ersten Mal für das Jahr 1685/86 legte er einen kaufmännisch wie staatsmännisch gleichermaßen durchdachten Haushaltsplan vor. Damit ging er an die längst notwendige Umstellung von den Naturalabgaben zur Geldwirtschaft und führte die Generalpacht ein: fähigen Wirten wurden auf sechs Jahre größere Ländereien verpachtet und Verlängerungen in Aussicht gestellt. So erhielt der Staat unter Verringerung seiner Verwaltungskosten und unabhängig vom Ernteausfall sicheres bares Geld in die Kasse und der Pächter einen Anreiz, das Land nicht nur auszubeuten, sondern für die eigene Zukunft und selbst für seine Söhne und Enkel zu pflegen und zu entwickeln. Allerdings bestimmte Dodo, der die Bedeutung der freien Bauern in Ostfriesland kannte, daß bei alledem auch die Anhänglichkeit der Untertanen dem Kurfürsten gegenüber berücksichtigt werden sollte.

Wenn später im 18. und noch im 19. Jahrhundert die Leistungen einiger hundert General- und Unterpächter-Familien auf preußischen Domänen gepriesen, ihre Verbundenheit als Landwirte, Offiziere, Geistliche und hohe Beamte mit der Hohenzollern-Dynastie und dem preußischen Staate an vielen Beispielen dargestellt werden konnten, dann legte hierfür Dodo II. in den Jahren zwischen 1685 und 1697 menschlich klug und wirtschaftlich vernünftig den sicheren Grund.

Der Große Kurfürst hatte mit dem Ostfriesen einen guten Griff getan, um seine ja hauptsächlich im östlichen Teil des Staates gelegene Landwirtschaft zu stärken, aber er erlebte das vorzügliche Ergebnis nicht mehr. Er starb in Dodos Gegenwart am 9. Mai 1688 in Berlin – der Schöpfer eines innenpolitisch festgefügten, im Konzert der großen Mächte von allen Seiten umworbenen Staates. Er hatte begonnen, die ererbten, erworbenen und okkupierten Territorien – zuletzt Ostfriesland – als «membra unius corporis» fest zusammenzufügen.

Bei der Wahl neuer Mitarbeiter – meist Männern des reformierten Bekenntnisses wie er selber – hatte er eine glückliche Hand gehabt. Und diese arbeiteten nun weiter für den Nachfolger: J. E. von Grumbkow, seit 1685 Oberhofmarschall – er starb schon 1690 – Eberhard Christoph Balthasar Danckelmann, der 1689 Mitglied der Hofkammer wurde, Friedrich Wilhelm von Diest, der nach erfolgreichen Verhandlungen mit den Niederlanden über Seehandel und Kolonien nach Berlin zurückgekehrt war und dort seine Karriere fortsetzte, schließlich Dodo von Knyphausen, der, begünstigt durch gute Ernten und steigende Preise für Korn und Vieh, die Domänen-Einnahmen allein der Kurmark so steigern konnte, daß sie 1688 doppelt so hoch waren wie 1674. Angesichts solcher Leistungen hatte er 1687, also noch vom Großen Kurfürsten, den Titel eines Hofkammerpräsidenten erhalten. Fortan stellte er – zum ersten Mal 1689/90 – in jedem Jahr einen «General-Etat», das heißt einen Voranschlag für das ganze Land auf und wirtschaftete auch in diesem Rahmen.

Im Jahre 1689 schloß sich Kurfürst Friedrich III., der der Zustimmung des Kaisers zu seinen Krönungsplänen bedurfte, an die «Große Allianz» aus England, den Niederlanden, Spanien, Savoyen und dem Kaiser an, die Ludwig XIV. besiegen und Frankreich zerstückeln wollte. Der Kurfürst brauchte für eine solche Beteiligung noch immer Subsidien und erhielt sie, wofür er den schlechten Ruf und die herablassende Behandlung als «Auxiliarmacht» in Kauf nehmen mußte. Als der Krieg nach acht Jahren mit dem Frieden von Rijswyk endete, verlor der «Sonnenkönig» zwar Lothringen und seine rechtsrheinischen Besitzungen, Brandenburg aber war fast bankerott und konnte nicht einmal die Zahlung der Subsidienreste erzwingen, geschweige denn auf Kriegsentschädigungen hoffen.

Der Kurfürst gab die Schuld an diesem Desaster natürlich nicht seinen eigenen Überlegungen, sondern seinen Beratern. Und zu diesen gehörte Dodo II. von Knyphausen.

4. Salomon Herz Löw Oppenheim

Oppenheim hat nie auf der «Höhe des Lebens» gestanden – er hat auch nicht danach gestrebt. Wie sollte er, ein kluger, menschen- und weltkundiger Mann, das tun? Ein ehelich geborener und ehrlich gebliebener brandenburgischer Handwerksmeister konnte über seine Zunft hinaussteigen zu einer neuen kapitalistischen Gesellschaftsschicht und damit Höhen erreichen, die es nicht gegeben hatte, als er Meister geworden war – und seine Familie mit ihm. Ein hoch angesehener ostfriesischer Großadliger konnte, auf einigen Umwegen, als Minister eines berühmten und wegen seiner politischen Unzuverlässigkeit berüchtigten Kurfürsten die Höhe des Lebens als Reichsfreiherr erreichen. Ein hessischer Arzt konnte als Repräsentant einer weltberühmten Handelskompanie im Fernen Osten den beruflichen, als sammelnder und forschender Medizinalbotaniker auch den wissenschaftlichen Gipfel erreichen. Vom einen trat er, hauptsächlich wohl durch Mißgeschick, zurück in die Anonymität eines hohen Beamten auf einem Nebengebiet; auf dem anderen blieb er bis zum heutigen Tage: wissenschaftliche Studien, Doktor- und Habilitationsarbeiten werden noch immer über ihn geschrieben. Wie die weithin angesehene Malerin Maria Sibylla Merian die Höhe ihres Lebens weit entfernt in Westindien erreichte, wird noch darzustellen sein.

Diese vier Menschen lebten nach den Maßstäben ihrer Zeit in relativ freien, ständisch und konfessionell geordneten Gruppen der abendländischen Gesellschaft.

Oppenheim dagegen existierte in der Judengasse tagsüber hinter kontrollierten, nachts hinter verschlossenen Toren gleichsam eines Gefängnisses, in dem der unbehinderte Aufenthalt ohne Lebensgefahr von Zeit zu Zeit durch den Kaiser garantiert und gegebenenfalls mit Androhung von Waffengewalt oder gar ihrer Ausübung wirklich gesichert werden mußte. Refugiés aus Frankreich, Waldenser aus der Schweiz, Böhmen aus dem Habsburger Reich und andere christliche Flüchtlinge mochten nach Deutschland kommen – sie wurden entsprechend ihrer Konfession herzlich aufgenommen und hilfreich einer neuen Existenz zugeführt. Jüdische Flüchtlinge aus Wien zum Beispiel und aus Polen wies man als Ungläubige zurück oder tolerierte einige von ihnen höchstens, wenn sie reich waren und, fast rechtlos, nützlich werden konnten.

Oppenheim durfte geschäftlich reisen – als Jude: immer nur geduldet oder auch durch Handgreiflichkeiten gefährdet, zurückgewiesen hier, dort nach beträchtlichen Zahlungen ausnahmsweise akzeptiert ... Wo immer er, der reiche Jude, war, in seinem engen Haus, in Regensburg, Wien oder Prag – nicht eine einzige Stunde verließ ihn die Erinnerung an das, was er erlebt und an Erniedrigungen und Angst wie an unzähligen Nöten und Gefahren erlitten hatte, seitdem er eines Nachts unter dem Druck der christlich-jüdischen Spannungen und der Unverständlichkeiten der Religion seiner Väter aus dem Fenster gestiegen und in die Anarchie des Bandenwesens geflüchtet war.

Und in den Jahren 1685/86 sollten sich seine schlimmsten Befürchtungen erneut als vollkommen berechtigt erweisen.

Kaiser Leopold hatte bald nach seiner Thronbesteigung im Jahre 1658 die Frankfurter Juden unter seinen besonderen Schutz gestellt, und auf diesen hatten sie sich bisher verlassen können. Nun, nachdem man in den Auseinandersetzungen um den Frankfurter Juden Drach überrascht festgestellt hatte, wieviel Geld die Juden besaßen, forderte der Kaiser im Sommer 1684 von ihnen eine «Kollekte» für seine Verteidigung Europas gegen die Türken in Höhe von 100 000 Gulden. Zwar konnte man mit Hilfe der Stadt, die nicht wollte, daß die Juden verarmten, diesen Betrag schließlich auf 20 000, zahlbar in drei Raten, herunterhandeln, aber dafür erreichte die Stadt heimlich anderes: Der Kaiser unterzeichnete am 25. Juli 1685 eine Deklaration, in der er auf alle Zeiten der Stadt Frankfurt das Recht zugestand, wie bisher Juden nach ihrem Gefallen aufzunehmen, ihnen Ordnungen zu geben, Wohnvorschriften aufzuerlegen und sie zu besteuern.

Durch einen Zufall erhielten die Juden eine wörtliche Abschrift dieser Deklaration und lasen, daß sie in ihr als «Hörige und Leibeigene» der Stadt bezeichnet, also recht- und schutzlos der Willkür des Frankfurter Rates ausgeliefert wurden.[22] Der Religionskrieg, den die Christen untereinander aufs blutigste ausgefochten hatten, war seit 40 Jahren beendet, das Abendland befand sich in einem noch längst nicht gewonnenen Abwehrkampf gegen das Osmanische Reich – da wurden Löw Oppenheim, seine Familie, seine Glaubensgenossen vom Kaiser als Sklaven einer Stadt überlassen.

Sie protestierten ungesäumt am Wiener Hof und erreichten, daß der Kaiser in einer «Antideclaration» am 28. Oktober 1685 kundtat, die Deklaration vom Juli dürfe nicht als Aufhebung oder auch nur als Schmälerung der von ihm bei seiner Thronbesteigung bestätigten «Privilegien» angesehen werden. Das würde der «mildesten kaiserlichen Intention» widersprechen. Zwar seien die Frankfurter Juden von ihm im Juli als der

Stadt Frankfurt «eigen und leibesangehörig» bezeichnet worden, aber er, der Kaiser, entnehme jetzt den Dokumenten, daß sie sich seit undenklichen Zeiten bis auf diese Stunde in der Stadt frei und ungehindert hätten bewegen und nach eigenem Belieben hätten heiraten dürfen, ja, auch das Wegzugrecht besessen hätten. Daran solle und dürfe nichts geändert werden.

Damit war nun natürlich der Rat nicht einverstanden. Er versuchte unter vielen Versicherungen und Drohungen, die Juden zum Verzicht auf diese Bestätigung ihrer Rechte zu bewegen. Aber diese klagten beim Kammergericht und, als dieses schwieg, beim Reichshofgericht in Wien, schließlich mit einem besonderen «Hochnotdringlichen alleruntertänigsten Anbringen...» und ein paar Tage später mit «fernerweitem hochnotpeinlichem allerdemütigstem Imploriren und Bitten...» beim Kaiser selber. Ausgestellt in Preßburg den 6. November 1687, langte am 22. November in Frankfurt seine Antwort an. Darin hieß es: «Die arme Judenschaft ist durch sotane Eure ungeziemenden Attentate dergestalt unterdrückt worden, daß sie noch beschwerlicher gedrückt zu werden besorge.» Auch das Urteil des Reichshofrats vom Februar 1688 nahm die Juden in Schutz gegen das ungesetzliche Vorgehen der Stadt und ihre Straf- und Kollektengelder.

Niemals war wieder die Rede von einer Leibeigenschaft der Frankfurter Juden. Wirklich niemals? Konnte ein Mann, der soviel erlebt hatte, solchen Deklarationen und «Antideklarationen» vertrauen? Konnte nicht im nächsten Jahr wieder das Gleiche geschehen, mit unglücklicherem Ausgang? Höhe des Lebens? Oppenheim hatte schon viele Tiefen des Lebens durchschritten, auch wenn er dabei ein reicher Mann und ein zufriedener Familienvater geworden war.

Auch ein glücklicher Mensch? Noch immer war in dem enger und enger werdenden Haus der Oppenheim mit seinen dunklen, schmalen Hinterhäusern der Vater das Haupt der Familie und die alt und schwach gewordene, von Trauer um Kinder und Kindeskinder, von Kummer, Angst und Krankheit verkrümmte Mutter ihr Mittelpunkt. Löw Oppenheim hatte eine schöne, reiche Ehefrau aus einer angesehenen Familie und zwei Söhne, die ihm Freude bereiteten. Er war um 1690 50 Jahre alt. Aber er mußte offiziell der gehorsame Sohn seines etwa 80 Jahre alten Vaters sein, der nicht mehr alles verstand, was ihm Besucher erzählten. Noch immer dankte dieser alte Herz Löw Oppenheim, der längst kein Mann mehr war, Gott täglich im Gebet dafür, daß er keine Frau geworden war. Hörte, verstand er selber noch, was er vor sich hin murmelte? Der Sohn hörte und verstand es jeden Tag – er sah die Frau an, die er liebte, und es quälte den 50jährigen nicht weniger als den 15jährigen, der vor solcher Grausamkeit geflüchtet – und schließlich doch zu ihr, zur jüdischen Gemeinschaft zurückgekehrt war.

Zu seinen Pflichten gehörte die Übernahme von Ehrenämtern bei der Verwaltung der jüdischen Gemeinde, in der Synagoge, in der Schule, in der Sippe. Und da er selber geschäftlich immer weniger zu reisen brauchte, verweigerte er sich nicht solchen Wünschen und Aufgaben. Aber es war schwer, in den Jahren der Tumulte, der Aufsässigkeit in der Judengasse sowie der Verteidigung Drachs, in der Zeit der Drohungen des Kurerzbischofs von Mainz, der Prozesse und Schutzlosigkeit auf den Straßen von Frankfurt bis Linz in all dies nicht hineingezogen zu werden und etwa die Existenz der Familie zu gefährden.

So hielt er sich, zunehmend häuslich, an Frau und Söhne – in einem traditionell religiös bestimmten Leben, doch nicht ohne Anpassung an die alltägliche Gegenwart. Gott war der Mittelpunkt, aber man lebte in einer gefährlichen Welt, an die er die Söhne besser gewöhnen wollte, als es ihm selber möglich war. Jede Handlung vom Wassertrinken bis zur ehelichen Gemeinschaft war mit einem Dank an Gott verbunden – doch die Geschäfte machte man zumeist mit Christen, die zu dem gleichen und dennoch zu einem anderen Gott beteten. Dieser befahl ihnen, die Juden zu hassen, sie zu verfolgen, auch sie umzubringen. Oppenheim achtete auf die Handwaschungen seiner Söhne vor jeder Mahlzeit und dankte Gott für Speise und Trank. Er betete vor dem Antritt jeder Reise und beim Erscheinen des Neumonds. Er brauchte seine Frau nicht zu den von ihr erwarteten Gebeten anzuhalten: sie stammte aus einer frommen Familie. Er dankte in ihrer Gegenwart Gott nicht dafür, daß er ihn nicht als Frau erschaffen hatte – und wußte, daß er sich damit verging. Aber er konnte im Angesicht von Frau und Mutter diese Worte nicht über seine Lippen bringen.

Höhe des Lebens? Das war für ihn und sie alle der Sabbat ab dem Sonnenuntergang am Freitag: «Freitag gegen Nacht ist jeder Jude König und jede Jüdin Königin», hieß es in jenem alten Volkslied. So erreichte Löw Oppenheim das sechste Jahrzehnt seines Lebens.

5. Maria Sibylla Merian

Am 10. Juli 1699 hatten «die Merianin» und ihre Tochter Dorothea Amsterdam auf dem «Goldenen König» der «Neederlandsch Westindischen Compagnie» verlassen. Am 14. sah man die Küste von England, am 16. fehlte es an Wind, aber am 17. konnte man im Hafen der Isle of Wight zusätzliche Ladung übernehmen, am späten Nachmittag dieses Tages Portsmouth erreichen. Dort wurde bis zum 19. geladen, dann verließ man den letzten englischen Hafen und passierte am 21. die äußerste Spitze der großen Insel, die von einem Niederländer, Wilhelm III., regiert wurde. Am 1. August lag man im Hafen von Madeira, am Tage darauf sah man

Palma, eine Insel der Kanaren-Gruppe, am 9. eine der Kap Verden, und als man in der folgenden Nacht stundenlang ein ebenso faszinierendes wie angsterregendes Meeresleuchten beobachten konnte, befand man sich bereits auf dem Wege über den riesigen Atlantik.

Nach 18 Tagen flogen nicht nur Landvögel über das Schiff, sondern zur Verwunderung der Passagiere auch Fische. Aber erst am 3. September erblickten sie die Küste von Surinam-Guyana, und der Kapitän fand Zeit, den beiden Frauen von seinen vielen Reisen zwischen Westindien und Guinea zu berichten, die er im Auftrage der Kompanie unternommen hatte, um afrikanische Sklavenarbeiter für die Zuckerplantagen in Surinam heranzuschaffen.

Mehrere Tage fuhr man an der Küste Guyanas entlang. Irgendwo in der Wildnis gingen die armen Siedler an Land, um sich ein neues, besseres Leben zu erarbeiten. Am 18. September lief das Schiff in die zwei Meilen breite Mündung des Surinam-Flusses ein. Nun sah man rechts und links Zuckerplantagen, die gewissermaßen in den riesigen Urwald hineingeschnitten worden waren und von ihm beinahe erdrückt wurden. Dreieinhalb Meilen den Surinam aufwärts erkannte man schließlich auf einer leichten Erhebung über dem Flußlauf Paramaribo, die größte Stadt der Kolonie, die von niederländischen Abenteurern, Goldsuchern und Siedlern aus einer vor etwa 60 Jahren angelegten Siedlung zur Hauptstadt gemacht worden war. Erst vor rund 30 Jahren, nämlich 1667, hatten niederländische Schiffe und Landtruppen englische Rivalen aus diesem Gebiet verdrängt, in dem nun bereits Hunderte von Zuckerplantagen viel Gewinn abwarfen. Ein Vertrag von Breda hatte am 21. Juli 1667 das weite Gebiet von Guyana zwischen dem Amazonas, dem Orinoko, dem beide Flüsse verbindenden Casiquiare und dem Atlantik unter England, Frankreich und den Niederlanden aufgeteilt, die ihren Teil «Surinam» getauft und 1682 der Niederländisch-Westindischen Kompanie zur Ausbeutung überlassen hatten.[23] Doch war diese Gesellschaft nicht reich und mächtig genug gewesen, um ein so großes Gebiet allein beherrschen und möglicherweise gegen französische oder englische Angriffe verteidigen zu können. Daher hatte sie ein Drittel des Landes an die Stadt Amsterdam verkauft und ein zweites Drittel an Cornelis van Aessens, Herrn von Sommelsdijk, der zum Gouverneur der gesamten Kolonie gewählt wurde – ein Mann, der mit großem Geschick aus der Wildnis Gewinne herauszog. Er hatte die Labadisten beschützt, ihnen Land für die Niederlassung «Providentia» überlassen und war, wie Maria Sibylla wußte, 1688 gestorben, was ihr eigenes Schicksal wesentlich beeinflußt hatte. Jetzt war man im Begriff, die drei Teile Surinams wieder zusammenzufassen und zu einer Art halbstaatlichen Aktiengesellschaft mit territorialen Hoheitsrechten unter der Kontrolle der Vereinigten Niederlande, ähnlich der Westindischen Kompanie, zu erheben.

Als Maria Sibylla und ihre Tochter nach zehn Wochen Seefahrt am 18. September amerikanischen Boden betraten, befanden sie sich also nicht unter Fremden – um so weniger, als die Schwiegereltern der älteren Tochter und weitere Verwandte im Lande Plantagen besaßen, deren Verwalter ihre Ankunft erwarteten und Unterbringung vorbereitet hatten. Auch der Gouverneur, Paul van der Veen, nahm sie aufs freundlichste auf, als sie ihm einen Besuch machten, und sicherte ihnen überall im Lande Schutz und Hilfe zu.

Maria Sibylla interessierte sich nicht für den surinamischen Zucker, auch nicht für die anderen, geringeren Handelsgüter: Leder und Sirup, Kakao, Edelholz und Branntwein, die nach Amsterdam, Middelburg und Vlissingen verschifft wurden. Im Gegenzug importierte man zahllose Pferde, hauptsächlich aus Norwegen und Schottland, aber auch aus Neuengland in Nordamerika, die man für den Betrieb der Zuckermühlen brauchte.

Das alles sah Maria Sibylla nicht. Sie ging auf den Markt von Paramaribo und wurde enttäuscht. Sie fand nicht das erwartete Meer von Farben und Düften, sondern Zuckerrohr und einige Wurzeln, auch Fische und Kassavebrot als Hauptbestandteile der einheimischen Ernährung. Auf dem Sklavenmarkt saßen und lagen schlecht ernährte Neger und Indianer.

Sie fand das Leben, abgesehen von der Feuchtigkeit, nicht sehr beschwerlich und, wenn man sich richtig ernährte, nicht ungesund und war bald geneigt, dem Sprichwort zu glauben, daß unvernünftige Frauen ihre erste Krankheit nicht überlebten, kluge aber ihren zehnten Mann. Van der Veen hatte den beiden Frauen auf einer größeren Plantage der Familie Herold am Fluß Wohnung und Arbeitsmöglichkeit unter militärischem Schutz vorbereiten lassen. Dorthin zogen sie nach einigen Wochen der Akklimatisierung innerhalb von drei Tagen – die Nächte hatte man in Rasthäusern der Verwaltung verbracht – teils in Tragstühlen, teils zu Fuß mitsamt der umfangreichen und schweren Malausrüstung und dem normalen Bedarf an Kleidung.[24]

Die Grenze der Plantagen – unter ihnen die der Labadisten-Siedlung «Providentia» – bildete stets an drei Seiten der Urwald und an der vierten ein Fluß, den man im Verhältnis zum Main bei Frankfurt und gar zum Rhein-Delta nur als «reißend» bezeichnen konnte. Und dies alles in riesigen Ausmaßen. Maria Sibylla hatte Pergamentblätter bei sich, die ihrer in Jahrzehnten entstandenen und gefestigten Seh- und Malgewohnheit am besten entsprachen. Aber wie sollte sie auf diesen Bogen die riesige surinamische Natur «konterfeien»: Blüten in einer Größe, die sie in Gottorp und selbst in Amsterdam nicht geahnt hatte, Falter, die mit ausgebreiteten Flügeln und vorgestreckten Fühlern so groß waren wie das Pergament?

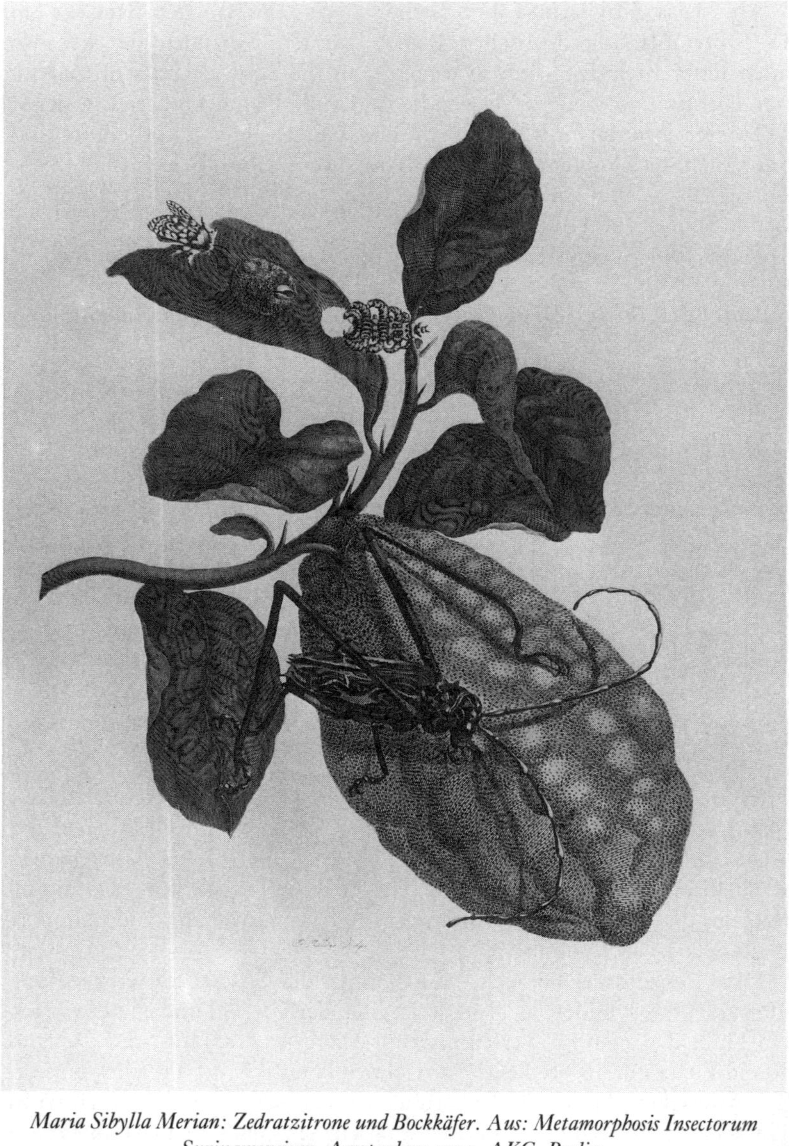

Maria Sibylla Merian: Zedratzitrone und Bockkäfer. Aus: Metamorphosis Insectorum Surinamensium, Amsterdam 1705. AKG, Berlin.

Diese Farbenpracht! Waren ihre Malkästen solcher Üppigkeit gewachsen? Und schließlich diese Masse von Getier: Eidechsen, Kolibris, Ibisse, Schlangen – auch giftige –, Vögel, Krokodile, die sie am liebsten auch gezeichnet und gemalt und so mit in die Heimat zurückgenommen hätte. In Frankfurt und selbst in den Niederlanden konnten nur die wenigsten Menschen sich vorstellen, was sie und ihre Tochter hier sahen. Wo sollte sie anfangen, wo aufhören zu skizzieren, zu zeichnen, zu kolorieren? Und außerdem führte sie ein Tagebuch, notierte sie ununterbrochen, was sie für das in Gedanken entstehende Buch über surinamische Falter und Blüten brauchte.

In diesem Buch hat sie später beschrieben, wie ein Wespen-Volk sich auf ihrem Malkasten niederließ, wie Termiten über Nacht einen Baum «kahl wie einen Besen fraßen», dessen Blüten sie am nächsten Tage genau betrachten, beschreiben und schließlich malen wollte. Sie schildert sehr bildhaft, wie sie sich von Sklaven kurze Wege in den Urwald schneiden und hacken ließ – und wie sie dann dort auf ihrem Hocker saß, umgeben von einer keineswegs freundlichen Natur, in der nicht etwa die große Stille der Urwelt sie ängstigte, sondern eine unbeschreibliche Kakophonie von «Schreien, Brüllen, Bellen, Summen, Knarren, Tropfen...».

Sie sammelte und sammelte: Pflanzenknollen, Vögel, Käfer, Schmetterlinge, Raupen und ihre Futterpflanzen, setzte diese in Papp- und Holzkästen und beobachtete sie. Das war zunächst ein herrliches Zugreifen, bald aber ein Auswählen-Müssen aus einer überwältigenden Menge. Und außerdem trocknete, dörrte und faulte vieles schneller weg, als man es registrieren konnte – obendrein stank es häufig, so daß man es nicht im Hause aufbewahren und unter den Augen haben konnte. Wenn das nicht möglich war, dann fraß das Getier sich aber gegenseitig auf – oder die Sklaven zerstörten es.

Von ihrem ersten Aufenthaltsort reisten die beiden Frauen nach einiger Zeit im Frühjahr 1700 vier Tage lang tief in den Urwald zu ihren «Genossen», den Labadisten. Nun befanden sie sich 65 Kilometer von Paramaribo und der Küste entfernt, verbunden mit beidem und der weißen Welt nur durch dieses wilde Wasser voller gefährlicher Tiere. Aber gerade in «Providentia» fand man besonders viel Material für das geplante Buch.[25]

Maria Sibylla beschrieb das Leben und Arbeiten in «Providentia», das als «Vorsorge für das Leben nach dem Tode» gedacht war. «Hier sammelte ich mannigfache Beobachtungen über Insekten und entdeckte eine große Menge von Gummibäumen, die an dieser Stelle wild wachsen. Einen Zweig eines dieser Bäume zeige ich hier im Bilde. Eine große schwarz und grün gestreifte Raupe der dargestellten Art fand ich auf diesem Baume, mit dessen Laub ich sie bis Ende April fütterte. Nachdem sie sich dann in ein kugelförmiges holzfarbenes Gespinst eingeschlossen hatte, verwandelte sie sich in eine Puppe und aus dieser am 3. Juni in einen prächtigen Schmetterling, wie er hier fliegend und auf einem Zweige sitzend dargestellt ist.»

So genau arbeitend, so über Wochen und Monate fütternd, betrachtend, beschreibend verbrachte Maria Sibylla, unterstützt durch die Tochter, ihre Zeit auf der Plantage. Aber sie beschränkte sich nicht als Malerin und Naturwissenschaftlerin auf Pflanzen und Tiere. Sie ging weiter und informierte sich (und dann uns) über deren Nützlichkeit und Schädlichkeit, über ihre Verwendung als Heilmittel. Dabei kam sie in Verbindung mit den eingeborenen Indianerinnen und importierten oder gelegentlich auch schon im Lande geborenen schwarzen Sklavinnen, die ihr außerdem Schlangen und Eidechsen, Affen und Vögel brachten. An die Berichte über solche Begegnungen schloß sie später ein paar Zeilen an, die hier und da ein Stückchen Leben der «einfachen» Menschen um 1700 am Rande des surinamischen Urwalds vor uns erstehen lassen. Sie berichtete über Lebensgewohnheiten und Gerätschaften, zeigte Freundlichkeit und Dankbarkeit für Informationen und geriet dabei gelegentlich in Konflikt mit ihren Gastgebern, die, obschon sie sich nachdrücklich bemühten, gute Christen zu sein, die Sklaven ihrem geldlichen Wert entsprechend behandelten, nicht als Mitmenschen, für deren Schicksal sie, wie Maria Sibylla meinte, durch die Versklavung Gott gegenüber verantwortlich geworden waren. Sie betrachtete das Leben dieser Frauen und erfuhr dabei zum Beispiel, daß sie eine gewisse, «flos pavonis» genannte Pflanze zur Geburtenkontrolle benutzten, indem sie ihre Samenkörner aßen, um, wie Maria Sibylla später schrieb, «den Ungeborenen ein Sklavendasein zu ersparen». Da hieß es dann: «Die Indianer, die nicht gut behandelt werden, wenn sie bei den Holländern in Dienst stehen, treiben damit ihre Kinder ab, damit diese keine Sklaven werden, wie sie es sind. Die schwarzen Sklavinnen aus Guinea und Angola müssen sehr zuvorkommend behandelt werden, denn sonst wollen sie keine Kinder haben in ihrer Lage als Sklaven. Sie bekommen auch keine, ja sie bringen sie zuweilen um wegen der üblichen harten Behandlung, die man ihnen zuteil werden läßt, denn sie sind der Ansicht, daß sie in ihrem Lande als Freie wiedergeboren werden, so wie sie mich aus ihrem eigenen Munde unterrichtet haben.»[26]

Sie beschrieb in ihren Briefen die Schwierigkeiten beim Transport ihrer Kästen und Kisten, Vergiftungen durch Insektenstiche und durch Berühren gewisser Pflanzen und Tiere, sie entwickelte eigene Methoden des Präparierens und berichtete darüber dem Mediziner Johann Volkamer in Nürnberg. Und sie bedauerte wieder und wieder, daß die Plantagenbesitzer in Surinam sich nicht im geringsten für ihre Umwelt interessierten – mit Ausnahme des Zuckerrohrs, mit dessen Hilfe sie so schnell wie möglich, auch unter Lebensgefahr, reich werden, nach Holland zurückkehren und dort ein Herrenleben führen wollten.

Maria Sibylla war ungeheuer fleißig. Aber gelegentlich *mußte* sie eine

Pause einschieben – und beschrieb selbst dann, was sie in dieser getan, gesehen, gedacht hatte. Sie saß am Abend mit den Männern und einigen Frauen, die nur von Arbeit, Geld und Heimat sprachen, auf der Veranda und atmete die Düfte der Nacht, verfolgte den Flug der Leuchtkäfer, fühlte sie auf ihrer Haut, hörte die Nachtfalter schwirren und die Geckos an den Wänden und in den Ritzen des Fußbodens. Sie hatte sich, da Blätter und Zweige schnell vertrockneten, am Tage Pflanzen mit ihren Wurzelballen ausgraben und am Hause einsetzen lassen. Nun empfand sie, wie diese, gut gewässert, anfingen, wieder ihre Blätter mit Saft zu füllen und sich aufzurichten. Der in Amsterdam zurückgebliebenen Tochter schrieb sie:

«Du kannst dir nicht vorstellen, wie hier die Sonne aufgeht. Ausdrücklich um es zu beobachten und dir beschreiben zu können, sind wir eines Morgens wohl gegen drei Uhr aufgestanden. Noch ist es dunkle Nacht, die Sterne strahlen in unverminderter Leuchtkraft, und im vorüberrauschenden Fluß spiegelt sich der untergehende Mond. Es ist ganz still und kühl, Bäume und Sträucher, die um unser Haus herumstehen, schlafen – zuweilen deutlich sichtbar mit zusammengefalteten Blättern. Auch die meisten Blumen sind geschlossen. Nur wenige sogenannte Tagschläfer ragen ruhig ausgebreitet in die Nacht empor. Wir stehen unter einem hohen Mangobaum, dessen dicht belaubte Krone uns gegen den Nachttau schützt. Der auffrischende Morgenwind treibt von Zeit zu Zeit Wogen süßen Blumenduftes an uns vorüber. Gespensterhaft flattern große Nachtschmetterlinge wie Schatten im Mondlicht um uns herum. Deutlich empfinden wir die Feuchtigkeit des Taues, der uns erfrischt, bald aber ein leichtes, unangenehmes Frösteln verursacht. Da überzieht ein zartes gleichmäßiges Graurot den Himmel. Die Umrisse der Bäume heben sich deutlicher von dem entfernten Hintergrund ab, der Wind bewegt sichtbar die Zweige und Blätter. Der Urwald erwacht. Die Natur badet in dem erfrischenden Atem des Morgens. Käfer fliegen, Vögel rufen, Mücken summen, durch das Dickicht klettern unsichtbar, aber Zweige brechend und mit einander streitend und schreiend die eben erwachten Affen... Wir aber eilen zurück auf unsere Veranda, wo eben das erste Frühstück bereitgestellt wird. Feucht und ein wenig klamm, müde und hungrig nach der deinetwegen verkürzten Nacht setzen wir uns zu Tisch, bevor wir unsere Malsachen, Stühle und Schirme teils selbst über die Schulter nehmen, teils den beiden bewaffneten Arbeitern geben, die uns als unsere persönliche Streitmacht zum Schutze dienen, und den Weg zu einem unserer Studienplätze antreten. Es gibt deren verschiedene ... in einer stillen Bucht des Flusses ... auf einem nicht eben leicht zu ersteigenden Hügel ... so leben wir hier. Wir arbeiten und beobachten. Skizzen haben wir bereits in großer Zahl ... Demnächst werden wir auch an den Versuch gehen, etwas Endgültiges zu schaffen.» Neben solchen langen, sichtlich von der Naturbeobachterin und Künstlerin zugleich gestalteten Briefen führte Maria Sibylla ebenso ausführlich ihr Tagebuch, sammelte sie Berge von Notizen.

Schließlich waren beide Frauen so erschöpft, daß sie nach Paramaribo zurückkehren mußten, wenn sie nicht bis zur Reiseunfähigkeit schwach werden wollten. In der Stadt bezogen sie die Wohnung, die ihnen der Gouverneur und die Verwandtschaft besorgt und gehütet hatten. Dort vergingen weitere Monate voller Arbeit und kleineren und größeren Abenteuern. Sklavinnen wurden angelernt, Futter für die Tiere herbeizuschaffen und die Kästen sauber zu halten, die Raupen häuteten und verpuppten sich, schließlich wurden sie bunte «Sommervögel». Eines Nachts wurden Mutter und Tochter dadurch geweckt, daß Zikaden, die man ihnen am Tage gebracht hatte, in ihrer Spanschachtel lärmten. Man öffnete die Schachtel – und den Frauen flogen Flammen entgegen: die «Schnäbel» der Leuchtzikaden strömten ein so intensives Licht aus, daß man bei seinem Schein lesen und schreiben konnte.

Eineinhalb Jahre nach ihrer Ankunft in Paramaribo konnte Maria Sibylla nicht mehr bestreiten, daß sie sehr krank war: fast fiel sie einem schweren Malaria-Anfall zum Opfer. Phantasierend und fiebernd lag sie mehrere Wochen ohne Interesse für Zeit und Arbeit dem Tode nahe. Dorothea, selbst erschöpft und überanstrengt, erhielt ihr den letzten Rest ihres Willens zu überleben und teilte ihre eigene Zeit zwischen der Pflege der geliebten Mutter und Kameradin und der Sichtung und Ordnung der so teuer errungenen Objekte und Abbildungen, die man, vorsichtig auf mehrere Boote verteilt, unbeschädigt nach Paramaribo hatte schaffen können.

So ging das Jahr 1700 zu Ende. Sehr langsam erholte Maria Sibylla sich. Aber von einer Rückkehr zum Rande des Urwalds, von weiteren Monaten oder gar Jahren der Arbeit selbst an der Küste, wie Maria Sibylla sie geplant hatte, konnte keine Rede sein. Sie mußte, wenn sie am Leben bleiben und das angefangene Werk – gewiß nur ein Ausschnitt aus einer unübersehbaren Fülle – «vollenden» wollte, zurück nach Europa.

Vielleicht konnte man in einigen Jahren, erholt, aufgrund der Erfahrungen besser ausgerüstet, eine zweite Expedition unternehmen. Dieser Einfall erleichterte den Entschluß zum Abbruch, zur Beendigung des Aufenthalts in Surinam. Am 17. Juni 1700 verließen die beiden Paramaribo – zwei Jahre, nachdem sie aus Amsterdam aufgebrochen waren. Sie waren 21 Monate in Surinam gewesen.

Während man die südamerikanische Küste hinter sich ließ und Maria Sibylla noch ihre letzten Experimente mit gewissen Raupenarten fortsetzte und abschloß, verblühten und vertrockneten die Zweige, die man der nun auch hier bewunderten Künstlerin und Forscherin in die Kammer gestellt hatte, verging der Duft Surinams.

Die 54jährige Frau hatte die Höhe des *Er*lebens überschritten – die Höhe des *wissenschaftlichen* Lebens lag noch vor ihr – jenseits des Atlantik, den man nun zum zweiten Male überquerte. Am 23. September 1701 erreichte das Zuckerschiff der Westindischen Kompanie Amsterdam. Die beiden Frauen beaufsichtigten genau den Transport ihrer zerbrechlichen Kisten und Kästen. Taschen und Pakete mit Malereien und «Raritäten» wie Blumenzwiebeln und Samen, die alsbald zum Botanischen Garten geschafft und dort weiter fachmännisch betreut wurden: ein kostbarer Dank für das Reisestipendium, das die große Fahrt ermöglicht hatte.

Der Großteil der Sammlung aber wurde mit Unterstützung von Nicolas Witsen in dessen Amsterdamer Rathaus ausgestellt und erregte großes Aufsehen weit über die Stadt, ja, über die Niederlande hinaus; man begann zu ahnen, welche künstlerische und wissenschaftliche Bedeutung der Bericht über die fast zweijährige Reise haben würde. Wohlüberlegt machte Maria Sibylla auch anderen einflußreichen Männern sowie Institutionen, zum Beispiel der Westindischen Kompanie, Präsente, die von der Qualität des gesammelten Materials Zeugnis ablegten und die Erwartung steigerten. Auch deutete sie an, daß sie selber noch eine zweite Reise vorhatte: wiederholt sprach sie von «meinem großen Plan», während Witsen und andere sie mahnten, erst einmal das Gesammelte in ein umfangreiches Buch umzusetzen.

Zunächst aber hatte Maria Sibylla Merian die Freude, daß nun am 2. Dezember 1701 auch ihre jüngere Tochter Maria Dorothea Henriette, eine begabte Malerin, 23jährig heiratete: den Chirurgen Philipp Hendriks aus Heidelberg, der allerdings bereits 1711 starb. Die Witwe heiratete 1715 den aus St. Gallen stammenden Maler Georg Gsell, der ihre Mutter portraitierte, und lebte mit diesem bis zu ihrem Tode 1743 oder 1745 in St. Petersburg, wo ihr Mann als Galeriedirektor und Hofmaler hohes Ansehen errang, genauso wie sie selber als Mitarbeiterin der Kaiserlichen Akademie der Wissenschaften, die überdies die hebräische Sprache beherrschte. Ihre eigene Tochter Salome Abigail heiratete den großen Astronomen Leonhard Euler.

Lange hatte die Tochter auf die Rückkehr der Mutter gewartet. Nun ging alles so schnell, daß Maria Sibylla nicht gleich geeignete Räume für so viele Menschen, ihre eigenen Sammlungen und die Praxis des Arztes fand. So bezog man für einige Zeit ein Haus in der Spiegelstraat; dann übersiedelte man in die Kerkstraat, wo man später das Haus «De Rozentak» («Zum Rosenzweig») bewohnte.

Bald darauf reiste die Tochter Helena noch einmal für kurze Zeit nach Paramaribo und zum Besitz der Familie Herold, wo ihr Schwiegervater überraschend gestorben war. Nun konnte sie dort auch zum letzten Mal Pflanzen und Tiere beobachten und sammeln, die ihre Mutter unbedingt in ihren Bericht aufnehmen wollte.

Seit Anfang 1702 näherte sich damit Maria Sibylla Merian, glückliche Mutter zweier ihr auch künstlerisch und wissenschaftlich nahestehender verheirateter Töchter, der Höhe ihres Lebens – bei sehr geschwächter Gesundheit und reduzierter Arbeitskraft. Wegener, Dodo von Knyphausen, Oppenheim und auch Cleyer, dessen wissenschaftliche Interessen und Erfolge sich mit denen der Maria Sibylla – gewissermaßen «antipodisch» – berührten oder überschnitten, waren schon eine Reihe von Jahren tot, als die Frankfurterin, die über viele Zwischenstationen schließlich nach Amsterdam gelangt war, sich daran machte, die Summe eines reichen – und insbesondere für Frauen verhältnismäßig langen – Lebens zu ziehen.

Sie ordnete und ergänzte das gesammelte Material durch Literaturstudien – die nicht sehr zahlreichen, naturgemäß fast ausschließlich niederländischen und lateinischen Werke waren ihr in Amsterdam bequem zugänglich. Mit der malerischen Darstellung begann sie bei den Insekten und nahm «die berühmtesten Meister» zu Hilfe, die ihre Aquarelle auf die Kupferplatten übertrugen: den 26jährigen Peter Sluyter, den mehr als 40 Jahre alten Josef Mulder und Daniel Stoependael, der jedoch nur eine einzige Platte beisteuerte.

Zu ihren ständigen Brieffreunden gehörte nun der medicinae doctor Johann Georg Volkamer in Nürnberg, jener Vetter der Imhoff, den sie schon seit vielen Jahren kannte. Ihm beschrieb sie im Oktober 1702, woran sie in Surinam gearbeitet, wie viele Zeichnungen «lebensgroß» und Tiere aller Art sie mitgebracht hatte, und klagte ihm vor, daß das geplante Buch «sehr viel gelt wird kosten dasselbe zu verlegen». Sie unterschrieb auch diesen Brief noch als «Zu Ehren dienstbeflissene ...» Schon wenige Tage später schickte sie ihm aufgrund einer Bestellung vom 8. Oktober 1702 fünf «doosen von denen westindischen Insekten, die doose vor drei f», die Volkamer seinem Brief beigelegt hatte. Weiter bot sie ihm als «dienstwillige» für insgesamt 20 Gulden an: «1 Krokodil, 2 große Schlangen, 18 Dito kleinere, 11 Leguane, 1 Gecko und 1 kleine Schildkröte» – «konterfeite» natürlich.

Ende Juli 1704 mußte sie ihm mitteilen, daß sie «keine Insekten mehr aus Indien bekommen» habe. Und als sie ihm am 16. April 1705 den letzten erhalten gebliebenen Brief schrieb, konnte er lesen, daß ihr großes Buch erschienen war. Es kostete für Subskribenten 15 Gulden. Sie selber aber zahlte genau den gleichen Betrag für den Druck des Textes und 30 Gulden obendrein für das «Illuminiren». Als Verkaufspreis konnte sie aber nur höchstens 18 Gulden fordern, wenn sie überhaupt ein paar Bände verkaufen wollte; wenn sie selbst den Band koloriert hatte, waren es allerdings 45 Gulden: eine teuer erkaufte Berühmtheit, die auch jetzt noch unterschrieb als «des herrn Ehren dinstwillige Freundin ...»

Sie war nun längst eine große Künstlerin. Ihrem in Jahrzehnten der Blumenmalerei geschulten Blick entging keine Einzelheit: «Die eigene Beobachtung der Pflanzen in der Natur und des lebendigen Tieres in seiner Lebensgewohnheit ist ein revolutionierender Umsturz für das illustrierte naturwissenschaftliche Buch und die Forschung», von Maria Sibylla Merian seit frühester Jugend mit unbeirrbarer Beharrlichkeit und Geduld vollzogen. Erst damit war für die Botanik und die Zoologie der entscheidende Schritt von dilettierender Beschäftigung mit dem Material zu einer exakten Wissenschaft ermöglicht. Für die Botanik ist 1735, also erst Jahre nach dem Tode der Merian, die Entwicklung abgeschlossen, denn in diesem Jahr veröffentlichte Linné sein ‹System der Pflanzen›, das die moderne botanische Wissenschaft einleitete.[27]

Auch Goethe hat einst in einer Frankfurter Sammlung Aquarelle der Merian gesehen. Selber Künstler und Gelehrter, der mit dem Auge so sehr arbeitete wie mit dem Gedanken, schrieb er in seiner Abhandlung «Über Blumen und Mahlerey», daß sie sich «in ihrer Darstellung zwischen Kunst und Wissenschaft, zwischen Naturbeschauung und mahlerischen Zwekken hin und her bewegte...» Die Historiker schätzen heute die wissenschaftliche Leistung der Merian auf der Wende zum Zeitalter des Rationalismus noch höher als ihre Blumen- und Tierbilder, die zweifellos zu den besten ihrer Zeit in Deutschland und den Niederlanden gehören.

Auf allen erhaltenen Bildern sind Blumen oder/und Tiere dargestellt. Man findet nicht eine einzige Landschaft – vielleicht wollte sie dieses Sujet dem Bruder und seinen Mitarbeitern überlassen –, nicht ein Portrait, nicht einmal ein Bildchen einer Tochter, eine Architektur oder eine figürliche Allegorie. Natürlich kannte Maria Sibylla von vielen Begegnungen mit anderen Künstlern und von Besuchen in deutschen und niederländischen Sammlungen Inhalt und Stil der Barock-Kunst, nicht nur der jüngsten zeitgenössischen Malerei. Aber beides interessierte sie nicht. Sie war schon in ihren jungen Jahren keine Barock-Malerin, sondern eine sprachlich und bildlich darstellende Naturforscherin gewesen – also etwas ganz anderes. Infolgedessen hatte sie sich auch den entsprechenden Techniken zugewandt oder sogar neue entwickelt. Sie aquarellierte oder bediente sich der Gouache-Technik, hauptsächlich auf Pergament und am liebsten auf pergamentum non natum oder carta non nata, das heißt auf der sehr feinen, ganz dünnen Haut ungeborener Tiere, die sie gewöhnlich weiß grundierte.

Außerdem beherrschte und verwendete sie lange Zeit den Kupferstich. Bei dem großen surinamischen Text- und Abbildungsvorhaben aber wäre ihr diese auch körperlich anstrengende Arbeit zuviel geworden. Sie wäre dadurch aufgehalten und von der Hauptaufgabe abgelenkt worden. Daher zog sie nun jene genannten Stecher heran, die ihr Zeit und Kraft für das Illuminieren freimachten. Es soll hier nicht auf technische Einzelheiten des Druckens, insbesondere nicht auf das sogenannte «Umdruckverfahren» eingegangen werden, das in Verbindung mit der Illumination beim Betrachter den Eindruck eines Aquarells erweckt. Auch hier war sie wieder originell. Für das, was sie erreichen wollte, erschien ihr dieses arbeitsaufwendige technische Vorgehen als das richtige. «Sie war die einzige Künstlerin, die dieses Verfahren häufig angewandt hat.» Nicht genau feststellen kann man immer, ob ein Blatt von ihr selber oder von einer ihrer Töchter gemalt und wann es illuminiert worden ist. Es war durchaus allgemein üblich, Blätter erst lange nach ihrer Vollendung zu signieren und zu datieren, wenn sie aus der Mappe genommen wurden, um verschenkt oder verkauft zu werden.

Gegen Ende des Jahres 1705 lag also das große Surinam-Werk schließlich bei dem Verleger Gerard Valck in Amsterdam in recht luxuriöser Ausstattung mit Ledereinband und reicher Goldprägung des Titels fertig vor. Sein umständlicher Titel begann: «Dissertatio de generatione et metamorphosis insectorum Surinamensium ...»

Gleichzeitig erschienen in diesem Jahr eine lateinische und eine holländische Ausgabe, während die geplante deutsche schließlich ausfiel, da sich nur zwölf Subskribenten gemeldet hatten. Vor dem Druck der Texte in beiden Sprachen hat wohl der Botaniker Caspar Commelini hier und da ordnend ein wenig geholfen. Aus einer Bemerkung im Text zur vierten der insgesamt 60 Tafeln geht hervor, daß die Merian über genug Material verfügte, um ein entsprechendes Tafelwerk über Reptilien veröffentlichen zu können. Aber dazu fehlte ihr schließlich die Kraft oder das Interesse. Ein Teil der Vorarbeiten wurde in die um 12 Tafeln erweiterte zweite Auflage aufgenommen, welche ihre ältere Tochter 1719 gleichfalls in einer holländischen und einer lateinischen Ausgabe besorgte.

Der Band war sofort bei seinem Erscheinen in den Niederlanden eine Sensation – nicht in Deutschland: niemand schlug vor, diese bedeutende Wissenschaftlerin in eine Akademie aufzunehmen. Frauen gehörten nicht in wissenschaftliche Gesellschaften. Viel Arbeit fand viel Ehre, aber wenig Honorar. Stecher, Drucker, Kupferplatten, Pergament, Papier und Farbe konnten mit den Preisen, die man den Interessenten zumuten durfte, nicht bezahlt werden – von der Arbeitszeit, die Maria Sibylla Merian und ihre Tochter aufgewendet hatten, ganz zu schweigen. Im allgemeinen verkaufte man wohl später den Band für 5 Gulden. Der Gelehrte Zacharias Konrad von Uffenbach, ein passionierter Bibliophile, der 1711 Frau Merian besuchte, mußte einen von ihr selber ausgemalten und signierten Band allerdings mit 20 Gulden bezahlen.

Nun befand die sichtlich alternde Frau sich wirklich auf der Höhe ihres Lebens. Viele Menschen besuchten und bewunderten sie in ihrem Haus «Zum Rosenzweig». Für Entomologen und Liebhaber dieses Bildgenres war sie eine Berühmtheit und Sehenswürdigkeit geworden – eine niederländische in erster Linie und um so mehr, als eine deutsche Ausgabe ihres Buches ja nicht vorlag. Gewiß: sie war eine Merian, aber in Amsterdam der einzige Mensch dieses Namens – und nur sehr wenige Spezialisten wußten, daß es in Frankfurt auch noch andere tüchtige Männer und Frauen gab, die den Namen Merian trugen und ihn insbesondere vor Jahrzehnten einmal zu hohem Ansehen gebracht hatten.

6. «Höhe des Lebens»

Auf der Höhe ihres Lebens, aber auch an der Schwelle zum Alter befanden sich gegen Ende des 17. Jahrhunderts die Menschen, über die hier berichtet wird: Knyphausen 1684, Cleyer 1687, Oppenheim um 1690, Wegener im folgenden Jahrzehnt und die erst 1647 geborene Maria Sibylla Merian in den ersten Jahren des neuen Jahrhunderts.

Der Große Krieg und selbst der in ganz Deutschland mit Glockengeläut und Dankgottesdiensten gefeierte Friedensschluß von 1648 lag weit zurück – gewiß nicht vergessen, aber doch wie am Ende eines anderen Zeitalters. Nur die «Alten» konnten sich noch daran erinnern, daß sie Gewalttat und Mord, lodernde Wohnhäuser und einstürzende Kirchtürme erlebt hatten. Einige wenige, deren Narben schmerzten und denen seit dieser Zeit ein Arm oder ein Auge fehlte, humpelten noch an Stöcken und Krücken über die Straßen.

Unsere fünf Personen stammten wohl aus der Kriegszeit, aber sie waren auf einem Schloß in Ostfriesland, in der großen Stadt Frankfurt, in Paramaribo und Bahia, selbst in der Prignitz durch ihre Berufe längst über den Krieg und über die unmittelbare Erinnerung an Belagerungen und Plünderungen, Heerzüge und Einquartierungen hinausgewachsen in neue kleine und große Erlebnisse.

Sie lebten zwischen zwei Zeitaltern – am deutlichsten empfanden das im eigenen Dasein wohl Wegener und Dodo II. Der eine war nicht mehr der Tuchmacher, der er als Lehrling, Geselle und junger Meister gewesen war, sondern darüber hinaus ein «Verleger», das heißt ein vielseitiger Kaufmann, ja mit der modernen Walkmühle und neuen Gerätschaften für andere Arbeitsgänge ein früher «Manufakturist» geworden. Er hatte gesehen und schließlich an sich selber erfahren, daß die Zusammenfassung mehrerer Arbeitsgänge in einer einzigen großen Werkstatt Zeit und Geld sparte, daß sich bei wirkungsvoller indirekter Disziplinierung durch die dichte Folge der Handgriffe fast selbstverständlich, gewissermaßen vom Arbeitsstück her, so etwas wie Befehl und Gehorsam zwischen dem Meister und seinen Gesellen ergab, ohne daß der «Manufakturherr» laut zu drängen oder zu schimpfen brauchte.

Und Dodo II. wurde vom brandenburgischen Kurfürsten, der in ihm einen fortschrittlichen nordwestdeutschen calvinistischen Gutsherrn erkannt hatte, beim Übergang von der spätmittelalterlichen zur modernen rationalen Landesverwaltung mit dem wohl wichtigsten Ressort in seiner Regierung betraut: mit den Domänen sollte er das Geld verdienen, das ein Fürst mit einem stehenden Heer zur Selbstbehauptung, zur Realisierung von Gewinnen aus alten Erbverträgen, auch zur gewaltsamen Eroberung und schließlich zur See- und Überseepolitik brauchte. Noch immer war – wie bei Wallenstein und Gustav Adolf – in der Zeit Ludwigs XIV. von Frankreich und des Oraniers Wilhelm III. das Geld der nervus rerum. Niemand hatte das schmerzhafter erlebt als Friedrich Wilhelm, ein Kurfürst, der, ohne Subsidien, also «Hilfsgüter» zu nehmen, nicht wirklich Fürst sein konnte – durch sie aber die Unabhängigkeit, die Souveränität, ja sogar die Herrschaft über sein eigenes Land zum Teil einbüßte.

Die fünf Menschen, von denen hier die Rede ist, repräsentierten recht gut den größten Teil der Gesellschaft in Nord- und Westdeutschland.

Friedrich Wegener war Handwerker und Regional-Kaufmann, aber auch fast schon Fabrikant. Er kannte Brandenburg zwischen Pritzwalk, Frankfurt und Berlin, und er hatte Erinnerungen an Leiden wie an Venedig. Sein Beruf brachte ihn in Berührung mit Bauern, Gutsherren und Schäfern weithin im Lande, mit Viehjuden auf den großen Wollmärkten, hier und da mit dem einen oder anderen hohen Beamten, Geistlichen oder Arzt als Kunden. Er kannte «die Welt», und auf der Höhe seines Lebens fand er sich in ihr mit Nathan Gold als stillem Teilhaber im Hintergrund zu seinem Vorteil zurecht. Er hatte es weit gebracht seit 1640, noch weiter, seitdem er Margarete Treu, Tochter eines wohlhabenden und weitblickenden Schmiedes, geheiratet hatte.

Dodo II. war ein bedeutender Großgrundbesitzer, fast schon ein kleiner Landesherr, als er den brandenburgischen Kurfürsten kennenlernte und von diesem auf einen Posten gestellt wurde, der ihm schließlich zum Verderben werden sollte. Aber bis dahin konnte er noch viele Jahre des politischen Einflusses, des höfischen Glanzes, des Ansehens in seiner Familie und Sippe und bei den Verwandten seiner Frau bis nach Wien hin erleben – und in Den Haag obendrein.

Er war in Ostfriesland bis 1684 ein mächtiger Herr, Präsident von Behörden und Räten und gewissermaßen ein ökumenischer Protektor des Christentums. In seinem Schloß fanden Wand an Wand katholische und reformierte Gottesdienste statt, an seiner Tafel saßen danach mit ihm der Hofkaplan seiner katholischen Frau und der Töchter und der Hofpastor, der für ihn selber und seine Söhne zuständig war. Aber er hielt auch seine Patronatshand über die Lutheraner im Land, die es ohne ihn nicht leicht gehabt hätten. Und schließlich wußte er, dessen Reichtum mehr von Pferden, Rindern und Schafen stammte als von Getreidefeldern, was er an den nicht wenigen Handelsjuden hatte: tüchtige, dankbare Kaufleute, die ihre Grenzen beim Geschäft kannten, sich aber auch des Verständnisses ihres Schutzherren sicher sein konnten.

Alles in allem lebte man in Ostfriesland, nicht weit von so bedeutenden Hafenstädten wie Rotterdam, Amsterdam, Enkhuizen und Middelburg, ganz nahe dem «modernsten» Raum Europas. Man kannte den «internationalen» Markt ebenso genau wie die Politik Londons. Hier bewegte sich schon seit hundert Jahren der Welthandel, hier begann das heraufzuziehen, was Wegener in Pritzwalk mit seiner eigenen Werkstatt unscharf verspürte: die industrielle Revolution, die ja bei den Textilgewerben bereits einsetzte.

In diesem Umkreis erreichten auch Maria Sibylla Merian und Andreas Cleyer die Höhe ihres Lebens.

Der Arzt und Naturwissenschaftler sah und erlebte nicht nur die östliche Welt vom Kap der Guten Hoffnung über Batavia bis Japan, er übte dort auch seine Berufsarbeit als Botaniker, Pharmazeut und schließlich als selbständiger Kaufmann und Manager-Unternehmer der größten Handelsgesellschaft der Welt aus. Er war ein berühmter Gelehrter und nun schon Mitglied einer Akademie, die eines Tages als «Leopoldina» weltbekannt werden sollte – so ähnlich wie die «Académie Française» in Paris und die «Royal Society» in London. Sein Name war einem deutschen Fürsten, der wissenschaftlich interessiert war und Universitäten wie Duisburg und Herborn gründete, durchaus vertraut. Eines Tages würde er wohl nach Europa zurückkehren und nicht in Amsterdam, auch nicht in seiner halbvergessenen Geburtsstadt Kassel, sondern wahrscheinlich in Berlin seinen Lebensabend in Muße und hohem Ansehen verbringen.

In London hatte ein beliebter, vielgespielter Mode-Bühnenschriftsteller in einem seiner Stücke rhetorisch-ironisch gefragt, ob man «Ruhm essen», ob man also vom Ruhm leben könne. Und natürlich lachte sein Publikum. Aber Cleyer wußte es besser: man konnte durchaus vom Ruhm leben – nur würde es ein anderes Leben sein als das jenes Stücke-Schreibers und seines Publikums.

Die Merian genoß, zuweilen in finanzieller Enge, nach Nürnberg und der Labadisten-Gemeinde auf dem Lande ihren Aufstieg in Amsterdam. Sie wurde eine berühmte Malerin und mehr – eine unverwechselbare, einmalige Persönlichkeit, die sich im Umgang mit führenden Politikern, Gelehrten und Künstlern selber als Gelehrte erwies, als ein Mensch mit wissenschaftlicher Neugier, mit ganz persönlichen Fragestellungen, über die man staunte und nachdenken mußte.

Höhe des Lebens – konnte man um 1700 mit zwei Töchtern, aber ohne Ehemann die Höhe seines Lebens erreichen? Maria Sibylla begegnete gar nicht so wenigen Frauen, denen das durchaus möglich war oder die sich doch wenigstens deutlich neben ihren Männern, in der Familie eine eigene wissenschaftliche, kaufmännische oder künstlerische Existenz aufbauen konnten und in dieser geachtet, ja bewundert wurden. Aus ihren Briefen und Schriften kann man seit dem Buch über die Seidenraupen nicht den Eindruck gewinnen, daß ihr der Ehemann fehlte. Sie lebte zwar in einer vorwiegend männlichen Gesellschaft in einer ganz und gar kaufmännischen Stadt und Region; aber sie lebte in dieser mit ihren Töchtern in offenbar harmonischer Frauen-Gemeinschaft, die den heranwachsenden Mädchen die Bekanntschaft mit Männern und schließlich glückliche Ehen mit einem Kaufmann und einem Künstler offenließ – ganz nach der Art der alten Merian in der Schweiz und in Frankfurt.

Und schließlich der Kaufmann Oppenheim. Er kannte Mittel- und Osteuropa vom Rhein bis Wien und darüber weit hinaus bis Prag und zum christlich-mohammedanischen Grenzraum. Niemand in der Frankfurter Judengasse konnte sich Gefahr und Elend der Belagerung Wiens durch die Türken im Jahre 1683 deutlicher vorstellen als Salomon Löw Oppenheim: Er kannte jede Gasse, jedes Tor, die großen Palais, die Arme-Leute-Viertel, die nun in Flammen aufgingen und in denen die Menschen verhungerten.

Je älter und erfolgreicher er wurde, um so mehr konnte er sich wieder in die Judengasse zurückziehen und von dort aus seine Geschäfte zwischen der Donau und dem Rhein, der Adria und der Nordsee dirigieren. Er war der höchstbesteuerte Jude Frankfurts. Nun gut! Der Erfolg brachte Befriedigung, auch ein gewisses Maß von Sicherheit, ja von Einfluß. Aber – wenn man nun schon wohlhabend war oder reich, dann erschien das Glück in der Familie wichtiger als Geld oder doch fast ebenso wichtig wie dieses. Und er war glücklich. In seiner Ehe und mit seinen Kindern erlebte er weniger Spannungen, Ängste, Unsicherheiten, als er selbst einst erlitten hatte. Niemand lief ihm davon, weil er selber Verständnis zu wecken wußte für die Zusammenhänge der häuslichen mit der weiteren Umwelt.

Gewiß: die Juden waren noch immer Geduldete in einer fremden Welt. Aber die Oppenheim seiner und der folgenden Generation kannten und verstanden mehr von dieser christlichen Welt als einst seine Eltern. Sie konnten sich ihr besser anpassen, und im allgemeinen bestanden jetzt wohl weniger Spannungen zwischen Christen und Juden als in den bösen Zeiten des Großen Krieges, der weitverbreiteten Angst vor Hexen und vor drohenden Himmelserscheinungen, in denen jeder christliche Geistliche die strafende Hand Gottes und nicht selten die Schuld der Juden an Sturmflut, Feuersbrunst oder Viehsterben erkannt haben wollte.

Ein wenig «Aufklärung» verbreitete sich unter den Menschen, auch ein wenig Toleranz. Man hörte vom Nutzen mancher «Hofjuden» einerseits – und die Viehjuden andererseits bemühten sich, hier und da auf Höchstgewinne und Wucherzinsen zu verzichten, um friedlicher in der christlichen Welt leben zu können als früher.

Nicht ganz zufällig kommt es, daß die fünf Menschen, die wir hier betrachten, sehr viel unterwegs waren. Natürlich: Die Getreidebauern und

Viehzüchter, die Handwerker und Verwalter von Dörfern und Städten und viele andere waren noch immer und blieben auch künftig seßhafte Menschen, im übertragenen Sinne «an die Scholle gebunden». Aber seit 1600 wurden in Westeuropa und seit der Mitte des Jahrhunderts auch zwischen Rhein und Weichsel, Nordsee und Mittelmeer, wurden im gesamten Raum der Christenheit die Menschen beweglicher. Nicht nur die Gesellen und das fahrende Volk «wanderten». Auch der Fernhandel zu Lande nahm ständig in dem Maße zu, in dem die Bevölkerung wuchs und Edelmetalle aus Europa sowie aus Amerika die Wirtschaft anregten, ja, eine von Lissabon bis nach Lemberg spürbare Inflation verursachten.

Handel und Wandel dehnten sich aus – aber auch die Wissenschaften überzogen Europa. Universitäten und Gelehrte Gesellschaften wurden gegründet, Professoren und berühmte Ärzte hierhin und dorthin berufen, Fürsten interessierten sich über die «Raritäten» hinaus für Wissenschaft – sei es zuweilen auch in erster Linie für die Goldmacherei, die Alchemie –, Künstler zogen durch die Welt, von Rom und Florenz nach Paris und weiter nach Madrid, nach Wien, Dresden und Berlin – bald auch zum großen Peter in Rußland. Sie waren Maler, Bildhauer und Stukkateure, Musiker und Ballerinen, Loblieder dichtende Poeten, auch Philosophen und Mathematiker: man denke etwa an Maria Sibylla Merians jüngere Tochter und ihren Mann, die in Petersburg Ansehen und Ruhm als Künstler und Gelehrte fanden.

Natürlich hatten die fünf ihre Wege zur Höhe bezahlen müssen. Sie waren älter geworden und empfanden wohl schon hier und da, daß sie nicht weit vom Nachlassen ihrer Kräfte entfernt waren. Maria Sibylla drängte es, noch bei voller Gesundheit den surinamischen Urwald zu erforschen. Wegener wurde hier und da müde von der Arbeit – was es zehn oder gar zwanzig Jahre zuvor nicht gegeben hatte. Cleyer sah um sich herum Jüngere der anstrengenden Arbeit in ungewohntem Klima erliegen. Oppenheim konnte seine Reisetätigkeit einschränken und es sich bequemer machen als einst zwischen Wien und Prag.

Vielleicht am wenigsten litt unter dem Älterwerden einstweilen Dodo von Knyphausen. Er gehörte einer Menschengruppe an, die seit Jahrhunderten Landherren, Offiziere, Jäger gezeugt, ja gezüchtet hatte. Als der brandenburgische Kurfürst ihn zum ersten Mal nach Berlin berief, als er nach kurzer Zeit zum zweiten Mal dorthin reiste und schließlich 1684 endgültig in die Hauptstadt zog, befand er sich zweifellos auch physisch auf der Höhe eines solchen Herren-Lebens, so daß ihm die Unbequemlichkeit der nicht ganz ungefährlichen Fahrten auf schlechten Straßen und unsicheren Flüssen kaum wirklich Anstrengung abverlangte. Er reiste im relativen Komfort nicht ganz ungefederter Kutschen, die von meist guten Pferden gezogen wurden. Und wo man rastete, da konnte er für sich und seine Begleitung Bequemlichkeit kaufen, ja fordern. Anstrengend sollte

Dodos neues Leben erst werden, als er als Minister auf sehr schlechten Wegen über Land reisen, Kassen und Magazine revidieren oder, noch schlimmer, in Berlin Schreibtischarbeit leisten und schließlich die Erträge seiner Arbeit für den Staat, das Kurfürstentum Brandenburg, verteidigen mußte. Aber das konnte er, als er ein Herrentum in Ostfriesland gegen die Abhängigkeit in Berlin eintauschte, noch nicht übersehen. Ein erheblicher Teil nicht nur des deutschen, sondern des ganzen europäischen Adels erarbeitete sich auf diese Weise die Behauptung einer vornehmen Existenz. Prinz Eugen von Savoyen wurde ein paar Jahrzehnte später der berühmteste Vertreter dieser Gruppe.

In *einer* Hinsicht sind die fünf, mit deren Leben wir uns beschäftigen, ganz und gar nicht repräsentativ für die Gesellschaft, zu der sie gehörten. Sie sind nie arm gewesen, sie haben während ihres Berufslebens nicht zu darben brauchen – am ehesten vielleicht noch die Malerin in der ersten Zeit nach ihrer Übersiedelung aus dem ordensartig geregelten Leben in einer hauptsächlich handwerklich-landwirtschaftlichen Gemeinschaft in die selbständige Existenz in Amsterdam. Wir wissen nicht, ob sie in die gewiß nicht billige große Hafen- und Handelsstadt neben Bildern und bescheidenen Einnahmen aus dem Handel mit Malutensilien auch Geldvermögen hat mitnehmen können.

Es gab aber in Deutschland auch um 1680 bis 1700 viel Armut – ja wahrscheinlich mehr Armut als vor dem 30jährigen Kriege, da die Bevölkerung nun wuchs und die Abhängigkeit von Arbeitgebern durch die Entwicklung des Verleger- und Manufakturwesens besonders in den Städten stark zunahm.

Betrachten wir kurz die Verhältnisse in der Stadt, die Wegener als wandernder Geselle längere Zeit erlebt und seitdem mehrfach wiedergesehen hatte und in die Dodo von Knyphausen nun übersiedelte.[28]

Ein Berliner Verzeichnis aus den Jahren 1701/02 zählt 205 «registrierte» Arme auf – solche also, die Anspruch auf Hilfe der städtischen Behörden besaßen – davon 90 in den Vorstädten, in denen mittellose Landbewohner, die vergeblich das Glück in der Stadt gesucht hatten, und dort selbst Verarmte und Gescheiterte einander begegneten. Neben diesen registrierten und so gleichsam versorgten Armen hausten, zum Beispiel in der Königs-Vorstadt, doppelt so viele unversorgte Almosenempfänger: Alte und Kranke, von anderswo zugezogene alleinstehende Frauen, häufig mit kleinen Kindern. Die Armenkommission, die weniger helfen als für Ordnung sorgen sollte, kannte diese Verhältnisse genau: bei einer Frau aus der «Klasse der brandenburgischen Landarmen» bemerkte sie in ihrem Bericht: «Hätte bleiben können, wo sie gewesen, zwei Söhne werden sie ja erhalten». Andere wurden, wenn sie gesund waren, in ihre Heimat zurückgeschickt. Die eher geizigen als sparsamen städtischen Institutionen zur Armenpflege und die kirchliche Nächstenliebe reichten 1680/90 nicht mehr aus für die Versorgung der Armen, unterhalb deren Gruppe ja zu allen Zeiten eine noch größere von Elenden, Gescheiterten, Dieben und Verbrechern existierte, die in den Winkeln von Scheunen und Ställen vegetierten, bis sie verhungerten, erfroren, einem Fieberanfall erlagen oder an irgendwelchen Wunden verfaulten. Diese außerhalb der Gesellschaft eher Dahinschwindenden als Lebenden übersah man nach Möglichkeit. Die registrierten Armen aber mußten in einer geordneten Gesellschaft versorgt werden. Also errichtete man in den Residenzen, wo sie der Hofgesellschaft nicht vor ihre Kutschen geraten sollten, Arbeits- und Zuchthäuser – bereits im 16. Jahrhundert in England, zu Beginn des 17. in den menschenreichen niederländischen Hafenstädten mit viel fluktuierendem und durch die Seefahrt mit Gewalttaten vertrautem Volk, 1671 in Wien und Leipzig, zwischen 1676 und 1682 u.a. in Lüneburg, Braunschweig, Frankfurt und München. Im Jahre 1687, also kurz vor seinem Tode, ließ auch der Kurfürst von Brandenburg in Spandau bei Berlin und in Magdeburg solche Häuser einrichten. Im Jahr darauf trieb man alle Arbeitsfähigen, aber Arbeitslosen oder -unwilligen von den Straßen der Residenzstadt nach Spandau. Dort war das Haus schnell überfüllt. Im Mai 1693 legte der Probst an der Berliner Nicolai-Kirche, Konsistorialrat Philipp Jacob Spener (einst ein Anhänger von Labadie, in Maria Sibyllas Jugendzeit «Senior» der reformierten Geistlichkeit in Frankfurt, wo er seine «Pia Desideria» veröffentlicht hatte, und nun der «Stifter des Pietismus» in Brandenburg), einen umfassenden Plan vor: Berlin und Kölln sollten je ein Haus für arme Einwohner und hauptsächlich für alleinstehende Mütter mit Kindern erhalten, in denen man mit Wollarbeiten seine Existenz verdienen würde – die Kinder, sobald sie laufen konnten, mit dem Sortieren und Zupfen der Wolle. Dabei ging es ihm nicht in erster Linie um die Verringerung der Kosten für die Berliner Kaufmannschaft, welche die Häuser unterhalten sollte, sondern um die Gewöhnung an Gehorsam und Arbeit.

Andere, für besser gehaltene Vorschläge verhinderten die Verwirklichung von Speners Anregung. Schließlich baute man 1697–1701 auf kurfürstlichen Befehl in der Stralauer Straße das vierflügelige und daher «Große Friedrichshospital». Im Paragraph vier seiner Ordnung hieß es: «In dem Hause sollen aufgenommen werden Waisen-Kinder, Kranke, Irre oder gar Unsinnige, item andere arme, soviel der Platz leidet, jedoch diese alle nur in so weit sie hier zu Hause gehören, und loses Gesindel, die sich von betteln und bösem Leben nähren wollen.»

Aber viele von diesem «Gesindel» legten gar keinen Wert darauf, im Hospital, das der Erinnerung an den Großen Kurfürsten «geweiht» war, ernährt und – diszipliniert zu werden. Daher setzte man denn auch schon 1699 eine neue staatliche Armendirektion ein – die dieses unlösbare Problem jeder größeren Gesellschaft gleichfalls nicht lösen konnte.

Lassen wir es bei diesen Andeutungen für die Zeit um die Wende vom 17. zum 18. Jahrhundert. Sie sollten nur belegen, daß unsere Fünf zwar für große Teile der Gesellschaft, in der sie lebten und arbeiteten, repräsentativ waren – aber nicht für alles: die Armut haben vier von ihnen in ihrer näheren Umgebung nicht kennengelernt. Maria Sibylla allerdings wäre beinahe in einem Armengrab beigesetzt worden.

Alle fünf haben wohl diese Lebensstation ganz bewußt erlebt: Cleyer war sich darüber klar, daß er mit seiner Vorbildung und Vergangenheit über die Position eines Oberkaufmannes in Deschima beruflich nicht aufsteigen konnte. Bewährte er sich in Japan, dann würde er, ein wohlhabender Mann seit langer Zeit, nur noch ein angesehener, in Ehrenämtern beschäftigter Pensionär der VOC werden können. Maria Sibylla Merian hatte ihr Leben seit vielen Jahren auf eine lange Surinam-Reise und die Auswertung ihrer Beobachtungen in Büchern geradezu als Ziel, als Sinn ihres bisherigen Lebens seit Nürnberg angelegt.

Dodo von Knyphausen hatte bewußt die Gelegenheit ergriffen, mit einem der bedeutendsten mittleren Fürsten Europas in Verbindung und schließlich geradezu in seine Dienste zu treten. Auch er scheint damit das Ziel seines Ehrgeizes erreicht zu haben. Durch die verwandtschaftlichen Beziehungen seiner Ehefrau weiter aufzusteigen zum kaiserlichen Hof in Wien, wäre dem reformierten Protestanten kaum möglich gewesen. Und es gibt keine Anzeichen dafür, daß er gerne ein hohes Amt in Den Haag übernommen hätte. Angeboten wurde es ihm offenbar niemals, während der Kurfürst in Berlin auf den ersten Blick, beim ersten «Geschäft», die für seinen Staat nützlichen Qualitäten des Ostfriesen erkannte und sofort überschaute, wie er nun sein Kabinett vorteilhaft ergänzen konnte.

Auch Oppenheim wußte wohl als 50jähriger, daß er in Frankfurt für sich und seine Familie die höchste ihm zugängliche Position erreicht hatte. Rechtskundige Vorsteher der Judengasse wurden Männer anderer Ausbildung und Tätigkeit. Auf das Medizinstudium hatte er zwar bewußt verzichtet; aber es kam seinem Interesse für diesen humanitären Zweig der Wissenschaft entgegen, daß Sara Delmedigo, die Tochter des aus Candia auf Kreta stammenden, überaus gelehrten Armenarztes in der Judengasse, der bei Galilei in Padua studiert und später in Prag gelebt hatte, nach dem Tode ihres Ehemannes 1680 eine zweite Ehe mit einem Verwandten Salomon Löw Oppenheims schloß: mit Isai Oppenheim. Sie starb als die Frau des «greisen Oppenheim» im Jahre 1691. Ihr Grabstein erhielt später die Nummer 3009.[29] In diesen Kreisen hat unser Oppenheim, nachdem er wirtschaftlich für die Zukunft seiner Kinder gesorgt hatte, seinen letzten Lebensabschnitt verbringen können.

Am wenigsten «bewußt» dürfte es Wegener gewesen sein, wie weit er es in den letzten Jahren des auslaufenden Jahrhunderts in einem schnell sich verändernden West- und Mitteleuropa gebracht hatte: als Repräsentant eines wirtschaftlich neuen Zeitalters. Er war einfach vorangekommen, weiter als sein Vater, kannte das Leben in weitem Umkreis, war mit Juden und Hugenotten befreundet und obendrein ein glücklicher, zufriedener Familienvater. Das genoß er, ohne viel über den Kurfürsten, Brandenburg, Europa oder gar Amerika und Asien nachzudenken – nachdenken zu können. Noch immer machte ihn das Geschäft müde, blieben ihm weder Zeit noch Interesse, sich über Woll- und Tuchpreise, über Löhne und Transportkosten hinaus mit der Umwelt zu beschäftigen, wenn ihm einmal eine Zeitung oder ein Kalender in die Hand geriet. Von unseren fünf Personen lebte wohl er als einziger in gewisser Weise «gedankenlos» in den Tag, in sein eigenes Alter hinein.

VI. Altern und Sterben

1. Andreas Cleyer

Andreas Cleyer war einer von den Europäern, die die Gefahren der ersten Monate in Batavia überlebten, beruflich sehr weit gelangten und nicht nach Europa zurückkehren wollten oder konnten. Aus einem gebürtigen reformiert-protestantischen Kasselaner war auf dem, vom Ende her gesehen, fast geraden Wege über zwei reformierte niederländische Universitäten und eine weite Seereise schließlich zwar nicht ein «Bataver», aber ein Batavianer geworden.

Ganz so geradlinig, wie sie von heute aus auf den ersten Blick erscheinen kann, war diese medizinisch-kaufmännische Karriere jedoch nicht verlaufen. Jene Untersuchung seiner Abrechnungen, die Kompanie- und Privatgeschäfte verquickten, war schließlich zu seinen Gunsten ausgegangen. Aber er hatte dabei zweifellos auch Glück gehabt: im rechten Augenblick bot sich beiden Parteien als Lösung das Ausscheiden Cleyers aus dem Medizinalbereich der Kompanie und die Übernahme einer ganz anders gearteten hochgestellten kaufmännischen Position gleichsam am äußersten Rande der niederländischen Kolonial-Welt. Zweifellos wechselte er damit nicht nur in Batavia, sondern auch bei den Heeren XVII in Amsterdam in eine andere Abteilung über: vom Gesundheits- zum politisch-kaufmännischen Departement etwa. Und dabei verlor ein Teil seiner «Personalakte» an Bedeutung. Den für die geschäftliche Abteilung Verantwortlichen in Amsterdam und Batavia galt er nicht geradezu als ein homo novus, aber eben doch als ein Mann, dessen ärztliche Vergangenheit nur bewies, daß er ein in Kolonialproblemen erfahrener Mann war. Soweit lief alles glücklich. Auch die erste Amtsperiode in Deschima war offensichtlich ein Erfolg. Sonst hätte man ihm diese Aufgabe kaum ein zweites Mal übertragen. Aber dann kam es zu jener Verbannung. Natürlich konnte auch diese ein Zeichen dafür sein, daß die Japaner einen so tüchtigen Europäer nicht noch länger an ihrer Küste haben wollten. Aber dafür hätten selbst sie, die in ihren langen Bürgerkriegen auf allen Seiten mit außerordentlicher Grausamkeit und Härte vorgegangen sind, einen so umfangreichen Schauprozeß nicht aufzuziehen brauchen, an dessen Ende annähernd vierzig brutale Hinrichtungen und die Vertreibung von Cleyer und mindestens acht Mitarbeitern stand. Diese hatten wohl mehr als nur den üblichen Privathandel beziehungsweise Schmuggel betrieben.

Das aber konnte der VOC keineswegs ganz gleichgültig sein. Cleyer hatte seine politisch-kaufmännische Aufsichtspflicht vernachlässigt und war nicht als Privatmann, sondern als hochgestellter Regierungsrepräsentant einer selbstbewußten, anspruchsvollen und weltweit wirtschaftenden Kompanie, deren Existenz man in London, Kopenhagen und Stockholm genau beobachtete, von den Japanern verjagt worden. Und nicht er allein, sondern, wie um ganz deutlich zu zeigen, daß man auf seinen hohen Rang keinerlei Rücksicht nahm, zusammen mit ein paar untergeordneten Gehilfen. Das konnte für die VOC nicht nur finanzielle Einbußen bedeuten, sondern war ein Affront, der auf dem asiatischen Festland, auch auf Java, Sumatra und den anderen Inseln zum Verlust an Prestige, an «Gesicht» führen mußte.

Cleyer war also, als er zu den Kaufleuten der VOC, zum Indischen Rat nach Batavia zurückkehrte, als Beamter erledigt, mindestens schwer angeschlagen. Natürlich konnte man ihn nicht strafweise entlassen. Das hätte erst recht jedermann gezeigt, wie schwer die VOC verletzt worden war. Aber er konnte nicht Kaufmann bleiben und auch nicht wieder hoher Medizinalbeamter werden. Daher machte man ihn zum Justizrat und entfernte ihn damit aus dem Alltag der VOC. So endete dort seine Karriere in den Augen derer, die etwas von der Sache verstanden, nicht mit dem Erfolg, den der intelligente und vielseitige Mann verdient gehabt hätte.

Nun gab es aber auch noch eine zweite Seite – die des gelehrten Botanikers Cleyer. Und da steht außer Frage, daß wir für das 17. Jahrhundert einen der bedeutendsten Kenner der Medizinalbotanik vor uns haben, insbesondere der asiatischen zwischen Batavia und Japan, daß er neben «Raritäten» und «Curiositäten» viel wissenschaftlich wichtiges Studienmaterial nebst Beschreibungen, Krankengeschichten, Büchern, Lexikon-Unterlagen usw. besorgt hat – für Mentzel und andere deutsche Gelehrte, schließlich für die Akademie, deren Mitglied er seit dem 8. November 1678 war. Durch diese Leistung hat er sich in der Wissenschaftsgeschichte unsterblich gemacht. Wie lange er mit Mentzel und über diesen mit dem Kurfürsten von Brandenburg und anderen wissenschaftlich interessierten Männern in Verbindung gestanden hat, können wir nur vermuten.

Im Jahre 1686 kehrte er aus Japan zurück und wurde in Batavia Justizrat. Am 9. Mai 1688 starb Kurfürst Friedrich Wilhelm von Brandenburg in Potsdam. Damit verlor Mentzel nicht nur seine Stellung als Leibarzt, sondern auch seinen wichtigsten Interessenten für Informationen, Kunstwerke, Bücher usw. aus Asien – und den Geldgeber für solche Besorgungen. Anscheinend haben durch den Tod des Fürsten Mentzels Beziehungen zu Cleyer ein Ende gefunden: der Lieferant in Batavia hatte die Stellung verloren, in der er leicht immer wieder Unbekanntes beschaffen konnte, und damit vielleicht auch sein eigenes Interesse daran, und der Vermittler am brandenburgischen Hof seinen Auftraggeber und Finanzier für die Bibliothek und das Raritätenkabinett im Berliner Schloß. Vorbei war es mit den inhaltsreichen Briefen Cleyers an Mentzel, die fast alle sehr lang waren. Einmal stöhnte Mentzel ein wenig nach der Lektüre von 48 Seiten in Cleyers schwieriger Schrift. Eine wissenschaftsgeschichtlich wichtige Periode war beendet.

Von Cleyers Leben nach 1686 kennen wir nur noch ein paar Daten. Georg Meister, der am Weihnachtsabend 1677 zwar als Soldat in Batavia eingetroffen, aber schon seit 1678 Cleyers Gartenmeister – mit zeitweise 25 und mehr einheimischen Arbeitern – gewesen war, auch Cleyer bei den beiden Japanreisen begleitet hatte, kehrte nach ordnungsgemäßer Kündigung im Januar 1688 nach Deutschland zurück. Er veröffentlichte 1692 in Dresden das Buch «Der orientalisch-indianische Kunst- und Lust-Gärtner, das ist: eine aufrichtige Beschreibung derer meisten Indianischen als in Java Major, Malacca und Jappon wachsenden Gewürtz, Frucht und Blumen-Bäume etc.» Darin bezeichnete er Cleyer als «einen trefflichen curieusen (wißbegierigen) Liebhaber der Gärtnerei/rarer Bäume/Blumen und zu der Arzney dienenden Kräuter».[1] 1690/1692 war ein anderer bedeutender Asien-Reisender als Faktoreiarzt in Deschima: Engelbert Kämpfer aus Lemgo. Er berichtete Cleyer über den Tod eines seiner Schwiegersöhne, der dort für die VOC arbeitete, und schrieb, nach Lemgo zurückgekehrt, ein Buch mit dem Titel «Amoenitatum Exoticarum ... fasciculi V.»[2]

Im Mai 1693 starb Cleyers Frau, zwischen dem 20. Dezember 1697 und dem 26. März 1698 er selber – ein Mann, der in mehr als 60 Jahren viel gesehen und geleistet hatte. Mentzel hat noch 1700 die Stiftung der Societät der Wissenschaften in Berlin und am 18. Januar 1701 die Erhebung des brandenburgischen Kurfürstentums zum Königreich Preußen miterlebt. In diesem Jahre ist auch er gestorben.

2. Friedrich Wegener

Seit den ersten Jahren des 18. Jahrhunderts alterte Friedrich Wegener auch für seine weitere Umgebung sichtbar – für die Zunftkollegen und die Mitglieder des Magistrats von Pritzwalk.

Ab etwa 1685 war eigentlich zu erwarten gewesen, daß er einige Jahre später in die Führung der Tuchmacherzunft berufen und schließlich eines Tages Obermeister werden würde – falls man nicht an der Ausweitung seiner Tätigkeit über die Tuchweberei im engsten Sinne hinaus und an seiner Zusammenarbeit mit Nathan Gold Anstoß nehmen würde. Aber ehe es zu einer Entscheidung in dieser Frage kam, ereignete sich einiges. In dem Maße, in dem überall Arbeit und Wohlstand zu steigen begannen, überschritten immer mehr Meister die traditionellen Schranken beruflicher und gesellschaftlicher Art. Und außerdem wurden viele Vorschriften, deren genaue Einhaltung der strenge und seine Untertanen scharf disziplinierende Große Kurfürst erzwungen, deren Übertretung er nicht selten streng bestraft hatte, nach seinem Tode im Jahre 1688 unter seinem lebenslustigen Sohn stillschweigend gelockert oder aber im Zuge der vom Vater begonnenen Verwaltungskonzentration von den Zünften auf die staatlichen Organe überführt. Schon das vom Kurfürsten am 29. Oktober 1685 für das Gebiet der Prignitz befohlene Kreiskataster hatte die Behörden in Berlin und in der Provinz auch statistisch-buchhalterisch erkennen lassen, daß man aus dem Elend, welches die Landesvisitation von 1652 hatte feststellen müssen, endlich bedeutend herausgelangt war. Fast in jedem Ort konnte man erkennen, daß neben die alten zwei oder drei, höchstens fünf «Hufner» oder sogar nur «Halbhufner» zehn, ja fünfzehn, in manchen Orten neunzehn und im Dorf Kuhbier, das dem Bericht zufolge «guten Acker, gute Wiesen und reiche Heuernten» hatte, sogar 21 neue Hufner ansässig geworden waren. Ähnlich war es nicht selten bei den Halbhufnern und Kossäten.[3]

Das alles und natürlich auch das Drängen des selbstbewußt werdenden Stadtrates hatte dazu geführt, daß im Jahre 1690 in Pritzwalk die Zünfte jeden Einfluß auf die Stadtverwaltung einbüßten, indem ihre Rechte auf den Stadtrat übergingen. Wo also berufliche Fragen zu regeln waren, da wandte man sich fortan über die Stadtverordneten an den Rat. Und außerdem erhielt im gleichen Jahr der Magistrat das Recht der Kriminalgerichtsbarkeit in seinem Bereich.

Für Wegener, der sich als «Verleger» wieder und wieder – und keineswegs als einziger – über die althergebrachten, von neuen Edikten längst überholten Regeln der Zunft und die Vorschriften des Staates (zum Beispiel über Teile des großen Wolledikts von 1687) hinwegsetzte, die den Wollhandel und insbesondere den Wolleinkauf allein den Tuchmachern und auch diesen nur für den eigenen Bedarf vorbehalten hatten, bedeutete die Einschränkung der Zunftrechte natürlich eine Erleichterung – nach dem «Amt» des Obermeisters hatte er ohnehin seit Jahren nicht mehr gestrebt.

Diese Entwicklung hatte dazu geführt, daß 1690 zwar jenes Edikt von 1687 erneut eingeschärft wurde. Aber 1698 hatten die Aufsichtsbehörden feststellen müssen, daß der Wollhandel «fast gemein» geworden, die Wollpreise erheblich gestiegen und mancherorts dadurch die kleinen Tuchmacher in Not geraten waren. Und im Jahre 1701 beschwerte die Tuchmachergilde von Wittstock sich darüber, daß es ihr an Wolle für 500 Stück Tuche fehlte, weil Kaufleute aus Kyritz, Havelberg und Pritzwalk alle Wolle im Lande aufkauften und fortführten. Damit war u. a. auch Wegener gemeint. In den Jahren 1704 sowie 1712 wiederholte man diese Klage.[4]

Es kam hinzu, daß die Gewerbepolitik in sich immer widersprüchlicher wurde: auf der einen Seite wollte man die Handwerker ähnlich streng wie die Soldaten behandeln, auf der zweiten den Fortschritt von Produktion und Handel beleben – und auf der dritten mußte oder wollte man die ins Land strömenden, für die gewerbliche Entwicklung Brandenburgs sichtlich recht nützlichen Refugiés in das brandenburgisch-preußische Volk integrieren. Die Zahl dieser Neusiedler stieg 1690–1693 besonders stark, so daß die Refugiés 1697 in Brandenburg (ohne Militärs) insgesamt 12 297 Personen zählten; 1704 waren es 15 770 (darunter 248 Wollarbeiter-Familien), und nach dem Erlaß eines Naturalisationsedikts vom 13. Mai 1709, das die Kolonisten ausdrücklich den alteingesessenen Untertanen gleichstellte, «wälzte sich in den Jahren 1709–1712 ein zweiter Strom Neuanziehender heran». Den Franzosen, die entschieden überwogen, gesellten sich Schweizer, Waldenser und Böhmen hinzu. Weitaus die meisten waren Textilspezialisten: Spinner, Weber, Färber – 1701 kam der erste französische Seidenfabrikant nach Berlin.[5]

Erst nach 1713 griff der neue König Friedrich Wilhelm I. schärfer durch und versuchte, die kapitallosen Tuchmacher gegen die wohlhabenden, gelegentlich sogar reichen «Verleger» zu schützen. Aber nun war es schon zu spät für solche Maßnahmen: die Entwicklung des Handelskapitalismus hatte die althergebrachte zünftlerische Struktur des Handwerks an vielen Stellen bereits überholt. Und letzten Endes profitierte auch die Staatskasse von dieser Entwicklung.

Wegener interessierten diese Edikte und Reskripte, Gebote und Verbote seit den 90er Jahren immer weniger. Er regierte sein kleines Reich von seinem Wohnhaus in Pritzwalk aus und ließ andere für sich in den einzelnen Bereichen arbeiten – in erster Linie seinen zweiten Sohn und einen Sohn von Nathan Gold, aber auch zwei erfahrene junge Kaufleute, die er in Frankfurt hatte anwerben können, sowie ein paar technisch interessierte Tuchmacher-Gesellen, die sich die feinste Wolle aussuchen durften und aus ihr weiche, zarte Stoffe für den Berliner Markt webten.

Seit dem Ende der 1690er Jahre quälten Wegener neben Brust- und Rückenweh sowie «fliegenden Fiebern» auch Gallenschmerzen. Seine Frau zog im Garten Schafgarbe, Hirtentäschelkraut, Schöllkraut, Sandstrohblumen, die man Katzenpfoten nannte, natürlich auch Leinkraut, Kamille, Pfefferminze, Salbei und Löwenzahn, die in der Volksmedizin allgemein als Gallenmittel verwendet wurden. Wegener trank gehorsam alle ihre Tees und kaute auch, wenn die Schmerzen gar zu arg wurden, die Stengel und Früchte, die sie ihm reichte. Gelegentlich fand er dadurch für einige Zeit Erleichterung. Aber als ein weitgereister Mann, der viele Menschen, auch seinen Vater, beim Altern erlebt hatte, wußte er, daß der Tod sich näherte: in der Brust, am Rücken, in der Blase und eben ganz genau am Herzen.

Er hatte das große Glück, den Lebensabend in der Familie zu verbringen[6] – als ein wohlhabender Mann, der mit Hilfe seines Geldes auch die Macht des alten Menschen einsetzen konnte. Das wurde für ihn zuweilen geradezu genußreich – ebenso wie die Tatsache, daß er ein Erbe zu hinterlassen, zu teilen hatte und darüber wieder und wieder reden konnte, wenn er loben, strafen, ermahnen oder einfach die Last der vielen Schmerzen, die ihn zwickten und rissen, erträglich machen wollte, indem er Jüngere, Gesunde quälte – auch die eigene Ehefrau, der anscheinend gar nichts fehlte, die ihren Haushalt führte wie am ersten Tage und ihn überleben würde. War das richtig, nachdem er jahrzehntelang aufs schwerste für sie alle gearbeitet hatte? War der lutherische Gott gerecht zu ihm? Aber er sah und hörte, daß der Gott der Hugenotten auch jene reformierten Refugiés sich zu Tode quälen ließ. Und Jehova? Eines Tages hatte man ihm nicht mehr verschweigen können, daß Gold nach langen, überaus schweren Schmerzen gestorben war: der Krebs hatte ihn aufgefressen. Kein Arzt, kein Tee aus Wegeners Garten, kein Gebet der ganzen Familie hatte ihm helfen können. Schließlich hatte sein lebender Leichnam so fürchterlich gerochen, daß man ihm in einer abgelegenen Kammer eine Strohschütte bereitet hatte. Da hatte er gelegen, von seiner Frau ein wenig ernährt, die es bei seinem Anblick und Geruch ekelte. Voller Scham bat sie Margarete Wegener um ein wenig christlichen Trost. Eines morgens war der Rest des Menschen Nathan Gold, der immer noch geatmet hatte, dann doch leblos gewesen.

Wegener aber verteilte weiter mündlich und schriftlich sein Erbe und freute sich an diesem lang hingezogenen Akt wie ein Großbauer, ein Gutsbesitzer. Seine Umgebung mußte den reichen Mann ertragen, ja, ihm Dienste, kindliche und eheliche Liebe erweisen. Inzwischen ging die Zeit über ihn hinweg. Pritzwalk veränderte sich zwischen 1690 und seinem Todesjahr 1707.

Wegener bemerkte das nicht mehr. In den beiden letzten Lebensjahren verließ er Haus und Garten kaum noch. Gelegentlich erhielt er Besuch von Kollegen und Bekannten aus alter Zeit. Aber er ließ diese Menschen gar nicht erzählen, wie es draußen war, was sie erlebten. Er klagte ihnen vor, wie schwer er leiden mußte, während sie ... Schließlich blieben sie fort, und neben ihm saß allein seine Margarete. Eines Nachmittags im Spätsommer 1707 ist er auf einer Strohmatratze im Garten bei den Kräutern, die ihm nicht mehr helfen konnten, in der strahlenden Sonne, die ihn nicht mehr genügend erwärmte und belebte, zum letzten Mal eingeschlafen.

Margarete Wegener, geborene Treu, hatte niemals ein Handwerk gelernt, das sie nun, entsprechend dem allgemeinen Handwerksrecht und -brauch, nach dem Tode ihres Mannes hätte wieder aufgreifen und selbständig fortführen können. Vielmehr war sie nur, einige sechzig Jahre alt, eine gewöhnliche Handwerkerwitwe, denn ihr Mann hatte bis zu seinem Ende der Pritzwalker Tuchmacherzunft angehört.[7] Allerdings war sie eine sehr wohlhabende Frau, die und deren Familie in den letzten 20 Jahren weit mehr von Wegeners Verlegertätigkeit als von der Tuchmacherei gelebt hatten. Sie konnte sich nicht erinnern, wann ihr Mann zum letzten Male selber am Webstuhl gearbeitet hatte, um ein ganzes Stück Tuch herzustellen. Vielmehr hatte er nur hier und da einem Lehrling oder Gesellen Handgriffe gezeigt oder die Entwicklung neuartiger Gewebe versucht.

Sie hatte nun, eindeutigen Formulierungen im Zunftbrief zufolge, das Recht zur Fortführung der Tuchmacherei – sowohl von seiten der Zunft und des Rates, als auch durch das Testament ihres Mannes, der ihr den sozialen Schutz durch die Zunft hatte erhalten wollen. Daß sie einen älteren Gesellen heiraten und mit ihm die Arbeit fortsetzen würde, kam nicht in Frage: sie hatte einen ehelichen, ehrlich geborenen und gebliebenen Sohn, einen Meister-Sohn also, der das Tuchmacherhandwerk gelernt, Geselle gewesen und als solcher gewandert war – bis nach Schlesien, Böhmen und Mähren –, nach der Rückkehr ein Meisterstück vorgelegt hatte und in Pritzwalk in einer eigenen Werkstatt sein Handwerk ausübte. Der würde nun die Werkstatt des Vaters übernehmen und damit zugleich offiziell die Sorge für seine Mutter, denn die Zunft war ja u. a. auch eine Schutzgenossenschaft. So trat auch nicht die Frage auf, ob die Arbeit in dieser Werkstatt nur noch ein paar Wochen oder einige Jahre bis zum Verbrauch der nachgelassenen Rohstoffe oder aber unbegrenzt fortgeführt werden durfte.

Früher, vor hundert und mehr Jahren, war dieses Fortführungsrecht zeitweise sehr streng gehandhabt worden; die Zunft hatte das Interesse des Handwerks und auch das der Konsumenten genau dem der Witwe gegenübergestellt. Da hatte es zum Beispiel bei drohender Überfüllung des Handwerks gelegentlich geradezu die Pflicht zur Heirat eines Gesellen gegeben. Aber dagegen hatten sich längst sittliche Bedenken und entsprechende staatliche Anordnungen erhoben. Nun war nur noch nötig, daß die Witwe, wenn sie die Arbeit des Verstorbenen fortsetzen wollte, das Bürgerrecht besaß – und das hatte Margarete Wegener sowieso von ihren Eltern her, und es war durch die Heirat bestätigt. Allerdings hätte sie für die Genehmigung eines Antrags auf Erlaubnis zur Fortführung des Gewerbes ein paar Taler zahlen müssen. Da dieser Antrag nun fortfallen konnte, stiftete sie den entsprechenden Betrag in die Kasse der Zunft.

Im übrigen aber befanden sich die Zünfte, wie dargestellt, seit Jahrzehnten in einer Phase der Lockerung vieler Vorschriften und Traditionen. Und da Wegener außerdem als Verleger längst über den Kleinlichkeiten eines solchen Statuts gestanden hatte, blieb es schließlich dabei, daß die Witwe und der Sohn stillschweigend den Betrieb so weiterführten, wie er im Rahmen des Verlagsgeschäfts seinen Platz behauptet hatte.

Ausdrücklich wurde jedoch festgestellt, daß die Meisterwitwe das Recht hatte, am «genossenschaftlichen» Gemeinschaftsleben der Zunft teilzunehmen. Wenn sie zum – seltenen – Meisterschmaus eingeladen wurde, nahm sie an ihm nicht teil: er endete meistens in grober Fröhlichkeit. Daher schickte man ihr die Hälfte der einem Meister zustehenden Speisen – einen halben Wecken, zwei Fleischgerichte und ein halbes Quart Wein – ins Haus, wofür sie dann den Preis einer ganzen Portion stiftete. Zu den Hochzeiten von Meistern ging sie für die Dauer des eigentlichen Essens. Natürlich nahm sie an Gottesdiensten und Beerdigungen der Zunft teil – sie hätte sonst Strafe zahlen müssen –, stiftete Kerzen und Wachs. Und andererseits nahm sie die Fürsorge der Zunft für sich selbst in Anspruch: für Besuche, wenn sie krank war, bedankte sie sich gebührend; Krankengeld nahm sie an und gab es sofort weiter an die Zunftkasse.

Bei alledem erwies Margarete Wegener sich seit dem Tode ihres Mannes im Jahre 1707 als eine überdurchschnittlich intelligente, taktvolle und erfahrene, aber auch ihres Wohlstandes bewußte Witwe, die jeder, der ihr begegnete, nur bewundern konnte. Ihr Elternhaus, die Heirat mit einem weitgereisten, ehrgeizigen Mann, der in der Schule gut gelernt und bei der Gesellenwanderung sich umgesehen hatte, der Umgang mit Juden und Hugenotten, der ungewöhnliche berufliche Aufstieg ihres Mannes, Reisen mit ihm nach Berlin und Frankfurt – das alles hatte aus ihr, so hätte man später gesagt, eine ansehnliche Unternehmerfrau und seit 1707 eine eigenständige Unternehmerin gemacht, die man um so mehr respektierte, als sie zurückhaltend lebte, sich nicht putzte und zwar nicht ganz geheim, aber doch unauffällig manch gutes Werk tat.

Im Februar 1713 starb in Berlin der erste Hohenzollern-König Friedrich I., dem die Hauptstadt einen deutlichen Aufschwung ihres gesellschaftlich-künstlerischen Lebens zu verdanken hatte. Einer Landestrauer folgte die offizielle Thronbesteigung seines zweiten Sohnes Friedrich Wilhelm aus seiner zweiten Ehe (er war dreimal verheiratet gewesen) mit Sophie Charlotte von Hannover.

Margarete Wegener besuchte in den Wochen der Landestrauer ihren Berliner Sohn, den Kunstschmied Friedrich Wilhelm, der nun zum zweiten Male die «richtigen» Vornamen besaß. Er hatte von dieser Tatsache in rund 50 Jahren noch niemals irgendeinen anderen Vorteil gehabt, als daß ein Kollege oder ein Auftraggeber erstaunt aufgesehen und bemerkt hatte: «Ach, wie unser Kurfürst» – allerdings auch keinen Nachteil. Las man seine Unterschrift unter einem Brief oder einer Auftragsbestätigung, dann wußte man, daß seine Eltern vor langer Zeit wahrscheinlich kurfürstentreue Untertanen gewesen waren. Und wer wäre das unter kleinen Leuten wie Handwerkern in einer Prignitzer Kleinstadt um 1660 nicht gewesen? Von den adligen Gutsbesitzern in Brandenburg und Pommern dagegen hatten gewiß nur sehr wenige einen Sohn auf den Namen des Großen Kurfürsten taufen lassen. Sie «frondierten» – ein Wort und eine Tatsache, die man in Brandenburg seit 1647 aus Frankreich kannte. Dort hatte während der Minderjährigkeit König Ludwigs XIV. ein paar Jahre lang eine Partei aus alter feudaler Selbstherrlichkeit und großstädtischer Demokratie eine «Fronde» gegen den als «Fremden» empfundenen Kardinal und Minister Mazarin und seine Politik des monarchischen Zentralismus gebildet – wobei man übersah, daß das Wort eigentlich die Pariser Straßenjungen bezeichnete, wenn sie einander mit mehr oder weniger harmlosen Schleudern Straßenschlachten lieferten.

In den sehr viel bescheideneren nordostdeutschen Verhältnissen hatte der Kurfürst sich um so leichter gegen eine solche Fronde durchsetzen können, als in ihr kein reiches und mächtiges städtisches Großbürgertum vertreten war: Berlin und Kölln zusammen waren unmittelbar nach dem Großen Kriege nicht mit Paris zu vergleichen gewesen. Aber dann kam der Sohn des Großen Kurfürsten, der ein geistreicher Mann war und den Künsten und Wissenschaften zugewandt – zum Beispiel gründete er 1694 die mit Recht nach ihm benannte Universität Halle und berief bedeutende Gelehrte wie Pufendorf und Thomasius dorthin, genauso wie er den Pietismus durch August Hermann Francke und Spener dort ansiedelte. Von konzentrierter Verwaltungsarbeit dagegen verstand sein Premierminister Danckelmann weit mehr. Und sein eigentliches Interesse galt nun hauptsächlich der Erhebung des Kurfürstentums zum Königtum, für die er und seine stolze Gattin aus Hannover zu allerlei Konzessionen und Aufwendungen bereit waren.

Berlin wurde seit den achtziger Jahren eine große Stadt. Es wuchs zwischen 1688 und 1713 ganz außerordentlich. Hatte es zu Beginn dieser Zeit etwa 10000 Einwohner gehabt, so zählte man 1690 nach viel Einwanderung bereits 22000 (davon etwa 3000 Franzosen) und 1709 fast unglaubliche 50000 Menschen in dieser nun königlichen Residenz- und Hauptstadt. Besonders schnell stieg der Bevölkerungsanteil der Refugiés: im Jahre 1698 betrug er mit 5800 bei 22400 Einwohnern (einschließlich Militär) insgesamt 25,7%. Und die «Franzosen» blieben keineswegs streng beieinander: etwa 20% aller ihrer Eheschließungen waren nicht mehr französisch-französisch.[8]

Margarete Wegener bemerkte natürlich, daß man in Berlin jetzt mindestens drei «Sprachen» benutzte.[9] Die meisten Menschen, die ja in Berlin geboren worden oder aus den umliegenden Gebieten wie der Prignitz in die Hauptstadt gezogen waren, blieben beim «Platt» dieser Landschaft. Ihre Unterhaltung, das Geschäft auf den Märkten und in den Werkstätten wurde akzentuiert durch das harte «ick», «wat», «ditt» oder «dett» statt «das» und «uff» statt «auf» sowie durch das scharfe «ooch» statt «auch», «heeß» statt «heiß» usw. Über diese Alltagssprache des Volkes erhob sich mehr und mehr das Obersächsisch-Meißnische der Gebildeten, das «Hochdeutsche» oder «Schriftdeutsche». Neben beiden Sprachen hörte Frau Wegener immer häufiger aber auch das ihr aus Pritzwalk ein wenig vertraute Französisch – nicht nur bei den vielen Hugenotten und ihren Kindern, die im Hause wie in der Kirche ein Stück heimatlicher Kultur behaupten wollten, sondern auch unter Angehörigen der Berliner Oberschicht bei ihren Spaziergängen und Einkäufen: seit etwa 1690/1700 wurde es vornehm und «fein», französisch zu sprechen. Und schließlich sah und hörte man hier und da auf dem Markt ein paar Juden auf Jiddisch «mauscheln», von dem Frau Wegener gleichfalls gelegentlich ein paar altertümlich klingende deutsche Worte verstand.

Als sie sah, daß die «Friedrichstadt», mit deren Anlage Friedrich III. 1689 seinen Baumeister Johann Arnold Nering betraut hatte, schnell wuchs, baute sie ihrer Berliner Familie in diesem großzügig aufgeteilten Areal mit breiten Straßen und viel Raum für Gärten ein prächtiges Wohnhaus. Störte oder erfreute sie der Baulärm, der zeigte, daß sie richtig gehandelt hatte? Bis zu Nerings Tod im Jahre 1695 wurden in dieser Neustadt 300 Häuser im einheitlichen Stil errichtet. Um 1710 lebten dort 600 Bürgerfamilien – 300 unter ihnen Franzosen, obwohl die eigentliche Massierung dieser Einwanderer in Kölln und in der Dorotheenstadt mit je annähernd 30 % zu verzeichnen war. Sie waren bei ihrer Ankunft mit durchschnittlich 200 Talern Wert an Gut und Geld fast durchweg hilfsbedürftig gewesen. Aber nun befanden sich bereits viele von ihnen sichtlich auf dem Wege zu einer gesicherten Existenz. Margarete Wegener erinnerte sich gelegentlich, daß die Niederlassung der hugenottischen Familien in Pritzwalk jeden Untertanen des großmütigen Kurfürsten einen blanken Taler Sondersteuer gekostet hatte. Hier in Berlin waren einer offiziellen «Colonieliste» vom 31. Dezember 1699 zufolge ein paar von ihnen Goldschmiede, viel mehr natürlich Woll- und Leinenweber sowie Tuchmacher, Schleiermacher, Strumpfwirker, Bandweber, Posamentierer, Seidenweber, Handschuhmacher, Färber, Instrumentenbauer, Seifen-, Salz- und Zuckersieder, Gerber, Gerbstoffhändler usw. – insgesamt 522 Gewerbetreibende mit ihren Familien und einigem «Gesinde». Es gab nicht ganz wenige Einzelpersonen, die meisten Haushalte zählten aber vier bis fünf Personen, einige hatten auch noch mehr Kinder, alte Eltern usw.[10] Aber denen, die der Kurfürst mit Erfolg unterstützt hatte, standen auch solche gegenüber, die nicht vorangekommen waren. Noch um die Mitte des 18. Jahrhunderts zählte der fleißige Statistiker J. C. Bekmann zwar 46 Berufe auf, welche die Franzosen neu ins Land gebracht haben sollten, die Zeitgenossen aber sahen und kritisierten viel häufiger die Schwächen der Einwanderer. Ein sorgfältiger Berliner Beobachter schrieb in seinen «Überlegungen» in Frau Wegeners Zeit: «Mehren Teils sind es nur die Liederlichen und Faulen, die aus einem Land ins andere gehen.» Offenbar wurden die Ankömmlinge zeitweise vom Staat in Berlin materiell und finanziell so reichlich unterstützt, daß sie es gar nicht nötig hatten, schnell Arbeit zu suchen und sich dabei an die Bedürfnisse der Berliner anzupassen: so zogen sie mit Gold und Silber, Samt und Seide und Gobelins an den königlichen Hof und zu den Adelshäusern, wo sie mehr Zuspruch erwarten konnten als durch Arbeit für den allgemeinen Markt. Doch um 1750 gehörten in Berlin von allen «Franzosen» 88 % der oberen Unterschicht und der unteren Mittelschicht an – waren also Lohnabhängige oder Kleinmeister in der Hauptstadt Friedrichs II. von Preußen.

Als die Witfrau Wegener im März 1713 in Berlin eintraf, erwartete man dort einigermaßen ängstlich gewisse Veränderungen: die Straffung aller Vorschriften bis hin zu den Innungsstatuten, Sparsamkeit und Rechenhaftigkeit bis zum Geiz, eine Erhöhung der Abgaben zwecks Stärkung der Armee etc. Man hatte Anlaß zu diesen Befürchtungen: Friedrich Wilhelm I. war zwar erst 24 Jahre alt. Aber man wußte, daß er ein jähzorniges Kind gewesen und die Gelehrsamkeit seiner Lehrer verhöhnt hatte, daß er auf zwei Bildungsreisen nach Holland den Fleiß der Bürger anerkannt, nicht aber die großartige Kunst im Lande bewundert und daß er unmittelbar danach durchgesetzt hatte, 1702 als 14jähriger vom Vater zum Mitglied des Geheimen Rates und im Jahre darauf auch des Geheimen Kriegsrates ernannt zu werden, an deren Sitzungen er fortan regelmäßig teilnahm. Im Jahre 1710 hatte er fast in absolutistischer Art die Regierung an sich gezogen, 1711 war er Statthalter des Königs geworden. Er hatte kaum den Thron bestiegen, da besprach er sich am 12. April 1713 schon mit dem Pietisten A. H. Francke in Halle über die Notwendigkeit der Förderung der bürgerlichen Arbeits- und Wirtschaftsmoral im Interesse des absolutistisch-bürokratischen Militärstaates. Eben nach Berlin zurückgekehrt, strich er in der Stille seines Schlößchens Wusterhausen die Gehälter seiner Räte und Offiziere so zusammen, daß kein Taler für Luxus und Wohlleben, ja nicht einmal für die standesgemäße Lebenshaltung übrigblieb, wie sie schon nahebei in Dresden üblich war – von Wien und Paris ganz zu schweigen. Den unter dem Vater üppig angewachsenen Hofstaat reduzierte er auf wenige tausend Taler, von denen man sich nicht täglich sattessen konnte. Selbst die eigenen Kinder verspürten das und hielten es voll hilfloser Empörung in ihren Tagebüchern und Briefen fest.

Man erfuhr das alles in Berlin – der eine an seinem Geldbeutel, der andere am Ausbleiben von Aufträgen oder gar der Bezahlung gelieferter Waren. Man würde am Hungertuch nagen – Handwerker wie Künstler und Gelehrte; auch die Offiziere, die ihre Zeit gekommen sahen und entsprechend laut wurden, würden arm bleiben – um so schlimmer für alle, über die sie ihr Kommando verschärften.

Margarete Wegener, eine alternde, lebenskluge und erfahrene Geschäftsfrau, beobachtete, wie Berlin sich innerhalb weniger Monate veränderte und verwandelte – in eine Groschen zählende graue Stadt, in der es nichts zu lachen und nur wenig zu leben gab. Und der junge König war sichtlich entschlossen, in den nächsten Jahrzehnten die Menschen zu unterdrücken und auszunutzen – «zum Wohle des Staates», d. h. in erster Linie seiner Kasse und seines Schatzes. Er sollte später von einem Hofhistoriographen «Preußens größter innerer König» genannt werden. Im Spätherbst 1713 kehrte Frau Wegener nach Pritzwalk zurück: auch dort lebten Enkelkinder; Urenkel standen in Aussicht.

In der bescheidenen Landstadt wußte man nicht so genau, was in Berlin geschah. Man sah es nicht, verspürte es nicht beim Umgang mit der Obrigkeit. Städte wie Pritzwalk, abgelegen vom Verkehr, untereinander nicht durch regelmäßigen Postdienst und Geschäfte verbunden, bildeten gewissermaßen noch Inseln inmitten der bis zu den Horizonten reichenden Landwirtschaft mit hauptsächlich Roggen, Rindern und Schafen. In den schlechten Zeiten, die jetzt begannen, als die Bestellungen für feine Tuche und weiches Leder schrumpften, konnte man sich noch in sich selbst zurückziehen. Kam nicht, wie einst im Großen Krieg, der Feind in die Stadt, brandschatzte und mordete, dann konnte man einige Zeit die Umwelt vergessen – bis die Abgaben erhöht und die Söhne zum Militärdienst eingezogen wurden.

Margarete Wegener erlebte auch das noch – aber je älter sie wurde, um so mehr suchte sie nach einiger Geselligkeit über ihre Gemüse- und Kräutergärten hinaus. Im Jahre 1716 reiste sie erneut – für ein paar Monate – nach Berlin. Die Wortkargheit und sprachliche Langsamkeit der Prignitzer[11] eschienen ihr selber nun als Sprechfaulheit und geistige Schwerfälligkeit. Sie hatte sich an die Lebensart der gewerblichen Mittelschicht gewöhnt, in der ihr Sohn und damit auch sie selber eine angesehene Stellung genoß. Dort in Berlin ist sie überraschend, recht alt, aber nicht krank, 1717 gestorben – eine der zahllosen Frauen in Nordostdeutschland, die mit Gesundheit, Hausfraulichkeit, auch mit nüchterner Intelligenz, Neugier und Betriebsamkeit gemeinsam mit entsprechenden Männern und mit ihren vielen Kindern, von denen nun mehr als vor 70 und 100 Jahren das Alter von Arbeits- und Heiratsfähigkeit erreichten, den intellektuellen und materiellen Grund gelegt hatten für den Aufstieg im 18. Jahrhundert – den wirtschaftlichen, den wissenschaftlichen und den künstlerischen. Alles in allem ging es den Enkeln des Ehepaares Wegener, als sie um diese Zeit des Wechsels von Friedrich I. zu Friedrich Wilhelm I. ihr «eigenes» Leben als Meister und Familienväter begannen, besser als dem vor fast einem halben Jahrhundert aus Venedig heimgekehrten Großvater bei der Arbeit an seinem Meisterstück.

Die Wegener behielten ihre Tuchmacherei in Pritzwalk. Im Jahre 1883 bot ein Friedrich Wilhelm Wegener, der auch einen Betrieb in Wittstock besaß, drei Unternehmern einen Freundschaftspakt fürs Leben an: Die Partner waren die Pritzwalker Gebrüder Dräger und Emil Quandt, der seine Vorfahren bis auf eine um 1700 eingewanderte holländische Seilerfamilie zurückführen konnte und 1880 Hedwig Dräger geheiratet hatte. Die Übereinkunft lautete: keine Konkurrenz beim Einkauf von Schafwolle, gemeinsame Bewerbung um Staatsaufträge und deren Aufteilung im Verhältnis 2:1. Im Jahre 1901 übernahm Emil Quandt den gesamten Komplex Dräger-Quandt. Über seinen Sohn Günther gelangte das ganze an den 1910 in Pritzwalk am Meyenburger Tor 1 geborenen Enkel Herbert, der nach dem Zweiten Weltkriege zwar seinen Besitz in der DDR verlor, aber einer der bedeutendsten Unternehmer in Westdeutschland geworden ist.[12]

3. Dodo II. von Knyphausen

Seit den letzten Jahren des Großen Kurfürsten war Eberhard von Danckelmann der eigentliche Leiter der brandenburgischen Innen- und Außenpolitik gewesen. In dieser Zeit ist die Oberschicht der brandenburgischen «Beamtenschaft» beim Geheimen Rat, dem Kammergericht, dem Konsistorium, der Amtskammer, der Hofrentei und dem Fiskalrat von 60 auf 142 Männer gewachsen – die Zahl ihrer Mitarbeiter und Diener natürlich noch beträchtlich stärker. So stiegen zum Beispiel allein in der Kurmark die Personalkosten für die Zentralbehörden 1652–1683 von 35 000 auf annähernd 82 000 Taler. Nimmt man die Zahlen aller dieser Behörden von Preußen, Pommern, Kleve-Mark, Kurmark und Neumark zusammen, so ergibt sich für die Zeit von 1650 bis 1700 ein Ansteigen der Kosten um rund 50% – den seit 1688 sehr anspruchsvoll werdenden Hofstaat in Residenzen und Nebenresidenzen sowie das Militärwesen, die beide in bezug auf Ausgaben an die Spitze gerieten, nicht mitgerechnet.

Die Gehälter der einzelnen oberen Beamten dagegen blieben relativ gering. Die Herrscher gingen davon aus, daß diese wohlhabend waren, geschickt heirateten, hier und da Zuwendungen erhielten und insbesondere durch Geschäfte mit fiskalischen Geldern reich wurden. So galt es als durchaus legitim, fällige Steuerleistungen der Untertanen eines Amtssprengels kreditartig gegenüber der Zentrale vorzufinanzieren und anschließend mit beträchtlichen Zinsen, die dem Risiko durch zahlungsunfähige Steuerpflichtige entsprachen, nach und nach von diesen einzutreiben. Eberhard von Danckelmann zum Beispiel wurde auf diese Weise ein Taler-Millionär: er heiratete eine Königsberger Getreidegroßhändlers-Tochter, zog – ein überaus arbeitsamer Mann – auf ganz legale Weise eine erhebliche Zahl von Ämtern an sich, in denen er auf jene Art verfuhr, und

Eberhard von Danckelmann. Stich aus dem Theatrum Europaeum

sorgte durch umsichtige Verwandtschaftspflege für ein sicheres und hilfreiches Umfeld seiner Tätigkeit: seine Tochter verheiratete er z. B. an einen Knyphausen, der ebenso wie ein Neffe seine auswärtige Politik stützte.

Auch im damaligen Sinne durchaus ehrliche und den Herren ergebene Beamte konnten unter diesen Umständen gelegentlich die Übersicht über die Finanzen ihrer vielen Ämter verlieren oder für zu lange Zeit Staatsgelder im eigenen Interesse anlegen mit der festen Absicht, ja, Gewohnheit, aus den Gewinnen die Staatskasse wieder angemessen aufzufüllen.[13]

In solchem Umfeld also war Eberhard von Danckelmann der eigentliche Leiter der brandenburgischen Politik geworden, die zwar am Erfolg des Anschlags Wilhelms III. von Oranien auf England mit Prestigegewinn beteiligt war, beim Frieden von Rijswyk aber dann einen schweren Rückschlag an Ansehen und insbesondere den Zusammenbruch der Staatsfinanzen hinnehmen mußte.[14] Das sollte böse Folgen für Danckelmann und seine Brüder sowie auch für Dodo von Knyphausen haben.

Im Jahre 1694 begann für den erst 52 Jahre alten Dodo der letzte Lebens- und Berufsabschnitt – ein alles in allem unglücklicher.[15]

Das Jahr fing erfreulich an: Im März besuchte der jüngere der beiden Zwillingssöhne seine Eltern in Berlin. Schon als Vierjährigen hatte man ihn 1677 einem Onkel in Wien «anvertraut». Nun sollte er an der soeben gegründeten brandenburgischen Universität Halle, für die der Kurfürst sich lebhaft interessierte, seine Ausbildung beenden. Nach 17 Jahren Abwesenheit sahen die Eltern ihn, der inzwischen in Rom «Cavalier d'Ambassade» geworden war, zum ersten Male wieder.

Am 26. November 1694 erkrankte Dodos Gemahlin, die nach Ostfriesland gereist war, in Aurich. Nach nur acht Tagen «Siechenlager» verschied sie am 5. Dezember. Damit erlitt Dodo einen «sehr herben Schlag», denn sie war «die würdigste Person» gewesen, «indem sie fast alle möglichen Tugenden besaß». Ihr Tod war um so aufregender für den Witwer, als ihr Körper, ohne zu verwesen, «in eodem statu» blieb. Die Verstorbene erschien ihm im Schlaf und versicherte ihm nicht nur, daß sie «in die paradiesische Region aufgenommen» worden sei, sondern berichtete auch «viel wunderbare Umstände». Dodo sprach darüber mit Verwandten und Freunden, betonte, daß er durch die nächtlichen Begegnungen «sehr consolirt» sei. Noch lange blieb der Körper der Verstorbenen «wegen der vielen Arzneien, die sie erhalten hatte, unverwest», bis sie im September 1695 in «völlig kennbarem und incorruptem Zustande» beigesetzt wurde.

Dies alles und ein Ereigniskomplex am Hofe, auf den gleich einzugehen sein wird, führte dazu, daß Dodo Anfang 1696 «schwindsüchtig» wurde, also akut an Tuberkulose erkrankte, wozu er vom Vater her «inclinierte». Der ständig wachsende Arbeitsdruck «defatigierte» ihn, der Schmerz über den Tod der Ehefrau «und der Verdruß, den er am brandenburgischen Hofe erlitt», verstärkten das Leiden. Immer stärker war er «widrigen Gesinnungen ausgesetzt», so daß sich nunmehr beginnende «Auszehrung» bei ihm erkennen ließ.

In diesem Zustand reiste er im Mai 1696 nach Ostfriesland, wo er sich anscheinend innerhalb der Verwandtschaft sehr anstrengend mit seinen Besitz- und Vermögensverhältnissen beschäftigen mußte. Im September dieses Jahres begegnete er in Cleve König Wilhelm III. von England. Anschließend ist er «in leidlichen Gesundheitszuständen nach Berlin revertieret» – zum letzten Male. Dort erholte er sich zunächst «unter dem Gebrauch von Peruvianischem Balsam einigermaßen». Doch im Herbst des folgenden Jahres war sein Gesundheitszustand wieder «verschlimmert».

Gerade in dieser Zeit kam es zu einer entscheidenden Veränderung der gesellschaftlichen Verhältnisse am kurfürstlichen Hofe.

Bereits seit langem sah sich Kurfürstin Sophie Charlotte durch Danckelmanns strenge Sparsamkeit unwürdig eingeschränkt, ja kontrolliert, während ihr Ehemann seinen wichtigsten Minister mit Dotationen auszeichnete, die diesem den Kauf mehrerer Güter ermöglichten, und ihn

1695 unter Ernennung zum Premierminister und Oberpräsidenten aller Landeskollegien praktisch an die Spitze des Staates stellte. Das alles führte zu Schwierigkeiten in der kurfürstlichen Ehe und zum Zusammenschluß von Danckelmanns Neidern mit den Opfern seiner Sparsamkeit sowie den Kritikern einer ganz offen betriebenen Begünstigung der sechs Brüder Danckelmanns. Dodo von Knyphausen aber, reformierter Protestant wie der aus Lingen an der Ems stammende Danckelmann, gleichen Alters, gleicher Arbeitsbesessenheit und Sparsamkeit für den Staat, war ein enger Freund dieses Danckelmannschen «Siebengestirns». So waren denn viele «Personen» auch «gegen ihn übel gesinnet».

Unter der Führung der Kurfürstin gab die Gruppe der Gegner Danckelmann die Schuld an dem enttäuschenden Ergebnis der Verhandlungen in Rijswyk. Auch verbreitete man die Auffassung, die Meinungsverschiedenheit über Danckelmann sei zutiefst die Ursache einer Entfremdung zwischen dem Kurfürstenpaar. Danckelmann merkte, daß er gefährdet war, und beantragte im Sommer 1697 seine Entlassung. Der Kurfürst hielt an ihm fest. Danckelmann bat am 22. November ein zweites Mal und wurde am 24. in gnädiger Form entlassen: Feldmarschall von Barfus überbrachte ihm ein Handschreiben des Kurfürsten. Aber die Gegner wollten den Verhaßten nicht nur verdrängen, sondern geradezu vernichten. Sie erreichten über die Kurfürstin, daß Danckelmann am 10. Dezember 1697 verhaftet und auf die Festung Spandau gebracht, sein Vermögen eingezogen und im Frühjahr 1698 noch schwerere Haft in der Festung Peitz über ihn verhängt wurde, obgleich keine der Beschuldigungen gegen ihn bewiesen werden konnte. Der Hoffiskal demonstrierte dem Kurfürsten die Unzulänglichkeiten der Anklage, empfahl die Einstellung des Verfahrens, plädierte auf Freispruch und Freilassung. Vergebens: die Kurfürstin zwang ihren Mann zu einem Akt fürstlicher Willkür; er entschied, «daß es bei der bisherigen Strafe auch ferner bleiben soll».

Erst nach zehn Jahren wurde Danckelmann aus der Festung Peitz entlassen – nicht weil endlich seine Schuldlosigkeit anerkannt worden war, sondern im erniedrigenden Rahmen einer allgemeinen Amnestie für Diebe, Brandstifter usw. Auch wurde ihm nicht sein Vermögen zurückgegeben, sondern nur ein Jahresgehalt von 2000 Talern unter der Auflage gewährt, daß er den zugewiesenen Wohnsitz Cottbus niemals verließ und insbesondere Berlin nicht besuchte. Friedrich Wilhelm I., der gewiß Bereicherung aus dem Staatsvermögen als eines der schwersten Delikte beurteilte, die ein Mensch überhaupt begehen konnte, hat 1713 sofort nach seiner Thronbesteigung den 70jährigen Danckelmann von aller Schuld freigesprochen. Die Verurteilung von 1697 war also wirklich ein hauptsächlich von der Kurfürstin veranlaßtes Justizverbrechen gewesen.

Freiherr Dodo von Knyphausen, der in der Domänenverwaltung besonders während der letzten Jahre Bedeutendes geleistet hatte, gehörte seit einem Jahrzehnt zu Danckelmanns engstem Kollegen- und Freundeskreis. Es war daher nicht erstaunlich, daß mit dem Premier auch dessen Hofkammerpräsident, wie er ein Ostfriese, nicht etwa ein Märker oder Pommer, gestürzt wurde.

Man warf ihm ebenfalls Mißwirtschaft und persönliche Bereicherung vor. Über die Unhaltbarkeit dieser Anklage war man sich bei Knyphausen noch mehr im klaren als bei Danckelmann. Man stürzte ihn daher auch nicht einfach als Danckelmanns Freund, sondern ließ vielmehr fast zwei Wochen nach dessen Verhaftung vergehen, bis am 7. Dezember 1697 eine kurfürstliche Verordnung erschien, durch die eine umfassende Untersuchung des gesamten Kassen- und Rechnungswesens der Kammerverwaltung angeordnet wurde. Die Verordnung war nicht, wie es sich gehört hätte, vom Minister von Knyphausen entworfen und gegengezeichnet, sondern vom Minister Fuchs. Man fand einen «Fehlbetrag» von 63.000 Talern. Knyphausen bot erstaunlicherweise sofort an, ihn auf der Stelle zu ersetzen. Der Kurfürst ging auf diesen Wunsch, den Verlust eben auf Rechenfehlern beruhen zu lassen, nicht ein. Er reduzierte nur den Fehlbetrag «durch Gnade» auf 50.000 Taler und entließ den Minister, nachdem auch dieser ein paar Wochen in der Festung Spandau hatte verbringen müssen. Knyphausen betrieb seine Rehabilitierung. Inzwischen schwächten ihn Aufregung und Haft so sehr, daß er am 7. Juni 1698 sein viertes und letztes Testament aufsetzte. Bevor er noch die Schuld oder Strafe bezahlen konnte, starb er am 13. September 1698, nachdem man dem aus der Hofgesellschaft Ausgestoßenen und Verfemten, den jedermann aus Gründen der Selbstbehauptung mied, auch noch eine weitere Schmach angetan hatte: in einer Instruktion vom 17. März 1698 für die Schaffung einer neben der Hofkammer ganz überflüssigen Centralbehörde der Domänenoberdirektion mußte er behaupten, die Grundsätze einer guten Finanzwirtschaft seien «bishero eben nicht zum Besten beobachtet worden», vielmehr hätten sich «viel Eigennutz, Mißbräuche und Unordnungen eingeschlichen». So liest man es jedenfalls in der brandenburgisch-preußischen Geschichtsschreibung: sie schützt das «Siebengestirn» der Danckelmann und deren Freunde und wirft der Kurfürstin und ihrer Umgebung Verschwendungssucht sowie Haß auf die sparsamen Staatsmänner vor.

Aber als man gleich darauf anfing, in Emden die Bücher der Afrikanischen Kompanie zu prüfen, deren Protektor Eberhard von Danckelmann und deren vom Kurfürsten lebenslänglich eingesetzte Geschäftsführer Raule und Knyphausen gewesen waren, stellte man im Dezember 1698, also nach Knyphausens Tod, tatsächlich Mißwirtschaft und erhebliche Verluste fest – mit dem Ergebnis, daß Knyphausens Erben seine Kompanie-Aktien dem Kurfürsten überlassen mußten. Waren ihm, dem Verwitweten und Dahinsiechenden, in den 90er Jahren hier und da in Brandenburg und Ostfriesland die Verhältnisse über den Kopf gewachsen? Hatten Mitarbeiter ihn hintergangen?[16]

Jene 50.000 Taler Strafe, zu denen er «verurteilt» worden war, wurden übrigens vom Kurfürsten selber am 3. Januar 1699 unerbittlich mit der unbeweisbaren Behauptung eingetrieben, der Schaden, den Knyphausen angerichtet habe, sei weit größer gewesen. Die Erben hatten am 5. Dezember 1698 vergeblich protestiert. Der Kurfürst verschwieg die Überschüsse, die man in einigen Kassen vorgefunden hatte. Man brauchte eben viel Geld und beschaffte es sich auch auf diese Weise. Schon der Bau des Schlosses in Berlin kostete schließlich seit 1699 bald mehr als 300.000 Taler; später mußten alle Provinzen jährlich 72.000 Taler dafür aufbringen.

Als Dodos Kinder sich an die schwierige, zeitraubende Ordnung des väterlichen Nachlasses machten, der natürlich hauptsächlich aus vielen landwirtschaftlich genutzten, zumeist wohl verpachteten Ländereien, vielleicht auch Mühlen und anderen gewerblichen Betrieben vor allem in Ostfriesland bestand, erlebten sie sehr herbe Enttäuschungen.

Dem «Lütetsburger Hausbuch» zufolge fand man erst am 3. Oktober 1699, also mehr als ein Jahr nach dem Ende von Dodos «mühsamem und mit mancher Widerwärtigkeit begleiteten Leben», eine «Specification» seiner Schulden. Zu diesen gehörten u. a. 9096 Taler mit 720 Talern Zinsen bei dem Hof- und Kammeragenten Elieser Leffmann Behrens, der den Wettinern, Habsburgern und Hohenzollern sowie einigen Bischöfen durch die Vermittlung von Kapitalien und Subsidien aus Frankreich und Holland nützlich war, sowie 2472 Taler Zinsen bei dem Hof- und Münzfaktor der Hohenzollern und Obersteuereinnehmer für Cleve und Mark, Ruben Elias Gomperz. Auch einem Herrn von Danckelmann schuldete Dodo 6000 Taler. Als man alle großen und kleinen Schuldbeträge addierte, ergab sich die erhebliche Summe von 36.583 Talern – zusammen mit der Geldstrafe auch für reiche Erben ein bedeutender Betrag, der sie zwang, einige Güter zu «zedieren», nachdem sie in langen Verhandlungen die privaten Schulden auf etwa 20.000 Taler hatten reduzieren können.

Wir wissen, daß Dodo bereits in jungen Jahren gelegentlich unglücklich spekuliert hatte. Im «Hausbuch» heißt es nun abschließend, «daß er schon bei seiner Gemahlin Erbe zu deren großer Bekümmerung durch Betrüger manche beträchtliche Summe sich aus dem Beutel locken ließ und dieses noch mehr nach der Gemahlin Tode geschehen, welches, da es zu spät, nachmals bereut wurde».

Aber die Behrens und Gomperz waren bedeutende Großkaufleute, nicht Betrüger, und die Danckelmann natürlich erst recht nicht. Wofür hatte Dodo bei ihnen insgesamt mehr als 17.000 Taler geliehen – und weitere annähernd 20.000 Taler aus einer ganzen Reihe anderer Quellen?

Dodo II. war nicht nur Großgrundbesitzer und Minister gewesen, der hier und da wie andere hohe Beamte und Minister mit dem Staat Kreditgeschäfte hatte machen können, sondern auch ein Manufaktur- und Immobilienbesitzer in Berlin, ja sogar ein Bergwerksunternehmer: er hatte mit dem Chemiker und Glastechnologen Johann Kunckel, dem Erfinder des Rubin-Hohlglases, jahrelang eng zusammengearbeitet.

Kunckel,[17] sieben bis zehn Jahre älter als Dodo, entstammte einer bereits zu Beginn des 16. Jahrhunderts nachweisbaren Glasmacher- und Scheidekünstler-Familie. Er hatte beim Vater das Glasmachen, danach in Rendsburg die «Apothekerkunst» gelernt, in diesen Berufen in Holstein und Böhmen gearbeitet und dabei Versuche zur Scheidung der Metalle sowie zur Phosphorgewinnung gemacht, wobei er erstmals auch mit Gold umging. Nach Wanderungen in Holland und bis nach Venedig, wo er mit viel Erfolg die dortige Glastechnik studierte, hatte er in Dresden und Hamburg sowie im Erzgebirge gearbeitet, ja sogar an der lutherischen Universität Wittenberg 1677 über «Experimentalchemie» Vorlesungen gehalten. In diesem Zusammenhang dürfte der Leibarzt des Großen Kurfürsten, Christian Mentzel, den wir von seiner Korrespondenz mit Cleyer in Batavia her kennen, mit ihm bekannt geworden sein. Durch Mentzels Vermittlung legte Kunckel dem Kurfürsten ein Gutachten über die Techniken eines Goldmachers vor. Er gewann das Vertrauen des Hohenzollern, wurde in Berlin dessen «Geheimer Kammerdiener», erhielt im Jahr darauf ein Kristallglas-Privileg, übernahm zugleich die Leitung einer bei Potsdam bestehenden Glashütte und begann mit der Errichtung der «Potsdamer Rubin- und Kristall-Glashütte», die er nach ihrer vermutlich recht teuren Fertigstellung pachtete.

Dort gelang ihm nach vielen Experimenten als erstem Menschen seit der Antike die Herstellung richtiger Rubinglas-(Hohl-)Gefäße, wobei er, wie man erst viel später nach technischen Untersuchungen entdeckte, 1 Teil Gold auf 1280 Teile Rubinglas verwendete, seine Erzeugnisse also nicht mehr als 0,078 %, ja gelegentlich sogar nur 0,025 % Gold enthielten.

Der Kurfürst war mit einem solchen Erfolg im Bereich der Alchemie sehr zufrieden und schenkte Kunckel bei Potsdam ein stattliches Gut sowie die heutige Pfaueninsel in der Havel. Dort errichtete Kunckel um 1686/88 – nun war Dodo II. bereits Domänen-Minister und hatte ein Auge auch auf die allgemeinen Finanzen – ein Glaslaboratorium zur Produktion farbiger, als «Corallen und Glaß» bezeichneter Gläser, daneben zur Fertigung von mißverständlich «Havel-Perlen» genannten Glas-Perlen, Knöpfen und Porträtmedaillons, die er allein dem Hof und der «Guineischen Handelskompanie» verkaufen durfte – und deren Präsident, der damit ein wertvolles Exportmonopol erhielt, war Dodo von Knyphausen.

Im Jahre 1688 – Kunckels überaus inhaltsreiches, wissenschaftlich wertvolles Buch «Ars vitraria experimentalis» erschien soeben in zweiter

Auflage – starb der Große Kurfürst. Sein Sohn und Nachfolger Friedrich brauchte zwar noch mehr Geld, aber er beschaffte es sich, wie Dodos Schicksal zeigt, aus anderen Quellen. Er beendete die Privilegien und Donationen für Kunckel, forderte den Nachweis für die Verwendung etwa der Hälfte der seit 1678 in Hütte und Labor investierten 26. 300 Taler und schließlich die Rückzahlung von 8000 Talern, erhob 1692 Anklage gegen Kunckel wegen angeblich eigenmächtiger Inbetriebnahme eines Bergwerkes in Wernigerode und ließ ihn vorübergehend verhaften. Daß die Leopoldina 1693 Kunckel mit dem Namen «Hermes», wie ein paar Jahre zuvor Cleyer als «Dioscurides», zu ihrem Mitglied wählte, machte sicher keinen Eindruck auf den Kurfürsten und seine vergnügungssüchtige Gemahlin. In dieser Zeit fiel die Glashütte auf der Pfaueninsel einer unaufgeklärten Brandstiftung zum Opfer, wurde der Pachtvertrag für die Hütte vorzeitig beendet und ein französischer Glasmacher an Kunckels Stelle engagiert. Kunckel verarmte schnell und mußte sein Berliner Haus verkaufen – wohl nicht ganz zufällig an den ihm seit langem gut bekannten Minister Dodo von Knyphausen, denn dieser übernahm auch Kunckels Anteil an einem seit 1685 von den beiden so verschiedenen Männern gemeinsam betriebenen Wismut- und Kobaltwerk in Wernigerode.

Kunckels weiteres Schicksal interessiert uns hier nicht. Der enttäuschte und offensichtlich – wie ähnlich ein paar Jahre später Dodo II. – sehr ungerecht behandelte Forscher und Kunsthandwerker wohnte bis 1694 an verschiedenen Orten in Brandenburg, dann ein paar Jahre in Schweden, wo er 1696 mit dem Kupferbergwerk Falun einen Beratervertrag schloß und im Jahr darauf als Kunckel von Löwenstern geadelt wurde. Am 20. März 1703 ist der etwa 70jährige Kunckel gestorben.

Weder im «Lütetsburger Hausbuch» noch in Staats- und Stadtarchiven findet man mehr über die «Zusammenarbeit» dieser beiden Männer, die auf ganz verschiedenen Gebieten – der eine als Organisator der Staatsfinanzen, der andere als Experimentator – Ungewöhnliches geleistet und beide mindestens hauptsächlich durch die Willkür ihres fürstlichen Arbeitgebers ein ähnliches Schicksal erlitten haben.

In den wenigen Monaten, die Dodo II. zwischen dem verletzenden Ende seiner Karriere und dem dadurch wohl beschleunigten Tod an der «Schwindsucht» verblieben, hat der erst 56jährige gewiß über die zwei so ganz verschiedenen Hauptabschnitte seines Lebens nachgedacht.

Er hatte ein höchst angesehenes Leben in Ostfriesland aufgegeben zugunsten des Glanzes am kurfürstlichen Hof zu Berlin. Er hatte es schließlich 1695 beim Kurfürsten Friedrich zur Stellung des Vizekanzlers gebracht. Hatte es sich gelohnt? Er hatte mit klugen und interessanten Männern zusammengelebt: zum Beispiel mit dem anmaßenden, aber höchst intelligenten französischen Gesandten Rébénac. Und im weiteren Umkreis des Hofes waren seit den 80er Jahren Männer tätig wie der große

Philosoph Leibniz, der auf die Gründung einer Akademie hinarbeitete, der bedeutende Architekt und Bildhauer Schlüter, der Hofhistoriograph Pufendorf – Persönlichkeiten, denen zu begegnen für das Ehepaar Knyphausen ein Vergnügen gewesen sein muß. In der Tat bildeten diese Männer – und manche andere, die hier nicht genannt sind – rund 20 Jahre lang eine Gruppe so begabter und durch Reisen und Hochschulen glänzend ausgebildeter, beruflich so tüchtiger, kulturell so interessierter, ehrgeiziger Diplomaten, Künstler und Gelehrter, wie es sie wohl so homogen und erfolgreich nur einmal in Brandenburg-Preußen gegeben hat: gemeinsam mit so anregenden Herrschern wie dem Großen Kurfürsten und dem ersten König eine großartige Gesellschaft.

Wahrscheinlich hat Dodo in seinen letzten Monaten viel an diese Männer gedacht, mit denen er zum Teil mehr als ein Jahrzehnt lang eng verbunden gewesen war. Einige von ihnen saßen nun in Festungs-Kasematten, die anderen wagten es gewiß nicht, für ihn einzutreten – und aus Ostfriesland, an dessen Auslieferung an den Kurfürsten von Brandenburg er maßgeblich beteiligt gewesen war, konnte er kaum Hilfe erwarten. Er war ein einsamer, ein unglücklicher, auch ein erniedrigter Mann. Ob er gelegentlich bedacht hat, daß es vielleicht richtiger, mindestens klüger gewesen wäre, als Ostfriese auf dem von ihm auf alten Grundmauern 1677 neu erbauten Schloß Lütetsburg zu leben, zu arbeiten und zu sterben? Wenn auch ohne Rubin-Gläser seines Kompagnons Kunckel ...

Schließlich wurde er wenigstens in der von ihm erbauten Kirche zu Bargebur beigesetzt. Dodos ältester Sohn Fanz Ferdinand aber heiratete eine Tochter des Generals Tettau, der seinen Vater verhaftet und zum Prozeß in die Festung Spandau gebracht hatte. Sie überlebte ihn und heiratete in zweiter Ehe einen Neffen Eberhard von Danckelmanns: die Hofgesellschaft der Hohenzollern war noch nicht sehr groß. Und die meisten ihrer Mitglieder waren wohl überzeugt, daß die beiden vom Haß der Kurfürstin so schwer Getroffenen unschuldig waren.

4. Salomon Herz Löw Oppenheim

Als «Kaufmann und Wechsler zum Schwarzen Bären» lebte Salomon Löw Oppenheim in den 90er Jahren – offiziell immer noch Teilhaber im Geschäft seines Vaters. Dieser starb wahrscheinlich in der ersten Hälfte des Jahres 1697. Im Jahr darauf wurde er als «sehr alt», «reich» und «tot» bezeichnet. Seine Witwe, eine Tochter des Hoyum Jakob Landau, Kaufmanns zum «Schwarzen Bären» und «Zum Weißen Schild» – der also offenbar auch im Hause der Oppenheim gewohnt hatte – versteuerte 45.000 Gulden.

Salomon Löw Oppenheim scheint seinen Vater nur um wenige Monate überlebt zu haben: Auch er, seit 1694 gelegentlich «Rentner», zuweilen auch sogar Vorsteher der jüdischen Gemeinde genannt, starb noch im Jahre 1697.

Einer seiner Söhne, Herz Salomon Oppenheim, geboren um 1675 und nach der Herkunft seiner Mutter genannt «von Halle», wurde wie Großvater und Vater Kaufmann und Besitzer des Hauses «Zum Schwarzen Bären» mit der Nummer 139 der jüdischen Wohnhäuser. Seine Brüder Lazarus Salomon und Aron Salomon waren zwar seine Teilhaber, wurden aber vorwiegend als Wechsler und Bankiers bezeichnet. Sein eigenes Haus wurde zu seinen Lebzeiten beschrieben als eine große, 82 Fuß, also annähernd 30 Meter breite Liegenschaft, in der das eigentliche Wohnhaus 34 Fuß (also etwa 13 Meter) Breite einnahm – ein angesichts der Enge in der Judengasse stattlicher Besitz, der aber allerdings schon 1629 unterteilt worden war in den «Weißen» und den «Schwarzen Bären». In einem Hinterhaus befanden sich weitere Wohnungen. Alles das hat Salomon Löw Oppenheim besessen und seinem Sohn Herz Salomon vererbt. Dieser heiratete 1694, also noch zu Lebzeiten seines Vaters, Bela Oppenheim, die als Tochter eines Bär Löw Oppenheim, Kaufmanns im Hause «Zum Schwan», und einer weiteren Oppenheim, deren Vorname nicht bekannt ist, im Jahre 1670 in Frankfurt geboren worden war.

Ihr 1705 geborener Sohn Hertz Oppenheim starb als Hoffaktor des Kurfürsten Clemens August von Köln in Bonn im Jahre 1766. Er gilt als der offizielle Stammvater der Bankiers von Oppenheim, die bis auf den heutigen Tag die Kölner und rheinische, die deutsche, europäische und überseeische Finanz- und Wirtschaftsgeschichte auf mehreren Gebieten von Bergbau und Industrie über Schiffahrt und Versicherungen einflußreich mitgestaltet haben.[18]

Auf der ersten Seite des israelitischen Bürgerbuches von Frankfurt aus dem Jahre 1812 findet man unter den «Namen der Familienväter» Bendict Salomon Goldschmidt, Meijer Fuld, Joseph Isaac Speyer, Hans Jacob Gumprecht, Mayer Amschil Rothschild, und unter den «Namen derer Weiber» Belaa Oppenheim.[19]

In Löw Oppenheims letzten Lebensjahren nahm die Wirtschaft im jüdischen wie im christlichen Frankfurt einen lebhaften Aufschwung, und die Bevölkerung wuchs entsprechend. Aus den verschiedensten Gründen, insbesondere natürlich im Interesse der Besteuerung, führte der Rat daher 1694 sowie 1703 und 1709 Visitationen der Judengasse durch. Am 22. Februar 1694 lebten in ihr 414 Haushaltungen (dazu noch, meist vorübergehend, 75 Fremde), erheblich weniger als im Jahre 1613 (453) und 1616 (530). Auf ein «Hausgesäß» rechnete man 6 Personen, insgesamt kam man damit also auf etwa 2500 in der Judengasse wohnende Menschen. Auch stellte man eine Art Berufsstatistik auf. Bei ihr standen 40 Trödler an der Spitze. Diesen folgten die Wechsler mit 37 Personen; 30

beschäftigten sich mit dem Lebensmittelhandel aller Art – vom Brot bis zu Spezereien und Sardinen. Gleichfalls 30 handelten mit «Leipziger [Textil-] Waren», 25 mit Tuchen, 13 mit neuen Kleidern, 11 mit Korallen, Juwelen, Silber und Gold. Zehn waren Metzger (darunter eine Frau) und Fleischhacker, 3 Schächter und Fleischkoscherer, 9 handelten mit Häuten, je 8 zapften Wein und Bier, handelten mit Strümpfen beziehungsweise alten Kleidern, 7 mit hebräischen Büchern, 6 mit Schnüren, Garn und Seidenwerk, 5 hielten Herbergen. Aller weiterer Handel – zum Beispiel mit alten Büchern, mit Federn, mit Pelzwerk usw. – wurde von 1 bis 3 Personen betrieben. Ein Mann war der «Schaletsetzer», der am Freitag die Speisen (Schalet) in das jüdische Gemeindehaus trug, wo sie für den Samstag warm gehalten wurden.

Oberhalb dieser Berufe standen 8 Rabbiner, von denen einige auch als Schullehrer und einer sogar als Geldwechsler tätig war. Daneben gab es 5 Gemeindediener, die zum Teil als Vorsänger arbeiteten und sich als solche von Frauengesellschaften fernhalten sowie Spiele außer Schach und Dame meiden mußten. Im öffentlichen und privaten Unterricht waren 10 Schulmeister tätig, von denen einer auch Bier zapfte und ein anderer mit Büchern handelte. Drei Notare und Rechtsgelehrte sowie 2 Schreiber, 4 Nachtwächter und 2 Spielleute schlossen diesen öffentlichen Gemeindedienst. Nur 4 Personen wurden als «arm, zum Teil im Spital unterhalten» bezeichnet; zwei Witwen und einen Witwer nannte der Visitator kurzerhand «verdorben».

Eine besonders wichtige Rolle spielte die ärztliche Versorgung. In der Frankfurter Judengasse waren 2 Ärzte und 1 Krankenwärter tätig. Im allgemeinen wurden die Juden in Deutschland ärztlich wohl besser betreut als die Christen – weil die jüdische Bevölkerung hauptsächlich in Städten wohnte, aber mehr noch, weil die Anstellung eines Arztes und die Behandlung der Armen zu den religiösen Pflichten der Gemeinde gehörten.[20] Der Talmud verbot den Juden geradezu, «in einer Stadt zu leben, in der kein Arzt ist». In der Frankfurter Judengemeinde waren seit 1360 Ärzte nachweisbar – seit dem Anfang des 17. Jahrhunderts solche mit Universitätsstudium meist in Leiden oder Padua, da die deutschen Universitäten häufig Juden nicht zum medizinischen Studium zuließen, allesamt nicht zur Promotion. In Padua aber wurden zwischen 1619 und 1721 nicht weniger als 149 Juden zu Doktoren der Medizin promoviert, unter ihnen die Frankfurter Ärzte Josef Salomon Delmedigo und sein Schwiegersohn Salomon Bing sowie 1650 Abraham Isaac Wallich aus Metz. Einer der Söhne von S. Bing – Dr. Jacob Bing († 1690), Dr. Josef Bing († 1691) oder Dr. Albrecht Bing († 1707) – hat wahrscheinlich Löw Oppenheim und seinen Vater in ihren letzten Lebensjahren ärztlich betreut.[21]

In diesem engen Raum, unter diesen wohl mehr als 2500 Menschen, verbrachte Salomon Löw Oppenheim seine letzten Jahre, ist er 1697 wie sein Vater im Kreise der Familie gestorben. Er hat also die tiefgreifenden Veränderungen durch die vielen Juden nicht mehr miterlebt, die seit 1701 in ständig wachsender Zahl aus dem Spanischen Erbfolgekrieg nach Frankfurt flüchteten und sich dort niederließen: bereits 1703 zählte die Judengasse 436, sechs Jahre später 505 «Hausgesäße» mit 3024 Personen. Zwei Jahre später, 1711, zerstörte ein verheerender Brand einen großen Teil der alten Judengasse, die sowohl Heimat wie Gefängnis seines Lebens von der Geburt bis zum Tode gewesen war.

5. Maria Sibylla Merian

Die «Merianin» – niemand wußte mehr, daß sie einmal «die Gräffin» gewesen war, aber ihre jüngere Tochter Maria Dorothea ging natürlich als eigenständige Künstlerin und Gelehrte mit ihrem Mann, dem russischen Hofmaler Gsell, als «geborene Graff» in die Nachschlagewerke für Kunst und Wissenschaft ein – lebte nach dem Erscheinen ihres großen «surinamischen» Werkes noch mehr als 11 Jahre – bis zur Übersiedlung der Gsell nach Petersburg im Jahre 1716 in Wohngemeinschaft mit ihnen. Sowie der große wissenschaftlich-künstlerische Erfolg dieses Bandes deutlich war, ging sie an die Ordnung des Materials für den zweiten, der surinamische Reptilien behandeln sollte, während sie eine zweite Reise zu den Herolds und nach «Providentia» zwar noch gelegentlich gesprächsweise und brieflich erwähnte, nicht aber mehr ernsthaft plante. Erstens war sie zu schwach, um nun noch einmal – und ohne Begleitung einer ihrer Töchter – eine solche Anstrengung auf sich zu nehmen, und zweitens starben um diese Zeit Witsen und Ruysch, ihre bedeutendsten wissenschaftlichen und finanziellen Protektoren, wenn es wieder um ein Reisestipendium gegangen wäre. Und ohne ein solches hätte sie angesichts der großen Ausgaben für den ersten Band und des sehr bescheidenen Preises von zumeist 5 Gulden für ein nicht von ihr selber koloriertes und signiertes Exemplar eine neue Expedition nicht wagen können. Alle diese Menschen, sie selber, ihre Töchter und deren Männer, Kaufmann der eine, Maler der andere, konnten auskömmlich, auch bequem und angenehm leben, nicht aber Kapitalien zusammensparen, die über die bescheidenste Altersvorsorge hinaus Risiken wie eine solche Reise ohne sicheren finanziellen Erfolg gestatteten. Amsterdams Reichtum gegen Ende seines «goldenen Jahrhunderts» gehörte den großen Kaufleuten, Reedern, Teilhabern der Kompanien, Grundbesitzern, aber nur wenigen Künstlern. Matthäus Merian der Jüngere hätte wohl als Verleger und Hofkünstler zu diesem Kreis gehört. Aber er war tot, und zu den anderen Frankfurter Merian unterhielt Maria Sibylla keine Beziehungen mehr – so wenig wie zu Graff, von dem sie sich getrennt hatte.

Maria Sibylla Merian: Granatapfel und Blauer Morpho. Aus: Metamorphosis Insectorum Surinamensium, Amsterdam 1705. AKG, Berlin.

Nach 1705 beschäftigte sie sich wieder eingehend mit ihrem Raupenbuch – dem «Gesellenstück». Nachdem sie durch einen Schlaganfall im Jahre 1706 einige Zeit aufgehalten worden war, erschien der erste Teil einer Übersetzung ins Holländische 1713, der zweite im Jahre darauf, der dritte, ebenfalls 50 Tafeln umfassende, konnte von ihr nur noch vorbereitet werden. Die Drucklegung erfolgte erst posthum durch Maria Dorothea im Todesjahr der Mutter.

Am 13. Januar 1717 starb Maria Sibylla Merian in ihrem 70. Jahre. Sie hatte trotz vieler Anstrengungen und auch Leiden wie Malaria und trotz des Schlaganfalles im Jahre 1714 schließlich für jene Zeit ein hohes Alter erreicht. Sie starb – die ältere Tochter scheint zu dieser Zeit in Surinam gelebt zu haben, die jüngere war bereits am Hofe des Zaren Peter – arm, mindestens in sehr bescheidenen Verhältnissen. In ihren letzten Jahren hatte sie nicht mehr allein von eigenen Bildern existieren können, sondern Kupferstichwerke anderer Künstler koloriert, also Lohnarbeit geleistet. Auch tat sie das nun nicht mehr botanisch exakt, sondern dem Wunsch der Auftraggeber entsprechend «schön». Nach dem Schlaganfall hat sie nicht ein einziges eigenes Blatt mehr signiert.

Aus Amsterdamer Archivalien geht hervor, daß ihr Tod zwei Tage nach dem Ableben einer Tryntje Joppe beim Armen-Register angemeldet worden ist. Irgend jemand sorgte jedoch dafür, daß sie dennoch ein eigenes Grab erhielt. Am 17. Januar wurde sie auf dem «Leidse Kerkhof» beigesetzt. Dieser Friedhof wurde später überbaut, so daß die Grabstelle der bedeutenden Frau nicht mehr existiert.[22]

6. Altern und Sterben an der Wende vom 17. zum 18. Jahrhundert

Über das Reifen, Altern und Sterben der Menschen ist schon in der Antike viel philosophiert und geschrieben worden. Als einen Teil der Weltharmonie betrachtete man die Analogie zum Welken der Blüten, zum Herbst: das Schrumpfen der alternden Menschen, ihr zunehmendes Bedürfnis nach Wärme, die Verringerung ihrer Beweglichkeit, das Nachlassen ihrer Reaktionen – verbunden mit der Verfärbung und dem Runzligwerden der Haut, dem Verlust von Zähnen und dem Haarausfall –, schließlich die Schwächung ihrer Sinne.[23] Das Christentum fügte dieser offensichtlich engen Verbundenheit des Menschen mit der Tier- und Pflanzenwelt einen ganz neuen Gedankenbereich von größter Bedeutung hinzu: mit dem Altern näherte sich der christliche Mensch dem Himmel (oder der Hölle), mit dem Tode hoffte er, vor der Himmelspforte zu stehen und in die Gemeinschaft der Seligen aufgenommen zu werden. Ja, nicht selten kam es bei frommen Menschen zu einer Art Umkehrung der natürlichen Erwartungen in bezug auf Alter und Tod: sie ließen sich in ein

Kloster aufnehmen, um schon zu ihren Lebzeiten aus dem gewöhnlichen Leben «auszuscheiden», und sie hofften, nicht alt zu werden, sie baten geradezu im Gebet, jung sterben zu dürfen, um die Freuden des Himmels möglichst früh genießen zu können.

Das Auftreten der Pest in Europa hat die Vorstellungen der Menschen vom Tode zutiefst verändert. Sie befiel zuerst Italien und Deutschland in den vierziger Jahren des 14. Jahrhunderts. Bald nach der ersten großen Pestwelle entstanden zahlreiche Schriften über den Triumph des Todes, aber auch viele Totentanzdarstellungen. Das erschütternde Erlebnis des plötzlichen Todes vieler Verwandter und Freunde schuf ein ganz neues Verhältnis zum Tode: der Tod war «Würger», nicht Erlöser. Jetzt erschien er als der überraschend auftretende, rücksichtslos Große und Kleine, Gerechte und Ungerechte, Reiche und Arme, Junge wie Alte dahinraffende Dämon, dem auch der beste Arzt keinen Widerstand leisten konnte. So entstand in Zürich die Redensart «gegen den Tod ist kein Kraut gewachsen», und in den Totentanzdarstellungen befand sich der Arzt neben dem Geistlichen: keiner von beiden vermochte dem Tod zu widerstehen.

Luther und Calvin, die Reformation, die Prädestinationslehre haben diesem komplizierten Glaubens- und Verzweiflungsbereich neue Lehren hinzugefügt, die für viele Menschen in der Frühen Neuzeit die Vorstellungen vom Altern und Sterben zutiefst verändern mußten.

Und als dann der «Würger-Tod» während der ersten Hälfte des 17. Jahrhunderts in Mitteleuropa millionenfach zugriff und dieses weite Gebiet um mehr als ein Drittel seiner Bevölkerung brachte, führte das erneut weithin zu einer verstärkten Wendung zu Gott mit der Bitte um Frieden und Gesundheit – oder um schnellen Tod. Zur Zeit der «Emblematik» wurde der Tod mit seinen Opfern vielfach bildlich und textlich als Hauptakteur des täglichen Lebens dargestellt, nicht nur in Kirchen und auf Friedhöfen, sondern auch an vielen Stellen der bäuerlichen und bürgerlichen Wohnhäuser wie der Adels- und Fürstenschlösser, der Schulen wie der Universitäten. Fortan spielte während des ganzen 17. Jahrhunderts dieses Bild des Todes in unzähligen Variationen eine die Kunst beherrschende und – etwa beim Anatomie-Studium – die Wissenschaft der Medizin beeinflussende Rolle. Der Dichter Andreas Gryphius, der seit 1638 sechs Jahre lang freundschaftlicher Begleiter zweier junger schlesischer Ritter zu Schönborn auf der Universität Leiden gewesen war, schrieb 1666 in seinen «Dissertationes funebres oder Leich-Abdankungen»: «Ich erinnere mich / daß auf dem berühmten Anatomischen Schauplatz der durch die Welt beruffenen hohen Schule zu Leiden / unter vielen anderen auch ein Todten-Gerippe stehet / welches in der Fahne die bekannten Worte führet / NOSCE TE IPSUM / Erkenne Dich selbst.» Gryphius selber führte der häufige Anblick dieses Skeletts zu Studien über ägyptische Mumien, die er in Warschau sah, und bis zur Vision vom Friedhof als «Schule der Weisheit». Auch Cleyer, der als Student jahrelang diesem Skelett gegenübergesessen hat, dürfte von dem Symbolempfinden seiner Zeit, von der sensenschwingenden «Mors triumphans» hier, der endgültig unterlegenen «Mors devicta» dort in seiner Religiosität nicht unberührt geblieben sein. Er starb im streng reformprotestantischen Milieu Batavias inmitten einer «heidnischen» Welt.[24] Maria Sibylla Merians Mutter und Bruder Kaspar sind von diesen Ideen stark beeinflußt worden; sie selber hat mit ihren Töchtern ja einige Jahre in der Sekte der Labadisten gelebt, und die ältere Tochter ist dieser wohl bis zu ihrem eigenen Ende verbunden geblieben. Der Ostfriese Dodo von Knyphausen und seine Söhne gehörten wie der Kurfürst von Brandenburg dem reformierten Protestantismus, seine Frau und die Töchter dagegen dem Katholizismus an. Friedrich Wegener hat auf seinen Wanderungen und Reisen ebenso wie in Pritzwalk den schnellen Tod in vielen Formen mit und ohne geistlichen Beistand gesehen – er selber ist schließlich in einem Milieu gestorben, in dem sich mit dem lutherischen Glauben an das Jenseits auch Vorstellungen der Refugiés wie Gebete von Nathan Gold verbanden. Oppenheim schließlich war zumindest seit seiner Heimkehr in die Judengasse ein gläubiger Frankfurter Jude. Vielleicht neigte er ein wenig Reform-Gedanken zu, die mancher jüdische Arzt und Philosoph bei der Arbeit und in seinen Schriften andeutete. So haben sich also «unsere» fünf Personen und ihre Familien in sehr unterschiedlichen Glaubensrichtungen befunden, als sie alterten und schließlich starben – von ihrer Position in der eigenen Familie unter Kindern und Enkelkindern ganz abgesehen.

Aber was bedeutete «Altern» in dieser frühen Neuzeit? Wie alt wurden die Menschen auf der Wende vom 17. zum 18. Jahrhundert? Wann fühlten sie sich, wann waren sie statistisch wirklich alt – das heißt, in welchem Alter wurden sie arbeitsunfähig und -«unwillig»?

Das sind viele Fragen, auf die es geschichtswissenschaftlich noch keine befriedigenden Antworten, jedenfalls nicht für «Deutschland» gibt. Für das eine oder andere Kirchspiel, Dorf und Städtchen liegen wissenschaftliche Untersuchungen vor, nicht für ganze Regionen. Alles in allem weiß man wohl über die Verhältnisse in Westdeutschland ein wenig mehr als über die in anderen Gebieten, insbesondere in Nordost- und Ostdeutschland. Aber wie weit darf man solche Lokalergebnisse verallgemeinern? Gewiß, zwischen 1697 und 1717, in den zwei Jahrzehnten also, in denen unsere fünf Personen gestorben sind, war es ruhiger, weniger gefährlich, «gesünder» als in den Jahren zwischen 1634 und 1647, in denen sie geboren worden waren. Aber während sie noch in dem verhältnismäßig kleinen Raum zwischen Pritzwalk und Frankfurt, Lütetsburg und Kassel auf die Welt gekommen waren, starben sie nach vielen Jahren des Aufenthalts in der Fremde in Pritzwalk, Frankfurt, Berlin, Amsterdam und – Batavia.

Wie haben die Menschen gelebt? Wegener in seinen letzten Jahrzehnten «gesund» und auskömmlich, Oppenheim sicher auch, und Dodo II. – zumindest in dem Jahrzehnt zwischen 1684 und 1694 in Berlin – gewissermaßen «fürstlich». Aber in Batavia und Deschima geriet das Leben eines Europäers in Gefahren, auf die man nicht vorbereitet war und die man kaum mehrfach überstehen konnte. Maria Sibyllas Lebenskraft war seit der Malaria in Surinam sehr verringert. Warum sie fast ein Armenbegräbnis erhalten hätte, wissen wir nicht. Hatte sie in der Zeit nach dem Schlaganfall noch auskömmlich leben können, war nur im Augenblick des Todes nicht genügend Bargeld im Hause und das Haus selber bereits den Töchtern überschrieben? Oder hatte sie in den letzten Jahren gehungert, gefroren, ärztliche Hilfe nicht bezahlen können, keine wohlhabenden Freunde mehr gehabt? Viele Fragen – keine befriedigenden Antworten.

Tagebücher und «Memoiren», in denen detailliert auf Gesundheit und Krankheit eingegangen wird, sind äußerst selten – aus der hier in Frage kommenden Zeit und obendrein aus Frankfurt, Pritzwalk usw. sind keine erhalten geblieben, wohl aber ein Memoirenwerk in riesigem Umfange eines sehr intelligenten, zur Selbstbeobachtung sich anhaltenden Mannes aus Köln – doch es endet bereits 100 Jahre vor der Zeit, in der unsere Personen gestorben sind. Aber versuchen wir gleichwohl, ihm ein paar allgemeine Informationen abzugewinnen.[25] Hermann Weinsberg, Stadtrat in Köln, notierte kurz nach seinem 70. Geburtstag im Jahre 1588 in sein «Gedenkbuch», eine Mischung von Autobiographie, Tagebuch und zusammenfassender Chronik, das bis zu seinem Tode auf mehr als 7000 eng beschriebene Seiten anwachsen sollte, er kenne nicht alle Gleichaltrigen in Köln, «aber viele werden es nicht sein. Ein paar sind älter als ich».

Wir wissen es: kaum die Hälfte derer, die um die gleiche Zeit geboren worden waren wie Weinsberg, wuchs zur Jugend heran, weniger als ein Drittel überlebte diese und nur etwa jeder fünfte Mann erreichte das «Alter». Die Schätzung in bezug auf diejenigen, die mehr als 70 Jahre alt wurden, schwankt zwischen 0,8 % und 8,4 % – eine große Breite also, aber die Wirklichkeit dürfte auch noch um 1700 eher an der unteren Grenze gelegen haben. Weinsberg, ein wohlhabender Mann, der für seinen Lebensunterhalt als Anwalt kaum noch zu arbeiten brauchte und daher viel Zeit auf städtische und kirchliche Ehrenämter verwenden konnte, kannte im Jahre 1588 in Köln nicht mehr als zwei Dutzend Personen, die 65 Jahre und älter waren – und die Hälfte von ihnen war nach seiner Ansicht geistig oder/und physisch hinfällig. Über den Prior der Karmeliter, der 76 Jahre alt war, urteilte er: «Er nimmt sehr ab an Gedächtnis», und seine «Leibs vermogenheit» ließe sehr nach.

Weinsberg beobachtete sich selber Jahr für Jahr ganz genau. Im Alter von 33 und 56 Jahren war er 173 cm groß, mit 60 Jahren nur noch 170 cm, während sein Leibesumfang von 94 über 89 auf 79 cm zurückging. Dazu schrieb er, daß er sich zwischen 60 und 70 wohl nicht sehr verändert habe: er sei magerer geworden (Gewichte gibt er nicht an), auch im Gesicht bleicher, während Haupthaar und Bart ergraut seien. Am ganzen Körper wurde die Haut blasser und empfindlicher, das Fleisch verlor seine Festigkeit. Seine Sehkraft hatte seit dem 50. Jahr merklich nachgelassen. Sein Gegenüber sah er häufig nur noch verschwommen. Mit 62 Jahren meinte er, wenn er jetzt anfangen müßte, Jura zu studieren oder als Anwalt zu praktizieren, dann würde ihn das sehr anstrengen. Wenn er als 63jähriger längere Zeit auf ein Blatt Papier sah, wurde ihm schwindlig. Mit 70 Jahren fürchtete er, wie viele Gleichaltrige zu erblinden. Mit 60 konnte er viel schlechter hören als mit 50 Jahren. Seit dem Anfang der 60er Jahre ließ sein berufliches Interesse nach. Als 70jähriger konnte er nicht mehr die Gesichter der Menschen unterscheiden, die auf der anderen Seite der Gasse gingen, so daß er sie nicht grüßte, was diese für Absicht hielten. Er lag nun gewöhnlich von 21 Uhr bis 5 Uhr, im Winter bis 6 Uhr im Bett, leistete sich gelegentlich ein Mittagsschläfchen. Mit 70 Jahren lag er länger im Bett, ohne mehr Stunden wirklich zu schlafen: selten mehr als insgesamt sechs Stunden in gewöhnlich drei Abschnitten, während er in der Zwischenzeit nachdachte und auf die Kirchenglocken hörte. Als er 60 Jahre alt wurde, nannte er selber sich einen Mann, der die Zeit des «Altertums» erreicht habe.

Seine Verpflegung war gut, aber nicht üppig. Er aß wohl mehr Rind- und Schweinefleisch, Schinken und – an Festtagen – Fisch als wirtschaftlich schlechter Gestellte, dazu Käse, Butter und Brot, Möhren, Kohl und Rüben, Birnen und Quitten. Ausdrücklich schrieb er mit 70 Jahren im «liber senectutis» seiner 7000 Seiten, er mache sich nichts aus «köstlichen» oder auch nur aus «angenehmen» Speisen. Zu dieser Zeit vertrug er Obst und Nüsse nicht mehr. Auch bemühte er, ein genau beobachtender «Intellektueller», sich ganz bewußt, Blähungen, Leibschmerzen und -krämpfe, Durchfall und Verstopfung zu vemeiden.

So viel über einen wohlhabenden, geistig überdurchschnittlichen Kölner Bürger um 1590. Über die Zunahme der Lebenserwartung von Menschen mittleren Alters in einzelnen Orten 30, 50 und 60 Jahre später besitzen wir ein paar beachtenswerte Zahlen.[26]

In der Stadt Nürtingen am Neckar, die allein im Pestjahr 1635 die Hälfte ihrer Einwohner verlor – was aus einerseits komplizierten, andererseits aber leicht nachvollziehbaren individual- und sozialpsychologischen Ursachen dazu führte, daß in einigen folgenden Jahren die Zahl der Geburten beträchtlich stieg, hatte der 30jährige Durchschnittsmann 1621–50 noch mit weiteren 23,3 Lebensjahren, also mit seinem Tode im 54. Jahr rechnen müssen. In den Jahrzehnten von 1651 bis 1680 betrug seine Lebenserwartung bereits ganze 28 Jahre und ein weiteres Jahrhundert später sogar 33,4 Jahre mehr. Ein ansehnlicher Unterschied: 54 Jahre hier, annähernd 10 Jahre mehr dort – ein «Fortschritt», falls der durchschnittliche Nürtinger um 1770/80 in Verhältnissen lebte, die ihm ein «hohes» Alter wünschenswert erscheinen ließen.

Nürtingen war eine kleine Stadt in eher günstiger Lage für den durchschnittlichen Handwerker, Ackerbürger, auch wohl für Knecht, Magd und Tagelöhner – von den oberen Gruppen mit Arzt, Beamten, Geistlichen und Lehrern ganz zu schweigen. In großen Städten konnten die Lebensumstände von Viertel zu Viertel sehr unterschiedlich sein – man denke an Berlin mit vornehmen und ärmlichen Quartieren und solchen, die mehr und mehr von einer recht primitiven Soldateska mitsamt entsprechenden Familien beherrscht wurden. Oder an Frankfurt am Main, wo nachweislich die Straßen, in denen die Merian und ihresgleichen lebten, sehr viel lockerer bebaut und sanitär besser gehalten waren als die vollgestopften Gassen der Armen – und vollends als die «Judengasse». Aber wir besitzen keine zuverlässigen Angaben über die Lebenserwartung eines 30jährigen Mannes im vornehmen, im ärmlichen Viertel und unter den Juden.

Existierte eine statistisch zuverlässig feststellbare Beziehung zwischen Heiratsalter und Lebenserwartung, also eine Art «Anpassung» des Heiratsalters an die wachsende Lebensaussicht? Wir wissen es nicht genau, aber es scheint so gewesen zu sein: je mehr alt sterbende Männer ein junger Mann in seiner Umgebung sah, um so mehr Zeit scheint er sich mit der Familiengründung gelassen zu haben. Aber da mögen auch Katastrophen wie Viehsterben und Mißernten eine Rolle gespielt haben. Immerhin: der junge Nürtinger hatte im späteren 18. Jahrhundert weit mehr Aussicht, sich längere Zeit an Enkeln freuen, ja sogar ein wenig noch von ihrer Arbeit leben zu können, als sein eigener Groß- und Urgroßvater. Er hatte mehr «Leben» im allgemeinen Sinne vor sich und konnte sich daher für manches, zum Beispiel für die Brautwerbung und Hochzeit, «Zeit lassen». Aber umgekehrt erlaubten wiederum die Agrarkonjunkturen in der zweiten Hälfte des 18. Jahrhunderts in Niedersachsen mit guten Verdienstmöglichkeiten frühe Familiengründungen.

Doch kehren wir zurück zu unseren fünf Personen. Vermutlich war das Leben um 1700 in Amsterdam, Berlin und Frankfurt, wohl auch in Batavia ereignis-, also auch abwechslungsreicher als 100 Jahre zuvor in Köln: das städtische Leben beschleunigte sich etwa 1670–1700 in Deutschland – nicht nur in der Wirtschaft, auch in Literatur und Kunst, im Alltag des Hauses wie im Nachrichtenwesen aus aller Welt. Im Jahre 1602 war in Amsterdam die Niederländisch Ostindische Kompanie gegründet worden – bei Cleyers und Maria Sibyllas Tod, also rund 100 Jahre später, bildete sie ein riesiges Wirtschaftsunternehmen, das größte in Europa und Übersee. Und welch ein Unterschied zwischen dem Berlin von 1600 und dem, das 1709 aus fünf Gemeinden zu einer «Stadt» zusammengefaßt wurde!

Eine Form des Alterns und *eine* Form des Sterbens kam für alle fünf nicht in Frage: die der Existenz und des Endes in einer geistlichen Hausgemeinschaft. Vier von ihnen waren evangelischen, Oppenheim jüdischen Bekenntnisses. In ihren Glaubensgruppen gab es keine Klöster oder klosterähnlichen Einrichtungen, in die sie im Alter – vielleicht unter Zusicherung ihres Erbes – sich hätten zurückziehen und in denen sie betend und von den Mitbetenden umsorgt ihren Tod hätten erwarten können, wie es Katholiken, insbesondere wohlhabenden und reichen, häufig möglich war. Vielleicht hätte Maria Sibylla Merian im Alter zu den Labadisten zurückkehren können; aber sie hatte sich vor langer Zeit von ihnen getrennt. Wir besitzen auch keine Anzeichen dafür, daß sie sich dieser Sekte in Surinam wieder genähert oder noch einmal angeschlossen hätte. Und als sie danach annähernd zwei Jahrzehnte in Amsterdam lebte, haben die Labadisten für sie wohl gar keine Rolle mehr gespielt. Das Seidenraupenbuch hatte der liebenswürdige Professor-Dichter mit einer Anspielung auf den Menschen als «Wurm» vor Gott wohl mehr poetisch als religiös beendet. In den wissenschaftlichen entomologischen Bänden über Surinam war kein Raum für Glaubensbekenntnisse. Maria Sibylla Merian dürfte in dem Haus «Zum Rosenzweig» als unauffällige reformierte Protestantin gestorben sein.

Andererseits beendeten alle fünf ihr Leben auch nicht in einem Kreis, der sich zu mehr als durchschnittlicher Ehrung des Alters verpflichtet fühlte. Am ehesten hätte hier wohl Oppenheim eine solche Erleichterung des Alterns und Sterbens erwarten können: in der jüdischen Familie und Gemeinde genoß der alte Mann, vollends wenn er besonders fromm, religiös-gelehrt war, als Vorbild und vielleicht sogar als Lehrer ein sehr hohes Ansehen. Aber es ist nicht bekannt, ob unser Oppenheim einer Gruppe der auf solche Weise Berühmten und Verehrten angehörte – wahrscheinlich ist es nicht: er war zeitlebens ein Kaufmann gewesen, durchaus fromm, aber ohne Zeit für die Universität Padua oder auch nur für gelegentliche Studien unter der Anleitung durch einen gelehrten Rabbiner.

So sind sie gestorben zwischen 1693 und 1717 – mit Cleyers Ausnahme in ihrer deutschen Heimat oder doch nicht weit entfernt von dieser. Maria Sibylla war einst auf dem Rhein in die Niederlande gereist und seitdem nicht wieder nach Deutschland zurückgekehrt.

Das «Erbe», die «Hinterlassenschaft» der Fünf im weitesten Sinne? Darüber ließe sich viel spekulieren, einiges auch wohl noch in Archiven erforschen.

Bilder und Bücher der Merian befinden sich weit verstreut in Museen, Sammlungen und Bibliotheken. Wissenschaftlich ist sie mit den Anfängen der Insektenkunde maßgeblich und intensiv verbunden.

Cleyer, Mitglied der inzwischen sehr berühmt gewordenen «Leopoldina», gehört der Geschichte der Botanik, der Apotheken –, auch der medizinischen Wissenschaft an – und nicht zuletzt der Kulturgeschichte Brandenburg-Preußens. Aber ihn übersehen selbst diejenigen Historiker, die sich mit der kostspieligen see- und kolonialwirtschaftlichen Aktivität des «Großen Kurfürsten» beschäftigen: er hat zu dessen «Größe» nichts beigetragen, was in die Geschichtsbücher eingegangen ist.

Von Dodo II. von Knyphausen führen Erblinien nicht allein durch seinen Sohn Friedrich Ernst, den der französische Maler A. Pesne 1707 in Venedig so hervorragend gemalt hat, daß der preußische König ihn nach Berlin berief, und durch seinen Enkel Dodo Heinrich in die Regierung und Diplomatie Friedrich Wilhelms I. und Friedrichs II. von Preußen, sondern auch zu einem englischen General dieses Namens im amerikanischen Unabhängigkeitskrieg, nach dem ein Fort im Gebiet des heutigen New York benannt wurde. Und nicht übergangen sei, daß Edzard Mauritz zu Innhausen und Knyphausen († 1824) zu Beginn des 19. Jahrhunderts das Seebad Norderney gegründet hat.

Daß von Wegener eine Linie zur Höhe der Tuchfabrikation in Deutschland und von dort zu «jungen» Wirtschaftszweigen, und daß von Oppenheim im 18. und 19. Jahrhundert ein gerader Weg über den Handel und die Zugehörigkeit zu den Bonner Hoflieferanten in das große europäische Privatbankwesen geführt hat, wurde bereits angedeutet.

Alle sind sie also auf die eine oder andere Weise mit Wissenschaft, Kunst oder Wirtschaft unserer Gegenwart verbunden.

Verehrte Leserin, geschätzter Leser!

Vielleicht meinen Sie, daß viel zu viele Informationen, Daten und Namen vor Ihnen ausgebreitet worden sind – und gleichwohl hier und da zu ungenaue. Im Zeitalter der gelegentlich boykottierten, vielgliedrigen Bevölkerungszählungen, der Durchleuchtung mit Hilfe von gelegentlich zusammenbrechenden Computern, der, zuweilen die Geschichte verfälschenden, Daten-Selektion durch Persönlichkeitsschutz, der zahllosen, nicht nur ehrlich benutzten Pässe, Personalausweise und Mitgliedskarten ist der Mensch gewohnt, mehr zu fragen und zu verbergen, nicht aber auch unbedingt mehr zu erfahren als im 17. Jahrhundert der Nachbar vom Nachbarn, der Geistliche und der Lehrer von den Mitgliedern ihrer Gemeinde. Dickleibige Biographien können darüber nicht wirklich hinwegtäuschen.

Was wir aus jener Zeit wissen, gelangte zumeist ganz zufällig zu uns. Es wurde nicht für die Historiker des 20. Jahrhunderts absichtlich sorgfältig in Archiven aufbewahrt. Und in diesen sammelte sich schließlich im Laufe von rund 300 Jahren so viel an, daß es allein schon für den kleinen Raum, in dem wir uns bewegt haben, letztlich unüberschaubar ist: die

Forscher, Darsteller – und Leser – können, müssen und *wollen* ihren eigenen Lebensumständen, ihren vielfältigen Interessen entsprechend Daten auswählen. Und damit verzichten sie natürlich auch von vornherein auf jede – ohnehin nicht erreichbare – «Objektivität» ihres Geschichtsbildes.

Der Verfasser kann nur hoffen, daß er seinen Leserinnen und Lesern eine einigermaßen glaubwürdige und zu weiterer Beschäftigung mit der Geschichte anregende Auswahl von Individuellem und Generellem geboten hat.

Anmerkungen

Kapitel I. Geburt und erste Lebensjahre zwischen 1634 und 1647

1 Bilder aus der Prignitz. Verlag für Städtebau, Berlin 1931, S. 36ff.
2 G. H., Der Ortsname Pritzwalk. Unsere Prignitz, 6. Jahrgang, 9. März 1930.
3 R. Petschelt, Die St. Nicolaikirche in Pritzwalk. Unsere Prignitz, 7. Jahrgang, 13. Dezember 1931.
4 ebenda.
5 C. B. Opalinski, Geschichtliches über die Städte, Klöster, Schlösser und adeligen Familien sowie die Rittergüter und ländlichen Ortschaften der Prignitz. Wittstock 1906, S. 270.
6 Wilhelm Polthies, Häuserverzeichnis der Stadt Pritzwalk von 1556. Unsere Prignitz, 9. Jahrgang, 17. September 1933, S. 150.
7 Wilhelm Polthies, Pritzwalks Kriegslasten 1626–1640, ebenda, 8. Jahrgang, 13. November 1932, S. 180ff.
8 Moritz Meyer, Geschichte der preußischen Handwerkerpolitik, 1. Band: Die Handwerkerpolitik des Großen Kurfürsten und König Friedrichs I. Minden 1884, S. 66.
9 700 Jahre Stadt Pritzwalk 1256–1956. Pritzwalk 1956, S. 25.
10 Eva S. Kraft, Andreas Cleyer. In: Festschrift zum 86. Deutschen Ärztetag, Kassel 1983, S. 25ff; dort und in der Neuen Deutschen Biographie Band 3 die ältere Literatur.
11 Gottfried Lammert, Geschichte der Seuchen-, Hungers- und Kriegsnoth zur Zeit des 30jährigen Krieges. Wiesbaden um 1900, S. 219ff.
12 F. C. Th. Piderit, Geschichte der Haupt- und Residenzstadt Cassel. Kassel, 2. Aufl. 1882, S. 145ff.
13 Udo von Alvensleben, Die Lütetsburger Chronik, Geschichte eines friesischen Häuptlingsgeschlechts. (Dortmund) 1955.
14 Diddo Wiarda, Die geschichtliche Entwicklung der wirtschaftlichen Verhältnisse Ostfrieslands. Jena 1880, S. 19ff.; Anton Kappelhoff, Zur Geschichte der Emder Klunderburg. Jahrbuch der Gesellschaft für bildende Kunst und vaterländische Altertümer zu Emden, 32 (1952), S. 127.
15 Friedrich Swart, Zur friesischen Agrargeschichte. Leipzig 1910, S. 209f.
16 Elisabeth Rückert, Maria Sibylla Merian. In: Fränkische Lebensbilder, herausgegeben im Auftrage der Gesellschaft für fränkische Geschichte. Neue Folge, Band 1, Würzburg 1967, S. 221–254; H. Eckardt, Matthäus Merian, Skizze seines Lebens und ausführliche Beschreibung seiner Topographia Germaniae. Basel 1887, S. 11ff; Edgar Bonjour, Merian, Basler Ratsgeschlecht. Neue Deutsche Biographie Band 17, Berlin 1992; Daniel Burckhardt-Wertheimer, Matthäus Merian. 129. Neujahrsblatt der Gesellschaft zur Beförderung des Guten und Gemeinnützigen, Basel 1951; Wilhelm und Hildegard Treue, Ma-

ria Sibylla Merian, der Lebensroman der deutschen Künstlerin und Forscherin. Berlin 1942, S. 15ff.

17 Genealogische Forschungsstelle von E. Euler Bensheim an der Bergstraße.

18 Alexander Dietz, Stammbuch der Frankfurter Juden. Frankfurt 1907, S. 212.

19 Nachum T. Gidal, Die Juden in Deutschland von der Römerzeit bis zur Weimarer Republik. Gütersloh 1988, S. 90ff.

20 Johann Georg Battonn, Oertliche Beschreibung der Stadt Frankfurt am Main. Fünftes Heft, Frankfurt 1869, S. 295 u. 299.

21 Dietz, a. a. O., S. 389, 443.

22 Alexander Dietz, Frankfurter Bürgerbuch. Frankfurt 1897, S. 166.

23 Dietz, Stammbuch, S. 400ff.

24 Dietz, Stammbuch, S. 408ff, 432.

25 Wolfgang Meyer, Untersuchungen über die Mortalität in der Evangelischen Kirchengemeinde Rudow von 1681 bis 1929. Diss. med., FU Berlin 1981 S. 136ff; Jutta Haase, Untersuchungen über die Mortalität der Berliner St. Petrigemeinde 1751 bis 1775. Diss. Zahnmed., FU Berlin 1982, S. 12ff.

26 Meyer, a. a. O., S. 159; Haase, a. a. O., S. 31ff.

27 J. E. C. Eversley (Hg.), Population in History. London 1969, S. 90.

28 Kinderstuben. Wie Kinder zu Bauern, Bürgern, Aristokraten wurden. München 1983, S. 32 u. 34.

29 Arthur E. Imhof, Unterschiedliche Säuglingssterblichkeit in Deutschland, 18.-20. Jahrhundert – warum? Zeitschrift für Bevölkerungswissenschaft 7 (1981), S. 366f.

30 ebenda, S. 367.

31 Zitiert ebenda, S. 373.

32 Zitiert ebenda, S. 368f.

33 Für das Folgende wichtig: Hans Buesch, Kinderleben. Leipzig 1900 (Monographien zur deutschen Kulturgeschichte, herausgegeben von Georg Steinhausen) Band 5, S. 48ff.

Kapitel II. Lernjahre: Familie, Schule und Lehre zwischen 1638 und 1664

1 Wilhelm Polthier, Hausverzeichnis der Stadt Pritzwalk von 1556. Unsere Prignitz, 17. September 1933, S. 150.

2 Günther Franz, Der Dreißigjährige Krieg und das deutsche Volk. Jena, 2. Aufl. 1943, S. 20f.

3 K. A. Schmid, Geschichte der Erziehung vom Anfang an bis auf unsere Zeit. 5. Band, 3. Abteilung, Stuttgart 1902, S. 53.

4 ebenda, S. 58.

5 ebenda, S. 65ff.

6 Am besten für diesen ganzen Bereich: Ernst Hinrichs und Wilhelm Norden, Regionalgeschichtliche Probleme und Beispiele. Hildesheim 1980, S. 103ff.

7 Friedrich Ed. Keller, Geschichte des preußischen Volksschulwesens. Berlin 1878, S. 43.

8 Kurt Wesoly, Lehrlinge und Handwerksgesellen am Mittelrhein. Ihre soziale Lage und ihre Organisation vom 14. bis ins 17. Jahrhundert. Frankfurt 1985, S. 53f.
9 Reinhold Reith, Arbeits- und Lebensweise im städtischen Handwerk, zur Sozialgeschichte Augsburger Handwerksgesellen im 18. Jahrhundert. Göttingen 1988, S. 101 ff.
10 Gustav Schönberg, Zur wirtschaftlichen Bedeutung des deutschen Zunftwesens im Mittelalter. Jahrbücher für Nationalökonomie und Statistik 9 (1867), S. 1 ff, 97 ff, 140 f.
11 Wesoly, a. a. O., S. 82 f.
12 H. F. Singer, Der Blaue Montag. Eine kulturgeschichtliche und soziale Studie. Mainz 1917, S. 24, 35.
13 P. E. Braun, Die geschichtliche Entwicklung der Sonntagsruhe. Vierteljahresschrift für Sozial- und Wirtschaftsgeschichte 16 (1922), S. 351 ff.
14 Liselotte Constanze Eisenbart, Kleiderordnungen der deutschen Städte zwischen 1350 und 1700. Göttingen 1962, S. 60.
15 Peter Wunderli (Hg.), Der kranke Mensch in Mittelalter und Renaissance. Düsseldorf 1986, S. 61 ff.
16 Otto Perst, Kassel 1641 nach Landgraf Hermann zu Hessen-Rotenburg. Zeitschrift des Vereins für hessische Geschichte und Landeskunde, Bd. 75/76 (1964/65), S. 207 ff.
17 Eduard Grimmell, Die Bürgermeister der Stadt Kassel 1500–1963. Zeitschrift des Vereins für hessische Geschichte und Landeskunde, ebendort, S. 225 ff.
18 Karl Wilhelm Justi, Grundzüge einer Geschichte der Universität zu Marburg. Marburg 1827, S. 80 ff.
19 A. C. Th. Piderit, Geschichte der Haupt- und Residenzstadt Cassel. Kassel, 2. Aufl. 1882, S. 201 f.
20 Helmut Schrey, Die Universität Duisburg. Duisburg 1982, S. 23 ff., 77 ff.
21 Heinz M. Graupe, Die Entstehung des modernen Judentums. Hamburg 1969, S. 46 ff.
22 Eugen Mayer, Die Frankfurter Juden, Blicke in die Vergangenheit. Frankfurt 1966, S. 24 f.
23 Graupe, a. a. O., S. 53 f.
24 Stefan Rohrbacher, Räuberbanden, Gaunertum und Bettelwesen in Köln und das rheinische Judentum. Köln 1984, S. 117 ff.
25 Rudolf Fendler, Die kurpfälzischen Geleitstraßen im Oberamt Neustadt nach dem Dreißigjährigen Krieg. Pfälzer Heimat 8 (1957), S. 48 ff.
26 Fendler, a. a. O, S. 52.
27 Fritz Reuter, Warmaisa, 1000 Jahre Juden in Worms. Worms 1984, S. 84 ff.
28 Von hebräisch «Jana», jemand übervorteilen.
29 Hermann Bettenhäuser, Räuber- und Gaunerbanden in Hessen. Ein Beitrag zum Versuch einer historischen Kriminologie Hessens. Zeitschrift des Vereins für hessische Geschichte und Landeskunde 75/76 (1964/65), S. 295 f.
30 Bettenhäuser, a. a. O., S. 298 f.; vgl. auch Robert Jütte, Die Anfänge des organisierten Verbrechens. Falschspieler und ihre Tricks im späten Mittelalter und der frühen Neuzeit. Archiv für Kulturgeschichte 70 (1988), S. 1 ff.
31 Robert Jütte, a. a. O.

32 Rudolf Glanz, Geschichte des niederen jüdischen Volkes in Deutschland. Eine Studie über das historische Gaunertum, Bettelwesen und Vagantentum. New York 1968, S. 88ff, 302ff.
33 Leon de Modena (1571–1648), Eldad und Medad oder der bekehrte Spieler. Übersetzung Berlin 1920.
34 C. E. Bosworth, The medieval islamic underworld. Bd. I, Leiden 1976, S. 35f.
35 Jütte, a. a. O., S. 30f.
36 S. 161, zitiert bei Franz Neumann, Der Hofmeister, ein Beitrag zur Geschichte der Erziehung im 18. Jahrhundert. Osterwieck 1930, S. 5.
37 Ludwig Fertig, Die Hofmeister. Ein Beitrag zur Geschichte des Lehrerstandes und der bürgerlichen Intelligenz. Stuttgart 1979, S. 38ff.
38 Arthur E. Imhof, Lebenserwartungen in Deutschland vom 17. bis 19. Jahrhundert. Weinheim 1990, S. 105; vgl. auch Erich Woehlkeus, Pest und Ruhr im 16. und 17. Jahrhundert, Ülzen 1954, S. 150f. Wilhelm Treue, die reale Stadt und die Krankheit im 17. Jahrhundert. Privatdruck Osterode/Harz 1969.
39 Woldemar Boehne, Die Erziehung der Kinder Ernsts des Frommen von Gotha. In: Jahresbericht des Städtischen Realgymnasiums zu Chemnitz 1887.

Kapitel III. Wanderjahre: Gesellenwanderung, Studium, Geschäftsreisen, Kavalierstour, das «Meisterstück» um 1660/80

1 Für das Folgende Wesoly, a. a. O., S. 84; Reinhold Reith, Arbeits- und Lebensweise im städtischen Handwerk. Zur Sozialgeschichte Augsburger Handwerksgesellen im 18. Jahrhundert. Göttingen 1988, S. 109.
2 J. Ehmer, Gesellenmigration und handwerkliche Produktionsweise. In: G. Jaritz u. A. Müller (Hg.), Migration in der Feudalgesellschaft. Frankfurt 1988, S. 232ff.
3 Carl Ganzel, Die Bevölkerung Perlebergs im 30jährigen Kriege. Forschungen zur Brandenburgischen und Preußischen Geschichte 50 (1938), S. 326.
4 Hans Czihak, Eine Brunnenkarte von Berlin/Cölln für das Jahr 1660. «Berlin» (Zeitschrift in Ostberlin) 1989, S. 82ff.
5 Helga Schultz, Berlin 1650–1800, Sozialgeschichte einer Residenz. Ostberlin 1987, S. 45ff.
6 Schultz, a. a. O., S. 47.
7 Schultz, a. a. O., S. 34
8 W. Zimcke, 600 Jahre Geschichte der Berliner Schneider-Gilde und ihrer Zeit. Berlin 1888, S. 56f.
9 Karl Heinrich Kaufhold, Gewerbelandschaften in der frühen Neuzeit (1650–1800). In: Hans Pohl (Hg.), Gewerbe- und Industrielandschaften vom Spätmittelalter bis ins 20. Jahrhundert. Stuttgart 1986, S. 120f.
10 Rudolf Wissell, Des alten Handwerks Recht und Gewohnheit (herausgegeben von Ernst Schraepler). Berlin 2. Aufl. 1971, S. 303, 312ff.
11 B. Hildebrand, Zur Geschichte der deutschen Wollen-Industrie. In: Jahrbücher für Nationalökonomie und Statistik VI und VII (1866 und 1867) (S. 186:

«Unter den Gewerben Deutschlands nimmt die Wollenmanufaktur von jeher die erste Stelle ein»).

12 Theodor Hampe, Fahrende Leute. Leipzig 1902, mit vielen Abbildungen.

13 Walter Lehnert, Nürnberg – Stadt ohne Zünfte. Die Aufgaben des reichsstädtischen Rugamts. In: Rainer S. Elkar (Hg.), Deutsches Handwerk in Spätmittelalter und Früher Neuzeit. Göttingen 1983, S. 71ff; Ekkehart Wiest, Die Entwicklung des Nürnberger Gewerbes zwischen 1648 und 1806. Diss. München 1967. Stuttgart 1968, S. 9, 63ff, 73ff.

14 Walter Riedl, Die rechtliche Stellung der Lehrjungen und Gesellen des Nürnberger Handwerks. Diss. jur. Erlangen 1948 (Ms.), S. 45ff.

15 Wolfgang Behringer, Hexen und Hexenprozesse. München 1988, S. 427f.

16 Reinhard Reith, wie oben Anm. 1, S. 23ff.

17 B. Kreuter, Beiträge zur Geschichte der Wollengewerbe in Bayern im Zeitalter des Merkantilismus. Oberbayerisches Archiv für vaterländische Geschichte 50 (1897), S. 231ff; Wolfgang von Stromer, Die Wolle in der oberdeutschen Wirtschaft vom 13. zum 17. Jahrhundert. In: La Lana come Matura prima. Firenze 1974, S. 109ff.

18 Uta Lindgren, Alpenübergänge von Bayern nach Italien 1500–1850. München 1986, S. 70, 95ff, 123ff.

19 Südtiroler Kulturinstitut, Die Brennerstraße, deutscher Schicksalsweg von Innsbruck nach Bozen. Innsbruck 1961, S. 309; Otto Stolz, Geschichte des Zollwesens, Verkehrs und Handels in Tirol und Vorarlberg. Innsbruck 1953, S. 112ff.

20 Wilhelm Heyd, Das Haus der deutschen Kaufleute in Venedig. Historische Zeitschrift 32 (1874), S. 193ff; Theodor Elze, Geschichte der protestantischen Bewegungen und der Deutschen Evangelischen Gemeinde in Venedig. Bielefeld 1883, S. 33ff.

21 Für das Folgende hauptsächlich die Schriftstücke in Henry Simonsfeld, Der Fondaco dei Tedeschi und die deutsch-venezianischen Handelsbeziehungen. Band 1, Urkunden von 1225 bis 1658, Stuttgart 1887, S. 431ff.; vgl. auch Erwin Riedenauer, Die Brenner-Region im territorialpolitischen Spannungsfeld der Frühen Neuzeit; und: Bernd Roeck, Reisende und Reisewege von Augsburg nach Venedig in der zweiten Hälfte des 16. und der ersten des 17. Jahrhunderts; beides in: Uta Lindgren, Alpenübergänge vor 1850 (Beiheft 33 der Vierteljahrsschrift für Sozial- und Wirtschaftsgeschichte). Stuttgart 1987, S. 163ff bzw. 179ff.

22 Stefan Oswald, Die Inquisition, die Lebenden und die Toten, Venedigs deutsche Protestanten. Sigmaringen 1989, S. 64.

23 Ulrich Alertz, Vom Schiffbauhandwerk zur Schiffbautechnik. Diss. Aachen 1990.

24 Giami Berengo Gardin u. a., Die geheimen Gärten Venedigs. München 1989.

25 R. Davidsohn, Geschichte von Florenz. Vier Bände 1896–1927; Anton Doren, Die Florentiner Wollentuchindustrie. Stuttgart 1901; Martin Warnke, Die Zerstörung des Kunstwerks. Frankfurt 1988 (Fischer Taschenbuch 7407), S. 153f.

26 J. Schwerz, Das Wiener Ghetto, seine Häuser und seine Bewohner. Wien 1909, S. 163ff, 227ff.

27 Vladimir Lipscher, Zwischen Kaiser, Fiskus, Adel, Zünften: Die Juden im

Habsburger Reich des 17. und 18. Jahrhunderts am Beispiel Böhmens und Mährens. Dissertation Zürich 1983, S. 25 ff; G. Wolf, Ferdinand II. und die Juden. Wien 1859, S. 42; Viktor von Renner, Beiträge zur Geschichte der Juden in Wien zur Zeit Kaiser Leopolds I. Wien 1905.

28 K. Spiegel, Die Prager Juden zur Zeit des Dreißigjährigen Krieges. Prag 1927; J. Herrmann, Das Prager Ghetto. Prag 1903, S. 42.

29 Gershon D. Hundert, On the Jewish Community in Poland during the 17. Century. In: Revue des études juives 142 (1983), S. 350 ff; Jacob Goldberg, Poles and Jewes in the 17th and 18th Centuries. In: Jahrbücher für die Geschichte Osteuropas, Neue Folge 22 (1974), S. 248 ff; Maria Bogucka, Nationale Strukturen der polnischen Städte im 17. Jahrhundert. In: Die Alte Stadt 14 (1987), S. 248 ff; David Tollet, Merchants and businessmen in Poznan and Cracow 1588–1668. In: Antony Polonsky (Hg.), The Jews in Poland. Oxford 1986, S. 22 ff; Marian Fuks u. a., Polnische Juden, Geschichte und Kultur. Warschau 1983, S. 16 ff.

30 Heiko Haumann, Geschichte der Ostjuden. München 1990, S. 38.

31 Jacob Goldberg, Die getauften Juden in Polen-Litauen im 16.–18. Jahrhundert. Jahrbücher für Geschichte Osteuropas, Neue Folge 30 (1982), S. 62.

32 David Kaufmann, Die letzte Vertreibung der Juden aus Wien und Niederösterreich, ihre Vorgeschichte (1625–1670) und ihre Opfer. Wien 1889, S. 75 ff.

33 David Cassuto, The Scuola Grande Tedescha in the Venice Ghetto. Journal of Jewish Art, Vol. 3/4 (1977), S. 40 ff; Riccardo Calimani, Die Kaufleute von Venedig, die Geschichte der Juden in der Löwenrepublik. dtv 11 302, München 1990, S. 219, 235 ff; Giacomo Carletto, Für eine städtebauliche und architektonische Analyse des Ghetto von Venedig. EMUNA, Horizonte der Diskussion über Israel und das Judentum X (1975), Suppl. Heft 2, S. 45 ff.

34 Franz Eulenburg, Die Frequenz der deutschen Universitäten von ihrer Gründung bis zur Gegenwart. Kgl. Sächs. Gesellschaft der Wissenschaften, Philolog.-Histor. Klasse, Band XXIV, Nr. II., Leipzig 1904, S. 86.

35 W. B. S. Boeles, Frieslands Hoogeschool en het Rijks Athenäum te Franeker. Leeuwarden 1878, insbesondere S. 24 ff.

36 Abbildungen von 1622 und 1664 bei Boeles.

37 J. A. H. Bots und W. Th. M. Frijhoff, De Studenten-Populatie van de Franeker Academie. In: G. Ph. Jensma u. a. (Hg.), Universiteit te Franeker. Leeuwarden 1985, S. 57.

38 Sybrand H. M. Galama, Het Wejsgerig Onderwijs aan de Hogeschool te Franeker. Franeker 1954, S. 27 ff.; Akademische Onderwijs in Franeker en Groningen 1585–1843. Groningen 1985.

39 Georg Becker, Die deutschen Studenten und Professoren an der Akademie zu Franeker. Soest (Holland) etwa 1943.

40 A. Ulrich, Niedersächsische Studenten auf fremden Universitäten. Zeitschrift des Historischen Vereins für Niedersachsen (1889) S. 225 ff.

41 Heinz Schneppen, Niederländische Universitäten und deutsches Geistesleben. Von der Gründung der Universität Leiden bis ins späte 18. Jahrhundert. Münster 1960, S. 50.

42 Bots u. Frijhoff, a. a. O., S. 57.

43 Günter von Roden, Die Universität Duisburg. Duisburg 1968, S. 37–48.

44 Schneppen, a. a. O., S. 62.
45 Schneppen, S. 105 f.
46 Roden, a. a. O., S. 46.
47 Hermann Peters, Der Arzt und die Heilkunst in der deutschen Vergangenheit (Monographien zur deutschen Kulturgeschichte, herausgegeben von Georg Steinhausen). Leipzig 1900, Abbildungen 109 und 112.
48 Axel H. Murken, Vom Armenhospital zum Großklinikum. Köln 1988, S. 17.
49 Gertrud Lendorff, Maria Sibylla Merian. Basel 1955, S. 23 ff.
50 Elisabeth Rücker, a. a. O., S. 223; dort umfangreiche Spezialliteratur; Margarete Pfister-Burkhalter, Maria Sibylla Merian zum Gedächtnis. In: Basler Jahrbuch 1948, Basel 1949, S. 55 ff.
51 Harald Dickerhof, Europäische Traditionen und «deutscher Universitätsraum». In: Hans Pohl (Hg.), Die Bedeutung der Kommunikation für Wirtschaft und Gesellschaft, 87. Beiheft der Vierteljahrsschrift für Sozial- und Wirtschaftsgeschichte. Stuttgart 1989, S. 189.
52 Norbert Conrads, Ritterakademien der Frühen Neuzeit. Göttingen 1982, S. 270, 273 ff; Ludwig Schudt, Italienreisen im 17. und 18. Jahrhundert. Wien 1959, S. 65 und 401.
53 Norbert Conrads, Politische und Staatsrechtliche Probleme der Cavallierstour. In: Antoni Maczak und Hans Jürgen Teuteberg, Reiseberichte als Quellen europäischer Kulturgeschichte. Wolfenbüttel 1982, S. 45 ff. Dickerhof, a. a. O., S. 196.

Kapitel IV. Die ersten zwei Berufsjahrzehnte in der zweiten Hälfte des 17. Jahrhunderts

1 Für die weiteren biographischen Daten vgl. Eva S. Kraft, Andreas Cleyer. In: Festschrift zum 86. Deutschen Ärztetag, Kassel 1983, S. 25, insbesondere S. 27 ff.
2 Wilhelm Treue, Einige Überlegungen zum «Zeitalter der Entdeckungen». In: Mitteilungen der Gesellschaft für Salzburger Landeskunde 129 (1989), S. 195 (dort viel Literatur).
3 H. J. de Graaf, Geschiedenis van Indonesie. 's-Gravenhage 1949, S. 160 f.
4 Walter Artelt, Christian Mentzel, Leibarzt des Großen Kurfürsten, Botaniker und Sinologe. Diss. med. Berlin 1940, S. 22.; ders. in: Medizinhistorisches Journal 11 (1975), S. 1–7.
5 Albrecht Herport, Reise nach Java, Formosa, Vorderindien und Ceylon 1659–1668. Neu herausgegeben nach der zu Bern im Verlag von Georg Sonnleitner erschienenen Originalausgabe. Den Haag 1930.
6 Bernard M. Flekke, The story of the Dutch East Indies. Cambridge, Mass. 1945, S. 102 f.
7 H. D. H. Bosboom, De oorsprong van de kwartierstraat in oud-Batavia, Tijdschrift voor indische taal-, land- en volken-kunde XLV 1 (1903), S. 374 ff.
8 J. C. M. Warnsinck (Hg.), Reisen van Nicolaus de Graaf gedan naar alle gewesten des Werelds 1639–1687. 's-Gravenhage 1930, S. 100 ff.

9 Artelt, Christian Mentzel, a. a. O., S. 22.
10 Rolf Winau, Christian Mentzel und die Academia Naturae Curiosorum. Diss. med. Mainz 1970, S. 74; ders., Christian Mentzel, die Leopoldina und der Ferne Osten. In: Medizinhistorisches Journal 11 (1975), S. 72–91; Eva S. Kraft, Christian Mentzel, Andreas Cleyer und die chinesische Medizin. In: Fernöstliche Kultur. Festschrift für Wolf Haenisch, Marburg 1975, S. 158ff.
11 700 Jahre Stadt Pritzwalk 1256–1956. Pritzwalk 1956, S. 22ff.
12 Günther Franz, Der Dreißigjährige Krieg und das deutsche Volk. Jena 1943, S. 92ff.
13 Johannes Schultze, Die Mark Brandenburg. Band 5, Berlin 1941, S. 35ff.
14 Schultze, a. a. O., S. 41.
15 Gustav Schmoller, Die Straßburger Tuchmacher- und Weberzunft. Straßburg 1879, S. 541ff.
16 Wolfgang Jacobeit, Schafhaltung und Schäfer in Zentraleuropa bis zum Beginn des 20. Jahrhunderts. Ostberlin 1987, S. 170f.
17 Walther von Hahn, Die Fachsprache der Textilindustrie im 17. und 18. Jahrhundert. Technikgeschichte in Einzeldarstellungen Nr. 22, Düsseldorf 1971, S. 92.
18 Knut Schulz, Handwerksgesellen und Lohnarbeiter. Untersuchungen zur oberrheinischen und oberdeutschen Stadtgeschichte des 14.–17. Jahrhunderts. Sigmaringen 1985, S. 310f.
19 Der Namens-Wirrwarr hat in Pritzwalk am Ende des 19. und Anfang des 20. Jahrhunderts tatsächlich stattgefunden. Der Vater des Verfassers hatte einen Bruder Franz Treu, dessen Nachkommen dort noch unter diesem Namen leben.
20 Max Rumpf, Deutsches Handwerkerleben und der Aufstieg der Stadt. Stuttgart 1940, S. 136ff.
21 Selma Stern, Der preußische Staat und die Juden, Teil I, 2. Abteilung: Akten. Tübingen 1962, S. 4 und 8ff.
22 Moritz Stern, Salomon Kajjem Kaddisch, der erste kurbrandenburgische Landesrabbiner. Berlin 1919, S. 1–13.
23 Werner Vogel, Prignitz-Kataster 1686–1687. Köln 1985, S. 2f.
24 Peter Lahnstein, Das Leben im Barock, Zeugnisse und Berichte 1640–1740. Stuttgart 1974, S. 159ff.
25 Hans J. Teuteberg und Günter Wiegelmann, Unsere tägliche Kost. Geschichte und regionale Prägung. Münster, 2. Aufl. 1986, Kapitel 2, S. 63ff.
26 F. Bestehorn, Die geschichtliche Entwicklung des märkischen Fischereiwesens. Archiv für Fischereigeschichte 1 (1913), S. 68ff.
27 Eduard Kück und Heinrich Sohnrey, Feste und Spiele des deutschen Landvolks. Berlin, 3. Aufl. 1925, S. 100, 183, 192, 198.
28 Hans J. Teuteberg, Die Veränderung der hausfraulichen Küchenarbeit unter dem Einfluß der Industrialisierung. In: Bevölkerung, Wirtschaft, Gesellschaft seit der Industrialisierung, Festschrift für Wolfgang Köllmann zum 65. Geburtstag. Münster 1987, S. 362ff.
29 Fritz André, Denkschrift, betreffend die Zugehörigkeit der Gräflich Knyphausen'schen Familie zum deutschen hohen Adel. Norden 1887; Udo von Alvensleben, Die Lütetsburger Chronik, Geschichte eines friesischen Häuptlingsge-

schlechts. 1950, S. 133ff; Heinrich Schmidt, Politische Geschichte Ostfrieslands. Leer 1975, S. 287ff.

30 Johanna Köppe, Ostfriesische Tierzucht. In: Ostfriesland im Schutze des Deiches. Band III., 1969, S. 189ff.

31 ebenda, S. 193.

32 ebenda, S. 235ff.

33 Wilhelm Herforth, Die Lage des Frankfurter Gewerbes während des 16. und 17. Jahrhunderts. Diss. Frankfurt ohne Jahr, Maschinenschrift, S. 61ff.

34 Für das Folgende hauptsächlich Othmar Pickl, Der Eisenhandel und seine Wege. In: Paul W. Roth (Hg.), Erz und Eisen in der Grünen Mark. Beiträge zum steirischen Eisenwesen. Graz 1984, S. 345ff.

35 Pickl, a. a. O., S. 354.

36 Franz Fischer, Die blauen Sensen, Sozial- und Wirtschaftsgeschichte der Sensenschmiede-Zunft zu Kirchdorf-Micheldorf bis zur Mitte des 18. Jahrhunderts. Graz 1966, S. 167ff.

37 Fischer, a. a. O., S. 178.

38 Alexander Dietz, Frankfurter Handelsgeschichte. Band 1. Frankfurt 1910, S. 87.

39 Alexander Dietz, Frankfurter Handelsgeschichte. Band IV, Teil 1. Fankfurt 1925, S. 260f.

40 Pickl, a. a. O., S. 359.

41 Wolfgang Behringer, Thurn und Taxis. Die Geschichte ihrer Post und ihrer Unternehmen. München 1990, S. 79ff.

42 Behringer, a. a. O., S. 85ff.

43 Ignaz Schwarz, Das Wiener Ghetto, seine Häuser und seine Bewohner, II. Die Judenstadt im Unteren Werd 1625–1870. Wien 1909, S. 248ff.

44 J. Kracauer, Geschichte der Juden in Frankfurt am Main. Band 2, Frankfurt 1927, S. 47ff.

45 Kracauer, a. a. O., S. 49ff.

46 Hingewiesen sei hier für unser Gebiet nur auf ein einziges an Informationen reiches Werk: Ernst Guhl, Die Frauen in der Kunstgeschichte. Berlin 1885.

Kapitel V. Auf der Höhe des Lebens

1 Ernst Baasch, Holländische Wirtschaftsgeschichte. Jena 1927, S. 367ff; de Graaf, a. a. O., S. 326ff.

2 Kraft, a. a. O., S. 183.

3 Oskar Nachod, Die Beziehungen der Niederländischen Ostindischen Kompagnie zu Japan im 17. Jahrhundert. Leipzig 1987, S. 379ff; für Cleyer auch S. CXCIII.

4 Hans Körner, Beitrag «Andreas Cleyer» zur Neuen Deutschen Biographie, 3. Band. Berlin 1957, S. 290f; dort auch die richtigen Angaben zur Flora Japonica im Gegensatz zu Jürgen Schneider (Hg.), Friedrich August Lühdorf, Acht Monate in Japan. Wiesbaden 1937, S. 10.

5 François Valentijn, Oud en nieuw Ostindien. Dordrecht 1725, Band V/2, S. 44f.

6 Frits de Haan, Oud Batavia. Bandoeng, 2. Aufl. 1935, Band I, S. 479.

7 J. C. M. Warnsinck, Reisen van Nicolaus de Graaff, a. a. O., S. 224 und Anhang S. 30.

8 J. van Esso, Medizinische Beziehungen zwischen Japan und Holland im 17., 18. und 19. Jahrhundert. Janus, Jahrgang 45, Leiden 1941, S. 114–135.

9 (Anonym), Zur Geschichte der deutschen Wollenindustrie. Jahrbücher für Nationalökonomie und Statistik 6 (1866), S. 199ff.

10 Moritz Meyer, Geschichte der preußischen Handwerkerpolitik, Band I. Minden 1884, S. 98.

11 Heinrich Herzberg (unter Mitarbeit von H. J. Rieseberg), Mühlen und Müller in Berlin. (Ost-)Berlin o. J. (1987), S. 32.

12 Moritz Meyer, a.a.O., S. 96ff.

13 Hugenotten (franz. Huguenots): Bezeichnung der französischen Protestanten, die wahrscheinlich von den protestantischen Genfern herrührt, die sich im Kampf gegen Savoyen an die Schweizer anlehnten und deswegen die Partei der «Eidgenossen» oder in französischer Verstümmelung «Huguenots» genannt wurden.

14 Margarete Pick, Die französische Kolonie in der Uckermark. Prenzlau 1935, S. 11.

15 Zitiert bei Pick, a. a. O., S. 92.

16 Moritz Meyer, a. a. O., S. 94ff.

17 Für das Folgende in erster Linie das «Lütetsburger Hausbuch» in Schloß Lütetsburg bei Norden/Ostfriesland, sowie Ferdinand Hirsch, Der Große Kurfürst und Ostfriesland (1681–1688). Aurich 1914.

18 Für die Reise Ingeborg Nöldeke, Einmal Emden-Berlin und zurück im Frühjahr 1683. Die Reise des Reichsfreiherrn Dodo II. zu Innhausen und Knyphausen auf Lütetsburg in Ostfriesland als Präsident der ostfriesischen Landstände im Frühjahr 1683 an den Hof des Kurfürsten Friedrich Wilhelm von Brandenburg ... Schriften des Vereins für die Geschichte Berlins, Heft 64, Berlin 1989; dort auch die genauen Daten für die ganze Reise. Im übrigen Heinrich Schmidt, Politische Geschichte Ostfrieslands. Leer 1975; sehr knapp auch: Forschungsinstitut für den friesischen Küstenraum, Beiträge und Ergebnisse der Kolloquien: Wie die Preußen nach Ostfriesland kamen. Aurich 1984.

19 H. Stephan-K. Sautter, Geschichte der preußischen Post. Berlin 1928, S. 38.

20 Hans Szymanski, Brandenburg-Preußen zur See 1605–1815. Leipzig 1919, S. 42ff; Klaus Jürgen Matz, Das Kolonialexperiment des Großen Kurfürsten in der Geschichtsschreibung des 19. und 20. Jahrhunderts. In: Gerd Heinrich, Ein sonderbares Licht in Teutschland, Beiträge zur Geschichte des Großen Kurfürsten von Brandenburg. Berlin 1990, S. 200ff.

21 Kurt Breysig, Geschichte der brandenburgischen Finanzen in der Zeit von 1640–1697. Band I, Leipzig 1895, S. 36ff, 106ff, 142ff, 404ff.

22 Nachum T. Gidal, Die Juden in Deutschland von der Römerzeit bis zur Weimarer Republik. Gütersloh 1988, S. 96f.

23 Sir Walter Raleigh, The discoverie of the beautiful empire of Guiana. Hg. v. V. T. Harlow, London 1929; J. Rodway, Guiana, British, Dutch and French. London 1912; R. W. G. Hingston, A naturalist in the Guiana Forest. London 1932.

24 Gertrud Lendorff, Maria Sibylla Merian, ihr Leben und ihr Werk. Basel 1955, S. 47ff.
25 Ingeborg H. Solbrig, «Patiencya ist ein gut Kreutlein». Maria Sibylla Merian, Naturforscherin, Malerin, Amerikareisende. In: Barbara Becker-Cantarino, Die Frau von der Reformation zur Romantik. Bonn 1987, S. 58–85.
26 Über das Gebiet, in dem Maria Sibylla Merian gearbeitet und gelebt hat, vergleiche den Reisebericht von Uwe George, Der Raupen wunderbare Verwandlung. Auf den Spuren der naturforschenden Malerin Maria Sibylla Merian im südamerikanischen Surinam. Zeitschrift Geo, Juli 1990, S. 10ff.
27 Elisabeth Rücker, a. a. O., S. 243.
28 Helga Schultz, Berlin 1650–1800. A. a. O., S. 63ff; dort die Quellen und die Spezialliteratur.
29 M. Horovitz, Jüdische Ärzte in Frankfurt a. M. Frankfurt 1886, S. 25.

Kapitel VI. Altern und Sterben

1 Sian Nio Tan, Zur Geschichte der Pharmazie in Niederländisch-Indien (Indonesien), 1602–1945. Würzburg 1976, S. 54f.
2 Karl Meier-Lemgo, Engelbert Kämpfer. Neue Deutsche Biographie Band X, S. 729f.
3 Lotte Knabe, Die Besitzverhältnisse in den Dörfern des heutigen Kreises Pritzwalk nach dem Dreißigjährigen Kriege. In: Pritzwalk und Prignitz, Beiträge zur Heimatkunde, Pritzwalk 1941, S. 21ff; Johannes Schultze, Die Prignitz. Köln 1956 S. 209ff.
4 Hugo Rachel, Die Handels-, Zoll- und Accisepolitik Brandenburg-Preußens bis 1713. Berlin 1911, S. 690ff.
5 Moritz Meyer, a. a. O., S. 116ff.
6 Peter Borscheid, Geschichte des Alters vom Spätmittelalter zum 18. Jahrhundert. dtv 4489, München 1989, Kapitel 2, 5, 6.
7 Peter-Per Krebs, Die Stellung der Handwerkswitwe in der Zunft vom Spätmittelalter bis zum 18. Jahrhundert. Diss. jur. Regensburg 1974, S. 14ff.
8 Helga Schultz, Berlin 1650–1800. Ostberlin 1987, S. 55ff.
9 Norbert Dithmar und Peter Schlobinski, Wandlungen einer Stadtsprache, Berlinisch in Vergangenheit und Gegenwart. Berlin 1989, S. 15ff; Agathe Lasch, «Berlinisch», eine berlinische Sprachgeschichte. Berlin 1927.
10 Die jüngsten Forschungsergebnisse, die viele altgewohnte, von borussisch-protestantischer Tradition beeinflußte Auffassungen korrigieren, bei Stefi Jersch-Wenzel und Barbara John (Hg.), Von Zuwanderern zu Einheimischen, Hugenotten, Juden, Böhmen, Polen in Berlin. Berlin 1990, S. 41–140; vgl. aber auch noch immer: Richard Beringuier, Die Colonieliste von 1699. Berlin 1888.
11 E. Machel, Die Mundart der Prignitz. Jahrbuch des Vereins für niederdeutsche Sprachforschung XXXI (1905), S. 65ff, besonders 85.
12 Günther Quandt erzählt sein Leben. München 1961; Wilhelm Treue, Herbert Quandt, ein Unternehmer der dritten Generation. Bad Homburg vor der Höhe 1980; Jürgen Koppatz, Die Wittstock-Pritzwalker Tuchindustrie und die Dynastie Quandt. Märkische Heimat 6 (1952), S. 293ff.

13 Gerd Heinrich, Amtsträgerschaft und Geistlichkeit. Zur Problematik der sekundären Führungsschichten in Brandenburg-Preußen 1450–1786. In: Günther Franz (Hg.), Beamtentum und Pfarrerstand 1400–1800. Büdinger Vorträge 1967, Lüneburg 1972, S. 198ff; vgl. auch S. Isaacsohn, Das preußische Beamtentum des 17. Jahrhunderts. Berlin 1878, S. 249ff, besonders S. 256ff und 305; Reinhold Koser, Kurfürstin Sophie Charlotte und Eberhard von Danckelmann, Märkische Forschungen XX. (1887), S. 225ff.

14 Breysig, a. a. O., S. 142ff.

15 Für das Folgende hauptsächlich die Darstellung im «Lütetsburger Hausbuch».

16 Hans Georg Steltzer, «Mit herrlichen Häfen versehen», Brandenburgisch-preußische Seefahrt vor 300 Jahren. Berlin 1981, S. 191ff.

17 Ulrich Troitzsch und Gottfried Kunckel, Beitrag (mit viel alter Literatur) zu Band 12 der Neuen Deutschen Biographie, Berlin 1980.

18 Michael Stürmer, Gabriele Teichmann, Wilhelm Treue, Wägen und Wagen. Sal. Oppenheim jr. und Cie, Geschichte einer Bank und einer Familie. München 1989.

19 Gidal, a. a. O., S. 158.

20 Monika Richarz, Der Eintritt der Juden in die akademischen Berufe. Jüdische Studenten und Akademiker in Deutschland 1678–1848. Tübingen 1974, S. 25ff.

21 Alexander Dietz, Stammbuch der Frankfurter Juden von 1349 bis 1849. Frankfurt 1907, S. 394.

22 Rücker, a. a. O., S. 242.

23 Gunter Keil, Altern und Alter in der Antike. In: Aktuelle Gerontologie 13 (1983), S. 47–52.

24 Hans Schadewaldt. Totentänze – medizinhistorische Meditationen. In: Hans Helmut Jansen, Der Tod in Dichtung, Philosophie und Kunst, Darmstadt 1989; Friedrich Wilhelm Wentzlaff-Eggebert, Der triumphierende und der besiegte Tod in der Wort- und Bildkunst des Barock. Berlin 1975, S. 74f.

25 Robert Jütte, Aging and Body Image in the 16th century: Hermann Weinsbergs (1518–1597) Perception of the aging body. In: European History Quarterly 18 (1988), S. 259–290; Otto Döhner, Krankheitsbegriff, Gesundheitsverhalten und Einstellung zum Tod im 16. bis 18. Jahrhundert. Frankfurt 1986; Peter Borscheid, Geschichte des Alters a. a. O.

26 Walter Eckermann, Zur Stellung alter Menschen in Haushalt und Familie. In: Christian Conrad und H.-J. von Kondratowitz (Hg.), Gerontologie und Sozialgeschichte. Berlin 1983.